温州大學中文學科建設叢書

温州地名研究

盛爱萍 著

ZHEJIANG UNIVERSITY PRESS
浙江大学出版社

图书在版编目（CIP）数据

温州地名研究 / 盛爱萍著. — 杭州 ： 浙江大学出版社，2021.10
ISBN 978-7-308-21785-9

Ⅰ. ①温… Ⅱ. ①盛… Ⅲ. ①地名—研究—温州 Ⅳ. ①K925.53

中国版本图书馆CIP数据核字（2021）第195131号

温州地名研究

盛爱萍 著

责任编辑 韦丽娟
责任校对 李瑞雪
封面设计 周 灵
出版发行 浙江大学出版社
（杭州市天目山路148号 邮政编码 310007）
（网址：http：//www.zjupress.com）
排 版 杭州林智广告有限公司
印 刷 杭州高腾印务有限公司
开 本 710mm×1000mm 1/16
印 张 23.5
彩 插 4页
字 数 389千
版 印 次 2021年10月第1版 2021年10月第1次印刷
书 号 ISBN 978-7-308-21785-9
定 价 88.00元

地图审核号：浙温S〔2021〕18号

浙江大学出版社市场运营中心联系方式：0571-88925591；http：//zjdxcbs.tmall.com

明万历永嘉县境图

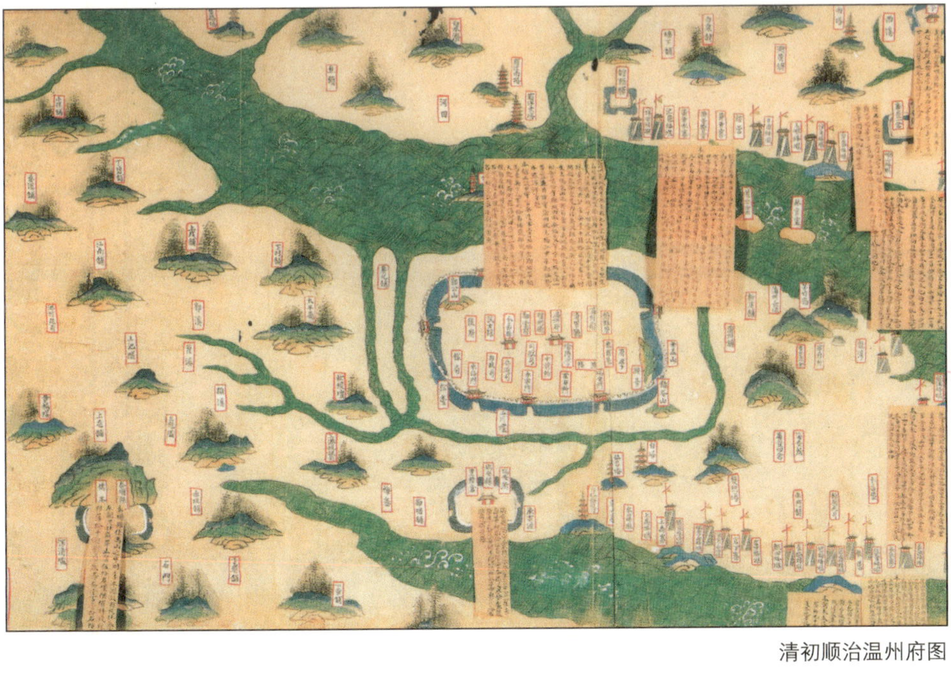

清初顺治温州府图

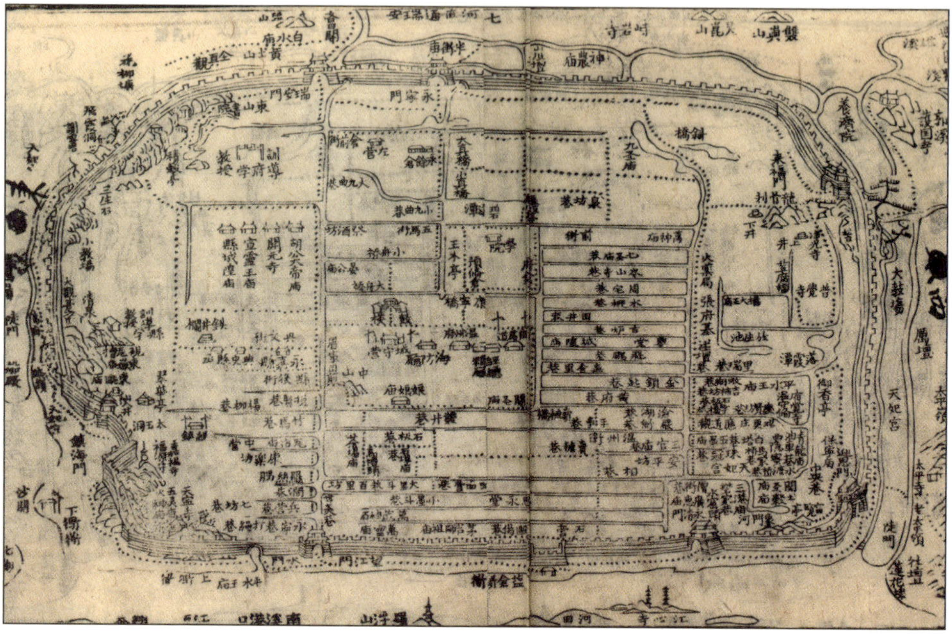

清乾隆永嘉县治图

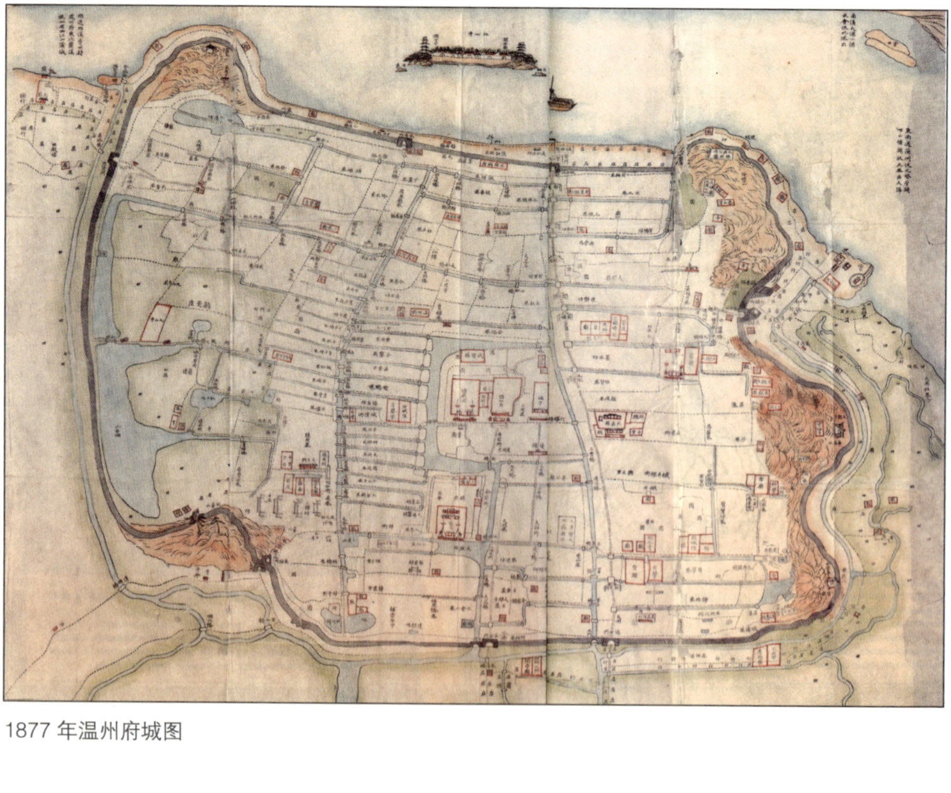

1877 年温州府城图

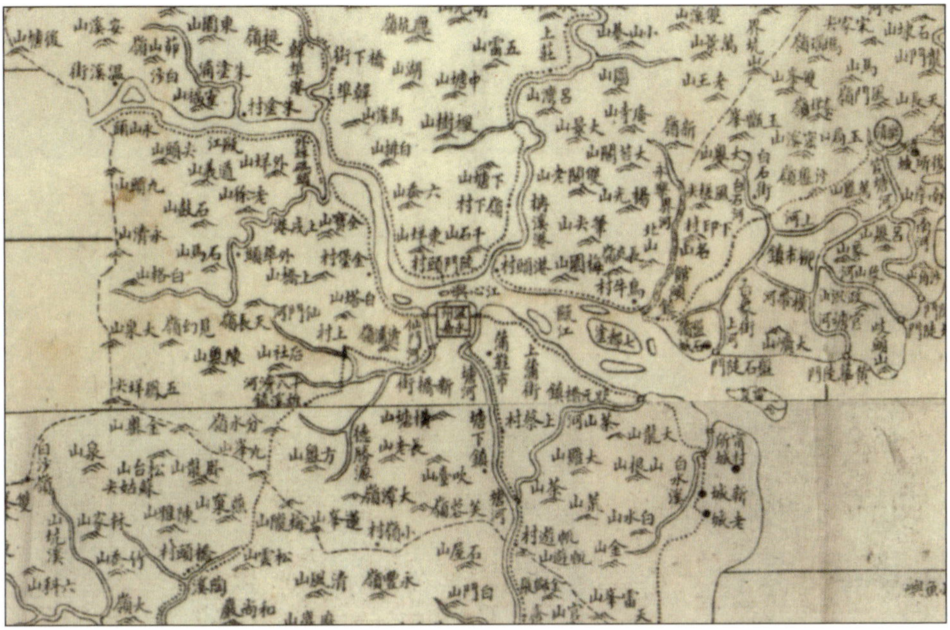

清光绪浙江温州府总图

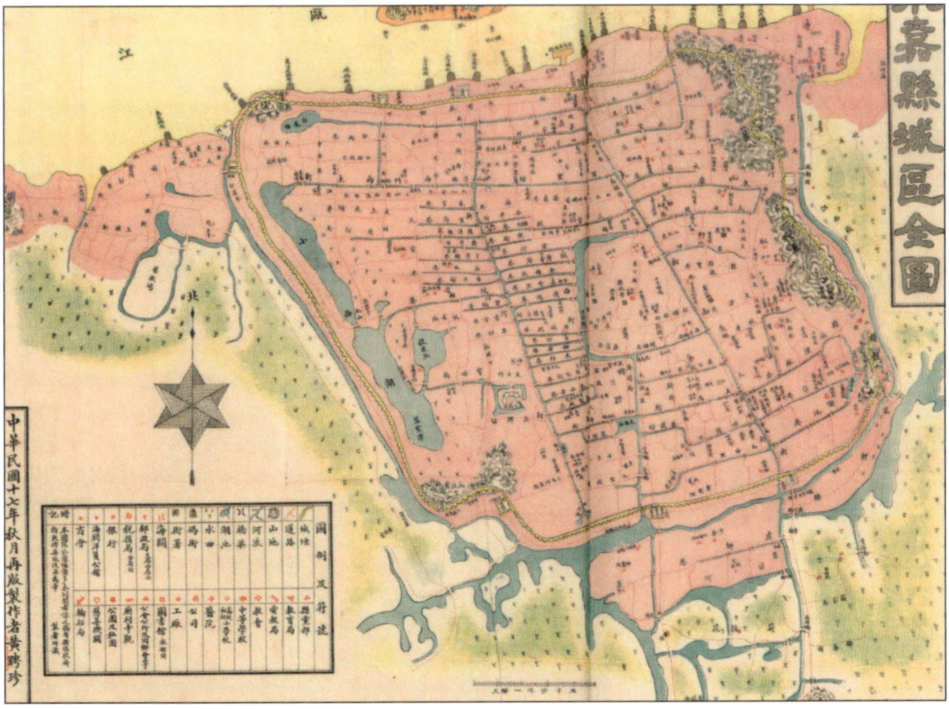

1928 年永嘉县城区全图

1985 年温州市区交通图

1994 年温州市区图

2003 年温州市中心城区图

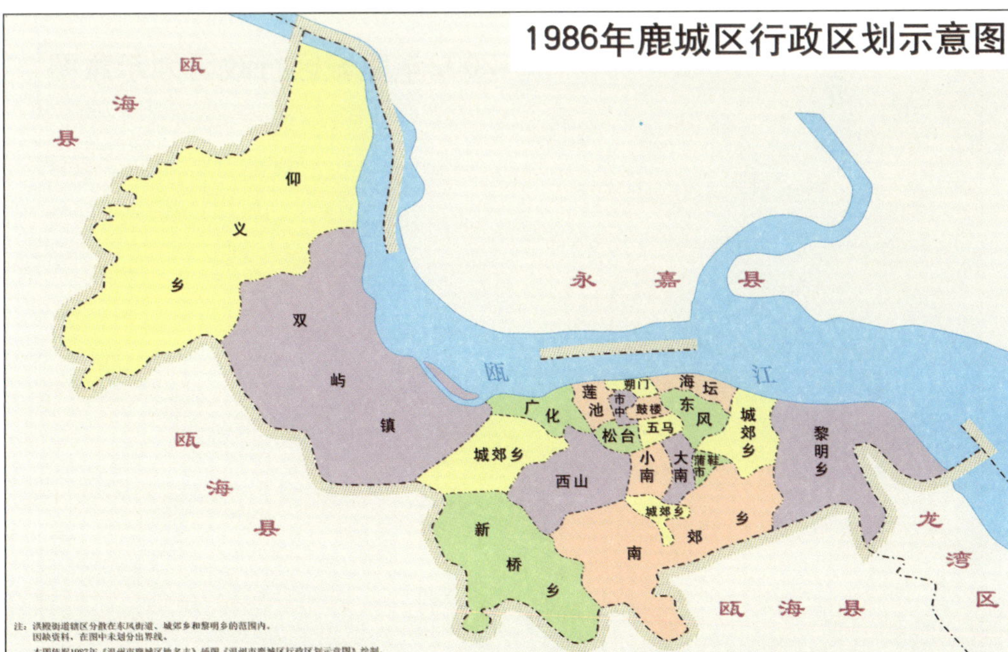

1986 年温州市鹿城区行政区划示意图

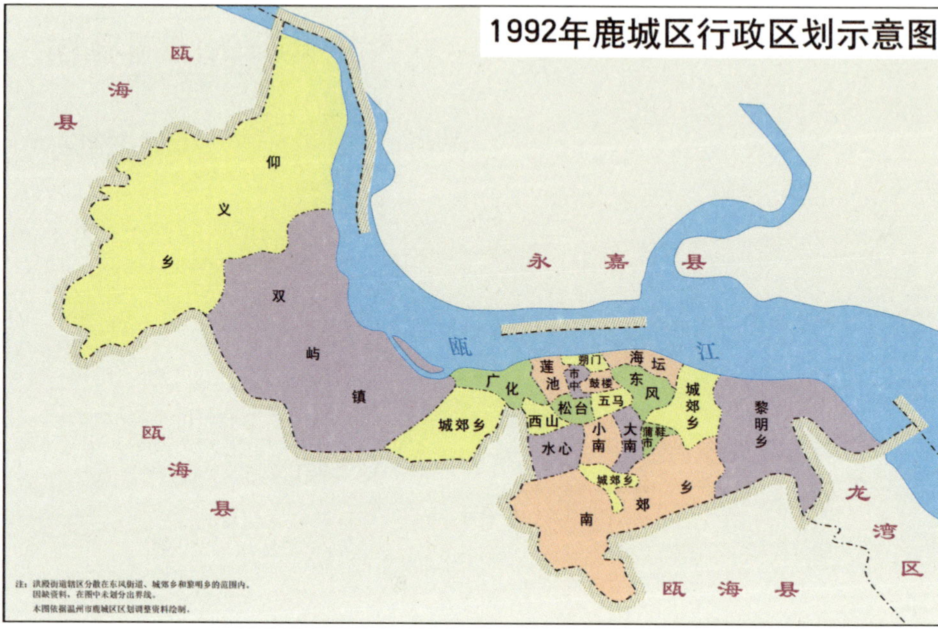

1992 年温州市鹿城区行政区划示意图

2002 年温州市鹿城区行政区划示意图

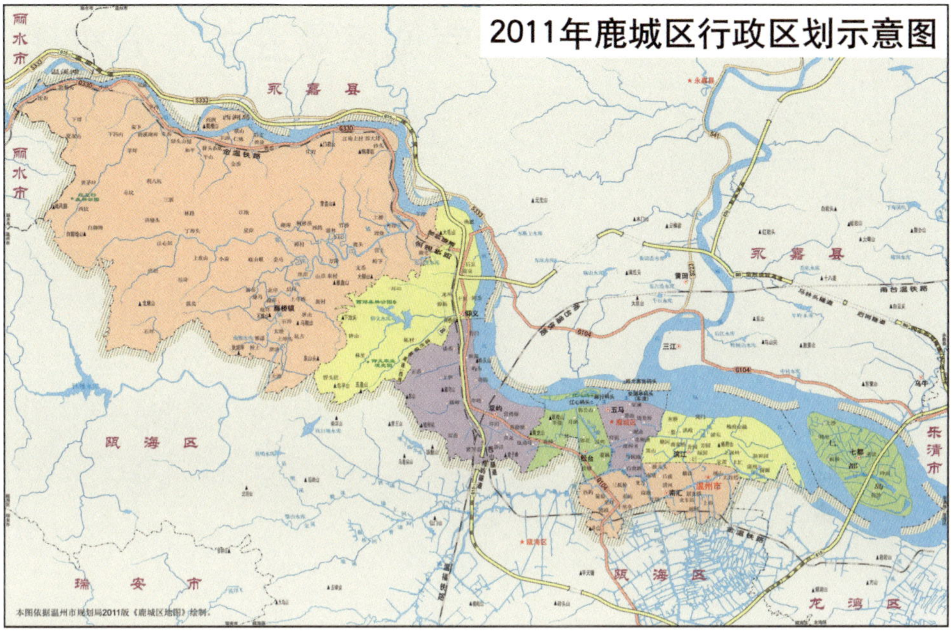

2011 年温州市鹿城区行政区划示意图

2016 年温州市鹿城区地势图

2016 年温州市鹿城区名胜古迹分布图

2016 年温州市鹿城区交通图

前 言

拙作《温州地名的语言文化研究》是 16 年前的旧作，这次得以重新出版，并更名为“温州地名研究”。非常感谢领导、同仁、读者和编辑的支持和帮助。

旧作于 2004 年出版，当时为国内第一本研究区域地名的专书。书中主要章节已在《方言》《语言文字运用》《民族语文》《修辞学习》《语文建设》《中国语研究》（日本）等刊物上发表。承学界不弃，读者厚爱，获温州市第十届社会科学优秀成果（著作类）一等奖。但当时为评职称，匆匆成书，书中还有很多缺点乃至错误，内容也显单薄。

拙作出版不久，我就有一个想法，一定要认真修订这本书，改正错误，充实相关内容。

但没料到，由于工作岗位的变动，行政事务繁多，耗费了大量的时间和精力，再加上研究方向的改变，历时 5 年才完成浙江省社科规划课题“瓯越语语汇研究”。之后，又忙于服务地方的项目，修订工作一直无暇顾及。好在这几年从事和完成的主要工作，如编写温州市区地名总体规划，撰写温州市、乐清市、鹿城区地名志等都与温州地名研究有着直接的联系，因而也积累了丰富的一手资料。

这次重新出版，除订正旧作存在的错误外，还增补了一定数量的地名研究素材。为保留历史原貌和原书特色，对全书框架和正文内容不做增删和调整，仅对个别字词进行订正。

正文前增加了温州市历代地图，主要包括明清时期的古旧地图和改革开放以来行政区划变化较大的年份（1986、1992、2002、2011）的地图。通过比较，能够历时地反映温州地名的历史及其发展变化。

正文中插入一些地名照片，使读者能够更直观、更生动形象地了解温州地名的现状，可为研究温州文化、经济，尤其是旅游的读者提供参考。

正文后增添了附录，将近年来本人编写地名志时收集到的有代表性的地名进行分类罗列，分两部分，第一部分为镇名、自然村名，从命名法的角度，分为描述性地名、记叙性地名、寓托性地名三大类。温州依山傍海，是典型的山水城市，因此第二部分收录山水地名，根据通名的性质对温州的山体、水体及与之相关的桥梁进行了细分。附录部分的地名可共时地反映温州地名的大致面貌，为地名学、语言学、地理学等学科的研究提供语料。

感谢温州大学人文学院把拙作的重新出版纳入一流学科系列丛书出版计划中。

由于本人才疏学浅，本书还存在不少缺陷，敬祈学界专家与广大读者补偏救弊，不吝指教。

盛爱萍

于温州高教博园

2020 年 12 月 17 日

目 录

下卷 温州地名与东瓯文化

引　论

第一节　地名概说

一、关于地名的定义和含义

何谓“地名”？“地名”，顾名思义是“地之名”，是地方的名称，地域的名称。这是一个看似简单的问题，人们在日常生活中常常随意地使用这一概念。但作为一个术语，要给它下个科学的定义恐怕不那么容易。难怪郁达夫说：“世界上比下定义更难的事情，恐怕不多。”在具体的研究中，人们对“地名”所下的定义并不一致，试举几例：

地名是一定的社会群体为特定的地域所约定的专有名称。各种类别、各种层次的地名形成一定的系统，这些系统与地域的自然环境有关，反映了现实和历史的社会生活的特点，地名有命名时的初始意义，也有命名后随着地域的驰名而获得的特征意义，但地名最重要的基本含义还是在于指明一定地域的方位、范围和所属的地理类别。[1]

地名是给定景观的标记、专有名称。[2]

地名是地理实体的指代符号，通常以语言文字表示。[3]

地名（geographical name）是人们赋予某一特定空间位置上自然或人文地理实体的专有名称。[4]

我们认为：地名的命名对象是地理实体。地理实体占有一定的空间位置，包括地理方位、地形地貌、气候物产、景物景观、经济交通等等，可以从不同的角度来审视地名。从语言学的角度去审视，地名的物质材料是语言文字及其结构形式，是地名的“表层结构”。地名和一般名词一样，都是一种用文字表示的语言符号，它是用来指称的。因此，我们认为地名是一定空间位置地理实体的指称符号，是专有名词的一部分。从文化学的角度来审视，地名所反映的民族文化是地名的“深层结构”。地名是文化的镜像，是文化的载体。通过地名可以反映某一民族、某一地区的物质文化和精神文化。具体包括地名与自然环境、地名与经济发展、地名与经济生活、地名与文化心态、地名与宗教信仰、地名与民间风俗、地名与民族迁徙等之间的关系。

因此，我们给地名下的定义是：

地名是地理实体的指称符号，是专有名词的一部分，是文化的载体。

地名这个术语有两种含义：一是地名本身，即客观存在的地名事实。这是不以人们的意志为转移的，不管人们是否认识到它，它都客观存在。二是地名学（toponomastics），是探索、描写并研究地名事实的科学，是地名研究者对客观存在的地名事实的认识和说明。由于研究者的研究手段、研究方法以及使用术语等方面的不同，地名学研究存在一定的分歧，带有一定的主观色彩，从而形成“百家争鸣”的局面，这是正常的，有利于学科的发展。

地名学是研究地名的起源、语词构成、词义演变、分布规律、读写标准化和功能，以及命名时的地理环境、历史条件或原因等的学科。地名学可分为理论地名学和应用地名学两大块。理论地名学又可以分为地名理论和地名学理论。牛汝辰先生认为，地名理论就是对包括地名的本质、功能、特点、系统、结构、构成要素以及地名与命名背景之间的相互关系等的共时地名的探讨，以及对地名的产生、发展、演变，包括地名在各历史时期的特点、系统、结构、构成及地名与命名背景之间相互关系的发展、消失、更替的演变过程及其原因等的历时地名的探讨。另外，还包括区域地名的研究。地名学理论，就是从微观和宏观角度来研究共时地名学、历时地名学、区域地名学、地名与命名背景以及普通地名学、边缘地名学的理论和方法。[5] 应用地名学研究的是地名的应用问题，包括地名的命名、地名的分类、地名调查、地名管理、地名规范化等方面。

- 地名学
  - 理论地名学
    - 地名理论
      - 共时
        - 地名的本质、功能等
        - 地名与命名背景的关系（静态）
      - 历时
        - 地名的产生、发展、演变等
        - 地名在各历史时期的特点、系统等
        - 地名与命名背景的关系（动态）
        - 区域地名
    - 地名学理论（微观、宏观）
      - 共时地名学、历时地名学、区域地名学、普通地名学、边缘地名学……：理论、方法
  - 应用地名学
    - 地名的命名
    - 地名的分类
    - 地名调查
    - 地名管理
    - 地名规范化
    - ……

二、地名研究的历史回顾

地名是人类社会发展到一定阶段的产物。地名是在人类共同劳动、共同生存的过程中产生的，与人类的生存、繁衍息息相关。具体表现为两个方面：

第一，共同劳动、共同生存的生产、生活方式，决定了地名产生的必要性。

在原始社会阶段，人类的生存在很大程度上取决于周围的环境，人们依赖于周围的环境以获取生活资料。这是地名产生的必要性。正如侯仁之教授在《中国古代地理学简史》中指出的那样："在原始公社时期，人民对于其生活的地区，必须有一定的认识，才能生活下去。最初，他们必须知道到什么地方去捕鱼，什么地方去打猎，什么地方去采集作为食物的果实和块根等等。这就是历史上所说的渔猎时代。其后，到了新石器时代的晚期，随着畜牧和农业的萌芽，又在一个停留时间较长、生活相对稳定的地区定居下来，这就要求他们对自己所居住的周围环境更加熟悉，更加了解。他们不但要知道水泽的分布、地

势的起伏等等，还必须知道气候的特征以及地方的种植的可能性；他们不但要能辨别方向，而且还要能计算路程。”[6]

第二，语言的产生和运用为地名的产生提供了可能性。

语言是思维的工具，人类为了生存，必须了解周围的环境，对周围的环境进行观察、思考。正如《周易·系辞》中说的“仰以观于天文，俯以察于地理”。《淮南子·泰族训》也提道：“俯视地理，以制度量，察陵陆、水泽、肥墩、高下之宜，立事生财，以除饥寒之患。”人们观察、思考的过程，离不开语言，要把这种观察、思考的结果记录下来，更需要语言。在生活、劳动中，人们对不同地域间的自然特征的差异有了认识，通过思考，逐渐形成了地形类别的概念，用语言记录下来就成为地名中的通名。甲骨文中就有“山、水、泉、渊、川、州、丘、京”等。另外，地名作为专有名词的一部分，人们只有掌握了相当数量的词汇和语法规则之后，才能创造、使用地名。

最早记录地名的文献是商代的殷墟甲骨文。甲骨文是通行于殷商时代的刻在龟甲兽骨上的文字，迄今已有3000多年的历史。商代统治者迷信鬼神，遇事必卜，甲骨文大部分是占卜的记录，也称“卜辞”。它记录包括宗教、战争、农业、牧业、手工业、田猎、天文气象、政治组织以及方国等方面的内容。在众多的内容中，有丰富的地名史料。

如《殷墟书契菁华》第一页记载：“沚戓告曰：土方征于我东鄙，弋二邑，舌方亦牧我西鄙田。”

短短22个字中，就有6个地名：沚、土方、东鄙、邑、舌方、西鄙。可看到甲骨文最早把我国的口头传播的地名转化为文字形式的地名。

“地名”一词最早产生于距今2000多年前的春秋时代。最早出现在《春秋》《左传》两书中。《春秋》有“葵丘地名，今郧西台也”的记载。《左传》有“允姓之奸，居于瓜州，瓜州地名也”。我国第一部诗歌总集《诗经》中，就有丰富的地名。诗中多次出现“冈、原、涧、沼、泽、汜”等通名。王成组教授指出：“《诗》通常称为《诗经》，收集诗歌三百零五篇，几乎有半数的篇章提到许多大小河流，较少的著名山岳，以及镐京、岐下、牧野等若干地名，一般都是周代所通用，有许多还沿用到后代。例如称颂周王朝的故土，在《大雅·皇矣》一首中，‘居岐之阳，在渭之将’，区位非常明确。《文王有声》一首中，‘丰水东注’和‘镐京辟雍’两句，又显示出周代初期的发展。尤其值得注意的是‘中国’这个历史悠久的名称，就起源于《诗经·荡》的一首‘文王咨，咨汝殷商，汝炰烋（音“庖休”，即自豪）于中国……’又《民劳》一首‘惠此中国，以绥四方’。当时这一名称的应用，似乎局限于商王朝或周王朝直辖的领域，同时也类乎后代的中原，所以与四方相对称。”[7]

战国时期，百家争鸣，产生了《山海经》《禹贡》等早期的地理学著作。《山海经》主要记述古代地理、物产、神话、巫术、宗教等，也包括古史、医药、民俗、民族等方面的内容，具有多方面的学术价值。《山海经》全书18篇：五藏山经5篇、海外经4篇、海内经4篇、大荒经4篇、又海内经1篇，约3.1万字。《汉书·艺文志》作13篇，没有把大荒经和又海内经计算在内。其中五藏山经详细地记述了山势、水系、物产、神祇及祭祀之法，其所述地域、地望以及山水的走向大多可考，涉及许多地名学知识。其中《尚书》中的《禹贡》被认为是我国最早的地名专著。

汉朝，训诂学空前发达，出现了《方言》《尔雅》《说文解字》《释名》等著作。

西汉时期的著名学者扬雄，经过27年的艰苦努力，写出了世界上第一部方言著作——《方言》。为了更好地反映汉代方言的分布情况，《方言》使用了众多的地名。既有古代地名，如秦、蜀、晋、魏、赵、韩、周、燕等，又有汉代地名，如梁、沛、丹阳、冀、陇等；既有行政区划的地名，如齐、鲁、宋、唐、宛、野等，又有自然地理地名，如岱、嵩岳、衡、江淮等。值得注意的是，《方言》有两次提到“瓯”，“东瓯”“瓯吴之鄙”各提到一次。瓯就是现在温州一带，东瓯也就是瓯，称“东瓯”是为了有别于“西瓯”。《史记·东越列传》：“孝惠三年，……乃立摇为东海王，都东瓯，世俗号为东瓯王。”这是目前看到的最早的记录温州地名的史料。

《尔雅》是我国最早的训诂学专著。相传周公旦始作，在相当长的时间内，经多人增补，至汉初已和流传至今的这个样子差不多了。它是按事物的性质分类编辑的。因此，也可以说《尔雅》是我国第一部具有百科性质的分类词典。全书计19篇，分五个方面的内容：

第一类：解释普通词语，包括《释诂》《释言》《释训》3篇。

第二类：解释人、事、物的名称，包括《释亲》《释宫》《释器》《释乐》4篇。

第三类：解释星辰、四时、风雨、吉凶等名称，包括《释天》1篇。

第四类：解释地理名称，包括《释地》《释丘》《释山》《释水》4篇。

第五类：解释动植物名称，包括《释草》《释木》《释虫》《释鱼》《释鸟》《释兽》《释畜》7篇。

尤其要注意的是第四类，《释地》解释古自然地理和行政地理。如"邑外谓之郊，郊外谓之牧，牧外谓之野，野外谓之林，林外谓之坰"。都邑的外围，根据它距离的远近，从内到外，分别以"郊、牧、野、林、坰"命名。《释丘》解释由于形貌不同而称谓不同的各种丘名。如"胡丘"是四方形的丘；"章丘"是平顶丘；"都丘"是在水泽中的丘。《释山》是解释形貌不同的各种山名。如："山大而高，崧；山小而高，岑；山锐而高，峤。"另外，还解释了一批专有山名，如："河南，华；河西，岳；河东，岱；河北，恒；江南，衡。"《释水》根据河流的源出、流经、深浅等解释各种水名，其中包括一些专有水名。如："河出昆仑虚，色白；所渠并千七百，一川色黄；百里一小曲。"这是对黄河的解释。此外，还保留了部分流传下来的古地名。"从释地以下至九河，皆禹所名也。"这些对地理名称的释义，从总体上看，较为简单、明了，但有些词条的释义相当完备，已具有地名词典的雏形，可以说是一本微型的地名学词典。此外，这一部分所收的地名也有一定的数量。见表1中李葆嘉统计[8]的《尔雅》释地四篇中的专名与通名。

表1 《尔雅》释地四篇中的专名与通名

篇名	专名	通名	合计
释地	48	18	66
释丘	3	45	48
释山	11	42	53
释水	24	27	51
合计	86	132	218

此外，《汉书·地理志》中班固对其所记录的4500多处地名中的40余处也作了地名渊源的解释，如"敦煌郡瓜州，地生美瓜"，这条解释从地名渊源上说明了瓜州得名的由来及当时当地的特产。

东汉时，已形成了以许慎、刘熙为代表的较为完整、系统的地名学思想。

他们都是从语言学的角度来研究地名。许慎的《说文解字》收录地名800多个，对通名、专名及地名史都有一定的交代和解释。刘熙的《释名》共27篇。其中《释水》解释了江淮河济四大水名，《释州国》有49个地名。刘熙的地名学思想主要表现在以下几个方面：

（一）刘熙从哲学的角度出发，探讨了地名的“名与实”的问题。“名与实”的问题一直是中国哲学探讨的重要问题。刘熙在《释名·自序》中说：“名之于实，各有义类，百姓日称而不知其所以之意。”他要探讨的就是地名的“所以之意”。

（二）刘熙从语言学的角度出发，注意到“东南阴阳”等方位词在构成地名中的作用，如：“河东，在河水东也。”“河南，在河之南也。”“汝阴，在汝水阴也。”“南阳，在中国之南而居阳地。”另外也注意到了汉语的词语结构对地名的影响。如“南海，在海南也。宜言海南，欲同四海名，故言南海”。

（三）刘熙以动态的、发展的眼光看待地名，认为地名是随着历史的进步和时代的发展而发展变化的，不是一成不变的。尤其是历史变革对地名影响很大。如：“卫，卫也，既灭殷，立武庚为殷后，三监以守之也。”“宋，送也，地接淮泗而东南倾，以为殷后，若云滓秽所在，送使随流东入海也。”

（四）刘熙注意到地形地貌、气候特征等对地名的影响。如：“益州，益，阨也，所在之地险阨也。”“徐州，徐，舒也，土气舒缓也。”“凉州，西方所在，寒凉也。”

（五）刘熙注意到古代的天文分野对地名命名的影响。如：“古有营州，齐卫之地，于天文属营室，取其名也。”

唐代，是我国封建社会的辉煌时期，经济空前繁荣，与亚非国家的海上贸易和政治文化交流也得到了空前的发展。这就加速了地名，尤其是通名的研究。《新唐书·地理志》所记载的航道上，有“山、石、门、州、海峡”等通名。另一方面，随着国家机器的完善、行政管理的完备，人们认识到地名标准化的重要性，制定了相应的、具体的原则。《旧唐书·玄宗本纪》云：“开元十三年二月丙子改豳州为邠州，鄚州为莫州，梁州为褒州，沅州为巫州，舞州为鹤州，泉州为福州，以避文相类及声相近者。”《唐会要》卷七十载：“邠州，开元十三年二月二十二日以幽字与豳字相涉，诏曰：‘鱼鲁变文，荆并误听，欲辨惑必也正名，改豳为邠。’”唐代对地名的规范不限于行政区划和居民点，还扩大到自然地理实体。《旧唐书·玄宗本纪》天宝五年载："天下山水名称或同，义且不经，多用于里谚宜令所司各据图籍改定。"改"白石山"为"祷应山"，改"会昌县"为"昭应县"。

北宋，随着航海业进一步发展，地名学也进一步发展起来。徐竞的《宣和奉使高丽图经》中有许多地名。徐竞还定义了一部分通名。如："可以合聚落者则曰洲，十洲之类是也。小于洲亦可居者则曰岛，三岛之类是也。小于岛则曰屿，小于屿而有草木则曰苫，如苫屿，而其质纯石则曰焦。"

明代，郑和下西洋，《郑和航海图》已区分了岛、屿、礁、沙、浅、硖、港、洲、石塘、石门等通名。明末，徐弘祖的《徐霞客游记》是日记体为主的中国地理名著。徐霞客经 30 多年旅行，写有天台山、雁荡山等名山游记 17 篇和《浙游日记》等著作，除佚散者外，遗有 60 余万字游记资料。死后由他人整理成《徐霞客游记》。世传本有十卷、十二卷、三十卷等数种。主要按日记著作者 1613—1639 年旅行观察所得，对地理、水文、地质、植物等现象，均作详细记录，在地理学和文学上卓有成就。在地名学上，他纠正了文献记载的关于中国水道源流的一些错误。如否定自《尚书·禹贡》以来流行 1000 多年的"岷山导江"旧说，肯定金沙江是长江上源。对所到之处的人文地理情况，包括各地的经济、交通、城镇聚落、少数民族和风土文物等，也作了不少精彩的记述。更可贵的是，在记游的同时，还常常涉及地名知识，对某些地名的来源作了解释。

如《游雁荡山日记》：

自初九日别台山，初十日抵黄岩。日已西，出南门三十里，宿于八岙。

十一日

二十里，登盘山岭。望雁山诸峰，芙蓉插天，片片扑人眉宇。又二十里，饭大荆驿。南涉一溪，见西峰上缀圆石，奴辈指为两头陀，余疑即老僧岩，但不甚肖。五里，过章家楼，始见老僧真面目：袈衣秃顶，宛然兀立，高可百丈。侧又一小童，伛偻于后，向为老僧所掩耳。自章楼二里，山半得石梁洞；洞门东向，门口一梁，自顶斜插于地，如飞虹下垂。由梁侧隙中层级而上，高敞空豁。坐顷之，下山。由右麓逾谢公岭，渡一涧，循涧西行，即灵峰道也。一转，山腋两壁，峭立亘天，危峰乱叠，如削如攒，如骈笋，如挺芝，如笔之卓，如幞之欹。洞有口如卷幙者，潭有碧如澄靛者。双鸾、五老，接翼联肩。如此里许，抵灵峰寺。循寺侧登灵峰洞，峰中空，特立寺后，侧有隙可入。由隙历磴数十级，直至窝顶，则窅然平台圆敞，中有罗汉诸像。坐玩至暝色，返寺。

十二日

饭后，从灵峰右趾觅碧霄洞。返旧路，抵谢公岭下；南过响岩，五里至净名寺路口。入觅水帘谷，乃两崖相夹，水从崖顶飘下也。出谷五里，至灵岩寺。绝壁四合，摩天劈地，曲折而入，如另辟一寰界。寺居其中，南向，背为屏霞嶂。嶂顶齐而色紫，高数百丈，阔亦称之。嶂之最南，左为展旗峰，右为天柱峰。嶂之右胁，介于天柱者，先为龙鼻水。龙鼻之穴，从石罅直上，似灵峰洞而小，穴内石色俱黄紫，独罅口石纹一缕，青绀润泽，颇有鳞爪之状。自顶贯入洞底，垂下一端如鼻，鼻端孔可容指，水自内滴下注石盆。此嶂右第一奇也。西南为独秀峰，小于天柱，而高锐不相下。独秀之下为卓笔峰，高半独秀，锐亦如之。两峰南坳，轰然下泻者，小龙湫也。隔龙湫，与独秀相对者，玉女峰也。顶有春花，宛然插髻。自此过双鸾，即极于天柱。双鸾止两峰并起，峰际有“僧拜石”，袈裟伛偻，肖矣。由嶂之左胁，介于展旗者，先为安禅谷，谷即屏霞之下岩。东南为石屏风，形如屏霞，高阔各得其半，正插屏霞尽处。屏风顶有蟾蜍石，与嶂侧玉龟相向。屏风南去，展旗侧褶中，有径直上，磴级尽处，石阈限之。俯阈而窥，下临无地，上嵌崆峒。外有二圆穴，侧有一长穴。光自穴中射入，别有一境，是为天聪洞。则嶂左第一奇也。锐峰叠嶂，左右环向，奇巧百出，真天下奇观！而小龙湫下流，经天柱、展旗，桥跨其上，山门临之。桥外含珠岩在天柱之麓，顶珠峰在展旗之上，此又灵岩之外观也。

十三日

出山门，循麓而右，一路崖壁参差，流霞映采。高而展者，为板嶂岩。岩下危立而尖夹者，为小剪刀峰。更前，重岩之上，一峰亭亭插天，为观音岩。岩侧则马鞍岭，横亘于前，鸟道盘折，逾坳右转，溪流汤汤，涧底石平如砥。沿涧深入，约去灵岩十余里，过常云峰，则大剪刀峰介立涧旁。剪刀之北，重岩陡起，是名连云峰。从此环绕回合，岩穷矣。龙湫之瀑，轰然下捣潭中，岩势开张峭削，水无所着，腾空飘荡，顿令心目眩怖。潭上有堂，相传为诺讵

雁荡山芙蓉峰

雁荡山双笋峰

那观泉之所。堂后层级直上，有亭翼然面瀑，踞坐久之。下饭庵中，雨廉纤不止。然余已神飞雁湖山顶，遂冒雨至常云峰。由峰半道松洞外，攀绝磴三里，趋白云庵，人空庵圮。一道人在草莽中，见客至，望望去。再入一里，有云静庵，乃投宿焉。道人清隐，卧床数十年，尚能与客谈笑。余见四山云雨凄凄，不能不为明晨忧也。

十四日

天忽晴朗，乃强清隐徒为导。清隐谓湖中草满，已成芜田，徒复有他行，但可送至峰顶。余意至顶，湖可坐得，于是人捉一杖，跻攀深草中，一步一喘。数里，始历高巅。四望白云，迷漫一色，平铺峰下。诸峰朵朵，仅露一顶，日光映之，如冰壶瑶界，不辨海陆，然海中玉环一抹，若可俯而拾也。北瞰山坳壁立，内石笋森森，参差不一。三面翠崖环绕，更胜灵岩；但谷幽境绝，惟闻水声潺潺，莫辨何地。望四面峰峦累累，下伏如邱垤，惟东峰昂然独上，最东之常云，犹堪比肩。

导者告退，指湖在西腋一峰，尚须越三尖。余从之，及越一尖，路已绝；再越一尖，而所登顶已在天半。自念《志》云："宕在山顶，龙湫之水，即自宕来。"今山势渐下，而上湫之涧，却自东高峰发脉，去此已隔二谷，遂返辙向东，望东峰之高者趋之，莲舟疲不能从。由旧路下，余与二奴东越二岭，人迹绝矣。已而山愈高，脊愈狭，两边夹立，如行刀背；又石片棱棱怒起，每过一脊，即一峭峰，皆从刀剑隙中攀援而上。如是者三，但见境不容足，安能容湖？既而高峰尽处，一石如劈。向惧石锋撩人，至是且无锋置足矣。踌躇崖上，不敢赴向故道。俯瞰南面石壁下有一级，遂脱奴足布四条，悬崖垂空，先下一奴，余次从之，意可得攀援之路。及下，仅容足，无余地。望岩下斗深百丈，欲谋复上，而上岩亦嵌空三丈余，不能飞陟。持布上试，布为突石所勒，忽中断。复续悬之，竭力腾挽，得复登上岩。出险，还云静庵，日已渐西。主仆衣履俱敝，寻湖之兴衰矣。遂别而下，复至龙湫；则积雨之后，怒涛倾注，变幻极势，轰雷喷雪，大倍于昨。坐至暝始出，南行四里，宿能仁寺。

十五日

寺后觅方竹数握，细如枝；林中新条，大可径寸，柔不中杖，老柯斩伐殆尽矣！遂从岐度四十九盘，一路遵海而南，逾窑岙岭，往乐清。

以上加线部分均为地名，且绝大部分为温州雁荡山景观地名，多处阐述了地名命名的原因。

清代，在整理和吸收近代地理学知识的基础上，学者们给各种地形以基本完备的分类名称，并讨论了地理实体与通名的名实相符问题。最有代表性的是龚柴的《地理形势考》，文中写道："海者，水之较小于洋，域于地中者也。如地中海、波罗的海、黑海，是其名实相符者；若里海、咸海、青海，则大湖而称为海也；红海、马海、衣袖海，则大峡而称为海也；亚得亚海、波斯海，则大湾而称为海也。"

1949 年以后，尤其是 20 世纪七八十年代，各级地名委员会相继成立，在全国范围内开展了地名普查，数百种市、县地名志出版发行。中国地名学，尤其是应用地名学取得了令人鼓舞的成果，在理论地名学方面出版了好几部专著，发表了一大批论文。但关于地域地名的研究，目前还不多。除了张清常教授的《胡同及其他》《北京街巷名称史话——社会语言学的再探讨》外，其他地域性的地名研究均散见于地方志中。系统地研究温州地名，尤其是从语言、文化的角度研究地名的著作，在《温州地名的语言文化研究》出版之前还没有看到。当时，对温州地名的研究更是一片空白。除了几本内部发行的地名志外，关于温州地名研究的文章几乎没有。

三、地名的性质

上文提到，地名有两种含义：一是客观存在的地名本身；二是研究地名的科学——地名学。因此地名的性质也有两种：一是地名的性质；二是地名学的学科性质。

（一）地名的性质

1. 地名的民族性

不同民族分布区域内的地名，一般总是由生息在该地的居民以其所使用的语言命名。地名的命名依据还能反映一个民族的心理状态、风俗习惯和其他文化特征。如西藏自治区居民点地名有 4740 多条，藏语地名就有 3500 多条，如"曲舍格"（意为"汇水之脊"）、"措乃"（意为"湖尖"）、"冬耐"（意为"牧场之角"）、"日旭"（意为"山麓"）、"瓦落"（意为"麦浪翻滚"）。又如抚顺是满族居住之地，是清朝的发祥地。很早以前满族的祖先就在那里生活、繁衍。因此，满语也对地名产生很大的影响。据统计，抚顺有满语地名400条左右，如“勒夫沟”（意为“黑瞎子沟”）、“嘎叭赛”（意为“黑茶叶枝”）、“郎士”（意为“茂盛的地方”）、“高尔山”（意为“槐树山”）、“呼兰哈达”（意为“烟筒山”）、“赫图阿拉”（意为“横岗”）。温州位于浙江南部。浙南山区是畲族的主要生活区。因此，在温州地名中也有许多畲语地名。如畲语把“茅草搭建的房子”称为“寮”，温州地名中就有“下黄寮、上寮村、寮后、寮山、寮下、长岭寮、白玉寮、外寮、底寮、上豹寮、杨寮、田寮、坟头寮、吴寮、东家寮、罗家寮、茶寮弯、上寮峰、茶寮、下寮、三寮、石寮、寮坑村、朱寮、银寮、大寮后、外寮、地寮、宏寮、香菇寮、寮后、鸭母寮”等地名。这些用不同民族语言命名的地名，具有浓郁的民族色彩，反映了不同民族的生活环境、生活习惯、民俗风情以及人口迁徙和民族融合的情况。

2. 地名的地域性

地名的命名常反映当地当时的某些自然或人文地理特征。如湖北地处我国地形的第二阶梯与第三阶梯的过渡地带，地形具有明显的过渡性：山地、丘陵、平原兼而有之。因此地名中的通名就有“关、垭、坝、坪、堡、垸、滩、墩、畈”等。温州地处丘陵地带，被称为“七山一水二分田”，上述通名在温州地名中就很少见。温州也有反映地形、地貌的特殊通名，如“漈（音[tsei ^{42}]，指山间瀑布）、坑（指凹下去的带状地形）、尖（指山峰）、垟（音[kuɔ ^{42}]，指山脉或土坡的条状隆起）、塓（音[koŋ ^{42}]，指小山岗）、岙（音[ə ^{42}]，指山间平地）、垟（音[ji ^{31}]，指大片的田地）、井（音[taŋ ^{35}]，指凹地）”等。在温州地名内部，山区地名与沿海地名也有很大的不同。如山区地名对“竹”的分类很细。如“筋竹、苦竹头、毛竹山、水竹园、金竹溪、金竹坑、金竹园岭、金竹尖、金竹垟”等。沿海地名跟海洋关系很密切，如浙南海岛玉环县的许多地名与海洋有关。如“鳗鱼岙、鲳鱼岙、蟳蠓（蟳蠓：方言指青蟹）岙、蟹钳、海蛳（海洋物产）塘；盐坊行、盐场头、盐盘（煮海晒盐）；清港礁头、楚门礁头、花岩礁、大麦屿、连屿、双屿、洋屿、西滩、小滩、黄沙滩、后沙、小沙、下沙、小湾、后湾、丁岙湾、庙湾、清港、珠港（海洋地貌）；樊塘、能仁塘、东岙塘、九眼塘、花岩塘、太平塘、吴家塘（围海造田）”。这是物质文化对地名的影响，从而使地名显示出自然地理特征。另外，精神文化也对地名产生很大的影响，使地名显示出人文地理的特征。如楠溪江流域崇尚耕读文化，因此地名中常有以“文房四宝”和

“鲤鱼”“龙”命名的，如“文笔峰、卓笔峰、大笔峰、笔尖峰、鲤鱼山、朝天鲤、鲤鱼尖、鲤鱼田、砚台岩、砚瓦槽”等，透出浓郁的书卷气。[9]

3. 地名的稳固性

岁月更替，社会在发展，时代在进步。人类为了发展，或者由于战争、饥荒等原因，往往从一个地方搬到另一个地方。虽然住地易主了，但原有的地名不可能荡然无存，新来的人常常沿用原来的旧有的地名。这就使得地名一代代地传承下去，具有稳固性。

如羌族是我国北方古老的民族之一，秦汉之际，羌族活跃在现新疆南部阿尔金山西至昆仑山的广大地区。史学家翦伯赞认为：“史前时代，诸羌族已由凉州再向西迁，进入塔里木盆地之间。”[10] 当时羌人用羌族或部落命名地名。形成了许多羌族地名。后来，据学者研究，“这些羌族融入维吾尔、藏各族中”。[11] 尽管羌族在新疆已消失，但许多羌族地名现在还保留着。如“若羌县、叶尔羌、皮羌村、皮羌瓦尔特、阿羌乡”等。这些保留着的地名，是历史的见证，是证明羌人在这些地方活动过的“活化石”。

又如浙江从远古时代开始就是古越族生活繁衍的地方，由于种种原因，古越族一部分人迁徙到浙北、苏南，成为后来的句吴族；一部分人迁徙到浙东山区，成为《越绝书》记载的内越；另一部分人留居在沿海岛屿，成为《越绝书》记载的外越。在他们生活的区域，有许多越语地名。如“姑苏”“余杭”“余干”“余姚”等，其中的“姑”“余”是古越语的词头，构成越语地名。秦征服江南以后，越族从该地区流散，但许多越语地名还是保留了下来。如温州地名中的“瓯江”“瓯海”以及以“垟”或“垟”为通名构成的地名等。这些地名说明了地名的稳固性。

4. 地名的时代性

地名是时代产物，地名的时代性表现为两个方面：

第一，地名的命名通常反映命名时代的特征，它受到时代发展水平的制约。没有航海知识的积累和15—17世纪的地理大发现，就不会有像太平洋、印度洋等海域的名称；没有唐宋时期航海业的发展，就不会有“洲、岛、屿、焦（礁）、海峡”等通名的产生。

第二，地名的变更与时代息息相关。最典型的例子是“文革”中更改的大量地名，带有那个时代浓浓的气息，打上了那个时代鲜明的烙印。如温州在

百里路

“文革”期间把“墨池坊”改为“文革巷”，“玉环殿边”改为“卫东巷”，“望江东路”改为“反帝路”，“百里路”改为“反修路”，“三官殿巷”改为“支农巷”，“蛟翔巷”改为“防修巷”，“花柳塘”改为“红心巷”等等。被改后的地名无不带有浓厚的时代气息。

地名的稳固性和时代性是一对矛盾体。稳固是相对的、部分的。时代性的实质就是地名的变化性。变化是绝对的。在地名中以自然景观命名的要比以人文命名的稳固，因为自然景观的变化总是缓慢的，而人文地名与社会变革息息相关。

（二）地名学的学科性质

20 世纪末，我国对地名学的研究还十分薄弱，对地名学的学科性质众说纷纭。

王荣富认为：“地名学属于地理科学的范畴，它是与自然地理学、人文地理学等并列的地理学的一个分支学科。”其理由是：

第一，地名是地理学绝对不可缺少的组成部分。无论是自然地理学、人文地理学，还是它们的分支学科所研究的对象，都是地球上和太空中大大小小的地理实体，这些地理实体都有自己的名字，这就是地名。离开了这些具体的地名，任何地理学的研究都无所寄托。

第二，地名学同地理学一样具有空间性质。地理学以这些大小不同的空间作为研究对象的，这就是地理学的空间性。地名学所研究的范围，也是这些大小不同的空间的名称。在这一点上地理学和地名学是一致的。

第三，许多地名真实地反映了该地区的地理特征，具有地理意义。

第四，地名具有稳定性，这同地理学研究对象的稳定性是一致的。[12]

涂成焱认为：地名学是独立的学科。

一门学问能否成为独立的学科，主要看它所研究的是否是独特的对象，该对象的构成是否有一定系统，其演变有没有一定的规律。

不同民族的人名有不同的结构，不同时代的人名有不同的风尚和习惯。人名之中有正名、别名、乳名、绰号等。人名是人名学的独特的研究对象。各种各样的图书也都有自己的专名，不同门类、不同时代的图书都有不同的系统，不同语种、不同内容（各种学科）、不同体裁（论文、散文、诗词、歌赋等）、不同形式（图书、刊物、声像等），这是目录学的研究对象。电话号码本上的用户虽然也有公与私、团体与个人之别，却没有独特的系统，因而不能成为专门研究的对象。

地名学以地名为研究对象，地名是一种独特的社会现象，数量庞大的地名是一个复杂的系统。这些系统的构成和演变又有一定的规律，因此地名学是一门独立的学科。[13]

我们认为地名学是一门边缘学科，其实它跟其他学科有着密切的联系。

第一，地名学跟地理学有密切的联系，上文已提到。

第二，地名研究又离不开语言学知识。中国地图学和地名学的奠基人曾世英在《地名与语言学论集·导言》中指出：

> 地名是语言中的专有名词，它和语言中的其他专名（例如人名）有相同的特点，又有不同的特点。地名的构成有一定的语法规律，地名用字的分布和民族语、方言的分布密切相关，地名的书写和称说可能存在不同的变体，对历史地名的考释必须从字的形音义入手，对当代地名的标准化处理，也必须联系语言文字的规范化原则和方法进行研究。所有的这些都说明了地名学的研究和语言学的研究是密切相关的。
>
> ……
>
> 语言文字学的种种研究成果和研究方法，对于地名学的建立也是不可或缺的。

李如龙先生在《汉语地名学论稿·自序》中也提到：

> 地名本来就是语言里的一个词汇系统。对于地名的语词结构的分析，关于地名词的音、形、义和词汇系统的研究，本来就是描写语言学、结构语言学的课题。对于地名的语源研究，历史地名、方言地名以及外族地名的历史考证，都只能借助历史语言学的研究成果。关于地名的命名法以及地名如何反映历史文化背景的研究，则是文化语言学的研究内容。关于地名的标准化以及各项地名工作的研究，自然应该归入应用语言学的范围。

这几段话都说明了地名研究与语言学的密切关系。

第三，地名学与历史学密不可分。地名学要研究地名的产生、发展、演变，要研究各个时期的地名，要研究社会历史变革对地名的影响，还要通过地名对不同时期的语言和文化进行历时研究等等，都离不开历史。此外，地名与宗教学、民俗学、建筑学、心理学、经济学等都有密切的联系。

第二节 地名的分类

对地名的分类进行研究和探讨的论著不少，分类的方法各种各样，分类的结果也是五花八门。较有代表性的有下列几家。

《中华人民共和国地名词典编纂工作细则》中，按地名性质分成九类：(1)

政区和居民地;（2）自然地名;（3）水利及电力设施;（4）交通地名;（5）纪念地;（6）名胜古迹;（7）地域名;（8）简名;（9）旧地名等。

杨光浴认为[14]：

地民分类按性质
- 1、自然地名
  - （1）自然区、地形区、地理区
  - （2）山文（山脉、山、峰、隘等）
  - （3）水文（海洋、江河、湖泊、泉瀑、沼泽等）
  - （4）岛礁
  - 注：水库、运河、水利设施归属在“水文”类中
- 2、人文地名
  - （1）行政区划、政权中心
  - （2）居民地（聚落）
    - 城市
    - 镇
    - 农村聚落
  - （3）交通
    - 陆路（铁路、公路）
    - 水路
    - 空路
  - （4）文化地名（名胜、古迹、纪念地等）
  - （5）经济地名（各专业部门使用有地名意义的名称）
  - （6）历史地名（古代、近代、现代）

地名分类按形态
- 1、面状
  - （1）国家、行政区域（给定政治范围）
  - （2）自然区（自然属性范围）
  - （3）区片（约定俗成，模糊范围）
  - （4）城市聚落；复合型岛礁（如我国台湾地区）
- 2、线状
  - （1）水文线
  - （2）山文线
  - （3）交通线（含城市街路）
  - （4）线状建筑（长城、柳条边）
- 3、点状
  - （1）居民地
  - （2）文化设施（名胜、古迹）
  - （3）水利
  - （4）山峰、隘等
  - （5）岛礁（单一型的）
  - （6）城市街路门牌

- 地名分类 按时间
  - （1）古代（1840年前，细分到帝王纪年）
  - （2）近代（1840—1949年）
    - 历史名
    - 现实名
  - （3）现代（1949年至今）

- 地名分类 按要素
  - 1、音
    - （1）汉语
      - 标准音
      - 方言
    - （2）民族融合语
    - （3）非汉语（各少数民族语）
    - （4）外来语
  - 2、形
    - （1）汉文字（繁体、简体）
    - （2）非汉字（少数民族语文字）
    - （3）复合语（注音、译义）
    - （4）汉语拼音
    - 语词结构
      - a 长句
      - b 词组
        - 名词+名词
        - 名词+数词
        - 名词+方位词
        - 名词+形容词
      - c 名词
        - 有通名
        - 无通名
      - d 简称
  - 3、义
    - （1）记述类（客观反映）
    - （2）赋义类（主观反映）
    - （3）复合形式类
    - （4）借注、转注、侨置类
    - 社会效果
      - 含义健康——标准地名
      - 中性的——标准化地名
      - 含义不妥的——非标准地名
    - 发生学
      - 俗成
      - 雅化
      - 规划

赵艺学认为[15]，按时间为序，地名学分为：

- 地名学
  - 历史地名学
    - 历史自然地名学
      - 历史山体地名学
      - 历史水体地名学
    - 历史人文地名学
      - 历史政区地名学
      - 历史城市地名学
  - 现行地名学
    - 自然地名学
      - 山体地名学
      - 水体地名学
    - 人文地名学
      - 政区地名学
      - 城市地名学

按地理实体类型，地名学分为：

- 地名学
  - 自然地名学
    - 山体地名学
    - 水体地名学
  - 人文地名学
    - 政区地名学
    - 城市地名学
  - 历史地名学

按语言类型（仅以我国为例），地名学分为：

- 地名学
  - 汉语地名学
    - 汉语自然地名学
      - 汉语山体地名学
      - 汉语水体地名学
    - 汉语人文地名学
      - 汉语政区地名学
      - 汉语城市地名学
  - 非汉语地名学
    - 非汉语自然地名学
      - 非汉语山体地名学
      - 非汉语水体地名学
    - 非汉语人文地名学
      - 非汉语政区地名学
      - 非汉语城市地名学

涂成焱和曾令甫对地名分类有各种不同的理解和分类方法，对地名体系提出下列设想[16]：

1. 地名的正统性
   - 原生地名（荆州……）
   - 派生地名（北京大学、南京大学、武汉大学……）
   - 侨置地名（松滋县……）
   - 移置地名（荆门……）

2\. 地名的时间性
- 古地名
  - 古迹（翎台、金字塔……）
  - 古战场（古老背、赤壁……）
  - 古城（西安、洛阳……）
  - 古镇（景德镇……）
  - 遗址（纪南城遗址……）
- 今地名
  - 近世地名
  - 当今地名（十堰市……）

3\. 地名的现状性
- 名废实存（不稳定）
  - 旧地名（宜都工业区……）
  - 曾用名（礼山县……）
- 名存实无（不稳定）
  - 沿用地名（六渡桥、葛洲坝……）
  - 消失地名（纪南城……）
- 名实并存（较稳定）
  - 古地名（长城、金字塔……）
  - 现地名

4\. 地名的价值性
- 经济地名（大冶铁矿、神农架林区、大庆油田……）
- 行政地名（国、省、市、县……）
- 文化地名（普林斯顿、兰亭……）
- 科学地名（日本筑波科学城、紫金山天文台、比萨斜塔……）
- 交通地名（上海港、北京首都机场……）
- 军事地名（卢沟桥、101高地……）
- 历史地名（隆中……）

5\. 地名的空间性
- 宏观地名
  - 星体
    - 地球
    - 月球
    - ……
  - 地球
    - 东、西、南、北半球
    - 北极、南极
    - 七大洲四大洋
    - 河流、山脉、地带、地理区域
    - 大、中城市
- 微观地名
  - 小聚落
  - 古迹、名胜

6\. 地名的词源性
- 思维地名（汤池、恒春……）
- 形象地名（五指山、笔架山、龟山、石鹅岭……）
- 物主地名（杉树坪、毛竹垱
- 民间地名（凤凰山、太阳岛……）
- 神话地名（神女峰、黄龙洞……）
- 传说地名（晒经坪、点军坡……）

7. 地名的类型性
- 人文地理实体地名
  - 行政
  - 聚落类型
  - 人工建筑
  - 名胜、古迹、风景区
- 自然地理实体地名
  - 地貌地名
  - 水体地名
  - 其他

8. 地名的命名形式
- 形态、形状定名（枝江……）
- 人物定名（志丹县、中山市……）
- 特征定名（雷州半岛……）
- 名产定名（纸坊、嘉鱼、磨山、火石岭……）
- 动植物定名（紫荆岭、五羊城……）
- 方位定名（河南、河北……）
- 祈祷定名（太平寺……）

我们认为，从地名所指称的对象分，地名有三大系统（这三个系统又各自包含着若干小系统）。

（1）地理环境系统

陆地：山脉、高原、峡谷、山地、丘陵、坡、沟、梁、平原、沼泽、盆地、沙漠、洲、岛、礁等，其中山脉又有支脉、山峰等小类。

水类：江、河、溪、涧、湖、湾、海、港等，其中湖又有冰川湖、火山湖、盐湖、岩溶湖、潟湖、人工湖等小类。

地物：林、石、堤坝、水库、电站、宫殿、楼、堂、馆、阁、塔、寺、桥、台、墓、碑、渡、码头、车站等小类。

（2）聚落系统

城镇：路、道、街、巷、新村、公园等。

农村：乡、村（庄）、屯、墟（集）等。

其他：废村、废墟、旧址、景点等。

（3）行政区划系统

各个历史时代都有独特的行政区划系统。例如，唐代元和年间就《元和郡县图志》所示，就有“道—节度使—州（在京畿称府）县（又有望、紧、上、中、下）—乡”。

从地名的语言形式分，地名有三大系统。

（1）结构系统

原生地名：单纯地名（卫、鲁、琅琊等，一个地名是一个不能再分解的语素）、复合地名（巴郡、长江、河东等，包括专名和通名两部分）、词组地名（朝阳门内南小街、三潭印月等，由几个词构成）。

相关地名：转类地名（石家庄市、雷州半岛等，由村名、州名转为市名、半岛名）、移用地名（上海的南京路等，移用外地的现成地名）、派生地名（中山东一路、潮白新河等，由中山路、潮白河派生而来）、拼合地名（安庆 + 徽州→安徽，襄阳 + 樊城→襄樊）、紧缩地名（京汉线、两广）。

（2）语源系统

汉语地名：共同语地名（多数标准地名）、方言地名（沙石峪、鸡公山）。

外语地名：民族语地名（那隆、拉萨）、外来语地名（华莱士广场）。

（3）语用系统

现代地名：通用地名（标准地名）、别称（又包括旧称、简称、俗名、别名）。

历史地名：历代古籍所示各种地名。

虚拟地名：文学作品中所用的各种地名。

从命名法分，地名也有三个系统。

（1）描述性地名

表示地理位置的，如方位（河北）、距离（十里铺）、序列（五道口）等。

描述自然景观的，如地形（五指山）、地物（槐树庄）、土壤（红山）、水文（浊水溪）、气候（雷州）、景色（白云山）等。

说明自然资源的，如动物（鸟岛）、植物（杉岭）、矿产（铁山）等。

（2）记叙性地名

叙述文化景观的，如建筑（九间排）、设施（官焙，古时曾设焙茶作坊）等。

记录人物族性的，如人物（中山市）、族称（苗家山）、姓氏（李家庄）等。

记载史实传说的，如故称（歙县，歙为古国名）、年号（绍兴，宋代绍兴年间设置）、事件（双十路，纪念武昌起义）、变迁（旧县）、传说（神女峰）等。

（3）寓托性地名

观念地名，如孝感、民主。

意愿地名，如福宁、安顺。

感情地名，如百花村、棺材礁。

此外，还有记号及数字代码类（无义可考）。

我们认为地名可以从语言与文化两个方面来分类（仅以温州地名为例）。

从语言的角度给温州地名分类，有两个标准：一是根据语言的各个要素——语音、文字、词汇、语法、修辞；二是根据语言的使用情况。温州方言复杂，有标准语地名、方言地名，也有部分少数民族语地名。方言地名又有吴语地名、闽语地名、客家话地名。少数民族语地名主要是畲语地名。根据单一标准，即上述任何一条标准给地名分类，都无法深入下去，显得过于简单。如果把两条标准结合起来给地名分类，又难以操作。根据温州地名的特点，我们利用语言的构成要素给地名分类，把地名分成语音、词汇、语法、修辞四大块；再根据语言的使用情况，给地名进行细分类。这样语音部分可分为标准音地名、方言音地名、少数民族语音地名；词汇中又是标准地名、方言词地名、少数民族语地名；语法、修辞部分又是大同小异，这样的分类烦琐且意义不大。因此我们在分类的过程中，根据实际情况，结合两个标准，适当做些调整。如语音部分，可以分标准音地名、方言音地名、少数民族语音地名。但方言语音，不管是吴语还是闽语，还有少数民族语言——畲语，都保存了许多古音。我们就把这一类归为“古音地名”。另外，温州地名大多数采用吴语的一支——浙南瓯语，由于种种原因，利用浙南瓯语的语音特点形成的谐音地名特别多。我们把“谐音地名”归为一类。词汇部分，我们根据第二条标准分为：方言词地名、少数民族语地名、古语词地名。语法、修辞部分第一条标准起主导作用。语法部分区分词地名和短语地名。修辞部分根据辞格的特点分为比喻地名、借代地名、引用地名等等。我们知道这种分类从严格意义上看不甚科学，标准不是很统一，导致分类结果不甚严密。但这种分类符合温州地名的特点，操作起来方便，有较强的实用性。

- 地名分类（按语言分）
  - 语音
    - 古音地名
    - 谐音地名
  - 词汇
    - 古语词地名
    - 方言词地名
    - 少数民族地名
    - ……
  - 语法
    - 词地名
      - 实语素+实语素
      - 实语素+虚语素
    - 短语地名
      - 名词+名词
      - 数词+名词
      - 方位词+名词
      - 形容词+名词
      - ……
  - 修辞
    - 比喻地名
    - 借代地名
    - 引用地名
    - 对偶中的地名
    - ……

从文化的角度也可以给地名分类。关于文化的定义，我们将在下卷展开讨论。这里我们姑且把文化分为物质文化和精神文化两部分。据此我们把温州地名也分为物质文化地名和精神文化地名两部分。物质文化地名包括动物地名、植物地名、矿产地名、特产地名、手工业地名等；精神文化地名包括由政治变革、经济贸易、文化教育、宗教、风俗、宗族、交通、军事、民族等产生的地名。

- 地名分类（按文化分）
  - 物质文化地名
    - 动物地名
    - 植物地名
    - 矿产地名
    - 特产地名
    - 手工业地名
    - ……
  - 精神文化地名
    - 政治地名
    - 经济地名
    - 教育地名
    - 宗教地名
    - 风俗地名
    - 宗族地名
    - 交通地名
    - 军事地名
    - 心理地名
    - 民族地名
    - ……

第三节　地名学研究的内容、方法和意义

一、地名学的研究内容

地名学研究的内容十分广泛。大致可以分为三个方面的内容。

（一）语言方面

地名由语词构成，可以从语音学、语义学、文字学、词汇学、词源学、语法学的角度，对地名进行语词分析，研究地名的语源，地名词的音、形、义及其演变，有助于地名的正名、正字和正音等规范化工作。依据保留在地名中的古语成分，可以推论古语特征。对地名中方言词汇的研究，可以帮助确定方言在词汇上的特点和词义以及方言分布界限。对地名的民族性的探讨，可以使地名研究为探索不同民族心理、习俗、信仰等提供资料，印证民族迁徙、人口分布的轨迹。在科学的语言分析基础上，做好不同国家和民族地名的译写规范化工作。

（二）地理方面

地名是特定地理实体的指称符号，具有一定的地理性。地名不仅代表命名对象的空间位置，指明它的类型，而且还常常反映当地的自然地理或人文地理特征。对古地名的位置进行考证，以及利用地名推测当地在一定历史时期的自然和人文地理景观，对研究区域开发历史和地理演变（如海岸、河道、湖泊、植被、经济等）等都很有价值，这些都是地名学研究在地理方面的课题。对地方性地名通名的研究，有助于认识当地的特殊地形地貌、地理景观等。

（三）历史方面

地名是历史的产物，又具有相对稳固性，被认为是“文化的化石”。因此它能保留较多的历史信息。通过研究地名可以说明许多历史问题，对研究历史时期的政治变革、经济贸易、军事交通、文化教育、民俗风情等都有帮助。

二、地名学的研究方法

地名研究的方法多种多样，主要采用综合研究法，但根据研究内容和目的不同，可侧重采取不同的方法。如：搜集资料，多采用田野作业；研究地名语源、语音和含义，重点采用语言分析法；研究地名的发生、发展、演变规律，多采用历史比较法；研究地名现象的数量关系，常采用统计法，利用计算机统计、整理；研究地名的分布规律和各地关系，多采用地理法和地图制图法。归纳、演绎法对于解决文献中的疑难问题和方言词义、民间词源等是必不可少的。整理古今文献中的地名资料，也是地名研究的重要方法。

三、地名学研究的意义

地名学对于实现地名标准化，研究历史，国际交流，以及为发展科学、文化、经济建设提供资料等具有重要意义。

温州地名的研究还有其独特的意义：

从语言学和文化学两个角度，研究温州地名的“表层结构”和“深层结构”，具有重要的理论和实践意义。从语言学的角度来审视，地名所使用的语言材料和结构规则是地名的“表层结构”。通过它可以弄清地名同一般的语言现象的联系和区别。比如从地名看语音的演变、用词的特点、语法结构、修辞特色等等。从文化学的角度来审视，地名所反映的民族文化是地名的“深层结构”。一

雁荡山夫妻峰

方面地名是文化的镜像，是文化的载体。地名可以反映某一民族、某一地区的物质文化和精神文化，具体包括地名与自然环境、地名与经济发展、地名与经济生活、地名与文化心态、地名与宗教信仰、地名与民间风俗、地名与民族迁徙等之间的关系。东瓯文化是吴越文化的重要组成部分。温州地名可以反映雁荡山的奇山异水、楠溪江的淳朴民风、洞头的古老民俗、鹿城的人文景观等等。更重要的是温州是我国市场经济比较发达的地方，自古以来，温州人就富于经商意识，现在，700 万温州人中就有 100 多万人常年在外经商，“温州模式”已闻名中外。这一点可从温州地名的历史变迁和遍布全国的“温州村”得到演绎和印证。以上是温州地名研究的理论意义。另一方面，研究温州地名又有很强的实践意义，从语言学的角度进行研究，可以纠正地名在读音、书写方面的许多混乱现象，规范地名的读音和用词。随着经济的发展，必将会对部分地区进行命名或更名，地名的研究将会为此提供依据、制定原则，以提高城市的品位。地名的称呼和书写是否正确和统一，地名问题的处理是否恰当，关系到国家主权和民族团结，对军事、外交、新闻、出版、邮电、交通、测绘、文教等各项工作都有影响，是一项政治性很强的工作。另外，从文化学的角度来看，通过温州地名的研究可以直接或间接地展现温州的自然景观、风土人情、经济状况，促进旅游业和地方经济的发展。尤其是温州的许多地名都有自己的雅称，雅称通常是神话传说、名胜古迹、奇山异水在地名上的折射。对它的研究，可以激发人们对祖国大好河山的热爱，促进精神文明建设。

注释：

[1] 李如龙：《汉语地名学论稿》，上海：上海教育出版社，1998 年，第 6 页。

[2] 杨光浴：《应用地名学讲座》，《地名丛刊》1986 年第 3 期。

[3] 刘盛佳：《地名学的产生》，《地名丛刊》1986 年第 4 期。

[4] 参见《中国大百科全书》（光盘版），北京：中国大百科全书电子音像出版社，2000 年。

[5] 牛汝辰：《目前中国理论地名学亟待解决的问题》，《地名丛刊》1987 年第 4 期。

[6] 刘盛佳：《地名学的产生》，《地名丛刊》1984 年第 4 期。

[7] 刘盛佳：《地名学的产生》，《地名丛刊》1984 年第 4 期。

[8] 李葆嘉：《我国地名词典的雏形——〈尔雅〉中的释地四篇》，《地名丛刊》1988 年第 1 期。

[9] 参见盛爱萍：《从温州“比喻地名”看楠溪江耕读文化的特点与分布》，《修辞学习》2001 年第 4 期。

[10] 翦伯赞：《史前羌族与塔里木盆地诸种族的关系》，《中苏文化》1944 年第 15 卷第 2 期。

[11] 苏北海：《西域历史地理》，乌鲁木齐：新疆大学出版社，1988 年，第 24 页。

[12] 王荣富：《试论地名学的科学性质》，《地名丛刊》1985 年第 3 期。

[13] 涂成焱：《地名的区分与归纳初探》，《地名丛刊》1985 年第 3 期。

[14] 杨光浴：《地名的分类》，《地名丛刊》1986 年第 4 期。

[15] 赵艺学：《地名学几个基本问题的探讨》，《中国地名》1991 年第 3 期。

[16] 涂成焱：《地名的区分与归纳初探》，《地名丛刊》1985 年第 3 期。

上卷

温州地名与浙南瓯语

第一章　概述

温州地处我国东南海岸线中部，位于浙江南部，西倚旗云山，北临瓯江，东濒东海，土地肥沃，物产丰富。梁朝文学家丘迟对温州的前身——永嘉郡城的地理地势作了如下描绘:“控山带海，制兼水陆，东南之沃壤，一郡之巨会。”

温州气候温和，冬暖夏凉，雨量充沛。《浙江通志》卷八引《图经》曰:“永嘉民李行抚诣阙请置州制，以永嘉、安固二县置温州。其地自温峤山西，民多火耕，虽隆冬而恒燠，故名。”

第一节　温州建置

温州古为瓯越地，也称“东瓯”。春秋属越，秦统一六国后，征服瓯越和闽越，以其地置闽中郡，闽中郡是瓯越、闽越的活动区域。郡治东冶县（今福建福州），辖境相当于今台州、温州、丽水三地和福建全省。汉初，驺摇佐汉灭秦有功，于汉惠帝三年（前 192）被封为东海王。西汉建元三年（前 138）因不敌闽越的进攻，举国迁至江淮之间的庐江郡。西汉始元二年（前 85）在东瓯故地设置回浦县，属临海郡。东汉永和三年（138）析章安县之东瓯乡置永宁县，析章安县之西南境建松阳县，均属会稽郡。三国东吴太平二年（257）后属临海郡。东晋太宁元年（323）析临海郡南部四县置永嘉郡，属扬州，建郡治于瓯江南岸（今鹿城区）。这是温州置郡级地方政权之始。隋文帝开皇九年（589），罢天下郡制，以州统县，废永嘉郡、临海郡。隋炀帝大业三年（607）复改永嘉郡，辖括苍、永嘉、松阳、临海 4 县。唐武德五年（622）于郡地分置东嘉州、永宁县。贞观元年（627）废东嘉州及永宁县，永宁县属括州。唐高宗上元二年（675）析括州之永嘉、安固二县置温州，为温州得名之始。此后历为州、郡、府、路治所。唐天宝元年（742）改温州为永嘉郡。唐乾元元年（758）后为温州。唐末，温州先后为朱褒兄弟交替割据达 22 年之久，至哀帝天祐四年（907）

三月，钱镠命子元瓘率兵讨伐，四月攻占温州。于是，温州为吴越王地，设温州制置使，辖永嘉、瑞安、乐清、平阳四县。南宋咸淳元年（1265）升瑞安府。元世祖至元十三年（1276）改瑞安府为温州路。明洪武元年（1368）改温州府。清世祖顺治三年（1646）春，清军入浙，夏，下温州，温州入清版图。

1876年，温州辟为对外通商口岸。1911年，辛亥革命爆发，温州光复，成立“军政分府”，隶浙江省军政府。1912年后废府置瓯海道，并为道治。1927年，废道直属于省。1935年，置浙江省第八行政督察区，并为区署驻地。1949年，析城区设温州市，为省辖市。

现今，温州市包括鹿城、瓯海、龙湾、洞头4个区，下辖瑞安、乐清、龙港3个县级市及永嘉、平阳、苍南、文成、泰顺5个县。

各市县建置情况简述如下：

瑞安市：三国吴初分永宁县南境置罗阳县，属会稽郡。三国吴宝鼎三年（268）更名安阳县。西晋太康元年（280）改安固。东晋太宁元年（323）后属永嘉。唐上元二年（675）后属温州。唐末天复三年（903）有白乌栖于集云阁，以为祥瑞，遂改安固为瑞安。南宋属瑞安府。元属温州路，成宗元贞元年（1295）瑞安升为瑞安州。明洪武元年（1368）复为瑞安县，属温州府。清仍。1987年，瑞安县改为瑞安市。

乐清市：东晋宁康二年（374）分永宁置乐成县，属永嘉郡。唐武后载初元年（690）属温州。五代梁太祖开平二年（908）避梁太祖父朱诚讳改“乐成”为“乐清”。南宋咸淳元年（1265）后属瑞安府。元属温州府。清仍。1993年，乐清县改为乐清市。

龙港市：据民国《平阳县志》载：“鳌（江）在西晋建立时，初名‘始阳江’，又名‘钱仓江’。今自新渡以下又称‘鳌江’。”而在当地，历来称其为青龙江，简称“龙江”。地处龙江口港湾侧，因而名“龙港”。辖区清时分属九都、十都。1912年，分属新桂、龙江乡；1949年，改属湖前、龙江乡；1963年，分属沿江、龙江公社；1983年10月，设龙港镇；1985年，池浦、新渡村和捕捞队划入；1986年，流浦、朝西屋自然村划入；1992年，沿江、龙江、白沙、海城4乡并入；2000年，湖前镇、江山乡、平等乡划入；2011年，舥艚镇、芦浦镇、云岩乡并入；2017年年末，龙港镇辖3个社区、25个居民区、171个行政村；2019年，撤镇设市。属温州市。

永嘉县：永嘉县历史悠久，远在新石器时期就有原始人类在此生息繁衍。夏商周为瓯地。春秋属越国。战国时入楚。汉高祖时属闽越。东汉永和三年（138）析章安县东瓯乡置永宁县，属会稽郡。三国吴太平二年（257）后属临海郡。东晋太宁元年（323）为永嘉郡治。隋开皇九年（589）废永嘉郡置处州，改永宁县为永嘉县，县沿郡名。“永嘉”作为县名自此始，“永嘉”二字是“水长而美”的意思。隋炀帝大业元年（605）恢复永嘉郡。唐高宗上元二年（675）从括州析永嘉、安固两县置温州，治永嘉。唐武后载初元年（690）析永嘉置乐成县后，永嘉县辖境历五代、宋、明、清不变。1949年，析城区置温州市。

平阳县：平阳开发虽较迟，但远在新石器时代，已有原始人类在这里活动。平阳龙山等地就曾发现好几处新石器时期遗址。平阳地本东瓯，古为扬州之域，春秋战国时为越地。西晋太康四年（283）析安固县南境置横阳县，平阳单独设县始此。平阳最早的县城也建于泰康年间。隋文帝开皇九年（589）将横阳并入安固，属吴州总管府所辖的处州。唐武周大足元年（701）属温州。五代改平阳。南宋咸淳元年（1265）后属瑞安府。元属温州路。明属温州府。清仍。

苍南县：1981年6月，析平阳县的矾山镇和灵溪、宜山、钱库、桥墩、金乡、矾山、马站7个区的72个公社，设立苍南县。因地处玉苍山以南而名。1984年2月，撤销71个公社，设立71个乡（镇）；2011年4月，乡镇撤并后，设10个镇、2个畲族乡；2016年1月，苍南县部分行政区划调整后，下辖17个镇、2个民族乡、82个居民区、776个建制村。属温州市。

文成县：春秋战国时期属瓯越地，秦统一六国后，属闽中郡，西汉惠帝三年（前192）属东瓯国。西汉始元二年（前85）属会稽郡。民国三十五年（1946）析瑞安、泰顺、青田三县边区置县，以明开国元勋刘基（伯温）谥号“文成”作县名。

泰顺县：明正统十四年（1449），福建沙县邓茂七农民军余部和处州矿工起义军占据瑞安县义翔乡，闽浙各处银矿和商人聚据罗阳镇，结成“十八社”。景泰元年（1450），浙江布政使孙原贞等人率兵镇压，罗阳矿工武装退居官台山。孙原贞以义翔、归仁二乡地广民稀，岭峻林密，易乱难治，经奏请朝廷，于景泰三年（1452）析瑞安县义翔乡5个都12个里、平阳县归仁乡3个都6个里置县，立治罗阳，钦赐县名“泰顺”，寓“国泰民安，人心效顺”之意，隶属浙江布政使司温州府；清代隶属未变；民国三年（1914），属温州瓯海道。民国十六年（1927），实行省、县二级行政体制，直属浙江省政府；1932年，属浙江省第十县政行政督察区（旋改称第四特别行政督察区）；1933年，属第三特别行政督察区；1933年8月，属永嘉行政督察区。1934年3月，隶第八区行政督察区；1947年4月，属第六行政督察区（今丽水地区）；1947年5月复划归第五（温州）行政督察区。

第二节　温州方言分布

我们平常所说的“温州方言”，有时指温州市区的温州话，有时指温州地区各市县的温州话，包括永嘉话、乐清话、瑞安话、平阳话、文成话等。温州地区除各地的温州话外，还有闽话（闽南方言）、畲话（畲族客家话）、蛮话（苍南土话）、蛮讲（泰顺土语）以及大荆话（台州方言）、罗阳话（处衢方言）、金乡话（吴语方言岛）等方言。颜逸明先生指出：“平阳旧志称平阳的温州话为瓯语，以别闽语、畲语、蛮话、金乡话，本书沿用旧说，以瓯语泛指温州地区各市县的温州话，以温州话专指温州市区方言，温州方言则指温州地区各种方言。”[1]我们也采用这种称说。

瓯语是温州的主要方言，分布在浙南瓯江下游、飞云江和鳌江流域以及清江以南。我们根据各地使用瓯语的情况，分为纯瓯语区、半瓯语区和瓯语混杂区三类。温州市区的鹿城、龙湾、瓯海和永嘉县是纯瓯语区，瑞安市和文成县基本上属瓯语区，只有个别乡村通行闽语或畲语。乐清市和平阳县是半瓯语区，乐清市清江以南的海积平原是瓯语区，清江以北的大荆话和温岭话接近，属吴语台州片；平阳县鳌江下游是瓯语区，鳌江上游是瓯语和闽语的混杂区。苍南县和洞头区都以闽语为主，部分乡镇通行瓯语。苍南县通行瓯语的乡镇有湖前、灵江、渎浦、沪山、沿江、龙江、宜山、铁龙、平等、江山、凤江、天井、蒲城。蒲城是吴语的南极，一个受闽语包围的瓯语方言岛。洞头区通行瓯语的主要乡镇有：大门、麓西、三盘、元觉、霓屿等。泰顺县只有百丈口镇说文成瓯语。

温州方言之一的闽语来自福建，与漳州话、泉州话近似，属闽语闽南话系统。为了跟福建闽南话相区别，温州的苍南、平阳、泰顺、洞头等地闽语连同台州的玉环、丽水、景宁等地闽语合称“浙南闽语”。闽语主要分布在苍南、平阳、泰顺、洞头等区县。苍南闽语分布在苍南县中部、西部和南部，主要乡镇有灵溪、矾山、藻溪、桥墩、赤溪、马站、霞关、云岩、望里、大渔、石坪等。平阳闽语分布在鳌江中上游山谷地区，主要乡镇有麻步、渔塘、水头、鹤溪、腾蛟、凤卧、山门、南湖，以及东南沿海的西湾、墨城和南麂岛等。泰顺闽语主要分布在县境的东南部，与苍南闽语区相连，主要乡镇有彭溪、五里牌、富垟、峰文、月湖等。洞头本岛与南部各岛多数说闽语。瑞安市的大南乡和北麂岛、文成县的东南角也有部分乡村说闽语。

蛮话是苍南的一种土语，苍南原属平阳，1925 年修的《平阳县志》第 19 卷第 7 页称蛮话为"土语"，并说"瓯语本为瓯族，闽语来自闽族"，"惟土语江南（鳌江之南）一区有之，其称瓯语为后生语，则以海滨土著本作是语"。蛮话语音系统比较接近瓯语，而词语方面又与闽语有较密切的联系，有人认为属于吴语，有人认为属于闽语。苍南蛮话主要分布在苍南的东部沿海地区，通行于钱库、夏口、陈东、仙居、芦浦、新城、项桥、舥艚、炎亭、白沙、海城等乡镇。

蛮讲是泰顺的土语，"蛮"也是土的意思，但有人认为"蛮讲"是"闽腔"的谐音。据初步调查，泰顺蛮讲与福建寿宁话比较接近，属闽语闽东话系统。泰顺蛮讲分布在泰顺的中部、南部和西部地区，通行于泗溪、三魁、凤垟、下洪、仕阳、东溪、雅阳、柳峰、筱村、葛垟、南山、岭北等乡镇。

畲族的分布具有"小集中、大分散"的特点。畲客话是浙南畲族使用的语言，只在畲族内部通行，属汉语客家话系统，兼有闽语的特点。分布在苍南、泰顺、文成、平阳等畲族居住区。

金乡话，只在苍南金乡镇内使用，是一个典型的混合型方言岛。金乡镇原是东南沿海抗御倭寇的军事卫所，金乡话可能就是明初金乡卫所驻军传留下来的话。金乡话属吴语，但与瓯语明显不同，属北部吴语系统而夹杂官话成分。

乐清的大荆话与温岭话相似，属吴语台州片。

泰顺的罗阳话与景宁话、云和话比较接近，属吴语处衢片。[2]

第三节 温州方言研究的历史回顾

最早用比较科学的方法调查记录温州方言的，是英国人派克和孟哥梅里。派克（E. H. Parker）著《温州方言》（*The Wenchow Dialect*），1884年发表于香港的《中国评论》（*China Review*）第12期上、下。翟理斯（H. A. Giles）的《中英词典》（上海：上海 Kelly & Walsh 公司，1912年）有派克所记9种方言及韩、日、越读音，其中有温州音注音。

孟哥梅里（P. H. S. Montgomery）是瓯海关官员，著有《温州方言入门》（*Introduction to the Wenchow Dialect*），由上海 Kelly & Walsh 公司于1893年出版。

《温州方言入门》是第一本系统介绍温州方言的书，音系的分析也比较科学，并有简单的同音字汇，有丰富的词汇和例句。这对研究百年前的温州话语音、词汇极有价值。例如，温州方言现称妇人为“老人客”[$lə^4$$\mathrm{ɳ̥}$$aŋ^2$$kha^7$]，对此词的写法颇有争论。但此书记为“老安人客”[loe üe nyang K‘ah]，正与“男子客”相对——温州方言称丈夫为“男子”，妻子为“老安人”，证明是传承中脱失了一个“安”字，则一切“老宁客”“銮迎客”的争论皆可平息。

此书记音方案基本同于苏氏（Sthill），但具体字音与之有异，因苏氏师从之汤壁垣是说温州西门音的，孟介卿（1847—1916，拔贡，祖籍湖北）来温州师从陈梅生，写书时尤以陈梅生为准，比较纯正。

高本汉（Bernhard karlgren）之《汉语方言字汇》[附编于《中国音韵学研究》（1915—1926）、《中日分析字典》（1923）之后]即采用派克及孟哥梅里的描述，并大赞孟哥梅里所记远较派克为佳。事实上，派克所记有些自己也不统一，并且夹杂城乡之音。他是以温州话与其他吴语、官话对比，属于特点的描述而非系统的描述。

真正的科学调查是从赵元任开始的。从此以后发表了不少调查研究的文章。赵元任先生著的《现代吴语的研究》，1928年由清华学校研究院出版，其中永嘉（城区）点即调查温州话。

赵元任先生是我国现代语言学界的泰斗，方言学的奠基人。《现代吴语的研究》是他的成名之作，是国内学者第一次科学地调查温州方言，证明其为吴

语，在方言史研究上影响深远。只因当时条件所限，赵先生未能亲临温州，是在绍兴找了两位温州发音人记的，一位是王梅庵，另一位是周夫人。王梅庵是名士，出生在永强，发音受永强话影响，因此书上虽标为永嘉（今温州）城区音，而如“鱼”读 [ŋ] 韵，“岁”读 [yu] 韵，阳去读低降升调与阳入不分等，都明显是永强音。

20 世纪 60 年代，温籍学者开始研究温州方言。

第一个研究温州方言并予以科学报道的温籍学者是颜品仁先生。颜品仁先后任教于温州中学、温州师范学院和杭州大学。著有《温州语音和北京语音的对应关系》，发表于《温州师范学院学报》1963 年第 1 期，描写了声母的对应关系。

袁家骅等的《汉语方言概要》（北京：文字改革出版社，1960 年）、北京大学中文系语言学教研室的《汉语方言字汇》（北京：文字改革出版社，1962 年）、《汉语方言词汇》（北京：文字改革出版社，1964 年）中的温州方言部分都为颜品仁所写。

但颜氏母语为闽南话，因此有些温州方言记录不够纯正。

傅佐之的《温州方言的形容词重叠》，发表于《中国语文》1964 年第 3 期。傅佐之先生是温州师范学院教师，永嘉乌牛人。此文根据永嘉方言描述形容词构词法。

郑张尚芳的《温州音系》，发表于《中国语文》1964 年第 1 期。郑张尚芳先生是龙湾永中镇人，该文详细地描写了城区、永强两处的音位系统，达 6 万字。郑张尚芳先生的又一力作是《温州方言的连读变调》，发表于《中国语文》1964 年第 2 期。此文较早、较详细地研究了温州方言的连读变调，达 7 万字。

20 世纪 70 年代，温州方言的研究进一步深入。

美籍语言学家张琨的《温州方言的音韵历史》（*Wenchow Historical Phonology*），1971 年发表于《民族学研究所集刊》第 32 期。原以英文发表，有中文提要。张琨是国际著名的汉藏语言学家，加州大学柏克利分校教授。虽非温州人，但对温州音韵变化能反映古音很感兴趣，故特据北京大学和郑张尚芳的已发表材料推求温州方言的音韵历史。可惜有些地方因未能了解老派音、郊县音情况而致有疏失（如以阳韵 iaŋ → i 为脱失 aŋ。其实 i ← 老派 ie 永嘉 iɛ ← 乐清 ia ← iă）。但张琨的文章已表明了国际汉学界对温州方言的重视。

颜逸明的《平阳瓯语音系》，发表于《上海师范大学学报》1978 年第 1 期。颜逸明先生是华东师范大学教授，温州平阳人。该文是作者“浙南方言调查报告”之一，是对市区以外温州话的最早研究论文。

陈承融的《平阳方言记略》，发表于《方言》1979 年第 1 期（创刊号）。陈承融曾任教于青海高校，平阳人，此文写于 1958 年以前，因故未能及早刊发，实是关于平阳瓯语最早的普查报告。

杨乾明的《评“汉语方言词汇”温州部分》，发表于《方言》1979 年第 4 期。该文对北京大学《汉语方言词汇》中的温州方言词汇在记音上不纯正、释词上不准确、用字不恰当处做了大量更正。

郑张尚芳的《温州方言的“儿”尾》，发表于《方言》1979 年第 3 期。该文研究温州方言儿尾构词法，性质上是《温州方言儿尾词的语音变化》的绪论。

20 世纪 80 年代，温州方言研究蓬勃展开。

郑张尚芳的《温州方言儿尾词的语音变化》（一）、（二），分别发表于《方言》1980 年第 4 期、《方言》1981 年第 1 期。该文研究温州话儿尾构词音变，跟《温州方言的“儿”尾》原为同一论题上下篇，较深入地论述了这种语音、语法现象。合计达 7 万余字。

傅佐之、黄敬旺合著的《温州方言端透定三母的腭化现象》，发表于《方言》1980 年第 4 期。该文报道了温州郊区和永嘉县瓯江沿岸地区 t、tʻ、d 声母逢齐撮腭化为 tɕ、tɕʻ、dʑ 的现象，细述了字分布及异常现象的地域分布。

游汝杰的《温州方言的语法特点及其历史渊源》，1980 年发表于《复旦学报》增刊（语言文字专辑）。游汝杰先生是复旦大学教授，温州市区人。该文分析温州话的语法特点并探索其与底层语言及历史的关系。

郑张尚芳的《温州方言歌韵读音的分化和历史层次》，发表于《语言研究》1983 年第 2 期，原为 1982 年在第十五届国际汉藏语言学会议上宣读的论文。该文分析了切韵“歌”韵在温州分布为 13 个音的分化现象，论述其发生层次及变化过程。

东京外国语大学亚非语言文化研究所于 1983 年出版的由中岛斡起著《浙南吴语基础语汇集》，比较详细地调查记录了温州、乐清两点的基础词汇。其中乐清点由赵一先生为发音人，所记远佳于温州点。因后者发音人是在香港找的，5 岁后长期在平阳生活，故所记实际是平阳音而非温州城区音，而且在香港久了，有些词只照字音读，不是口语说法。但该书的出版表明了国际语言界对温州方言的关心和重视。

吴安其先生著《温州方言的壮侗语底层初探》，发表于《民族语文》1986 年第 4 期。该文是探索温州词汇中（侗）台语底层的专文。此前只有游汝杰在关于南方方言量词方面提到这一问题。

郑张尚芳著《浙南和上海方言中的紧喉浊塞音声母ʔb、ʔd 初探》，收录于《吴语论丛》(上海：上海教育出版社，1988 年)，原系 1982 年吴语学术会议论文。该文以永嘉、文成、青田等地浙南方言帮端母读紧喉浊塞音的现象与上海同类现象做比较，结合古越族历史溯其来源。

杨乾明著《温州方言的量词》，1988 发表于《吴语论丛》，原系 1982 年吴语学术会议论文。该文对温州方言常用的量词作了系统分析，比较它与普通话量词使用范围及语法特点的差异。

游汝杰的《温州方言的一些特殊语法现象及其在台语里的对应表现》，1988 年发表于《吴语论丛》。该文对温州方言语法现象作了底层语言影响的探索。此前他在《民族语文》1982 年第 2 期中发表的《论台语量词在汉语方言中的底层遗存》中已提到温州方言量词的这类特点。

颜逸明的《瓯语称谓录》，对其家乡萧江瓯语中的亲属称谓作了详细记录，1988 年发表于《吴语论丛》。

潘悟云先生的《温州方言的指代词》，发表于《温州师院学报》1989 年第 2 期。该文探索了温州话指代词的历史来源，并以新的观点讨论温州方言指代词的语音和语法特点。

郑张尚芳著《温州话流摄一三等交替的特点》，发表于《温州师院学报》1989 年第 4 期，探索温州话中“头豆”等字一等读如三等，“牛”等字三等读如一等的问题。

20 世纪 90 年代是温州方言研究的辉煌时期。

郑张尚芳的《温州方言源流探索》，发表于《温州探索》1990 年第 1 期。该文结合历史文献记载探索温州方言的发展史，是作者为编写温州市方言志而准备的篇章之一。

陶梨梨的《温州方言的助词的运用》，1992 年发表于台北市温州同乡会《温州会刊》第 8 卷第 2 期。该文举大量例句来说明温州话的助词“恁”（即“能”）、

“搭”及一些语气助词的功能用法。

潘悟云的《温州方言的体和貌》载香港中文大学 1996 年出版的《动词的体》第 2 辑。《温州方言的动词谓语句》收入暨南大学出版社 1997 年出版的《动词谓语句》。这两篇文章在丰富语料的基础上对温州方言的体和貌、句型——动词谓语句，进行了深入的分析和探讨。潘先生专著《温州话音档》包括五个方面的内容：温州话语音系统、温州话常用词汇、构词法举要、语法例句、长篇语料，反映了温州话在语音、词汇、语法上的主要特点。

收入《游汝杰自选集》（桂林：广西师范大学出版社，1999 年）中的《温州方言的“有字句”和过去时标志》讨论了温州方言的特点、温州方言完成体标志，并对“有字句”进行了分类，指出温州方言的“有字句”与闽语、粤语的“有字句”在类型和性质上基本是相同的。《游汝杰自选集》中的另一力作《温州方言两字组连读的音长变化》，文中指出：“与北片吴语比较，温州方言两字组变调调式的特点是：后字稳定，前字不稳定。”收入《著名中年语言学家自选集·游汝杰卷》（合肥：安徽教育出版社，2003 年）中的《温州方言语法纲要》，描写了温州方言不同于普通话的语法特点，以提供语言事实为主，对语法现象进行分类。该文可以作为进一步研究温州方言语法的素材，也可以用作方言比较研究的材料。

50 多年前关于温州瓯语的论著（以现代方法研究的）只有寥寥可数的两三种。而近 50 多年发表了几十篇，可见温州方言研究发展之迅速。尤可注意的是新中国成立前的三种论著外国作者占两种，新中国成立后则大多数为温籍方言工作者所作。

除了研究温州话（瓯语）的论著，还有学者研究了温州地区的非瓯语方言，及瓯语与非瓯语分界问题，发表了有关论著。

温端政的《浙南闽语里形容词程度的表示方法》，发表于《中国语文》1957 年第 12 期。他的又一力作《浙南闽语里的“仔”“子”和“拏”》发表于《中国语文》1958 年第 5 期。这两篇文章是最早发表的研究温州地区闽南话语法的文章。温端政先生是平阳麻步人（毕业于北京大学，曾为山西省社科院语言所所长），母语即为闽语。北京大学袁家骅等《汉语方言概要》（北京：文学改革出版社，1960 年）所包含的浙南闽语材料也出自温端政先生之手。

颜逸明的《平阳县和泰顺县的方言情况》，发表于《方言》1981 年第 1 期。

该文对浙闽边境平阳（包括今苍南）及泰顺两县方言的复杂情况作了报道，并对瓯语进行分区，附有详细的分区地图，实是有关浙江方言分区问题的开先河之作。

颜逸明、范可育、徐扬著《吴语、闽语在泰顺的分界》，载《语文论丛》第一辑（上海：上海教育出版社，1981 年），是专论泰顺一县瓯语、非瓯语分区的。

有关平阳蛮话性质的文章有傅佐之的《平阳蛮话的性质》，与郑张尚芳的《平阳蛮话的性质》，同时发表于《方言》1985 年第 2 期。两文同其他有关文章对苍南蛮话的归属问题作了探索，傅文据语音有浊母 b、d、g 等特点，将其归之于吴语，郑张尚芳据另一些语音特点及词汇特点（如狗说犬 [k'ai]、高说悬 [gai] 之类），将其归之于闽东语（《中国语言地图集》后来列为带有吴语特点的闽东话）。

温端政的《苍南方言志》（北京：语文出版社，1991 年），除了对苍南县城灵溪的浙南闽语详加记述，并对龙港作了细述，还对比了钱库蛮话、金乡话（一种北吴语）和畲话（接近客家话的畲族话）。本书是温州第一部方言专著。同时介绍本县五种不同方言，也是本书不同于其他方言志的独创性特色。颜逸明先生曾在《中国语文》1992 年第 1 期专文评介，除了赞扬本书对写出如此复杂的一县方言的种种安排外，还对未能安排蛮话为重点记述方言及未报道蒲门瓯语表示惋惜。

综上所述，新中国成立以来，温州籍的方言工作者已经运用了现代语言调查的科学方法和观点，对温州方言作了多方面的研究和努力，涉及的范围、写作的篇幅和质量都是以前所不能及的。随着语言科学的发展和国家的重视，温州方言研究将有更深更新的进展。[3]

地名的研究离不开语言学。游汝杰先生指出：“地名学和语言学研究可以互相促进。”他认为：

> 古人没有录音设备，记录语音完全靠文字，光凭汉字很难获知古代汉语语音的全貌。不过语言学家可以通过多种途径来研究古代语音，其中一条途径就是从历史地名考见古音。
>
> 有些地名用字读音很特殊，跟这些字的通常读音不同。这些特殊的读法往往能反映语音的历史演变。

对同一个地名，不同的古籍中往往有不同的写法。这些不同的字今音是不同的，但是在古代却同音。研究这些地名异文，有助于了解语音的古今离合规律。

地名中不仅保留了一些古音，而且也保留了一些词汇的古义……有些古汉语词在现代已渐趋消亡，或仅残存在一些方言的口语中，但是在一些民间小地名中却顽强地生存下来。

从历史地名中还可以看出古代汉语的某些语法特点。现代汉语的语序特点之一是修饰语前置于中心词，但在上古汉语中却有过修饰语后置的词序。汉语历史上的这种词序在某些历史地名中留下了残迹。

现代汉语的词汇在数量上是以双音节占优势的，但是从历史上看却是一个从单音节发展到双音节的过程。这个过程从历史地名也可见一斑。商代和西周的地名大致以单音节占优势，春秋战国时期的地名，也还是以单音节占相当的优势，到了汉代，单音节地名已是属于罕见的了。

各地方言的历史面貌是不见于或很少见于历史文献的，但各地民间使用的小地名往往带有浓厚的方言色彩。这一类地名能够为方言的历史面貌提供极为宝贵的材料。

中国古代语言或方言的分布区域，除了汉代扬雄所著的《方言》能够提供一些大致的线索外，历史文献并没有明确的记载。其实在历史地名中包含着极其宝贵的信息。许多地名用词是有区域性的。……地名最初往往是当地人用当地语言或方言命名的，因此同类地名的分布能为语言或方言的分布提供信息。载录地名的文献所代表的时代，往往比地名产生的时代要晚得多。许多民间的小地名有可能不见于任何历史文献，或者见于文献的很少，但实际上却大量存在，如南方的“圳”字地名。这些地名有可能在相当久远的古代就产生了，只是不见于文献记载罢了。所以利用地名详尽的现代地图所绘制出的地名同名线图或地名分区图，可以为古代的方言或语言分区提供证据。[4]

温州地名与浙南瓯语关系密切，密不可分，又很复杂的。瓯越人在长期的生活、劳动中，创造了丰富多彩的地名，这些地名基本上是用方言命名的。语言是交际和思维的工具，浙南瓯语创造并记录了温州地名。温州地名又反映了浙南瓯语的特点。研究温州地名必然要研究浙南瓯语。

地名具有一定的读音，要研究温州地名中古音的保存，温州地名中的谐音现象等问题都离不开对浙南瓯语语音的分析。地名是专有名词的一部分，温州地名作为名词的一类，它是浙南瓯语的词汇的重要组成部分。对地名的词语结构形式和结构特点的分析，离不开对浙南瓯语语法的研究。对地名的表达效果的探讨，不得不牵涉到修辞的研究。

本卷将从浙南瓯语的语音、词汇、语法、修辞四个方面研究阐述温州地名。

注释：

[1] 参见颜逸明：《浙南瓯语》，上海：华东师范大学出版社，2000 年，第 1 页。

[2] 参见颜逸明：《浙南瓯语》，上海：华东师范大学出版社，2000 年，第 6—7 页。

[3] 参见颜逸明：《浙南瓯语》，上海：华东师范大学出版社，2000 年，第 194 页。

[4] 参见游汝杰：《中国文化语言学引论》（修订本），上海：上海辞书出版社，2003 年，第 147—151 页。

第二章 地名与语音

语音是语言的物质外壳。地名与其他词语一样，包括音、形、义三个方面。地名的主要功能是用来指称的，所以在这三个方面，语音是最重要的。温州地名大多用方言命名，温州方言特别复杂，有瓯语、闽语、畲客话、台州话、蛮话和蛮讲以及方言岛使用的金乡话。参照颜逸明先生的描写，本书将各方言在语音上的特点简述如下。

一、瓯语语音上的特点

1. 声母

（1）古全浊声母仍读浊音。如“到” [$tə_5$][1]、“套” [$thə_5$]、“桃” [$də_2$]。“桃”字都读浊声母。

（2）古微母、日母字吴语多数有文白两读。如“问”，文读读 [$vaŋ_6$]，白读读 [$maŋ_6$]。

（3）古疑母字吴语读鼻音声母。如“咬”，温州话读 [$ŋɔ_6$]

2. 韵母

（1）“歌”韵字吴语多数读如“模”韵，如“河”读如“湖”韵。

（2）蟹摄合口二等字读开尾韵。如“快”，温州、瑞安读 a 韵。

（3）咸摄、山摄字多数不带鼻音韵尾。如“三”，温州话念 [sa_1]。

（4）“金、斤、京”古音是三个韵，温州话合成一个韵，都是 [$tɕiaŋ_1$]。

（5）“打”和“冷”古音同韵，在温州话中也同韵，“打”“冷”都是 [iɛ] 韵。

3. 声调

瓯语普遍有八个调类，平、上、去、入按声母清浊各分阴阳。

以上是浙南瓯语与吴语相同的特点，所以说浙南瓯语是吴语的一支。

瓯语和其他吴语的区别主要在韵母方面。

（1）“鱼”韵和“虞”韵瓯语口语有别。如温州音“箸 [$dzei_6$]”不同于“住

[dzʅ$_{6}$]”，“猪 [tsei$_{1}$]” 不同于 “朱 [tsʅ$_{1}$]”。

（2）一等“豪”韵和二等“肴”韵瓯语不混。如温州音：“报 [pə$_{5}$] ” 不同于 “豹 [pɔ$_{5}$]”，“毛 [mə$_{2}$]” 不同于 “茅 [muɔ$_{2}$]”。

（3）“流”摄、“蟹”摄合口一等字带元音韵尾，“偷、牛、求”读 au、iao 韵，“杯、灰、最”读 ai 韵。

（4）“侵”韵、“真”韵字瓯语多数读 aŋ、iaŋ 韵。如温州音：心 [saŋ$_{1}$]、巾 [tɕianŋ$_{1}$]。

（5）“唐”韵、“江”韵、“阳”韵韵尾脱落。“钢、江、腔、枪”等字不带鼻音韵尾。如温州音钢江 [kuɔ$_{1}$]，腔枪 [tɕhi$_{1}$]。

（6）入声韵不带喉塞尾。“法、罚”入声和“花、华”平声同为 o 韵。

瓯语可以分为南北两区，其分界线大致可以划在瓯海和瑞安之间。

二、浙南闽语在语音上的特点

以苍南闽语为例。

1. 塞音、塞擦音字母只有送气、不送气的区分，古全浊声母字今口语多数读不送气清音，少数读送气清音。例如：

	盘	婆	箸	郑	桃	虫
苍南闽语：	puã$_{2}$	po$_{2}$	tɯ$_{5}$	tĩ^{5}	t‘o$_{2}$	t‘aŋ$_{2}$

2. 没有唇齿音声母，古非组声母字今口语多数读 p、p‘ 声母，即“轻唇归重唇”。例如：

	飞	分	放	房	蜂	纺
苍南闽语：	pə$_{1}$	pun$_{1}$	paŋ$_{5}$	paŋ$_{2}$	p‘aŋ$_{1}$	p‘aŋ$_{3}$

3. 没有翘舌音声母，古知组声母今口语多数读 t、t‘ 声母，即“舌上归舌头”。例如：

	茶	直	赵	陈	耻	抽
苍南闽语：	te$_{2}$	tie$_{2}$	tieu$_{4}$	tan$_{2}$	t‘i$_{3}$	t‘iu$_{1}$

4. 没有撮口呼韵母，口语和书面语常常有不同的读音。比如“雨” u$_{5}$~露 hɔ$_{5}$落~，“圆” uan$_{2}$团~ ĩ$_{2}$~扁，“学” hɐ$_{2}$~校 o$_{2}$~堂，“缺” k‘uɐ$_{3}$~点 kə$_{3}$短~。

5. 入声韵辅音韵尾脱落，没有入声调。例如：

	甲	桌	客	袜	活
苍南闽语：	ka$_3$	to$_3$	p′e$_3$	bə$_2$	ua$_2$

三、蛮话在语音上的特点

蛮话受瓯语和闽语的影响，兼有两方面的特点，语音系统更加接近瓯语。以钱库话为例。

1. 古全浊声母蛮话仍读浊音。例如：

	步	牌	同	治	旗	杰
蛮话：	bu$_6$	bai$_2$	boŋ$_2$	dzʅ$_6$	dzʅ$_2$	dʑieʔ$_8$

2. 古明母、疑母字蛮话读鼻音声母。如：

	摸	美	米	牙	疑	愚
蛮话：	mo$_2$	mai$_3$	mi$_3$	ŋɔ$_2$	ȵi$_2$	ȵy$_2$

3. 有撮口韵和鼻化韵。例如：

	朱	趋	虚	听	请	官
蛮话：	tɕy$_1$	tɕʻy$_1$	ɕy$_1$	tʻiɑ̃$_1$	tɕʻiɑ̃$_3$	kuɛ̃$_1$

4. 声调分七类，平去入三声各分阴阳，古上声全浊声母字归阳去。例如：

	天	田	爽	坐	订	定	桌	局
蛮话：	阴平	阳平	上	（阳去）	阴去	阳去	阴入	阳入

四、蛮讲在语音上的特点

泰顺蛮讲与苍南蛮话具有共同的特点，但异大于同。比较如下：

1. 古全浊声母字，蛮讲多数读不送气音，蛮话仍读浊音。例如：

	爬	排	题	桥	钱	潮
蛮讲：	pa$_2$	pei$_2$	tei$_2$	kiɛy$_2$	tɕiẽ$_2$	tɕiɛy$_2$
蛮话：	bo$_2$	bai$_2$	di$_2$	dʑieu$_2$	dʑi$_2$	dʑieu$_2$

2. “轻唇归重唇、舌上归舌头”相同，喻三归晓母，蛮讲与蛮话不同。例如：

	飞	浮	猪	张	雨	远
蛮讲：	puɔi$_1$	pʻu$_2$	ty$_1$	tyɔ̃$_1$	hou$_3$	huɔi$_3$
蛮话：	pø$_1$	pʻu$_2$	ty$_1$	tiɔ̃$_1$	y$_3$	ỹ$_3$

3. 蟹摄三四等，蛮讲带 i 尾，效摄部分字带 y 尾。例如：

	低	齐	支	帽	标	招
蛮讲：	tei$_1$	tsei$_2$	tsei$_1$	mɛy$_6$	piɛy$_1$	tɕiɛy$_1$
蛮话：	ti$_1$	zʅ	tsʅ$_1$	mau$_6$	pieu$_1$	tɕieu$_1$

4. 咸摄、山摄部分字，蛮讲读鼻尾韵，蛮话读鼻化韵。例如：

	兰	南	三	杉	甘	感
蛮讲：	laŋ$_2$	naŋ$_2$	saŋ$_1$	saŋ$_1$	kaŋ$_1$	kaŋ$_3$
蛮话：	lɛ̃$_2$	nɛ̃$_2$	sɛ̃$_1$	sɛ̃$_1$	kɛ̃$_1$	kɛ̃$_3$

五、金乡话在语音上的特点

1. “歌、河、贺、饿、多、拖、锣”等果摄开口一等字，金乡话读 o 韵，苍南瓯语读 u 韵。

2. “邪、姐、蛇、写、借”等假摄开口三等字和“饥、欺、齐、旗”等止摄开口三等字，金乡话读 ʅ 韵，苍南瓯语读 i 韵。

3. “祖、粗、土、醋、苏”等遇摄合口一等字，金乡话读 u 韵，苍南瓯语读 y 韵。

4. “类、嘴、追、垂、水、鬼、贵、跪”等止摄合口三等字，金乡话读 ai、uai 韵，苍南瓯语读 y 韵。

5. “到、道、桃、脑、老、遭、草、告”等效摄字，金乡话是 ɔ 韵，苍南瓯语是 ɛ 韵。

6. “汉、汗、岸、案”等山摄开口一等字，金乡话读 ɛ 韵，苍南瓯语读 ø 韵。“办、慢、反、饭”金乡话也是 ɛ 韵，苍南瓯语是 ɔ 或 a 韵。

7. “帮、当、汤、唐、浪、桑、康”等宕摄字，金乡话读 ɑ̃ 韵，苍南瓯语读 o 韵。

8. “群、训、云、运”等臻摄字，金乡话读 yoŋ 韵，苍南瓯语读 yeŋ 韵。[2]

六、浙南畲语在语音上的特点

1. 一部分古非、敷、奉母字现代畲语读 p、p‘ 声母，即“轻唇读重唇”；

2. 多数古全浊声母字有的地方读送气声母，也有的地方读不送气声母或送气、不送气不一致，古全浊声母字读不送气声母显然是受畲族居住地汉语方言的影响，主要是受汉语闽方言的影响；

3. 古晓母、古匣母字浙南畲语多读 h 声母；

4. 古影母、古云、古以母字都读零声母；

5. 浙南畲语有撮口呼韵母；

6. 古果摄歌韵和古假摄麻韵字多数对立；

7. 一部分古开口三、四等字读洪音；

8. 古咸、深摄，古山、臻摄和古宕、江、曾、梗、通摄的阳声韵字和入声韵字浙南畲语为 -m、-n、-ŋ 三套鼻音尾和 -p、-t、-ʔ 三套塞音尾；

9. 有六个调类。

居住在温州的居民，常常很自然地用自己所熟悉的方言给不同的地理实体命名，从而形成丰富多彩的方言地名。一方面，地名具有稳固性，通过地名可以了解古音的保存；另一方面，通过对这些地名的语音进行考察、分析、归类，可以大致推导出各方言的语音特点。

由于政治、经济、文化等原因，浙南瓯语一直是温州使用人口最多、影响最广的方言。本书讨论的方言也主要是瓯语，尽量兼顾其他方言。

第一节　从温州地名看古音的保存

我们在引论里已经谈到过，地名具有“稳固性”，地名一经产生，通常不会轻易改变。因而，当初地名命名时的音义往往保存着。相对于意义来说，语音的变化更加缓慢，更容易保存。本节重点谈谈温州地名中古音的保存。

温州地名的来源比较复杂，我们将在下一章谈到。它主要来自古越语、古汉语、古畲语以及汉语方言等。那么，温州地名里古音的保存也应该指这几个方面。

保存古音的地名分两种：一是本无其字，二是本有其字。

一、本无其字的地名

这类地名是旧时的古地名，老百姓在口头上流传，用来指称，但不知道其字形。一旦需要记录下来，就用同音词或近音词代替。这一类地名保留下来的大多是古越语和古畲语读音。

古越语已消失，我们只能与同源的壮侗语比较，确定它是“底层词”。但我们无法知道它的原貌，很难找到相应的字。古越语只能通过语音保留下来。例如：

“鸡的嗉囊”，温州话念 [$taŋ_1$]，与傣语 [$tɔŋ_4$]、龙州壮语 [$tɔ:ŋ_6$]、布依语 [$tuŋ_4$]，音义都相近。[$taŋ_1$] 只是读音，字形如何，我们不知道，只能用同音词代替。温州地名中有“鸡登岙”，其中“登”是方言同音字。

“凹地”，温州话音 [$taŋ_3$]，与壮语、布依语 [tam_5]、傣语 [$tɛm_5$] 音近。同样，这类只有音，没有形的，就用同音字“丼”代替。“丼”的本义不是指“凹地”，《集韵》为“都感切，投物井中声”。与今温州话读音接近，但释义不同。此类地名温州有很多，有“石丼、水丼、垟丼、乌丼、丼头”等。

“大片的田地”，温州话音 [ji_2]。傣语平野说 [$jaŋ_2$]，与温州话音近。也是有音无形，于是就用“垟”字代替。“垟”，《康熙字典》释为“土精”或“土怪”，与表示“大片的田地”的 [ji_2] 音同。此类地名温州有很多，仅永嘉一县，就有“外垟、外垟心、后垟、西垟、朱垟、朱坑垟、吴垟、岭垟、金竹垟、官坑垟、垟山”等 40 多个带“垟”字的地名。

“盖子”，温州话音 [$kaŋ_3$]，与傣语的 [kom_1]、水语的 [$kəm_6$]、仫佬语 [$kəm_6$] 音近。[$kaŋ_3$]，《温州方言词典》作“䫆”，《集韵》䫆“感韵古禫切，盖也”。温州地名中 [$kaŋ_3$] 取其意义相同的“盖”字，“井盖墈、蒸盖垟、盖潭、正盖尖”等，其中的“盖”读古音 [$kaŋ_3$]。

畲族只有语言，没有文字，古畲语只能借用汉语同音字保存下来。如畲语“用刀斧将草木断开”，畲语音 [$tɕia_7$]，瓯语大概是借畲语这个词的音，写成“斫”。文成有地名“卓山”，是“斫山”的谐音。

二、本有其字的地名

这一类常常是古汉语地名，这些地名是历史上的古地名，通过书面或口头一代代流传下来，保存了古音。

1. 地名保留了古音的特点

（1）保留古浊音

温州地名中带古全浊声母的字，现在仍读浊音。例如：

永嘉地名“桃树湾”，平阳地名“桃花山”“陶翁”“桃源”“桃源底”，瑞安地名“毛桃坑”“陶溪”中的“桃”和“陶”字都念 [$də_2$]。声母浊音 [d]。此外，古浊音地名举例如下：

[b] 三牌坊、牌楼、石牌、石牌坊、牌坊外、排石寨、后步坐、林步桥、白坟、长拔山、横彭。

[d] 老同田、北斗洞、稻戟架、埭上、埭下、埭头、夏埭、棠梨埭、岱头、河岱、畚斗岱、洞坟、驮坟、陈地坟、坟头寮、台头。

[g] 牛弯甩、外丕、中丕、底丕。

[v] 九山湖、文昌阁、横河、横渎、石桅岩、汇昌湖、水井佛前、金佛山、佛住岩、石坟路、双个坟、坟前、坟后、花坟、新坟、汤斜坟、坟庵、窦妇桥。

[z] 柴桥头、鲊鱼礁、团屿、城门洞、城底、乐成、打绳巷、秀才坪、圆瓦槽、派柴坦。

[dz] 直落垟、直洛、箸笼岗、墨池坊、池上楼、下呈、呈垟、埕山底、澄田、棋盘山。

[dʑ] 乾口、高郎桥、八卦桥、状元内、状元镇、朝天鲤鱼、潮际、军装局。

上述地名中画线部分的词，念前面所标的浊音。

（2）保留入声

温州话保留入声，入声分阴阳。阴入调值为313，阳入调值为212。地名中保留了许多入声字。例如：

阴入：筋竹、苦竹头、水竹园、金竹溪、文笔峰、卓笔峰、一甲村、一亩田、七都、七间。

阳入：六角、六坑、鹿城、麦磨墩、军装局、包宅、任宅巷、白门乡、白龙山、白象、落坑。

（3）“打”和“冷”古音同韵，温州话也同韵，如：“打绳巷”“打锡巷”“冷水窟”等地名中的“打”和“冷”，温州市区、永嘉都是[iɛ]韵，乐清、瑞安都是[a]韵。

（4）“鱼”韵和“虞”韵温州地名读音有别。如温州地名“箸笼垟”中的“箸[dzei$_6$]”，不同于“佛住岩”中的“住[dzɿ$_6$]”，韵母分别为[ei]和[ɿ]。“万猪场”“猪娘背”中的“猪[tsei$_1$]”不同于“朱山村”“朱岙堂”“朱坑”“朱寮”中的“朱[tsɿ^1]”，韵母也分别是[ei]和[ɿ]。

（5）一等“豪”韵和二等“肴”韵在温州地名里读音有别。如“毛园”“毛山”“毛桃坑”中的“毛 [$mə_2$]”不同于“茅兔脑”“大茅垟”“茅山”中的“茅 [$muɔ_2$]”，韵母分别是 [ə] 和 [uə]。

2. 地名反映了古音演变的规律

（1）温州地名区分文读和白读。在温州地名里发现有语音的借用，主要体现在文白异读上。文读音是从外地借入，温州话的文读音跟北方官话比较接近。白读音是本地人交际时使用的，绝大多数地名里使用的都是白读音。在温州方言中，文读 uɔ 韵的一些字，在口语中读 a 韵。“蛟翔巷”“河蛟尾”中的“蛟”，“校场巷”“校场头”中的“校”，文读读 [$kuɔ_1$]，白读读 [ka_1]，地名里白读。还有“铰剪（剪刀）”文读读 [$kuɔ_3$]，白读读 [ka_3]。如“铰剪排”“铰剪岩”依白读音写成“交剪排”“交剪岩”。

（2）“马车垟、马车湾、马车坑、马车头、车门下、风车山、林车、麻车、油车巷、车头、车了头、龙车”中的“车”都念 [$tshei_1$]。“车”字在切韵音系属麻韵（开三）昌母。在温州话中麻韵（章组）字读 ei 韵，“车”读 [$tshei_1$] 符合音变规律。

（3）声母“古无轻唇音，轻唇读重唇”。温州地名也是如此，即有些唇齿音声母，古非组声母字今读 [p][p‘][b] 声母，即“轻唇归重唇”。例如：

“筏”在普通话中读 [fa_2]，是唇齿音声母 [f]，在地名中，温州方言读成 [ba_2]，声母是 [b]，双唇音，保存了古音。文成有“筏头街”。有时干脆用同音词“排”代替。如“排坑”，因山上砍下的竹木，在此捆扎成木筏或竹筏，循溪外运，故名筏坑，写成“排坑”。“树排头”，历为飞云江上游各地木筏下放停靠的埠头。此类地名还有“排门、排前、桥排”等。

第二节　温州地名中的谐音问题 [3]

谐音是一种修辞手法。杨树达在《中国修辞学》中称之为“能动变化”之一。谐音就是不用原来该用的词语，改用其他词语，以求协韵或调声，也就是“利用语音相同或相近作条件来表情达意、增强表达效果的修辞方法”[4]。由于种种原因，温州地名用词常常用语音相同或相近的词来代替，我们把这一类地名称为“谐音地名”。尽管谐音地名的产生与作为辞格的“谐音”不完全相同，不是为了“表情达意、增强表达效果”，但它也是“利用语音相同或相近作条件”的。它在温州大量存在。因此我们有必要对其进行考察，从而分析谐音地名产生的方式及原因，进一步揭示浙南瓯语在语音系统上的特点。[5]

一、谐音地名产生的基本方式

温州谐音地名产生的基础主要有以下几个方面。一是浙南瓯语在词汇上保留了古汉语的特点——以单音节词为主。也就是说几乎每个音节都有意义。以有限的音节记录无限的词语，必然会产生大量的同音词。这为谐音地名的产生提供了物质基础。二是人们喜比附联想的心理定势以及对语言的崇拜是谐音地名产生的心理基础。三是人们的喜好反映了语言交际的需求，这是谐音地名产生的社会基础。

追求典雅含蓄、趋吉避凶等促使地名雅化；崇尚简约促使地名简化。雅化和简化是对立统一的，相伴相随，共同作用于地名之中。这也是谐音地名产生的两种基本方式。

（一）雅化

1. 避免使用表示人体部位等方面的词

尤其是表示臀部、尾部以及与排泄有关的词语，这类词语常用音同或音近的词语替代。

温州地名有“畚斗潭”，是“畚斗臀”的谐音。村处畚斗形山坳的底部（方言俗称“臀部”），后雅化为“畚斗潭”。“蛟尾堡”：该村位于河浃的末尾处，俗称“浃尾巴”，讹传为“夹尾巴”，后雅化为“蛟尾堡”。“普美”：原名“浦尾”，村处陡门浦尾部而得名，后雅化为“普美”。“西木龙”：原名“水尾龙”，因村处陈庄坑水尾，且坑边有一石如龙形，故名“水尾龙”，后演变为谐音的“西木龙”。“社雀”：因地处山屿之麓，原名“屿脚”，方言谐称“社雀”。“林和坪”：原名“拉污坪”（拉污：温州方言指拉屎），后雅化为“林和坪”。“飞鹏巷”：原名“翥鹏巷”，方言谐音称“纸蓬巷”（纸蓬：温州方言指手纸），后改为“飞鹏巷”。

2. 避免使用方言俗字

地名产生的时候常用许多方言词，后来文人雅士们认为方言词太俗，就用同音词来代替。

“大文厂”:《黄氏宗谱》载，清康熙戊辰年，其祖先从驷马、大份头来此牧牛，盖茅屋栖身（方言把茅草屋叫“厂”），故名“大份厂”（大份：方言指家族的一支，相当于普通话中的“长房”），因方言谐音，写成“大文厂”。又如“晓阳”：当地《高氏宗谱》记载，高氏祖先于某日黎明时在此发现一片大田垟，遂卜居于此，并名其地为晓垟（垟：方言词，指大片的田地）。后因“垟”“阳”同音，渐演为“晓阳”。同样，“朝阳”是“赵垟”的谐音，“南阳”是“南垟”的谐音，“和平丘”是“壶瓶丘”的谐音（壶瓶：方言指酒壶）。

3. 使用生僻字，故意显得深奥典雅

温州近郊有个“梧埏镇”。明弘治、万历及清乾隆年间的《温州府志》和清光绪年间的《永嘉县志》均记为“吴田”，民国初期改为“梧田”，民国后期才改为“梧埏”。“埏”是个生僻字，国标字库中将其列为Ⅱ级字。《说文新附》载：“埏，八方之地也。从土，延声。”《广韵》载：“夷然切。”《集解》载：“埏，若八埏，地之际也。”土地延伸出去，义指大地的边际，边远之地。

“大峃庄”：“大峃庄”是“大镬庄”的谐音，村庄因地形似大镬而得名。文人认为“镬”字太俗，就用生僻字“峃”[ɦo^{312}]（山高石多）来代替。文成的“大峃镇”也是如此。“峃作口”：村处两溪的汇合口，地形上宽下窄，取名“下窄口”，后演变为方言谐音的“峃作口”。此类地名还有“峃口”等。

4. 避免直露，追求含蓄

“前堡”：当地《周氏宗谱》载，清康熙年间，周姓祖辈从北港迁居此地。因村庄四面环河，形似元宝，取村名为“元宝”。文人认为用“元宝”太直露，就利用方言谐音，改为“前堡”。同样用“昆阳”代替“官垟”，也是为了含蓄。

追求典雅含蓄是谐音地名雅化的表层现象，其深层是人们的心态。具体表现为：

（1）求学、求官的心态。避免使用方言俗字，使用生僻字，是为了显示学问的高深。除上文提到的几例外，还有“鳌里村”，原名“岙底”，村中周姓在外做官的人不少，认为原村名不雅，遂改为“鳌里”。“仰斗坑”：在山下仰望，高峻陡险，原名“仰陡坑”，后谐音改为“仰斗坑”。这两处地名均取“魁星点斗，独占鳌头”中的“斗”“鳌”之义。求学的目的是中举，某些雅化的谐音地名在一定程度上反映了人们对中举的渴望。如“秀才坪”：昔为设哨守望之处，曾名“守贼坪”，建村后雅化，改为“秀才坪”。“状元内”：当地《叶氏宗谱》载，明崇祯十六年（1643），张氏先祖张元底迁此定居，后移居他乡。后人以“张元底”三个字为村名。到了清代，因方言同音，改称“章源底”。《浙江水陆道里记》作“状元里”。至民国年间称“状元底”。民国《平阳县志·建置志一》作“状元内”。读书、中举都是为了做官，谐音地名也反映了人们求官的心态。如“坐官堂”：村边有一终年不积水的干塘，村名“坐干塘”，后以谐音改名“坐官堂”。“官渎”：据当地村民说，从鲍田至塘下走到官渎中是一不，而塘下到鲍田走到官渎也是一不（“不”是方言词，音[gyɛ^{212}]，是一半的意思），故名“不渎”，后谐音雅化为“官渎”。

（2）求财趋吉的心理。求财发财，追求吉利是人们的普遍心理，但地名的雅化主要是文人们所喜欢的。中国的文人深受儒家思想的影响，重义轻利，他们不会把追求财富的意思赤裸裸地表现在地名上。如上例“元宝”，改为“前堡”，就反映了这一心态。温州虽有“金乡”“金田”“钱库”等有“金钱”二字的地名，但它们大多数是姓氏地名，不能认为是直接以金钱命名的地名。但人们的这种求财趋吉心理还是能通过部分地名曲折地表达出来。如“旺厂村”：有姜姓兄弟由永嘉沧湖迁此捕鱼，在下涂造草厂房定居，故称“下厂”，改为谐音名“旺厂”。“新下桥”：后改为谐音名“新旺桥”，“旺”表示兴旺。“菜头岩”：相传一位太平军士兵被清兵杀害在村边一块岩石上，原名“切头岩”，“切头”在方言里是杀头、砍头的意思，不吉利，故改为谐音名“菜头岩”。

（二）简化

简化是为了书写的方便。与雅化不同，雅化常常是文人所为，而简化则代表了广大老百姓的意愿。常见的有下列几种形式：

1. 采用笔画简单的字

历史上，温州，尤其是浙南山区的老百姓受教育程度普遍不高，在地名的书写上，为了方便，常常用笔画简单的同音字或近音字来代替笔画繁多的字，从而形成谐音地名。

如瑞安市有“长山村”：《郑氏宗谱》载，明代郑姓从乐清常山迁此，以其原籍地给村命名，称“常山村”。后用笔画简单的“长”来代替“常”。同样道理，“黄山头”：民国《平阳县志·建置志一》作“凰山头”因山形似凤凰。“凰”“黄”方言同音，后演称“黄山头”。“堪头”：当地《周氏宗谱》载，周氏祖先从厦门避难到平阳岭门定居，后又迁此，聚居在金山脚堤岸上头，故名“墈头”（墈：方言指堤岸或高出地面的台阶），后人简化为“堪头”。“腾了”：当地《徐氏宗谱》载，清乾隆三十五年（1770），徐氏祖先迁此开垦荒地，在一棵大树下搭寮栖身，名村为“藤寮”，后简写作“腾了”。“上园”：因地处上源山南麓，故名“上源”。“源”“园”方言谐音，写成“上园”。“元渎”：原有水渎，水源充沛，曾名“源渎”，谐改今名。“下各”：本村坐落在蒙东岭西麓的一个山坳角落。村多黄姓，以姓名村，故名“黄角”。方言“黄”与“下”、“角”与“各”音近，所以写成“下各”。“水塔”：民国《平阳县志·建置志三》载，宋政和六年（1116），此处有古塔名“紫础”。清光绪二十八年（1902）重修（现存旧址）。后因“紫础”“水塔”方言近音，演为“水塔”。“垟教”：民国《平阳县志·建置志一》作“旸鉴”。因地处东方，阳光充足，故有此名。“旸”与“垟”、“鉴”与“教”方言谐音，遂为“垟教”。此外“林泗洞”是“鹭鸶洞”的谐音，“月头垟”是“源头垟”的谐音，“直龙底”是“蛰龙底”的谐音，“上干山”是“上冠山”的谐音，“树反”是“树畈”的谐音，“汤园巷”是“汤圆巷”的谐音，“北台”是“碧潭”的谐音，“山了儿”是“山垄儿”的谐音，“前横”是“蟾横”的谐音，“龙后”是“寮后”的谐音，“外龙坑”是“外寮坑”的谐音。温州地名中用“龙”代替“寮”或“垄”的很多，如“下藤龙”是“下藤垄”的谐音，“下龙”是“下垄”的谐音。这一类地名都是用笔画简单的字代替笔画繁多的字。

2. 避免较生僻的字

这些生僻字大多是方言词，当地人往往会说不会写，就用同音或近音词代替，形成谐音地名。

“上降”和“厂矿”。“上降”：民国《平阳县志·建置志一》作“上埄”。“厂矿”：村民曾在这条山埄上搭一草厂，原名“厂埄”。“埄”是方言词，指山脉或土坡的条状隆起。该字比较生僻，就分别用方言同音和近音字“降”和“矿”来代替，形成了“上降”和“厂矿”两个地名。

“直根”“甘济”“白水济”“济下”也是如此。方言把“山间瀑布”称“漈”。“直根”：据传村里有一大瀑布，直注村边山根下的溪流，称为“漈根”，因“漈”“直”方言近音，谐称今名。“甘济”：村处于石排顶山东侧山洞旁，山间瀑布常涸。俗称无雨为干漈，天雨成水漈。原名“干漈”，谐变为“甘济”。同理，“白水济”是“白水漈”的谐音，“济下”是“漈下”的谐音。

此外，还有“张念”“贡后”“六甲”等地名。“张念”：清初，因章姓始建村于上堤近旁，得名“章埝”（埝：土堤），谐音简写成“张念”。“贡后”：当地《池氏宗谱》载，清乾隆十六年（1751），池氏祖先由闽泉州铜湾迁来，居住在一小山冈（小山冈当地方言称“埂”）后面，故称“埂后”。因方言“埂”“贡”同音，遂成“贡后”。

“六甲”等也是如此，“浃”方言指比河小、比沟大的水渠。“六甲”是“六浃”的谐音，“水甲山”是“水浃山”的谐音，“四甲”是“四浃”的谐音，“后山甲”是“后山浃”的谐音，“大夹”是“大浃”的谐音，“儿坑甲”是“吴坑浃”的谐音。

以上方言词都是表示地形地貌的名词，其他词类的方言词在谐音地名中也不少。“猫狸擂”：此地山高崖陡，下临深坑，喻猫狸（猫狸：方言指黄鼠狼）到此亦会“踈”下来（踈：方言中是跌、跌倒的意思）。这“踈”字，大多数人都不会写，就用同音字“擂”来代替。同理，“貌儿雷”是“猫儿踈”的谐音。“柳树山”是“溜树山”的谐音（溜：方言指从高处滑下、滑倒）。“白步田村”“彭桥”分别是“蹝步田村”“蹝桥”的谐音（蹝：方言是走、跨过的意思）。白步田村左右均系山田，出家门“蹝”一步就是田，故名“蹝步田村”。“蹝”谐变为“白”，故名。“对牛龙”是“兑牛垄”的谐音。村落地处山垄，曾是耕牛交易场所，故名“兑牛垄”，谐音成“对牛龙”。“章儿坑”“章儿山”“张儿山”中的“章儿”“张儿”都是指“麻雀”，与“雀儿”音近，故构成谐音地名。

3. 以讹传讹

“十五殿”：据当地张姓老人口述，宋初，陈姓人从闽迁此定居。陈家有五人皆身强力壮，人称“陈五健”，讹传为“十五殿”。“老同田”：村边有鱼池，年久失修，破洞漏水，故称“漏洞池”。后人把“漏洞池”讹传为“老同田”。“石头垟”：因地处小山屿西北之田垟处，原名“屿头垟”，后讹传为“石头垟”。“冬瓜垄”：地处后坑村东面一个山垅的土岗上，原名“东岗垄”，讹为今名。“鸡肫巷”：原名“鸡肫街”，是“稽征街”的谐音，方言“稽征”与“鸡肫”音近，讹传为“鸡肫巷”。“蝉河”：原名“蟾湖”，是道教地名，以道士白玉蟾之名中的“蟾”字命名。“蝉街”：原名“禅街”，古时面对禅院，是佛教地名。后来在流传过程中，以讹传讹，误认为该两处多知了，称之为“蝉河”和“蝉街”。“自然”：原以村后有座小屿山，曾名“屿前”，后因“屿前”和“自然”方言近音，讹为今名。此外，还有“坵垄”讹为“九两”，“四角田”讹为“四脚田”等。

二、从温州谐音地名推知浙南瓯语的语音特点

上文已谈到浙南瓯语里有相当数量的同音词或音近词，为谐音的产生提供了物质基础，显然这些同音词不同于普通话同音词。那么，我们能不能根据这些同音词推导出浙南瓯语的某些语音特点呢？回答是肯定的。下面我们舍弃谐音地名中的音近词，选择发音相同的谐音地名，推出浙南瓯语的一些语音特点。

1. 浙南瓯语保存了古浊音

如“田下村”是“殿下村”的谐音。可见在瓯语里“田”和“殿”是同音词。在普通话里“田”和“殿”不同音，声母分别是 [t‘] 和 [t]，是送气和不送气的区别。但在温州话里是同音，声母都是浊音 [d]。“渡心”：当地《温氏宗谱》载，明崇祯三年（1630），其祖先从福建漳州南靖荆山迁居于此。因该处为江边涂泥淤积而成，村在涂滩中心，故名“涂心”，后称“渡心”。方言“涂”“渡”声母、韵母均相同，声母是浊音 [d]。“齐山”是“徐山”的谐音。“东齐”是“冻蛇”的谐音。“齐”“徐”“蛇”在普通话中声母不同，分别是 [tɕ‘][ɕ][ʂ]，但在浙南瓯语里声母都是浊音 [z]。可见“保存古浊音”，是浙南瓯语语音的一大特点。

2. 浙南瓯语只有舌尖前音 [ts][ts‘][s]，没有舌尖后音 [tʂ][tʂ‘][s]

如“山门”：因当地周、徐、叶三大姓有三座台门，故名其地为“三门”。后因“三”“山”方言谐音，又改为“山门”。“山步岩”是“三步岩”的谐音。“山院”是“三院”的谐音。在普通话中“山”的声母是舌尖后音 [ʂ]，也称“卷舌音”；而“三”的声母是舌尖前音 [s]，也称“平舌音”。在瓯语里它们是同音词，声母完全相同，都念成 [s]。又如“四顾桥”是“师姑桥”的谐音。普通话里“四”和“师”不同音，“四”声母 [s]，是舌尖前音，“师”声母是 [ʂ]，是舌尖后音，但瓯语都念 [s]。可见“只有舌尖前音 [ts][ts‘][s]，没有舌尖后音 [tʂ][tʂ‘][ʂ]”，或者说“只有平舌音，没有卷舌音”，是浙南瓯语语音的另一大特点。

3. 鼻音韵尾大都只有一个 [-ŋ] 而无 [-n]

如“林鸟”是“灵鸟”的谐音。村北一岩形象凤凰，村名“灵鸟”，前者是前鼻音 [n]，后者是后鼻音 [ŋ]，但在温州话里是同音的，都念成 [ŋ]。“垟京”是“垟金”的谐音，村内有一座山形似“金”字，山脚有田垟，故称“垟金”。普通

话里“京”和“金”不同音，前者是后鼻韵尾 [ŋ]，后者是前鼻韵尾 [n]，但在浙南瓯语里，都念 [ŋ]。“宝林寺”是“保灵寺”的谐音也是如此。可见“鼻音韵尾大都只有一个 [-ŋ] 而无 [-n]。”是浙南瓯语的又一大特点。

4. 疑母读鼻音

如“木泥岩”是“木鱼岩”的谐音。普通话里“泥”和“鱼”不同音，声母、韵母都不同，但在温州的乐清、泰顺等方言里，除声调略有差别外，声母、韵母都相同，读 [ȵi]。可见，“疑母读鼻音”也是浙南瓯语的一个特点。

5. 韵母中单元音较多，复元音较少

如“下加山”是“霞挂山”的谐音。“下”和“霞”普通话韵母为 [ia]，是复元音，在瓯语里韵母是单元音 [o]，同样“加”和“挂”在普通话中分别念 [tɕia^{55}][kua^{51}]，在瓯语中是同音，都念 [ko]，是单元音。“挑竹桥”是“眺舟桥”的谐音。“舟”普通话里音 [tʂou^{55}] 是双元音，乐清虹桥一带念 [tsu^{313}]，与“竹”同音，是单元音。许多普通话音节中的复元音在瓯语里都读单元音，造成瓯语“韵母中单元音较多，复元音较少”。

6. 有文读和白读之分

如“驮卢坑”是“大炉坑”的谐音。从前溪坑边有大冶铁炉，故名。“驮培”是“大培”的谐音（培：方言指山间横路），“驮”瓯语念 [du]，是“大”的白读音。“碎坑”是“小坑”的谐音，“碎”是“小”的白读音。“派岩”是“破岩”的谐音，以山上到处是破裂岩而得名。“派”是“破”的白读音。这一类地名还有“派园”“派塘”等。有时文读读口音，白读读鼻音。如“马江坪”是“望江坪”的谐音。“望”在当地文读声母是 [w]，白读声母是 [m]，与“马”同音，故名“马江坪”。

7. 合口介音消失

如“光岩”是“缸岩”的谐音。“光”普通话音 [kuaŋ^{55}]，瓯语念 [kɔ^{33}]，合口介音消失，与“缸”同音。

8. 浙南瓯语保留了古入声

如“五尺”是“五漖”的谐音。“尺”普通话是上声。“漖”是生造词。“尺”和“漖”在浙南瓯语中是同音词，音 [ts‘ʔ^{313}]，是入声，阴入。又如“分水岩”是“分水龉”的谐音。龉 [ŋa^{212}]，是入声，阳入。温州地名中的许多生僻字，都保留了入声。如“十八𡊄”中的“𡊄 [na^{212}]”、“廿四墕”“井盖墕”中的“墕

[dzai^{212}]”，“外不”“中不”“底不”中的“不 [gyɛ^{212}]”，都是入声字。根据规范，这些生僻字大部分将由同音字代替，这样就会形成一批新的谐音地名。

此外，在温州谐音地名中，还有部分普通话、浙南瓯语都不同音，但闽语同音的。如“下路堡”是“下楼宝”的谐音。当初建上、下两幢楼房，挖下幢楼房地基时发现“人参”，衍称村名为“下楼宝”。又因闽语“楼”“路”谐音，“宝”“堡”同义，遂成“下路堡”。迢岩：原名“潮岩”，相传古代横阳江潮水涨到此处山岩，故名“潮岩”。后来沿海平原形成，海水下退。据《正字通》释：“迢，远不相通也。”“潮”“迢”闽语谐音，故名“迢岩”。本文重点讨论瓯语的谐音地名，其他方言的谐音地名另文再谈。

注释：

[1] 文中注音采用国际音标，调值标于右上角，调类标于右下角。下同。

[2] 参见颜逸明：《浙南瓯语》，上海：华东师范大学出版社，2000 年，第 11 页。

[3] 盛爱萍：《温州地名中的谐音问题》，《修辞学习》2004 年第 3 期。收入本书时，个别地方有改动。

[4] 参见《修辞学词典》杭州：浙江教育出版社，1987 年，第 166 页。

[5] 据颜逸民先生的分法，“以瓯语泛指温州地区各市县的温州话，以温州话专指温州市区方言，温州方言则指温州地区各种方言。”参见颜逸民：《浙南瓯语》，上海：华东师范大学出版社，2000 年，第 1 页。

第三章　地名与词汇

地名是词汇的一个重要组成部分。从不同的角度，可以对地名进行不同层面的分析。

一、从语言结构的角度分析地名

词汇，顾名思义，是词的总汇。什么是词呢？古人只有“字”的概念，对词的认识比较模糊。《尔雅》《说文》《方言》之类，只是汇集语言里的字，将它们按某种次序排列，并加解释。这些书是供查阅的工具书，未能显示古人对词的科学认识。

当今语言学家给词下了各种定义：

黎锦熙：“词是说话的时候表示思想中一个观念的词语。”[1]

王力：“词是语言的最小的意义单位。”[2]

刘泽先：词是“拼音文字里经常连写在一起的一组字母”[3]。

吕叔湘：词是“语言的最小的独立运用的意义单位”[4]。

根据黎锦熙先生的观点，不能区别词和短语。根据王力先生的这个定义，不能区别词和语素。刘泽先的定义表面上是根据书写形式，实际上主要是根据词的语音特点。词能有连写的形式，是因为一个词的语音形式是一个单位，前后可以停顿。但实际上连写法和分词不会完全一致。例如，“一个”是两个词，但因使用频繁，一般主张连写。所以，该定义也难以区分词和非词。吕叔湘先生的这个定义主要是从语法特点上讲的，也照顾到意义。我们一般沿用吕叔湘先生的提法。

按照吕叔湘先生给词下的定义，我们可以把温州地名分为地名短语和地名词。对于地名短语来说，我们可以分析它的结构类型和语义类型；对于地名词来说，我们可以分析它的来源和构词法等。

二、从符号学的角度分析地名

刘盛佳根据美国符号学创始人、哲学家皮尔士（C. S. Peirce，1839—1914）的符号学理论来分析地名。他认为：

> 皮尔士将符号（representamen）、对象（object）、场所（ground）这三种因素的结构说成是“三合一”的关系，共表现出三种模式。……很明显，在地名学中，符号就是地名，对象就是地理实体，场所就是地理实体所占有的空间。将地名、地理实体及其所占有的空间，组成一个统一的结构，这个结构就是“三合一”的整体，它便是地名学所要研究的对象。

地名中，包涵着三种组成成分，即地名的核心因素，如“瓯江、瓯海、瓯浦垟”等地名中的“瓯”字，是这一组地名中的核心因素，或称“核心成分”；它们都是源于同一个“词根”，反映这一地区曾经是瓯越先民活动的地方。“瓯”作为地理实体的符号，起着类似于“实质”的作用，可以称之为“性质符号”。

“性质符号”一般可以重复使用，但地理实体的客观存在，往往和其他地理实体相类似，但不可能完全相同。因此，在表示地理实体的符号名称中，必须具有排他性的内容，比如“瓯江、瓯海、瓯浦垟”等含有“瓯”字的地名，作为符号应具有排他性，这就是地名命名中的单一因素，表示它的符号叫“单一符号”。

作为地理实体的符号的地名，仅仅有“性质符号”和“单一符号”的内容还不够，还要有一套起规则或原则作用的符号，从语法角度而言，就是可以反复出现的语言符号，比如在“瓯江、瓯海、瓯浦垟”等地名中的江、海、浦、垟。这些符号不仅可以在上述地名所在地区内反复出现，有的还可以在全国各地出现。它们的反复出现，不仅不与地理实体的代表符号的排他性相矛盾，有时它既起单一符号的作用，又起规则或原则的作用。正是由于它们的存在，以“瓯”字起头的地名得以专指；但又绝不是这几个地名所专有，这就是地名的通名，它在符号学中被称为“法则符号”。

所谓地名的“三合一关系”，实质上由性质符号、单一符号、法则符号共同构成。地名的这三种因素或成分是一种相互依存、互相补充的关系，又是辩证的关系。一般来说，性质符号和法则符号大多是反复的多指符号，它们结合在一起，又成为单一的符号。[5]

20世纪初，瑞士语言学家费尔迪南·德·索绪尔（Ferdinand de Saussure）提出语言是一个符号系统。每个符号都由“能指”（声音印象）和“所指”（概念）组成。地名是语言符号系统的一个重要组成部分。地名的语音形式负载着一定的语义内容，地名的语义内容要靠地名的语音形式来表现。我们可以从能指和所指的关系，来讨论地名的“名实相符”的问题。关于名实关系的问题，一直是我国哲学界争论的问题。

春秋战国时期孔子便提出“名从主人”的地名原则。

在《公孙龙子》一书的《指物论》一篇中就记录了对名实关系的两种观点的辩论：

主：物莫非指，而指非指。

客：……指也者，天下之所无也；物也者，天下之所有也。以天下之所有，为天下之所无，未可。……

主：以指者天下之所无。天下无指者，物不可谓无指也；不可谓无指者，非有非指也；……使天下无物指，谁径谓非指？天下无物，谁径谓指？

公孙龙（约前320—前250），战国末期赵国人，名家学派的主要代表人物。在这篇文章中，他通过主客论辩，批驳了将指称和物体割裂，认为指称是天下所无的东西，用它来指称天下所有的“物”这个观点是不行，而认为物是可以指称的，指称和物是密切结合的。在这一点上，公孙龙是正确的。

关于名实关系的问题，荀子（约前313—前238）曾有过精辟的见解。《荀子·正名》篇中说，人凭天官（天然的官能：目、耳、口、鼻、身体、心等）辨别各种事物的同异，然后给物命名：

名无固宜，约之以命，约定俗成谓之宜，异于约则谓之不宜。名无固实，约之以命实，约定俗成谓之实名。

荀子认为先有物后有名，名是人给起的，名、物的关系是由社会习惯确定的，其“宜”“实”都是以社会的传统习惯为标准的。这是我国古代名实关系的著名理论。其“约定俗成”一说，到今天仍然是最简练最准确的概括。

每一个地名符号总是指向某一个地理实体，这是地名符号的对象指向的提示功能，也就是索绪尔所说的“所指”。同时地名符号的能指又具有描述能力，于是就产生了地名符号的描述和对象指向的提示功能是否一致的问题。这就是我们平时所说的“名实相符”的问题。如“温州”是“气候温和之州”，“西岙”是“位于西面的山岙”，“虹桥镇”是“镇上有桥似彩虹”等等，是名实相符的。而“乐清”“瑞安”“泰顺”就不同了，它们反映的是人们的一种期望、期盼，就有点名不符实。语义的研究方法就是联系符号的外延，以揭示地名符号内涵的研究方法。据此，我们可以研究地名中各成分的语义搭配、地名中的通名和专名、地名的规范等问题。

三、从地名学的角度分析地名

从地名学的角度来考察，地名又可以分为专名和通名。分析专名，可以了解地名的命名法；分析通名，可以了解地名的类型。

本章我们主要讨论下列几个问题：温州地名中的专名和通名；温州地名词的来源及历史层次；温州地名中的方言词及其规范问题。

第一节　温州地名中的专名与通名

温州地名的结构，这是从语言学的角度来分析的，我们将放在语法部分来讨论。这一节我们分析温州地名中的专名和通名，这是从地名学的角度来探讨，也是从语义的角度来分析地名。

从地名学角度来看，任何一个完整的地名，都是由专名和通名两部分构成的。如“乐清市”，“乐清”是专名，“市”是通名；“雁荡山”，“雁荡”是专名，“山”是通名；“楠溪江”，“楠溪”是专名，“江”是通名。专名表示该地名所指代的地理实体，具有强烈的个性特征，以区别于其他地名。其主要作用是为该地名定位。专名的形成跟人类对该地理实体的最初理解和认识有关，反映地名的含义和来历，也就是通常所说的地名的“得名之由”。它体现了各种各样的

“命名法”。通名部分是某一类地理实体共同的称谓，具有鲜明的共性，其主要功能是定类。通名标志着人类对地理实体的认识和分类，是人类改造自然的产物，包括改造自然的各种举措和设施，同时也体现着行政管理的区划系统。我们在这一节围绕专名和通名，讨论两个问题：温州地名中专名的构成及其命名法；温州地名通名的类型及其特点。

一、温州地名专名的构成及其命名法

（一）温州地名专名的构成

我国古代地名只有专名，没有通名，温州古代地名也是一样。最早记载温州地名的《山海经》中有“瓯居海中”，扬雄的《方言》有两次提到“瓯”。这里的温州地名“瓯”是专名，没有通名。但随着社会的发展，人类对事物认识的不断加深，地名也越来越丰富。有些地名的专名中也出现通名语素。温州地名专名的构成大致有下列几类。

1. 单纯词地名

芙蓉。

2. 词 + 通名语素

分下列四种情况：

姓氏 + 通名语素：包宅、汤堡、金堡、赵宅、陈村、罗川、郑源、李家山、蒋家桥。

动物 + 通名语素：鹤溪、乌鸾坑、牛塘、鹿寨、老鸦坑、鹤垟。

植物 + 通名语素：杨梅山、梅坑、麻田、楠树垟、毛竹坑、樟桥、荷花宕。

其他：霞村、岩峰、炉山、牛栏坳、路田、鱼林坑、鱼仓、石坑、柳树山。

3. 方位词 + 通名语素

上陡门、上伊、下际、下岭、下岙、下桥、下净水、下寅、中央村、中爿、中涂、中花、中央巷、东庵、南山、南塘、西山、北鹿。

4. 名词（包括通名语素）+ 方位词

油树下、寺后、岙上、礁下、垟下、川外、江底、岩下、水心、寨里、基右、山前。

5. 动词 + 方位词

叠石下、踏碓下。

印象南塘

6. 名词 + 动词

石染、牛游潭、渔渡。

7. 动词 + 名词（通名语素）

打篷（巷）、卷索（巷）、卖糖（巷）、踏碓（巷）、扬名（坊）、育英（路）、望江（路）、看花（巷）、兴文（里）。

8. 形容词 + 通名语素

朱山、白岩、高楼、冷节田、低段、高见（“高筧”的谐音）、大滩、铜背。

9. 数（量）词 + 通名语素

七都、四塘、双桥、十二田、双岭、第二潭、九山、十里亭、十二盘村、双坑、九头寮、九石、十八渡、双岩、双岙村、九房村、八亩垟、六岙、十八垄。

（二）温州地名专名的命名法

温州地名专名的命名法大致可分四类。

1. 描写性地名

一般是反映自然地理实体的特征、方位、距离等，包括山体、水体、景色、气候、动植物、特产等。

如雁荡山、金岩尖（山体）、楠溪江、芙蓉溪（水体）、东岙、门前山（方位）、十里亭、七里（距离）、白云乡、枫林（景色）、温州、凉下山（气候）、

郭公山

老虎埄、鸬鹚礁（动物）、杨梅山、竹垟（植物）、纸山、海蜇礁（特产）等。

2. 记叙性地名

一般是反映人文地理实体的特征，包括人物、姓氏、族称、建筑、史实、传说等。

如郭公山、谢公岭（人物）、包宅、万桥（姓氏）、畲屋、桐畲（族称）、渡郎桥、钟桥（建筑）、御史桥、万岁里（史实）、仙居、飞霞洞（传说）等。

3. 赋义性地名

一般是人们赋予地理实体某种意义，包括观念、感情、意愿等。

如“建设路”“勤奋河”等地名反映了当代人们的观念。“龙”在人们心目里是吉祥、美好的象征，据不完全统计，“龙”字地名在温州有50多个，这些地名表达了人们对“龙”喜爱的感情。“泰顺”“瑞安”等地名表达了人们渴望安泰、平安、吉祥的意愿。“上稔”“保昌岭”表达了人们对丰收、昌盛的期盼。

4. 其他地名

主要是指相关地名，包括派生地名、移用地名、拼合地名、转类地名等。

（1）派生地名

派生地名由一个地名再产生、演变出另一个地名。

如黄华：明永乐十六年（1418）《乐清市志》载，地名黄花，属长安乡，系其地有黄花山而得名。因古汉语中“花”“华”互通，自明隆庆六年（1572）《乐清市志》始，皆书作“黄华”。由“黄花山”派生出“黄华”“花西”，再由“黄华”派生出“黄华镇”“黄华关”“黄华堡”，再由“黄华镇”派生出“华东”。

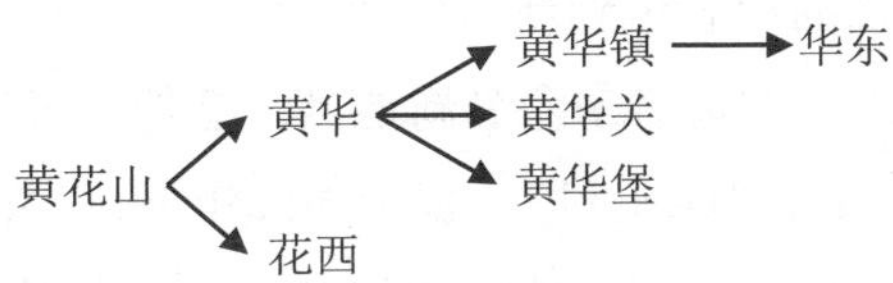

又如“沪屿”：据传，古时海中有一小岛（屿），漂浮至此，人称“浮屿”，因而名村为“浮屿村”。“浮”“沪”方言谐音，遂演变为今名。后来由于人口增长，村庄扩大，遂分成几个小村庄。位于南边的称“沪屿前”，位于北边的称“沪屿后”。

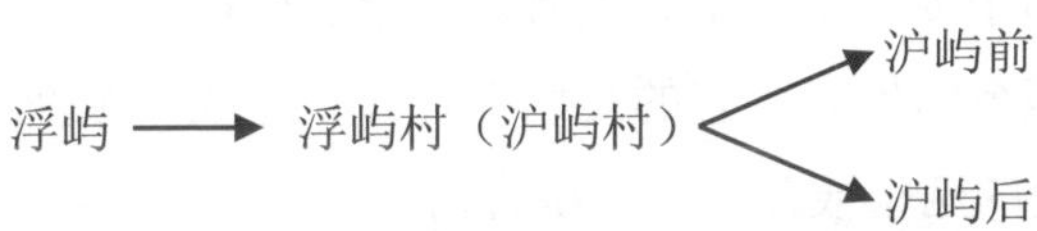

文成下石庄民宿

从“浮屿”到“浮屿村”是转类关系，下文将谈到。从“沪屿村”到“沪屿前”和“沪屿后”是派生关系。

（2）移用地名

移用地名包括侨置地名和移置地名。侨置地名是随着人口迁徙，人们为了不忘故居，把原居住地的地名带到新居住地，这种地名叫“侨置地名”。由于各种原因，人们用其他地方的地名来命名新地名，这种地名叫“移置地名”。

如文成县城西南有座“库头村”，据说500年前，平阳库头村陈姓兄弟三人，一迁云和，一迁景宁，一迁文成，为纪念故土，所居三地俱名“库头”。这三个“库头”便是侨置地名。[6]

温州新城的许多道路、公园，以温州周边的景区地名命名。如“雁荡山路”“楠溪江路”“雁湖公园”等。这类地名是移置地名。

（3）拼合地名

拼合地名指两个或两个以上地名各取一字，合成一个新地名。这类地名在温州很多，一般是乡镇地名。有的是两乡合并，造成一个新的拼合地名。有的是以乡内有代表性的两个或几个村名拼合而成。

仙稔乡：从“仙居”和“下稔村”两个地名中各取一字，组合成该地名。此外，还有：

章仙乡 + 成林乡→章成乡；

雪临山 + 下东溪→雪溪乡；

万竹园 + 上排、下排→万排乡。

（4）转类地名

转类地名指在某个地名上加上新的通名，使地名的类别发生转换，构成新的地名。如“温州”原是州名，“温州市”是由州名转为市名；“上街村”是由街名转为村名；“南院乡”由寺院名转为乡名。

转类地名和派生地名相似，都是在一个地名的基础上再产生一个新的地名。转类地名一般包含两个通名语素；而派生地名往往只有一个通名语素，甚至没有。这是转类地名和派生地名最主要的区别。

二、温州地名通名的类型及其特点

地名通名的研究，是地名学研究的重要组成部分。通名是对地理实体最概括、最确切的表述，是了解、识别地理实体最便捷的形式。

温州现行的地名，有一部分是完整的地名，有一部分是省略的通名，这些省略的通名常常是街道居民点通名和行政建置类地名的通名，如路、村、乡、镇等。如“大南门路”常称为“大南门”，“南阳村”就称“南阳”，“岭底乡”就称“岭底”，“芙蓉镇”就称“芙蓉”。有些地名省略了这些通名后，其本身还有通名。如“温州市”省略通名“市”后，还有通名“州”；“南塘乡”省略通名“乡”之后，“塘”仍是通名。一般来说，通名在专名之后，如“柳市”“瓯江”“文成县”等。但在温州地名里，也有一部分通名在专名前面的，如“岭底”“山后”“屿头”“河口”等。这一类地名有一个特点：位于通名之后的往往是方位词或表示方位的普通名词。

（一）温州地名通名的类型

温州地名通名复杂多样，种类繁多。温州地名可以分为自然地名和人文地名。自然地名又可分为山体地名和水体地名等。人文地名包括政区地名、聚落地名、人工建筑地名以及名胜古迹地名等。以上各类地名的通名都有专用的词语，我们逐一来讨论。

1. 自然地名中的通名

（1）山体类地名中的通名

山：底山、河东山、欧山、虎头山、虎尖山、国姓山、鸡岑山、应钟山、寿桃山、杜家山、杨家山、观音山、坝头山、后山、西山、尖峰山、网山、对面山、半山、半山庵、龙虎山、龙井山、分水山、凤凰山、牛大山、火烧山、云头山、飞凤山、马灯山、上山、上方山、歪尾山、歪头山、冠尖山、洪桥山、蔡家山、瑶山、管山。

尖：山峰。温州地名中有刀鹰尖、老鹰尖、双尖、高尖山、饭蒸尖、门前埄尖、鲤鱼尖、白流尖、枫树尖、高尖、金山尖、吴山尖、包坑尖、万亚尖、鬼洞尖、尖后、四个尖、笠尖、双尖、驮尖、晓阳尖。

峰：铁障峰、曾峰、乌峰尖、岩峰。

炮：永嘉方言指小山冈。温州地名中有东炮、炮背、乌炮、金田炮、炮儿头、下炮。

埭 [$dzai^{212}$]：永嘉方言指小山头。永嘉有“廿四埭”“井盖埭”两个地名。

垟：平阳方言也指小山岗。温州地名中有垟后山、溪心垟、茶谢垟、大垟、垟凤、凤巢垟、企垟、企垟山、坟垟山、垟尾、三垟、老尾垟、石墩垟、各垟、仓头垟、南垟、滌头垟、路垟、青头垟、大毛垟。

垄：温州方言指条状隆起的山脉，一般连绵距离较长。温州地名中有垄垄、垄背、垄根、东垄岭、岩垄头、黄垄、马路垄（雾露垄）、吊垄、杨梅垄、横垄、库垄、中垄。

了：永嘉方言指连绵距离比“垄”短的山脉。温州地名中有了烈、山半山了、岭根了村、金加了村、山了儿、下了山、桃树了。

岗：西山岗、牛栏岗、马头岗、岗上、岗下、岗头、岗头山、岗山、岗底、岗尾、枯木岗。

岭：岭后、岭门、岭门头、岭下亭、岭下吴、岭下、岭下朱、岭丰、岭垄、岭坎、岭街、岭麓、岭上、岭脚、岭脚潭、岭根、岭头尾、岭头、岭坑、半岭、尺岭、石塘岭。

岩：矾岩、岩坦、岩上、纱帽岩、玉青岩、乌岩、白岩、乌岩头、乌岩头山、乌岩脚、珍珠岩、项山岩头、腾岩、叠石岩、门神岩、狮子岩、企岩山、天师岩、摇动岩、岩坦坑、山岩坦。

洞：仙人洞、观音洞、北斗洞、将军洞、仙姑洞、陶姑洞、水仙洞、避难洞、洞前、鸭落洞、黄岩洞、陶公洞、鹤巢洞。

岙：温州方言指山间平地。温州地名中有岙头、孙岙、西岙、程岙、梅岙、马岙、梁岙、后岙、马岙头、顶岙、梅岙平、石子岙、岙面、状元岙、沙岙、布袋岙、正岙、大北岙、岙仔、柴岙、岙外、擂网岙。

坳：也指山间平地。温州地名中有坳儿、坳头、坳门、老虎坳、殿前坳、牛栏坳、鸟头坳、外坳、乾坤坳、茅山坳、兄弟坳、大塘坳、上仰坳、坳田头、下路坳。

垟：温州方言指大片的田地。温州地名中有垟尾、顶垟、垟尾坦、垟半山、垟教、垟落直、垟头、垟头坪、垟岙底、垟边、垟底垟心、垟心金、垟心李、垟心屋、垟桥垟、垟坑心、垟坑、垟浦、垟溪、垟乌、垟中心、垟子尾、垟厂、月头垟、垟坑、垟上坑、大垟、西垟、外垟、毛垟、斜垟、柳垟、柳家垟、西垟、垟京、马车垟、富头垟、横路垟、山头垟、岩头垟、坟前垟、下可垟、南山垟、半路垟、水碓垟、何宅垟、大发垟、翁垟具、和尚垟。

百丈漈

罗带瀑

坦：指空旷地。温州地名中有坦背、锯板坦、驮荒坦、驮坦、岩坦下、上坦坑、下坦坑、栗树坦、外坦屋、外坦坑、坦平、金竹坦、光坦、三个坦、八坦、驮坦、坦阳、沙坦、岩坦皮、师公坦、龙坦垟、张坳坦、高坦头。

坪：指小平地。温州地名中有胡坪、上坪、上坪垟、下坪、大坪、马垟坪、驮坪坦、坪头、上坪庵、乌宿坪、东坪、天坪、徐坪、坪岩、枫树坪、驮坪厂、驮坪、高坪、楼坪、塘坪、周坪、茶树坪、茶坪、叶坪、下小坪、竹坪、马坪、金竹坪、金岩驮坪、垟坪、马竹坪、坪山、青坪、山后坪、金坪湾、十五公坪、国坪、外坪、胡坪丘、垟坪基、屋基坪、茅草坪。

丼：方言指凹地。温州地名中有山丼田、石丼、石砖丼、出水丼、米来丼（弥勒佛丼）、水丼、垟丼、乌丼、乌丼弯、野猪塘丼、水丼巷、水丼垟。

（2）水体类地名中的通名

漈：方言指山间瀑布。温州地名中有漈下桥、百丈漈、拢盘漈、西风漈、白岩漈、漈头陈、漈头温、漈坪岗、干漈、白水漈、漈大寮、漈头、平漈。

坑：指凹下去的带状地形。温州地名中有乌秋坑、仙人坑、坑底、坑门底、坑头垟、外坑底、里坑底、石坑庵、过坑垄、大坑、稻桶坑、上湖坑、云底坑、金家坑、黄坑。

渠：指小溪。温州地名中有渠口、瓯渠、渠坑庵、孟渠坑。

溪：岳溪、荆溪、顶溪、过溪、溪坡、溪后、溪湾、溪内、溪尾、溪岙、溪沽下、溪源、溪垟栋、溪边、溪口、溪南、溪南隔、溪埔园、溪心、溪舟、溪头、溪头街、溪头桥、溪头内、溪头角、溪金山顶、溪灵坑。

港：曹村港、金潮港、小港、上港、下港村、五港、长港烈、港头。

浃：直浃河、浃口、浃底、浃尾、浃垟、亭浃、鱼鳞浃、仙降浃、溪东浃。

渎：夹渎、横渎、黄渎、风渎、沙渎、官渎、雷渎、渡渎。

河：河口、河东山、河东巷、河尾、河山、河边巷、河内、河子前、河垟尾、河头垟、河头、河龙头、河湾、河古、河峥、河坤、河里山、河石、河底、马犁河、横河、北塘河、桐溪河、直河、星光河、龙船河、车头河。

沥：粤语指小河汊。温州地名有后岗沥、前池沥、上马沥、寨下沥、中村沥、前林沥。

湫：指水池。温州地名中有南门湫、南河湫、大龙湫、小龙湫。

浦：指水边。温州地名中有后浦、浦边、上吕浦、下吕浦、浦北巷、浦南巷、浦底、浦前、浦口、西石浦、梅头浦、场桥浦、后里浦、华表浦、周田浦、南镇浦、上望浦。

湖：牛湖、九山湖、湖上垟、湖边、天湖、大湖、南湖、横湖、石湖坑、湖头、湖西、湖庄、上湖、上湖桥头。

池：水池、墨池坊、池上楼、大池、草池、池山、玉池、池头、芦池、后池、前池。

江：清江、鳌江、飞云江、瓯江、楠溪江、江山、江坑、江北、江心、江心涂、江边、江头、后江、三江浦西村、东江沙。

潭：龙潭庵、龙门潭、江潭、庙潭、龙潭头、坐坦潭、沙潭、横潭、鱼潭山、丝潭、盖潭、里塆潭、龙潭坑、兆潭、大潭、黄潭、龙潭下、梅雨潭、同锅潭、双潭垟、大潭垟、大潭垄、古潭、潭岩、螺丝潭。

礁：老人礁、灰箕礁、尖石礁、对石礁、兄弟礁、北礁、龙船礁、分水礁、牛礁、木桶礁、马尾礁、马蹄礁、马铃礁、洞外礁、屋背礁、破镬礁、浪花礁、娘子礁、娘娘鞋礁、眼睛礁、复顶礁、鸽尾礁。

屿：三屿、屿边、屿山、屿尾北礁、尖屿、方江屿、珠屿、四屿、龙头屿、雅屿、乌星屿、白龙屿、茅草屿、大山屿、四屿、北园屿、大笔架屿、笔架屿、老鼠屿、小霓屿、虎头屿、大竹屿、南猫屿、虎屿。

岛：北小门岛、小门岛、大瞿岛、中瞿岛、小瞿岛、半屏岛、双峰岛、五屿头岛、东策岛、南策岛、北策岛、虎洞岛、洞头岛、胜利岛、大三盘岛、花岗岛、浅门山岛、鹿西岛。

沙：四沙、百步沙、沙头、沙垟、大沙岙、沙埠、沙弓田、铁沙、沙田、沙洪头、白沙。

仙岩梅雨潭

2. 人文地名中的通名

（1）政区类地名中的通名

市：温州市、乐清市、瑞安市、龙港市。

区：鹿城区、瓯海区、龙湾区、洞头区。

县：永嘉县、平阳县、苍南县、文成县、泰顺县。

镇：上塘镇、桥头镇、清水埠镇、桥头镇、岩坦镇、巽宅镇、岩头镇、枫林镇、桥下镇、大荆镇、柳市镇、白象镇、水头镇、乐成镇、湖屿桥镇、陶峰镇、马屿镇、塘下镇、丽岙镇、飞云镇。

乡：梅屿乡、新江乡、民公乡、东山乡、小芙乡、岭底乡、中塘乡、路口乡、黄南乡、张溪乡、潘坑乡、溪口乡、鲤溪乡、溪下乡、界坑乡、大岙乡、西岙乡、应坑乡、石染乡、山坑乡、岭头乡、西源乡、表山乡。

街道：西山街道、松台街道、洪殿街道、海坛街道、莲池街道、朔门街道、鼓楼街道、蒲鞋市街道、南浦街道。

（2）聚落类地名中的通名

街：上塘街、新华街、镇前街、码道街、站前街、桥头街、桥一街、振兴街、学前街、河前街、丽桥街、丽水街、中央街、桂花街、浚水街、横街、新仓街。

丽水街

路：涌建路、县前路、永中路、浦东路、环山路、沿江路、桥汇路、清花路、塔山路、南塘路、锦绣路、学院路、黎明路、金楠路。

巷：后垟巷、后横巷、文娱巷、路东巷、新宅巷、建镇巷、印刷巷、育婴巷、寮前巷、登屿巷、沿河巷、方弯巷、玉泉巷、芙蓉巷、粮油巷。

里：万岁里、兴文里、嘉会里、虞师里、状元里、进步里、华盖里、大同里。

村：前村、横溪村、敬仁村、水碓湾村、立新村、绿峰村、绿嶂村、龙翔村、应山村、岭山村、西岙村、西门村、深龙村、田龙村。

堡：下堡、曹堡、中堡、前堡、后堡、东堡、张堡、堡一村、堡二村、永兴堡。

寨：双官寨脚、寨尖、砖坑寨、凤垟寨、水连寨、单田寨、庵基寨、洞头坳寨、金山寨。

白鹿洲

（3）人工建筑类地名中的通名

桥：八字桥、双莲桥、洗马桥、五师姑桥、乘凉桥、窦妇桥、保安桥、虹桥、陡门桥、状元桥、拜圣桥、双桥、渔渡桥、洽桥、待驾桥、何家桥、茅竹桥、漳浹桥、御桥、张家桥、蒋家桥、灰桥、牛桥、划龙桥、龙方桥、汤家桥、河鱼桥、板桥、马桥、竹桥、周桥、白塔桥、郑桥、前桥、郑沙桥、嵇师桥、万桥、上桥、单板桥、藤桥、芦桥、新桥、横栏桥。

塘：横塘、上塘、下塘、水牛塘、围塘、塘沽脚、塘垟、光塘垟、三塘、四塘。

陡、陡门：上陡门、陡门街、陡门头、陡五巷、陡北、陡南、陡门巷、陡门乡、乌牛陡门、上塘陡门。

廊、路廊：廊下村、廊一村、廊二村、营盘路廊、沿岩路廊、新路廊、西门路廊、中央路廊、拉爿湾路廊。

车站：乐清车站、虹桥车站、瑞安车站、芙蓉车站、平阳车站。

广场：五丰广场、人民广场、松台广场、数码广场、时代广场。

公园：中山公园、九山公园、水上公园、马鞍池公园、白鹿洲公园。

（4）名胜古迹类地名中的通名

寺：能仁寺、古塔寺、飞泉寺、普明寺、罗汉寺、石门寺、瑞鹿寺、华严寺、天柱寺、灵峰寺、真济寺、灵岩寺、净名寺、石梁寺、双峰寺、江心寺、妙果寺、普觉寺、庆福寺、普安寺、闲心寺、法华寺、南屏寺、汇峰寺。

庵：通真庵、白鹿庵、郭仙庵、牛石庵、上坪庵、半坑庵、龙潭庵、巨坑庵、新庵、老庵。

宫：保生宫、太阴宫、泰山宫巷、三元宫、三官殿、宫前、圣殿宫。

庙：东瓯王庙、大爷庙、广惠庙、庙下、庙垟、双庙前、庙下垟、涨水庙下、庙活村、古庙岙。

观：紫霄观、白云观。

殿：七圣殿巷、童子殿巷、永宁殿、大爷殿、万仁殿巷、玉环殿、殿前村、殿厂、沙潭殿、白羊殿、殿上。

亭：十里亭、路亭底、亭里、石亭下、磨亭、路亭垄儿、八角亭、水云亭。

（二）温州地名通名的特点

1. 温州地名通名在分布上具有明显的规律性

温州地名通名在地理上的分布，跟浙南的地质地貌相吻合，有明显的规律性。温州地形地貌复杂，地势自西向东呈梯状倾斜，西部属浙南中山区。洞宫山脉自福建省东北部延伸到泰顺、文成两县。括苍山脉从永嘉西部东北走向至黄岩、仙居，海拔都在千米以上。又因断裂作用，构成地形复杂、巍峨的中山山地。迤东高度逐渐降低为丘陵地，南雁荡山脉和北雁荡山脉都是千米以下的低山丘陵地带。温州有“七山二水一分田”之说，泰顺、文成更有“九山半水半分田”之说。因此在永嘉、文成、泰顺三县的地名里表示山体类地名的通名就特别多。如表示山脉除“山”之外，还有“尖、炮、堁、塻、垥”等通名。以这些通名为中心，形成了众多的地名群。温州东部是沿海平原，土地肥沃，河流交错，瓯江、鳌江、飞云江、清江四大水系自西向东注入东海。因此，温州市区、瑞安、平阳、乐清等地表示河流、溪流的通名就特别多，有“湖、河、溪、坑、渠、浃、渎、沥、湫、浦”等，并以此形成地名群。

沿海岛屿众多，港湾密布。因此“岛、屿、礁、沙”等通名就分布在洞头区和乐清、瑞安、平阳、苍南的沿海地区，呈带状分布，并以此形成地名群。而“街”“路”“巷”等通名一般分布在城镇，“垟”“岙”“坳”等通名一般分布在乡村。

2. 温州地名通名在用词上具有一定的地域性

文成穿龙峡

温州地名中的通名除了部分采用普通话词语外，还有很大一部分采用方言词，使通名用词具有一定的地域性。如表示山脉除“山、峰”等通名之外，还有“尖、顶、炮、堛、坻、垟、了”等通名。这些通名都是方言词，是对山峰、山冈进行细分类，“尖”是高的山峰，“尖”的上部称“顶”。同是小山冈，永嘉等地称“炮”，瑞安、平阳等地称“坻”。条状隆起的山脉，连绵较长的叫“垟”，稍短的称“了”。“堛”，永嘉方言指“小山头”。浙南山区对“山”的通名分类如此之细，说明了物质文化对词语产生的影响。同样，平原地带对表河流、沟渠的通名也分得很细，除了普通话的“河、湖、江、溪”外，还有带有明显地域性的“漈、坑、渠、浃、渎、沥、湫、浦”等。“漈”是山间瀑布；“坑”是凹进去的带状地形，跟“溪”相似，但“坑”可以有水，也可以没水；“渠”可以指地下的溪；“浃”比“河”窄，“渎”又比“河”浅，跟“沟”相似。温州方言有“沟渎”一词，但往往以“渎”为通名，很少像北方一样，以“沟”为通名。

3. 大量的地名通名被省略

三个或三个音节以上地名中的通名常被省略，这是温州地名通名的又一大特点。温州政区类、聚落类地名中的通名，除了在正式场合，如在公文、文件中使用外，在日常交际中，常常被省略。三个音节的，如“乐清市”就说“乐清”，“虹桥镇”就说“虹桥”，“芙蓉村”就说“芙蓉”。三个以上音节的，如“能仁寺村”常省略为“能仁”，“小南门路”省略为“小南门”。只有两个音节的地名，通名不省略。这大概跟词语的韵律有关。[7]

4. 地名通名的变化，呈现出由俗趋雅、由生僻趋通俗及城市化的趋势

随着社会的发展，地名也处于不断发展变化之中，其通名的改变是整个地名发展变化的重要组成部分。如“畚斗潭”原名“畚斗臀”，“臀”为人体部位，

永嘉芙蓉村

不雅，改为同音字“潭”，“潭”就成了该地名的通名。又如“朝阳”原名“赵垟”，“南阳”原名“南垟”，原名中的通名“垟”是方言词，较生僻，于是改为较通俗的“阳”字。这种改变虽然只是地名中的一小部分，但它显示了一种趋势。

近年来，随着农村的城市化，原来用于城镇的通名，如“路、街、巷”等，也用于农村地名，如“南阳村”中有“南阳北路”“南阳南路”“南阳街”等地名。这显示了农村地名的城市化趋势。

一般说来，专名相同或通名相同的情况都非常多。如以“温州”为专名的地名很多，有“温州市”“温州站”“温州大学”“温州中学”“温州大戏院”“温州港”“温州大桥”等等。它们之间的不同，在于通名的不同。同样，以“山”为通名的地名也很多，有“雁荡山”“杨梅山”“观音山”“西山”“对面山”“龙虎山”“凤凰山”“飞凤山”“马灯山”等等。它们之间的不同，在于专名的不同。专名和通名的不同搭配、组合，构成了各种各样、千姿百态的地名。

第二节 温州地名词的来源及历史层次

地名词是专有名词中的一部分，温州地名词是吴语的一支——浙南瓯语的一个重要组成部分。温州地名词的来源非常复杂，呈现出一定的层次性。要分析温州地名的来源和历史层次，首先必须探讨浙南瓯语形成的历史。

一、温州地名词的来源

（一）温州地名的第一来源——古越语

温州古为瓯地，“瓯”指瓯越，是越族的一支。战国时属越。秦汉时分布在今浙江南部瓯江流域。当时，古越人所操的语言应是南方的土著语——古越语，但越语已消失，古越语是什么样子的，我们已无法知道。然而我们知道汉朝，大量越人避居山中，成为“山越”。西晋之后，大量的中原人进入东瓯（即现在的温州），原来居住在东瓯的部分古越人开始南迁，进入福建、广东以至越南的北部及附近岛屿，成了闽越、南越、骆越等，被称为“百越”，也就是南方少数民族的祖先。而古百越民族的语言发展到现代，就是壮侗语族各语言。温州地名中有些词很难找到相应的汉字。如果我们把它们与壮侗语进行比较，发现这些词可以在壮语或侗语等壮侗语族中找到语音相近、语义相当的词。我们称其为“底层词”，这些词可能是古越族居民遗留下来的词语。它们部分地存在于地名中。古越语是温州地名词的来源之一。例如：

雾：温州话读[$mø_6$]，与侗语[mun_2]、水语[mon_1]音近。乐清话音[$moə_2ly_6$]，与仫佬语[$mɔk_8lu_4$]音近。乐清有地名“湖雾”。文成有“马路村”，是“雾露村”的谐音，因地势高，山顶经常为云雾笼罩，方言称“雾”为“雾露”，演变为方言谐音的“马路”。“马路”是“雾露”的谐变。瑞安有地名“马河”，相传金钱会起义军被清兵攻击时，有雾掩其撤退。当地称“雾”为“茫雾”，音[$mɔ_2vu_2$]，也与仫佬语[$mɔk_8lu_4$]音近，遂称该地为“茫雾”，谐变“马河”。

丼：温州话音[$taŋ_3$]，指“凹地”。与壮语、布依语[tam_5]、傣语[$tɛm_5$]音近。此类地名温州很多，有“山丼、山丼田、石丼、石砖丼、出水丼、米来丼（弥勒佛丼）、水丼、垟丼、乌丼、乌丼弯、野猪塘丼、水丼巷、水丼垟、水丼头、水岩丼、丼头”等。

垟：温州话音 [ji_2]，指大片的田地。傣语平野说 [$ja\eta_2$]，与温州话音近。此类地名温州很多，仅永嘉一个县，就有“八亩垟、八沸垟、上垟、下垟、下季垟、下垟店、下马垟、马垟、马车垟、大垟山、川垟、水头垟、小茅垟、外垟、外垟心、外垟店、外垟头、外白垟、后垟、西垟、朱垟、朱坑垟、吴垟、岭垟、金竹垟、官坑垟、垟山”等 40 多个带“垟”的地名。

盖：温州话音 [$ka\eta_3$]，与傣语的 [kom_1]、水语的 [$k\partial m_6$]、仫佬语的 [$k\partial m_6$] 音近。温州地名中有“钱盖礁、井盖墈、蒸盖垟、盖潭、正盖尖”等。

栏：音 [la_2]，温州话把关猪、牛、羊的地方分别叫“猪栏、牛栏、羊栏”。栏，布依语叫 [lau_2]，傣语叫 [lau_4]，泰语也叫 [lau_2]。李方桂《台语比较手册》有 [$lauA_2$] 的基本词，义注为“围栏”或“鸡舍”，与温州话“栏”音近义相关，可以看作百越人留下的底层语言成分。温州地名中有“牛栏坑、牛栏塘、牛栏湾、牛栏汪、牛栏岗、牛栏断、仙牛栏、羊栏坳、猪栏囤、栏巷”等。

（二）温州地名的第二来源——古汉语

西晋之后，大量的中原人进入东瓯，他们在带来先进文化的同时，也使他们的语言——带有汉代汉语特点的古汉语，成为强势语言，对浙南瓯语的形成产生很大的影响，在地名中留下很深的痕迹。温州地名中有许多古汉语词。例如：

澳：音 [∂_5]，也作“隩”。《尔雅》：“隩，隈也。”郭璞注：“今江东呼浦隩。”《说文》：“隈，水曲也。”《文选·郭璞·江赋》：“荫潭隩，被长江。”“澳”指“海边弯曲可以停船的地方”，即海湾、港湾。所以在《浙江海域地名录》中记录的有关温州的海湾、港湾地名，如“打鱼澳”“西沙澳”等有 60 多个带“澳”字的地名。“岙”虽然音与“澳”同，但使用地域不同，“岙”表示“山间平地”，使用地域通常在山区。平阳县地名中有“火焜岙”和“火焜澳”，前者在山坳里，后者在海边。“岙”在温州地名中使用频率也很高，如“岙头、孙岙、西岙、程岙、梅岙、马岙、梁岙、后岙、马岙头”等。

塘：在闽语、粤语、湘语中指的是池塘，永嘉“上塘、下塘、水牛塘”等地名中的“塘”就是表这个意义。但“围塘、塘沽脚、塘垟、光塘垟”中的“塘”是堤岸的意思。《广韵》：“（塘）徒郎切，平唐，定。”这里指堤岸、堤防。《庄子·达生》：“披发行歌而游于塘下。”成玄英疏：“塘，岸也。既安于水，故散发而行歌，自得逍遥，遨游岸下。”可见“塘”表“堤岸”义是古义的保存。平阳有“塘坫北路”，别名“塘坫街”。据民国《平阳县志》卷七《建置志三》载：“塘古原系九都海塘一段。明万历廿三年（1595），县令朱邦喜召匠砌筑，乡民称曰‘朱公塘’”。

厂：《广韵》“昌两切，上养，昌”，指棚舍。北魏贾思勰《齐民要术·养羊》载：“架北墙为厂。”唐韩偓《南北寓止》诗：“此地三年偶寄家，枳篱茅厂共桑麻。”温州地名有“内厂、香菇厂、下驮厂、瓦厂坪、瓦厂、牛栏厂、中间厂、三大厂、门前厂、下厂、后半厂、靛青厂、靛厂、大文厂、田厂、柴厂”等。

坑：《广韵》“客庚切，平庚，溪”，指凹下去的带状地形。《玉篇·土部》“坑”下引《庄子》：“在谷满谷，在坑满坑。”温州带“坑”字的地名很多，有“坑底、坑门底、坑头垟、外坑底、里坑底、石坑庵、过坑垄、大坑、稻桶坑、上湖坑、云底坑”等。

坛：庭院。《楚辞·东方朔〈七谏〉》：“乱曰：鸾皇孔凤，日以远兮，畜凫驾鹅，鸡鹜满堂坛兮。”王逸注：“平场广坦为坛。”洪兴祖补注：“坛，音善也。”《淮南子·说林训》：“腐鼠在坛，烧熏于宫。”高诱注：“楚人谓中庭为坛。”温州地名中有“上坛巷、海坛山、坛前、坛后（老地名，即今坦后）、社坛”等。“坛”也写作“坦”，如“花坦巷、岩坦下、锯板坦、后坦巷、石牛坦、栗树坦、岩坦坑、山岩坦、外坦屋、外坦坑、坦平、金竹坦、光坦、三个坦、八坦、驮坦、坦阳、沙坦、岩坦皮、师公坦、龙坦垟、张坳坦、高坦头、石坦头、丰塘坦、上坦坑、下坦坑、安糯坦、坦坑、垟婆坦、坦背、陈坦下、烂草坦、苏司坦”等。

箬：竹名，即箬竹。竹叶及箨似芦荻。《宋书·朱百年传》：“百年少有高情，亲亡服阕，携妻孔氏入会稽南山，以伐樵采箬为业。”箬，也指箬竹叶片。唐柳宗元《柳州侗氓》诗：“青箬里裹盐归峒客，绿荷包饭趁虚人。”温州有“大箬、大箬塔、大箬坑、大箬溪、箬笠礁（箬笠：竹子和箬叶编的一种斗笠）、白箬湾、白箬坑、白尧河（“白箬河”的谐音）、箬岙、箬溪、箬岙底、箬岙山、箬隆、箬垟、箬垟岭、黄箬岭脚”等地名。

浦：《说文》：“濒也。”《说文》“濒：水厓”，是水边或河流入海的地方。温州有“浦口路、浦边路、瓯浦岭、株浦路、上吕浦、瓯浦垟、东门浦、上陡门浦、灰桥浦、吕浦河、卖柴浦、浦桥、浦桥上、浦桥下、泛浦村、浦中巷、浦后巷、金浦、船浦村、浦西、浦底、浦边、浦口村、浦中巷、浦后街、浦东村、浦桥村、新浦北路、新浦南路”等地名。

渎:《广韵》“徒谷切，入屋，定”，指沟渠。《论语·宪问》:“[管仲]岂若匹夫匹妇之为谅也，自经于沟渎而莫之知也？”温州地名有“风渎、沙渎、官渎、夹渎、雷渎、横渎、黄渎、渡渎”等地名。

（三）温州地名的第三来源——闽语

闽语和吴语，历史上都是从古江东方言发展过来的。只是吴语后来受北方官话影响，而闽语却受相邻赣、客、粤语的影响，它们都保留了古江东方言成分。由于温州地处吴语区最南部，北方话的影响是从北到南的，作为南部吴语的温州话总比北部吴语保留更多的古老特点，从而使闽语和温州话在深层有许多相同的特色。[8]另外，闽语是温州地名的又一大来源，跟移民也有关系，下文将谈到。温州地名中有不少闽语词汇。例如：

岐：闽语指水边突出部或坡地。据福建省55县市地名资料统计，带“岐”的地名有670处，温州带“岐”的地名有“岑岐、蒲岐、坛岐、岐头”等。

埭：有时写为“岱”，指堵水的土坝。《通雅》:“江左呼隄为埭。”《晋书·谢安传》载:“及至新城，筑埭于城北，后人追思之，名为召伯埭。”温州带“埭”的地名有“河埭桥、宋家埭、埭上、埭下、埭头、夏埭、河口埭”等。有时“埭”写成“岱”，如“岱头、河岱”等。

涂:《广韵》“同都切，平模，定”，指“泥”。《荀子·正论》:“譬之是犹以抟涂塞江海也。”闽语有时指海边的滩涂，有时指泥土，而温州地名中的“涂”一般都指滩涂。如“涂心”：因该处为江边涂泥淤积而成，村在滩涂中心，故名“涂心”。“涂厂”：清乾隆年间，其祖先在此海涂建草棚（称“厂”）栖身垦荒，称为“涂厂”。此外，还有“下涂、上涂、涂头、马涂、半涂、西涂、后涂、周龙涂、泥涂村、前涂、老涂”等地名。

漈[tsei[42]]：指山间瀑布。温州带漈的地名很多，有“漈下桥、百丈漈、林垟漈、拢盘漈、西风漈、白岩漈、漈头陈、漈头温、漈坪岗、干漈、白水漈、漈大寮、漈头、平漈、漈根”等。

樓：闽语，指树。温州地名有“柏樓、梨樓垟、松樓垟、旁樓垟、柴樓底、山樓仔、杉樓垟、棕樓下、山樓前”等地名。

厝：[$tshu_7$]：闽语，指房子。温州有“萧厝、温厝、大厝基、老厝、外新厝、张唐厝、朱厝、朝西厝、陈厝、老厝、温州厝”等地名。

（四）温州地名的第四来源——带有客家语特色的畲语

据史料记载，客家先民原是黄河、江淮流域的汉人，由于战乱、饥荒等原因，从唐末宋初开始大量辗转南迁。由于客观环境的变化和客、土文化的交融，这一群体的语言与中原汉语沿着不同的方向和轨迹发展，既继承了古汉语的一部分，又吸收了具有百越语底层的粤、闽、吴等汉语方言成分，形成了客家话。起初，大批客家先民进入畲族居住的赣、闽、粤三省交界处，客家人称该地为“客家人大本营”，他们与原先居住在这里的畲民杂居，“共处”时间长达400多年。在这漫长的时间里，客家人和畲人共同劳作、共同生活，势必在语言上也相互影响、共同融合，从而使客家语中融入古畲语成分，畲语里也有客家话成分。正如游文良先生指出的那样：“今天，99%畲族所使用的现代畲语是由古畲语成分、汉语客家方言成分和畲族居住地汉语方言成分三结合组成的；而现代汉语客家方言中那些不是来源于古汉语的词语中很多是古畲语融入的。这就是畲族语言和汉语客家方言历史上的相互关系和现在两族语言的基本事实。”[9]这样畲语和客家话就成了温州地名的又一大来源。

1. 客家话地名

缸：客家话指陶制的底小口大的盛东西的器物。温州有“缸窑、靛青缸、缸窑厂脚、缸窑坦、缸窑下、下缸窑、上缸窑”等地名。

坪：客家话指小平地。温州带“坪”的地名很多，如“上坪、上坪垟、下坪、大坪、马垟坪、驮坪坦、坪头、上坪庵、乌宿坪、东坪、天坪、徐坪、坪岩、枫树坪、驮坪厂、驮坪、高坪、楼坪、塘坪、周坪、茶树坪、茶坪、叶坪、下小坪、竹坪、马坪、金竹坪、金岩驮坪、垟坪、马竹坪、坪山、青坪、山后坪、金坪湾、十五公坪、国坪、外坪、胡坪丘、垟坪基、屋基坪”等。

老鸦：客家人称“乌鸦”为“老鸦”。温州地名里有“老鸦坑、老鸦窝、老鸦尾、老乌嘴（“老乌”与“老鸦”瓯语音近，指乌鸦）”等地名。

灶：是客家词汇。温州有“金灶、启灶、灶儿头、镬灶（指灶台）垟、盘灶屿”等地名。

镬：客家话指饭锅。温州有“吕岙镬、镬潭、镬影龙潭、镬灶垟、大学

（“大镬”的谐音）、破镬礁、大镬寺、镬炉、底镬、外镬、仰天镬”等地名。

饭甑、甑：客家指蒸米饭等的用具。温州有“饭甑山、玉甑峰、饭井（“饭井”与“饭甑”方言同音同义）岩、仰天饭井、饭蒸（“饭蒸”与“饭甑”方言同音同义）屿、饭蒸尖”等地名。

担：客家话是“挑”的意思。温州有“担水山、担水山前、担水礁、串担山”等地名。其中“担水”就是“挑水”的意思。

背：是客家方言的方位词，相当于普通话里的“面”。温州地名有“后背山、后背门、后背厂”等。

2. 畲语地名

仔、崽：扬雄《方言》十：“崽，子也。湘沅之会凡言是子者谓之崽，若东齐言子矣。”今畲语既指儿子、幼子，也指小词尾，如手指叫“手指崽”或“手崽”。温州带“仔”的地名也表示小或少的意思。如“山头仔”，因村处小山坡上，住户稀少而得名。此外，还有“半岭仔、岭头仔、下垟仔、毛岩仔、山架仔、溪底仔、溪兜仔、毛垟仔、前坪仔、竹垄仔、西山仔、坟前仔、后垄仔、长流仔、赤垟仔、鸟仔窝、坑仔头、坑仔内”等地名。

寮：畲语指房子。汉字虽有此词义，但出现很晚，宋代才借“寮”表僧舍、小屋之义。“寮”可能是汉语借的畲语词。温州带“寮”的地名很多，如“九头寮、下寮、寮后、寮山、寮下、长岭寮、白玉寮、外寮、底寮、上豹寮、杨寮、田寮、坟头寮、吴寮、东家寮、罗家寮、茶寮弯、上寮峰、茶寮、三寮、石寮。寮坑村、朱寮、旁寮、白麻寮、苎麻寮、石竹寮、水碓寮、双寮”等。

斫：音[$\mathrm{tɕia_7}$]，畲语指用刀斧将草木断开。文成有地名“卓山”，是“斫山”的谐音。该地原来山林茂密，荆棘丛生，当年畲族人来此定居时是用刀斧砍出来的，畲语将砍山称为“斫山”，谐写成“卓山”。

二、温州地名词的历史层次

温州地名词的历史层次，我们是根据时间来推算的。秦统一全国后，东瓯属闽中郡，闽中郡是瓯越、闽越的活动区域。郡治东冶县（今福建福州）。辖境相当于今台州、温州、丽水三地和福建全省。

《汉书·两粤传》记载：汉惠帝三年，“里摇为东海王，都东瓯”。汉武帝建元三年（前138），闽越举兵进攻东瓯，汉武帝因东瓯的请求，令庄助（一作“严助”）发会稽兵救东瓯，闽越因汉兵将至，引兵自退。但东瓯国因害怕闽越再次侵袭，“请举国徙中国”，迁徙到江淮之间。[10]东瓯既已内迁，其地逐渐为闽越所占。建元六年（前135），闽越王反汉兵败，之后，汉武帝虚其地以属会稽郡。大批的越族居民避居山中，称“山越”。就是《越绝书》记载的“内越”。这些越族居民，正如《吕氏春秋·知化篇》所记载的那样“接土邻境壤，交通属，习俗同，言语通”。虽然秦征服江南以后，越族逐渐从这个地区流散，但以越语命名的地名仍存在，成为温州地名的一大特色。从时间上推算，越语地名应是温州地名的底层，是第一层次。

永嘉之乱后，中原人纷纷渡江南迁。据统计，南下避乱者占中原人口的六分之一。晋代士族制度大盛，过江之后，避乱者中的望族便随皇帝司马睿定居在江浙一带，次一等的士族继续南下。其中一部分沿着东吴人的足迹进入福建。据《三山志》记载：“永嘉之乱，衣冠南渡，如闽者八族。”又据杨恭恒《客话本字》说：“自东晋永嘉五胡蹂躏……于是衣冠之族……相与挈家渡江，共同恢复，王谢之家，尤为卓著。王、谢旧河东太原人也，其余入闽诸姓，则有林、何、邵、胡等八家。”

唐代末年，外族入侵，军阀混战。当时，河南光州固始人王潮、王审知与兄弟乘乱起兵南下，率领数万军队在福建转战8年，终于据有福建全境，随他们南下的大部分是中州的故友、同乡。这是永嘉之乱之后的又一次大规模迁移。

这两次大规模的迁徙，对瓯语、闽语的形成影响很大。许多中原人经过福建，到达温州。

吴安其先生认为：“最初的温州方言大致形成于东汉末年三国时期，当时大量的汉族居民从北方迁来不久，它的音系和当时中原汉语音系差别不大。比《切韵》音系要早四五百年。”[11]我们可以推断，最初的温州方言带有很大一部分中原汉语成分。地名具有稳固性，地名词里有很大一部分来源于古汉语。古汉语地名应是温州地名的第二个层次。

据史料记载，闽人大批迁徙来温有两次，第一次是五代时，南去不远的闽国动乱不靖，有大批闽人合族迁来楠溪江流域避难。第二次是在南宋乾道二年（1166）八月温州水灾之后，人口骤减，大批福建人奉命迁温。同治癸酉重修的《沙川周氏宗谱》记载：“乾道间吾瓯遭洪水患，所余黎民靡有孑遗，奉口徙福民实其郡。”此外，温州沿海岛屿有为数不少的福建人居住，他们至今仍使用闽语。总之，郑张尚芳先生认为温州方言在这一时期形成。他认为：“温州方言形成的下限至少还可推到五代，即一千年以前。当时在吴语区建立的吴越国比较安定和繁荣，这对吴语各方言的发展与巩固可能起过一定作用。”“温州方言至迟当在南宋早已形成了，并与台州、处州方言明显相分别。”[12] 不管温州方言形成的下限是在五代还是南宋，闽人在这时期的两次大规模的迁徙来温，势必对温州方言的形成造成很大的冲击，在温州地名里留下闽语的痕迹。闽语地名是温州地名的第三个层次。

据平阳《钟氏宗谱》记载，早在宋代，瑞安已有畲族。明清之际，畲民大量迁入温州，居住在山区，从事“刀耕火种”。

郑张尚芳先生认为：“畲话音系面貌大体接近汉语客赣方言，印象上更近似客家话些。……这说明它跟客家一定有过共居和语言融合的历史。”[13] 客家话对温州话的影响主要是通过融入畲语，间接作用于温州话。此外，还有一个途径是直接作用。据史料记载，从五代开始，1000 多年间，就有大批的中原人，或经过江西，或经过福建等地，或直接进入温州，到楠溪江流域等地。他们许多是客家人，他们自然而然地使用他们所使用的、熟悉的语言来命名地名。畲语地名和客家地名组成温州地名的第四个层次。

第五个层次是现代汉语地名，如“解放路、数码城、中山公园”等。

综合上述，温州地名词的来源十分复杂，有来源于古越语的，有来源于古汉语的，也有来源于闽语、畲语、客家语的。因此，我们把温州地名根据来源分为古越语地名、古汉语地名、闽语地名、畲语地名、客家语地名和现代汉语地名。根据它们进入温州的时间推算，我们可以把地名词分为五个层次。但这种划分是相对的，语言是非常复杂的。这几种语言之间的关系是交叉的。尤其是作为南方方言的闽语和畲语都有古越语成分，同时又受到古汉语的影响；客家话保存了许多古汉语成分，同时又与畲语接触、融合，使客家话中有畲语，畲语中有客家语；另外这两种语言又同时受到当地方言的影响。它们之间的关系可以用下图表示。

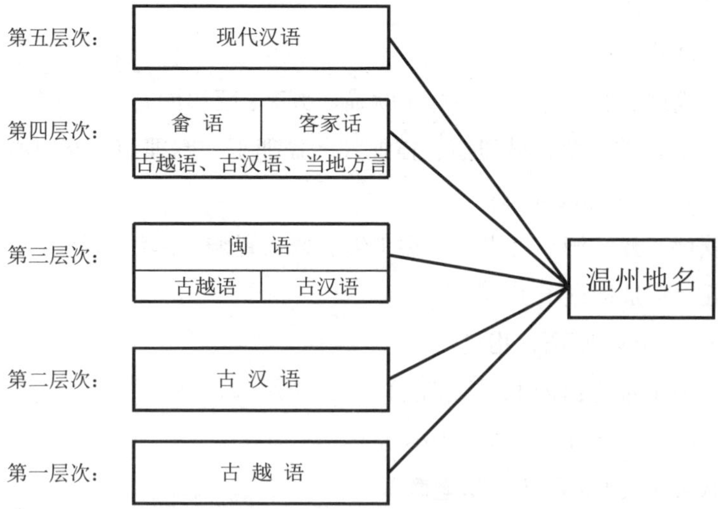

第三节　温州地名中的方言词及其规范问题 [14]

地名是词汇中的一个小类——专有名词中的一类。温州地处浙南，大部分地区使用吴语的一支——浙南瓯语，也有一部分地区使用闽语，个别地区使用畲语。方言区的地名，受方言影响很大，温州地名中有很多方言词，这些方言词各有特色。一方面，通过对这些方言词的考察、推究，可以了解语言发展演变的规律，从一定程度上揭示方言地名所蕴含的丰富的文化内涵；另一方面，随着科技的发展，空间距离日益缩短，人们交往日益频繁，大量方言地名的存在，给交际带来了一定的困难，需要进一步规范。

一、温州地名中的方言词

地名可分为单纯词地名、复合词地名及词组地名。温州地名几乎全部是由两个或两个以上语素构成的复合词地名和词组地名。通常由专名和通名两部分构成，专名和通名中常常使用方言词。

（一）专名中的方言词

专名中的方言词常见的有名词、方位词、量词、形容词和动词等。所构成的地名格式有以下几种。

1. 名词 + 通名

（1）动物 + 通名

①驮猫垟、驮猫弯、大茅垟（驮猫、大茅：瓯语同音，即大猫，指老虎）

猫狸垄、猫狸塘、猫狸擂、猫狸穴、猫狸干、麻狸溜、麻狸湾（猫狸、麻狸：瓯语音近，都指黄鼠狼）

牛驮坪、猴驮洞、后步坐、猴头尖、猴头臀屿（牛驮、猴驮、后步、猴头：瓯语音近，都是指猴子）

刁窠（刁窠：瓯语，指鸟窝）

张儿山（张儿：瓯语，指麻雀）

猪儿潭背（猪儿：瓯语，指小猪）

刀鹰尖（刀鹰：瓯语，指老鹰）

老鸦窝、老鸦尾、老鸦坑、老乌嘴（老鸦、老乌：瓯语音近，指乌鸦）

鳎鳗礁、鳎鳗沙、鳎目礁［鳎鳗、鳎目：瓯语音近，指一种在咸淡水生活的鱼，其学名为半滑舌鳎（Cgnegeossussenlieaevis），属鱼类舌鳎科］。

鲊鱼礁（鲊鱼：瓯语，指海蜇）

乌贼礁、乌贼山、乌贼底（乌贼：瓯语，指墨鱼）

鸡居礁（鸡居：又作“鸡龟”，瓯语，指枪乌贼，属软体动物十足类）

大明甫村、大明甫岛、小明甫岛（明甫：即螟虫甫，瓯语，指墨鱼干）

团社（团社：又名“团屿”，因该岛屿形似鳖而得名，瓯语称鳖为“团鱼”）

蝤蠓田（蝤蠓：瓯语，指青蟹）

鸭卵田（卵：瓯语、闽语都指蛋）

鸡登岙（登：瓯语，指嗉囊）

仙牛栏、牛栏汪（牛栏：瓯语，指牛圈）

②猪母头、猪母礁、猪母仔礁、猪娘礁、猪娘垟（猪母：闽语，指母猪；猪娘：瓯语，指母猪）

牛牯岭（牛牯：瓯语，指公牛）

黄牯袋、黄牯山（黄牯：瓯语，指公黄牛）

牛母礁（牛母：闽语，指母牛）

鸡母岗、鸡母娘礁（鸡母：闽语，指母鸡；鸡母娘：瓯语，指母鸡）

鸭母寮（鸭母：闽语，指母鸭）

表示性别雌雄的语素在浙南瓯语和闽语里，经常处于被修饰成分之后。

（2）植物＋通名：

龙眼礁、圆眼礁、园眼寨（龙眼、圆眼、园眼：瓯语，指桂圆）

刺瓜坳（刺瓜：瓯语，指黄瓜）

金瓜岩头（金瓜：瓯语，指南瓜）

白叶林、白箬园（闽语称箬叶为“白叶”，故山名为“白叶山”，村名“白叶林”，瓯语称“白箬园”，两个地名均沿用至今）

金乃礁（金乃：又作“金杏”，瓯语，指石榴）

毛桃坑、藤梨坑（毛桃、藤梨：瓯语，指野生猕猴桃）

柏楻、梨楻垟、松楻垟、旁楻垟、柴楻底、山楻仔、杉楻垟、棕楻下、山楻前（楻：闽语，指树）

八角枞树（枞树：瓯语，指松树。“八棵”与“八角”瓯语近音，谐变今名）

（3）称谓＋通名

伢郎村、伢郎桥（伢郎：瓯语，指中间经纪人）

师姑垟、施古院、师姑娘潭（师姑、施古、师姑娘：瓯语，指尼姑）

老太坪、老娘山（老太、老娘：瓯语，指老婆婆）

（4）器具＋通名

小筲箕屿、筲箕涂（筲箕：瓯语，指竹编的淘米器具），稻秆塘屿（稻秆塘：瓯语，指稻草堆），箬笠礁（箬笠：瓯语，指竹子和箬叶编的一种斗笠），畚斗潭、畚斗岱、畚斗儿（畚斗：瓯语，指一种竹编的簸箕），饭蒸山（饭蒸：同“饭甑”，瓯语，指一种炊具），捣臼窟（捣臼：瓯语，指石制的舂粮食的容器），拗兜礁、凹兜田（拗兜、凹兜：瓯语，指圆形木桶，有弯柄，供提水洗涤用），稻戟架（稻戟：瓯语，指传统的供水稻脱粒用的一种农具），牛弯甩（牛弯甩：瓯语，指牛轭，架在牛脖子上供拉犁的半圆形器具），火熜岙（火熜：同“火辊”，瓯语，指吹火筒），镬灶垟（镬灶：瓯语，指灶台），大学（瓯语，“大镬”的谐音，指大锅），直落垵（瓯语，“箸笼岗”的谐音，箸笼：放筷子的器具），间刀架、芥刀田、解刀岗（间刀、芥刀、解刀：瓯语音近，都指菜刀），尖刀山（尖刀：瓯语，指匕首），交剪排、交剪岩（交剪：也写作“铰剪”，瓯语，指剪刀）。

2. 方位词＋通名

底：浙南瓯语非“底下”之意，而是“里面”的意思。

马垄底、坑底、岙底、湾底、山坑底、菜园底、坑门底、江底、炉山底、底个山、川底、底垟、底新屋、底厂、底吕山、底马、底林龙、底沙湾、底樟山、底沿儿巷、洞桥底、汇车桥底、龙方桥底、板桥底、河屿桥底、牛桥底（桥底：不是指桥的下面，而是指桥的里面。指周围是水的一块陆地，凡进入这块陆地，不乘船的话，必须通过某一桥梁。故称这个地方为“桥底”）。

门前：瓯语，指“前面”。

门前、门前山、门前厂、门前垟、门前垄、门前垟、门前上巷、门前后巷。

后半：瓯语指“后面”，可写成“后背”。

后半厂、后半垟、后半屋、后半山、后背山。

3. 量词 + 通名

爿：音 [ba_{31}]，瓯语作量词，用于整体切开而成的部分。

半爿山、半爿礁、爿田、下爿坦、爿梅山、东爿、东爿山、前爿、小爿、洲渎东爿、洲渎西爿。

退：房屋一宅之内分为前后几排的，其一排瓯语为“一退”（普通话作“进”）。

三退、三退屋、三退底。

4. 形容词 + 通名

毛、派：瓯语中“孬”音“毛”，“派”是“破”的白读音。“毛”“派”都是不好、贫瘠的意思。

毛山、毛园、派园、派岩坑、派门垟、派塘、派东岩、派田、派垟。

仔：畲语表示“小”或“少”。

山头仔（因村处小山坡上，住户稀少）、半岭仔、岭头仔、下垟仔、毛岩仔、山架仔、下垟仔、溪底仔、毛垟仔、前坪仔、竹垄仔、西山仔、坟前仔、后垄仔、长流仔、赤垟仔、鸟仔窝、坑仔头、坑仔内。

驮 [$dɣu^{11}$]：瓯语，表示“大”的意思。“碎” [sai^{35}] 瓯语表示“小”的意思。

驮山、驮田头、驮岭头、驮卢坑（驮炉坑）、驮培（培：山间横路）、驮丘、驮泛、驮湾、驮坪头、驮坟、驮坦、驮山尖、驮岗尖、碎垄、碎坑。

5.（名词 +）动词 + 通名

猫狸擂村、野猪垒村（擂、垒：“踈” [lai^{11}] 的同音字，意为跌倒），猫狸溜村、柳树山（原名“溜树山”。溜：瓯语指从高处滑下，滑倒）。前三例都是村名，地处高山，形容山高路陡，连黄鼠狼、野猪行走都要跌倒、滑倒；后一例说山陡，连树都会滑下来。

石垟碰村（碰 [pʻoŋ^{33}]：瓯语，表“凸出”义）。

彭桥、白步田村（彭、白：瓯语，是“碰” [bɛ^{31}] 的同音字，指“跨过”）。

派柴坦（派柴：瓯语，指劈柴）。

介碑岭（介碑：瓯语，指锯板）。

对牛垄（曾是耕牛交易场所。对：瓯语，指兑换）。

地名方言词中，名词最多，其他几类次之。在调查中几乎没有发现虚词。

（二）通名中的方言词

通名中的方言词一般是反映地理景观的，可分为三类。

1. 反映水文景观的地名用词

漈 [tsei^{42}]：瓯语，指山间瀑布。

漈下桥、百丈漈、拢盘漈、西风漈、白岩漈、漈头陈、漈头温、漈坪岗、干漈、白水漈、漈大寮、漈头、平漈。

坑：瓯语，指凹下去的带状地形。

坑底、坑门底、坑头垟、外坑底、里坑底、石坑庵、过坑垄、大坑、稻桶坑、上湖坑、云底坑。

渠：瓯语，指小溪。

渠口、瓯渠、渠坑庵。

2. 反映地形概貌的地名用词

尖：瓯语，指山峰。

饭蒸尖、门前垎尖、金岩尖、鲤鱼尖、白流尖、枫树尖、高尖、金山尖、吴山尖、包坑尖、万亚尖、鬼洞尖、刀鹰尖、双尖、高尖山。

炮：瓯语，指小山冈。

东炮、炮背、乌炮、金田炮、炮儿头。

垎 [kuɔ^{42}]：瓯语，指山脉或土坡的条状隆起。

垄垎、垎背、垎根、东垎岭、岩垎头、黄垎、马路垎（雾露垎）、吊垎、杨梅垎、横垎、库垎、中垎。

垰 [koŋ[42]]：瓯语，指小山岗。

垰后山、溪心垰、茶谢垰、大垰、垰凤、凤巢垰、企垰山、坟垰山、垰尾、三垰、老尾垰、石墩垰、各垰、仓头垰、南垰、潦头垰、路垰、青头垰。

3. 反映特殊地貌类型的地名用词

岙 [ə[42]]：瓯语，指山间平地。

岙头、孙岙、西岙、程岙、梅岙、马岙、梁岙、后岙、马岙头。

垟 [ji[31]]：瓯语，指大片的田地。

月头垟、垟坑、垟上坑、大垟、西垟、外垟、毛垟、斜垟、竹垟、垟京、马车垟、富头垟、横路垟、山头垟、岩头垟、坟前垟、下可垟、南山垟、半路垟、水碓垟、何宅垟、大发垟、翁垟具。

坦：瓯语，指空旷地。

坦背、锯板坦、驮荒坦、驮坦、岩坦下、上坦坑、下坦坑。

丼 [taŋ[35]]：瓯语，指凹地。

山丼田、石丼、石砖丼、出水丼、米来丼（弥勒佛丼）水丼、垟丼、乌丼、乌丼弯、野猪塘丼、水丼巷、水丼垟。

此外，还有反映住宅状况等方面的方言词。

寮 [liɛ[31]]：畲语，指用茅草等搭盖的屋舍。

寮后、寮山、寮下、长岭寮、白玉寮、外寮、底寮、上豹寮、杨寮、田寮、坟头寮、吴寮、东家寮、罗家寮、茶寮弯、上寮峰、茶寮、寮后、下寮、三寮、石寮、寮坑村、朱寮。

厝 [ts'u[313]]：闽语，指房子。

萧厝、温厝、大厝基、老厝、外新厝、张唐厝、朱厝、朝西厝、陈厝、温州厝。

厂：瓯语，指草棚、茅草棚。

香菇厂、下驮厂、瓦厂坪、瓦厂、牛栏厂、中间厂、三大厂、门前厂、下厂。

二、方言地名词的规范化问题

带有方言词的地名，具有浓郁的地方色彩，通过它可以了解某一地区的历史沿革、地理变迁，挖掘其文化底蕴，对语言的研究也大有好处。1986 年 1 月 23 日国务院发布的《地名管理条例》第三条指出："地名管理应当从我国地名的历史和现状出发，保持地名的相对稳定。”据此，有人主张地名不能更改，无须规范，否则就是不尊重历史和现状了。但方言地名中的冷僻字、生造字给交际带来了很大的困难。非方言区的人不会念，不会写，更不理解它的意义。经过历史的演变，有的意义连当地人都不知晓。那些未见于辞（字）书的俗字，只能增加汉字总量，因此在条件允许的情况下，应加以整理。此外，对许多异体字也必须进行规范。新中国成立后，为了交际的方便，县以上地名中的生僻字已经更换了一批，受到群众的欢迎。事实证明，对方言地名的规范是可行的。至于地名中的生僻字具有浓厚的方言色彩，对历史、地理、语言研究有价值的材料，我们可以整理出来，存入地名档案，以备查用。

方言地名的规范应遵守下面几条原则。

（一）需要性原则

地名中的有些方言词，在普通话词汇中找不到对应的。但它们能反映当地的历史、地理或文化等方面的特点，应给予保留。反之，若能在普通话词汇里找到对应的词，应用普通话中的词替代。如上文提到，通名中反映水文景观的“漈”，是指山间小瀑布，普通话中没有与之对应的词，应保留。这样的词还不少，如“丼”（凹地）、“寮”（草屋）、“厂”（草棚）、“岦”[ɦo^{312}]（山多石大）等。尤其是地名中的名词，如上文提到的“动物 + 通名”的格式，对海产品的分类特别细，譬如墨鱼可称“乌贼、鸡居、明甫”等，这是因为温州靠海，渔业发达，这类地名反映了物质生活对词语产生的影响。又如上文“器具 + 通名”的格式，可表明稻作文化对词语产生的影响。这类词，在普通话词汇中都很难找到对应的词，应予以保留。再如反映特殊地貌的“岙”“垟”，普通话词汇里也没有，但在近年出版的辞（字）书中已补收了。反之，普通话词汇里能找到对应词的，应予以替换。如“驮”是“大”的白读音，“碎”是“小”的白读音，应该用“大”和“小”分别替代“驮”和“碎”。“驮山”“驮丘”可改为“大山”、“大丘”，“碎垄”、“碎坑”可改为“小垄”“小坑”。况且，用“驮”作地名词最多的文成县，就有以“大”字作地名的，如“大坳头”。这类字还有，如“派”是“破”的白读音，可以用“破”去替换“派”。

（二）准确性原则

准确性原则是对必要性原则的补充，它可以使地名更加科学化、准确化。

有些地名中的方言词，似乎可以在普通话中找到对应的词，根据必要性原则，应该由普通话中的词来替换。但它们之间的语义关系是大同小异的，忽视它们之间的这种细微差别，就不能准确地、科学地反映出这类地名的特色。我们来看几个例子。

1. 垟：音义都与“冈”接近。但它们之间有差别。“冈”表示“山冈”的意思时，是指“较低而平的山脊”。“垟”是指山脉或山坡的条状隆起，它的范围比“冈”小，它是“冈”中的一类，是条状的“冈”。文成县有大量的由“垟”字组成的地名（因山脉大多是条状的），也有个别由“冈”字组成的地名，如“撩天冈”“大冈顶”。“墳”和“炮”都是指小山冈，分别与“垟”和“冈”相对应，“墳”是条状的小山冈，“炮”是一般的小山冈。

2. 坑：是指凹下的带状地形，跟“溪”的意思比较接近。温州方言中有“溪坑”一词。但通常溪的水流量比坑大，坑中水流量较小，甚至可以没有。有地名“干坑”，就是没水的。文成县有“上湖坑”，文成方言把雷阵雨叫“上湖雨”，“上湖坑”就是下了雷阵雨之后才有水的坑。“大坑”并不是指坑的水流量大，而是指坑的横断面大。水流量大的叫“溪”，如“金溪”“银溪”“芙蓉溪”“楠溪江”等。“渠”的语义跟“溪”比较接近，“渠”的水流量比“溪”小，甚至可以部分在地下。

3. 塆、弯、湾：这三个字同音，都有“弯曲”的意思。但它们也有不同之处。“塆”指山沟里的小块平地，准确地说，应是山脉或山沟拐弯而形成的小块平地，称“山塆”。这里的“塆”表示“拐弯”，与“弯”意思相同。所以温州地名中有“枫弯”，也有“桃树塆”“外塆”“老塆”等。“弯”“塆”通用，显然，“弯”的范围大，但使用频率是“塆”比“弯”高。表示“村在大路一拐弯处”，应写成“大路弯”，但地名中是“大路塆”。“湾”是指水流弯曲的地方，海边地名全用“湾”。如温州市区的“龙湾”“上湾”“下湾”，苍南县的“炎亭湾”“大渔湾”“深湾”“风湾”“沿浦湾”。因此，这三个字可以规范，凡表示拐弯或因山脉、山沟拐弯而形成的小块平地，都宜写成“弯”，也就是说，“塆”字可废弃，用“弯”来替代“塆”，表示海湾的一律写成“湾”。如表示“村处大山弯里”，文成有地名“驮湾”，应改成“驮弯”，准确地说，应写成“大弯”。文成还有地名“湾脚”，却是表示地处道坑弯脚的村子，显然不对，应写成“弯脚”。

4. 岙、坳、澳：三字同音，使用规律同“塆、弯、湾”差不多，也是因使用地域的不同而用法不同。“岙”“坳”意义相同，都是表示山间平地，在温州地名中使用频率都很高。“澳”指海边弯曲可以停船的地方，即海湾、港湾。所以，在《浙江海域地名录》中记录的有关温州的海湾、港湾，如“打鱼澳”“西沙澳”等60多个地名中，无一例外都写成“澳”。平阳县地名中有“火焜岙”和“火焜澳”，前者在山坳里，后者在海边。

这类地名方言词不宜轻易改用普通话词汇。

（三）从简原则

方言地名规范的从简原则，重点是对异体字、生僻字的整理，从而精简字数。

1. 对异体字的精简。上文提到山间小瀑布，写成“漈”，它还有三个异体字“济”“际”“磜”。“猴子”有“牛驮”“猴驮”“后步”等写法；“老虎”有“驮猫”“大茅”等写法；“黄鼠狼”有“猫狸”“麻狸”等写法；“尼姑”有“师姑”“施古”“师姑娘”等写法。温州方言地名中这类异体字和同音字不少，要认真加以整理，确定一种写法，减少字数，以方便交际。

2. 对生僻字的精简。生僻字难认，难写，计算机难以输入，给现代通讯、交际带来很大的不便。从1956年到1964年，我国有35个地区和县经国务院批准更改了生僻的地名用字。但由于种种原因，截至2004年，温州方言地名中的生僻字还有几十个没有更改。现举几个典型例子如下：

丼:《辞海》引《集韵》注释为“都感切”，解释为“投物井中声”，与地名中的“丼”义不符，丼本是指事字，温州方言凹地谓之“丼”。此外，还有“垟”（条状隆起的山脉、山脊）、“培”（横穿山腰的道路）等一类字，这类字虽然在辞（字）书中不常见，但它们反映了特定的地形地貌，具有浓郁的地方色彩，在地名中使用频率很高，又没有相近的字可替代，拟保留，不属于精简之类。

另一类如“不”音 [gyε^{212}]，表示物体的一半，字形很容易跟“不”相混，出现频率不高，只有永嘉的“外不”“中不”“底不”，分别处于青塘村辖境的外部、中部、里部，完全可以用“外青塘、中青塘、底青塘”或“外青、中青、底青”代替。“塅”，表示物体的一部分，此字在地名中仅出现过一次，永嘉有个“上塅”，拟用同义或同音字代替。瑞安有个“分水龇”，据传清光绪年间，林、娄二姓，争水灌田，后经官府调解，在水口石上凿两个一样大小的缺口，平分溪水。因温州方言把缺口称“龇”[a^{212},]，故村名为“分水龇”，因“龇”是生僻字，后改为“分水岩”。此外，还有：

砩 [fi^{42}]：《康熙字典》释“砩”，音废，以石边水曰“砩”。此字在地名中仅出现过一次，就是乐清的“砩头”。

㴬 [tsʻʅ^{313}]：该字是个生造字。据传唐末福建猎人路过此地，见水边有五只鸂鶒鸟。后人定居此地，将“鸂鶒”二字取其左，右加“鸟”为㴬，取名“五㴬”，此地当年为红十三军驻地。新中国成立后，曾改为同音字“五尺”，由于各种原因，1982 年复写为“五㴬”。

𡑞 [iau^{33}]：当地人称滩林为𡑞。永嘉有“西𡑞”“下𡑞”。

槎：筏。永嘉有“槎川”“槎岙”。

𡐓 [dzai^{212}]：小山头。永嘉有“廿四𡐓”“井盖𡐓”两个地名。

𠂉 [na^{212}]：使劲，用尽力气。乐清有“十八𠂉”，因从山脚上山至该村，共有十八个拐弯，每一拐弯俗称“一𠂉”（意为再加一把劲），故名。拟改为“十八弯”或“十八盘岭”等。

𡍼 [tsʅ^{42}]：倾斜，凸出的地方。文成有“前𡍼”“𡍼后”两村。前𡍼：指该地有条路，通至本村后，突然向前面倾斜，故名。𡍼后：村落在拐弯处凸出部后侧。

总之，这类生僻字辞（字）书上少见，使用频率很低，在地名中仅出现一两次，可以用音近或义近的字来代替。

（四）从俗原则

地名中的有些方言词，经长期使用，群众都已熟悉了、习惯了。明清时代的地方志也都承认它，不应贸然更改，应照顾当地群众习惯，保留这些使用时间久、使用频率高的方言词，以保持地名的稳定性。

如方言字“尖”，虽然意义跟“峰”基本相同，但“尖”使用时间长，使用频率比“峰”要高得多。据不完全统计，文成县由“尖”组成的山名有 38 个，由“峰”组成的仅 3 个。永嘉县由“尖”组成的山名有 103 个，由“峰”组成的仅 6 个（其中两个是由“尖”和“峰”共同组成）。

上文提到的“岙”和“坳”意义也基本相同，它们的使用频率都极高。温州各县，由“岙”和“坳”组成的村名都有几十个，有的县甚至上百个。这类方言词不能更改，也无法更改。如文成县的“鳌里村”，原名“金村岙底”，以金姓始居得名，后金姓衰落，周姓兴旺，周姓在外做官的不少，认为原村名不雅，遂改为“鳌里”。为了改这个地名，他们动员了各方面的力量，在文书、契约、路牌、族宗谱等上面进行了更改。然而，300年过去了，至今老百姓仍称“岙底”。

另外，根据从俗原则保留下来的这些地名，往往有很深的文化底蕴。如“老虎”在温州地名中常称为“驮猫”（大猫），这是因为温州古代山林茂密，老虎出没。百姓惧怕老虎的伤害，把老虎称为“大猫”，这是一种语言禁忌，反映了人们的文化心态。又如“屋”和“厝”意思基本相同，但“屋”是瓯语，“厝”是闽语，“厝”字构成的地名大多分布在海岛渔村及浙闽交界处。“厂”和“寮”都是草棚、草屋的意思，但“厂”是浙南瓯语，“寮”是畲语，由“寮”构成的地名大多在山区。我们可以通过考察这两组字组成的地名的分布情况，了解不同民族的移民史、交流史以及生活、风俗习惯等等。总之，我们可以从地名表层的语言了解到深层的文化。

上述四条原则相互交叉，共同作用于地名方言词的规范。必要性原则是规范的前提，准确性原则是对必要性原则的补充，从简原则是规范的目的，从俗是规范不应忽视的问题。地名方言词的规范，是语言文字规范化的一项重要内容，要认真、慎重地对待，要稳步进行。它需要时间、需要人们的认同。对于须规范化的地名，应按规定履行审批手续，以保证地名的稳定性。

注释：

[1] 黎锦熙：《中国文法教程》，转引自许威汉：《汉语词汇学引论》，北京：商务印书馆，1992年，第9页。

[2] 转引自符淮青：《现代汉语词汇》，北京：北京大学出版社，1985年，第15页。

[3] 转引自符淮青：《现代汉语词汇》，北京：北京大学出版社，1985年，第15页。

[4] 转引自符淮青：《现代汉语词汇》，北京：北京大学出版社，1985年，第15页。

[5] 参见刘盛佳：《符号学对地名学的启示》，《地名知识》1988年第4期。

[6] 参见盛爱萍：《从温州地名看浙南人口迁徙和民族融合》，《温州师院学报》2004年第3期。

[7] 参见盛爱萍：《温州地名中的方位词》，《方言》2004年第3期。

[8] 参见郑张尚芳：《闽语与浙南吴语的深层联系》，第六届闽方言国际研讨会，香港科技大学，1999年6月。

[9] 参见游文良:《畲族语言》，福州：福建人民出版社，2002 年，第 520 页。

[10] 参见《史记》卷一一四《东越列传》。

[11] 参见吴安其:《温州方言的壮侗语底层初探》,《民族语文》1986 年第 4 期。

[12] 参见郑张尚芳:《温州方言源流探索》,《温州探索》1990 年第 1 期。

[13] 参见郑张尚芳:《浙南畲族话的特点及其来源分析》，中国东南方言研讨会，上海师范大学，2001 年 3 月。

[14] 盛爱萍:《温州地名中的方言词及其规范问题》,《语言文字运用》2004 年第 2 期。

第四章　地名与语法

语素怎样组合成词，词怎样组合成短语，小一级的语言单位用什么手段、方式组成大一级的语言单位，其中都存在着一些规律。语法研究的就是这种语言单位的结构规律。

地名，不管是词地名还是短语地名，都是由语素或词组成，其中总是有一定的规律，这就是存在于地名之中的语法，如下图所示。

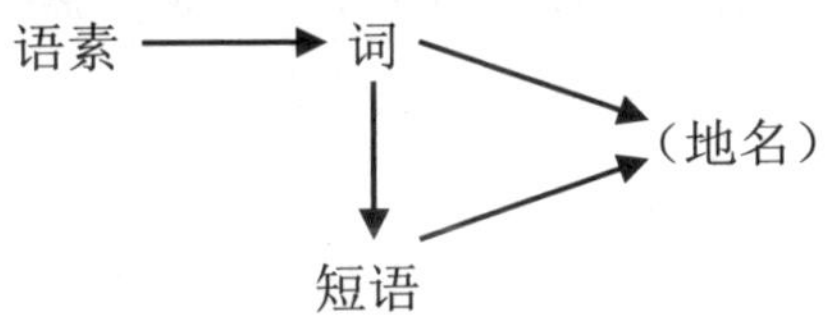

温州地名中的语法主要是方言语法。它不同于普通话语法，从温州地名可以反映浙南瓯语语法的某些特点。

在温州地名中，词地名与短语地名的语法结构基本一致，并且词地名占优势。我们将重点分析词地名的构成法则。

温州地名中方位词特别多，在温州地名语法中很有特色。因此，本章主要讨论三个问题：从温州地名看浙南瓯语的语法特点；温州地名的结构；温州地名中的方位词。

第一节　从温州地名看浙南瓯语的语法特点

本节通过考察温州地名来描写浙南瓯语的语法特点，相同之处略去不论或略为涉及，以提供语言事实为主，在个别地方作不同语言的横向比较。

一、温州地名里与普通话不同的构词法举例

1. 关于后缀

儿：温州话中作为后缀的“儿”可分为“儿$_1$”和“儿$_2$”两个。“儿$_1$”后置于名词或名词性语素，是不增加词汇意义的构词成分，变调符合一般规律，不过儿尾变读轻声，儿尾前的音节相对较长。“儿$_2$”表示小称，读入声。温州地名中的“儿”有的是“儿$_1$”，有的是“儿$_2$”。例如：

“垟儿、垟儿巷、桥儿头、张儿山、章儿坑”等地名中的“儿”，没有词汇意义，读轻声，是“儿$_1$”。

“猪儿潭背、猫儿雷、山了儿、坳儿、燕儿窝”等地名中的“儿”表示小称，读入声，是“儿$_2$”。“猪儿”就是“小猪”，“猫儿”就是“小猫”，“山了儿”是“小山冈”，“坳儿”是“小山坳”，“燕儿窝”中的“燕儿”是“小燕子”。

仔：瓯语表示小称。温州带仔的地名很多。但市区不曾见，主要分布在平阳、文成等地。如：“山头仔”，因村处小山坡上，住户稀少。此外还有“溪兜仔、岭头仔、下垟仔、毛岩仔、山架仔、下垟仔、溪底仔、毛垟仔、前坪仔、半岭仔、竹垄仔、西山仔、坟前仔、后垄仔、长流仔、赤垟仔、鸟仔窝、坑仔头、坑仔内”等。

瓯语的后缀“仔”可能是畲语的借词。今畲语“仔”既指儿子、幼子，也作小称。如手指叫“手指仔”或“手仔”，“小猪”称“猪仔”，“小鸡”叫“鸡仔”。

2. 关于类后缀

牯：动物名词带“牯”后缀，表示动物雄性的附加义。瓯语把“公猪”叫“猪牯”，把“公牛”叫“牛牯”。温州带“牯”的地名有：牛牯岭、黄牯袋、黄牯山（黄牯：公黄牛）等。

娘：动物名词带“娘”后缀，表示动物雌性的附加义。瓯语把“母鸡”叫“鸡娘”，“母猪”叫“猪娘”。“娘”甚至可以放在植物名词后，如瓯语把“老姜”叫作“姜娘”。温州带“娘”的地名有：猪娘礁、猪娘垟、鸡母娘礁等。

瓯语的后缀“牯”和“娘”也可能是畲语的借词。畲语动物名词带“牯”和“娘”后缀表示动物性别的附加义，其使用范围比瓯语广泛。瓯语只有“猪牯”“牛牯”“狗牯”等几个为数有限的词语，畲语除上述外，还有“虎牯”“山猪牯”“鸭牯”等。还可以加在某些事物名词后，表示“大”的意思。如“斧头牯”（大斧头）、“刀牯”（大刀）、“锄头牯”（大锄头）、“石牯”（大石头）等。

甚至可以加在表示“人”的名词后，表示贬义，如“乞食牯”（乞丐）、“贼牯”（惯偷）。后缀“娘”也是如此。

爿 [ba²]，原指扁平状的（东西），是不单用的语素，如瓦爿、柴爿、破缸爿等。温州地名中有：半爿山、半爿礁、爿田、下爿坦、爿梅山、东爿、东爿山、前爿、小爿、洲渎东爿、洲渎西爿等。

不 [gyɛ⁸]，表示物体的半截，如“砖不”（断砖头）、“粉笔不”（半截的粉笔）等。温州地名中有“外不”“中不”“底不”“不渎”等。

二、温州地名里与普通话不同的语序举例

1. 在温州地名词的语法构造中，偏正结构的地名修饰语常常在中心词后面。例如：

猪母头、猪母礁、猪母仔礁、猪娘礁、猪娘山、猪娘垶；

牛牯岭、黄牯袋、黄牯山、牛母礁；

鸡母岗、鸡母娘礁、鸭母寮（鸭母，指母鸭）。

表示性别雌雄的语素（修饰语）在温州地名里，经常处于被修饰成分（中心语）之后。这种语法现象跟壮侗语相似。试比较表 2 中一些壮侗语的词语 [1]。

表 2 壮侗语部分词语对照表

壮侗语	菜 刀	白 菜	锅 耳
壮 语	mit (8) plak (7) 刀 菜	plak (7) ha：u (1) 菜 白	ɣɯ (2) rek (7) 耳 锅
布依语	mit (8) zon (5) pi：k (7) 刀 切 菜	pi：k (7) ha：u (1) 菜 白	zie (2) ca：u (5) 耳 锅
临高语	mit (8) sak (7) 刀 菜	sak（7） fiak（8） 菜 白	sa (1) dɔu (1) 耳 锅
侗 语	mja (4) ma (1) 刀 菜	ma (1) pa：k (10) 菜 白	kha (1') ta：u (1) 耳 锅
仫佬语	mit (8) tsjep (8) ma (1) 刀 切 菜		khɣa (1) chik (7) 耳 锅
水 语	mit (8) qat (7) ma (1) 刀 切 菜	ʔma (1) pa：k (8) 菜 白	qha (1) tseŋ (6) 耳 锅
毛难语	mit(8) ts ʻat(8) maʔ(1) 刀 切 菜	ʔma (1) kat (7) pok (8) 菜 白	kha (1) chik (7) 耳 锅

表 2 中壮侗语词语的结构同温州地名一样，也是中心语成分在前，修饰成分在后。可见，温州地名还保留了少数古壮侗语的语法特点。这是古越语遗留的“底层语法”。

2. 地名中有个汉语普通话中很罕见的特点，即单音方位词置于作中心语的名词前。这在温州地名里很普遍。例如：

北山、西湾、西岙、西岸、外河、上垟、后源、西湖、后半垟、中央巷、前巷、下庄、前庄、底庄、上村、中村、下村、底村、前黄、东曹、上伊、上敖、前陈、后陈、前潘、后潘、西堡、西陵、上店、下铺、下店、下窑、上炉、外塘、后半屋。

这类语法现象跟畲语、壮侗语都很相似。如畲语“洞里”“屋里”说“里洞”“里寮”，这源于古越语，试比较表 3、表 4 中壮侗语族语言的方位结构[2]。

表 3　壮侗语族语言中部分方位词对照表 I

壮侗语	桌子上	桌子下	房子前
壮　语	kɯn (2) ta:i (2) 上　桌子	ia (3) ta:i (2) 下　桌子	na (3) ɣa:n (2) 前　房子
布依语	kɯn (2) ɕoŋ (2) 上　桌子	la (3) ɕoŋ (2) 下　桌子	na (3) za:n (2) 前　房子
临高语	bai (4) bɔi (2) 上　桌子	dau (2) hɔi (2) 下　桌子	na (3) lan (2) 前　房子
傣　西	nɣ (1) tsɒ (3) 上　桌子	tai (3) tsɒ (3) 下　桌子	pai (2) hɣn (2) 前　房子
傣　德	Lə (1) phən (1) 上　桌子	taɯ (3) phən (1) 下　桌子	pa (3) la (3) hɣn (2) 前　房子
侗　语	ʔu (1) pi (2) pa:n (1) 上　桌　子	te (3) pi (2) pa:n (1) 下　桌　子	qun (5) ja:n (2) 前　房子
仫佬语	ʔu (1) kon (2) 上　桌子	te (3) kon (2) 下　桌子	kun (5) hɣa:n (2) 前　房子
水　语	ʔu (1) tjem (6) 上　桌子	te (3) tjem (6) 下　桌子	ʔna (3) ɣa : n (1) 前　房子
毛难语	ʔju (1) ceŋ (6) 上　桌子	kha (3) ceŋ (6) 下　桌子	na (3) ja : n (1) 前　房子
黎　语	teɯ (1) tsho (1) 上　桌子	fou (3) tsho (1) 下　桌子	daŋ (1) pioŋ (3) 前　房子

表 4　壮侗语族语言中部分方位词对照表 II

壮侗语	房子后	心　里	房子外
壮　语	laŋ$_{(1)}$　ɣa：n$_{(2)}$ 后　房子	daɯ$_{(1)}$　sim$_{(1)}$ 里　心	ɣo：k$_{(8)}$　ɣa：n$_{(2)}$ 外　房子
布依语	pa：i$_{(6)}$ laŋ$_{(1)}$ za：n$_{(2)}$ 后　房子	daɯ$_{(1)}$　sam$_{(1)}$ 里　心	zo$_{(6)}$　za：n$_{(2)}$ 外　房子
临高语	lɔi$_{(2)}$　lan$_{(2)}$ 后　房子	da$_{(3)}$　tim$_{(1)}$ 里　心	lan$_{(2)}$　ŋuai$_{(4)}$ 房子　外
傣　西	pai$_{(2)}$ lǎŋ$_{(1)}$ hɣn$_{(2)}$ 后　房子	nai$_{(2)}$　ts ǎ i$_{(1)}$ 里　心	nɒk$_{(8)}$　hɣn$_{(2)}$ 外　房子
傣　德	pa$_{(3)}$ laŋ$_{(1)}$ hɣn$_{(2)}$ 后　房子	laɯ$_{(2)}$ tsaɯ$_{(6)}$ 里　心	pa$_{(3)}$ lɒk$_{(8)}$　hɣn$_{(2)}$ 外　房子
侗　语	lən$_{(2)}$　ja：n$_{(2)}$ 后　房子	qa：u$_{(4)}$　səm$_{(1)}$ 里　心	nuk$_{(9)}$　ja：n$_{(2)}$ 外　房子
仫佬语	lən$_{(2)}$　hɣa：n$_{(1)}$ 后　房子	ho$_{(3)}$　təm$_{(1)}$ 里　心	ʔuk$_{(7)}$　hɣa：n$_{(2)}$ 外　房子
水　语	lən$_{(2)}$　ɣa：n$_{(1)}$ 后　房子	ʔa：u$_{(3)}$ loŋ$_{(2)}$ 里　心	ʔnuk$_{(7)}$　ɣa：n$_{(2)}$ 外　房子
毛难语	lən$_{(2)}$　ja：n$_{(1)}$ 后　房子	ja：u$_{(3)}$ səm$_{(1)}$ 里　心	ʔnuk$_{(7)}$ ja：n$_{(1)}$ 外　房子
黎　语	tshei$_{(1)}$　ploŋ$_{(3)}$ 后　房子	hwo：k$_{(7)}$ 心里	zɯ：n$_{(1)}$　ploŋ$_{(2)}$ 外　房子

据表 3、表 4 壮侗语族语言方位结构的词序，可以判断温州地名方位结构的特殊词序跟古壮侗语同源，也是古越语保留在温州地名里的“底层语法”。

有时，有些动宾式的词语在温州地名中动词会后置于名词后，变成主谓式的。如乐清有村名“江沿村”。村落沿村边的清江分布，应该叫“沿江村”（动宾式），但事实上是“江沿村”（主谓式）。目前还无法考证其来历。

三、温州地名中与普通话不同的其他语法特点

1. 瓯语使用而普通话不用的量词

铺：用于计程，十里为一铺。如温州到瑞安有“七铺河路”、瑞安到文成有“五铺山路”。“铺”来源于明永乐年间（1403—1424），驿道设铺，每铺相距十里。如古温台驿道乐清段就有“石榛铺”“兰屿铺”“乌石铺”“新市铺”等。这些铺名作为地名大多保留至今。

退：用于旧式房屋建筑，一宅之内分为前后几排，一排为一退，相当于普通话的“进”。温州地名中有“三退屋”“三退底”等。

2. 浙南瓯语的趋向动词均为单音节

如“爬上”“走落”。“落”用作趋向动词是“下去、下来”的意思，常用于“动＋落”，表示可能。在温州地名中这种格式常表示方向。如瑞安地名“直洛”是“直落”的谐音，意指该村是莘塍往东直下去的第一个村庄，故名。

总之，由于地名只是语言单位的一小部分，因此温州地名所反映的浙南瓯语的语法特点也是不全面的、零星的。但从上述分析中，我们大致可以了解到，浙南瓯语语法特点不同于普通话语法特点的原因是瓯语语法来源复杂：有来源于与壮侗语同源的古越语，有来源于畲语，有来源于古汉语，还有的来历不明。

第二节　温州地名的结构

地名根据语言结构来分，可分为词组地名和词地名。词地名又可以分为单纯词地名和复合词地名。综观历史，我们的祖先经历了用单纯词表示概念的漫长时期，随着社会的不断发展，认识水平的日益提高，新的概念与日俱增。单纯词已无法表达这些新概念。于是，就用词与词的组合——短语来表示。这些短语经过漫长的岁月，逐渐凝固成一个个词——合成词，一代代传承下来。温州地名作为浙南瓯语专有名词的一部分，也经历了这样的阶段，从单纯词地名到短语地名再到合成词地名。现阶段温州地名绝大多数是短语地名和合成词地名，单纯词地名极少。温州古代有单纯词地名。如《山海经》中“瓯居海中”的“瓯”就是单纯词地名。现代个别存在的单纯词地名是由于在口语交际中通名脱落，从而形成单纯词地名。如“芙蓉镇”，在口语中，常称“芙蓉”，是单纯词地名。短语地名大多数是现代地名，且绝大部分是偏正结构。如“温州市”“文成县”“芙蓉镇”“南阳村”等。部分短语地名在实际使用中，偏正结构中的中心词，如“市、县、镇、村”等常常省略，成为合成词地名，温州地名中大量的是合成词地名。它们结构复杂，可以分为由实语素与实语素组成的复合式地名和实语素与虚语素组成的附加式地名。前者占地名中的绝大多数，如“瓯海”“永嘉”“虹桥”等。后者在地名中占的比例很少，如“垟儿”等。

温州地名的结构见下图。

- 温州地名的结构
  - 词地名
    - 单纯词地名：芙蓉
    - 合成词地名
      - 附和式地名：垟儿、坳儿
      - 复合式地名
        - 偏正：西岙、包宅
        - 联合：文武、泰顺
        - 补充：湾底、黎一
        - 动宾：连墩、倒樟树
        - 主谓：乐清、渔渡
        - ……
  - 短语地名：解放北路、解放南路后巷

需要说明的是，从理论上看，很容易区分词地名与短语地名，由语素构成的地名是词地名，由词构成的地名是短语地名，根据能不能独立运用就能区分语素和词。但实际操作起来不那么容易，因为温州地名大多数是方言地名。许多方言地名及其构成成分保留了古汉语的特点。有些语言单位以古汉语的观点来看是词；以现代汉语的观点来看是语素。如“包宅”，古汉语看来是两个词，“包”“宅”都能独立运用，是短语地名；以现代汉语眼光来看是一个词，是词地名。因温州地名产生的时间有近有远，很难用一个统一的标准来划分。无论是以古汉语为标准，还是以现代汉语为标准都不是很合适。所以我们只能用宽泛的、折中的方法来划分词地名和短语地名。不管这个地名是由语素组成还是由词组成，只看一个地名能不能拆成两个或两个以上能独立运用的地名。能拆的是短语地名，不能拆的是词地名。如“解放路”不能拆，是词地名；“解放北路”能拆成“解放路”和“北路”两个地名，是短语地名；“解放南路后巷”能拆成“解放路”“南路”“后巷”三个地名，也是短语地名。

一、词地名

我们首先来讨论词地名。由于温州单纯词地名很少，我们重点讨论合成词地名。合成词地名里由实语素和虚语素组合成的附加式地名，只有“垟儿”等少数几个。大量的是由实语素和实语素组成的复合式地名。它们内部的结构关系如下。

（一）偏正型

前一语素修饰、限制后一语素。这一类型在温州地名里占绝大多数，而偏正型的地名中的中心语几乎都是名词性的。常见的有下面几类：

1. 名词 + 中心语

（1）以建筑物为中心语

交通建筑物：澄沙桥、范桥、甲里桥、划龙桥、将军桥、蒋家桥、营盘路廊。

宗教建筑物：双峰寺、江心寺、妙果寺、普觉寺、庆福寺、普安寺、闲心寺、法华寺、南屏寺、汇峰寺、资福寺、通真庵、白鹿庵、郭仙庵、牛石庵、上坪庵、半坑庵、龙潭庵、巨坑庵、新庵、老庵、紫霄观、白云观、保生宫、太阴宫、泰山宫巷、三元宫、三官殿、东瓯王庙、大爷庙、广惠庙、七圣殿巷、童子殿巷、永宁殿、大爷殿、万仁殿巷、玉环殿。

其他建筑物：书阁、夏屋、外埠头、葡萄棚。

（2）以聚落、姓氏为中心语

聚落：汤堡、金堡、上堡、西堡、蛟尾堡、油巷。

姓氏：包宅、杨宅、戴宅、沈宅、吴宅、赵宅、陈村（岑村）。

（3）以地形地貌为中心语

坑：潘坑、大坑、稻桶坑、上湖坑、云底坑。

山：丘山、黄牛山、垟山、黄山、大平山、杨府山涂。

岙：河岙、栖岙、潘岙、木西岙、樟岙、岙头、孙岙、梅岙、马岙、梁岙、后岙、马岙头。

河：下河、耕畴河、马车河、温瑞塘河。

垟：瓦窑垟、垟根、东垟岭、岩垟头、黄垟、吊垟、杨梅垟、横垟、库垟、中垟。

垟：大垟、西垟、外垟、毛垟、斜垟、竹垟、西垟、马车垟、富头垟、横路垟、山头垟、岩头垟、坟前垟、下可垟、南山垟、半路垟、水碓垟、何宅垟、大发垟、翁垟。

大多数偏正式的地名都是表领属关系的，上述所列地名都是这种关系。此外还有一些是表示比喻关系的。如“箬笠岙”是山岙的形状像箬笠；“方斗岩”是岩石像方形的斗（量米的容器）；“黄龙山、黄牛山”分别表示山形像黄龙、黄牛。此外还有“卧旗涂”等地名。

2. 形容词语素 + 中心语

大笼川、派园、金灶、金堡、白楼、老方坦、丽田、净水、灰桥、高田、新桥、花坦头。

3. 数量 + 中心语

三浃、二浃、三村、双桥、十二田、双井头、双岭、五山坳头、第二潭、九山、十里。

4. 方位 + 中心语

上庄、上叶、上伊、上桥、上涂、上岙、上净水、中涂、上村、上吕浦、下桥、下涂、下岙、上堡、下吕浦、下净水、底垟山。

前庄、前陈、前黄、前爿、前花（温州郊区把村庄美称为“花”，来历无考）、正岙、后花、中花、中央花、殿后花、中央村、后爿、中爿。

东曹、东庵、东岙、西湖、西岙、西堡、北山、南山、南塘。

（二）联合型

由两个意义相同、相近或相关的词或语素构成。如文武、林里（“林李”的谐音）、夫妻（峰）。

联合型还包括部分简称地名，简称地名是取两个或几个地名中的一个字合成一个新的地名。如“垟田”是由“半垟”和“炉田”两个地名合成。“岙垟”是由“岙上”和“垟儿”合成。

（三）补充型

后一个词或语素补充说明前一个词或语素。最常见的形式是名词后加方位词或数词。例如：

箬底、湾底、周岙底、垟底、东岙底、西岙底、中桥底、山后、占下、山下、岭下、塔下、屿头、北头、岭头、垟中、山前、桥前、岙上、樟树下、河口、花坦头、水心、殿后花、桥前、双井头。

黎一、黎二。

（四）动宾型

前一词或语素表示动作、行为，后一词或语素表示动作、行为所支配关涉的事物。例如：

宝昌（岭）、钟山（“种山”的谐音）、眺舟（桥）、踏碓（巷）、隔岸（路）、买麻（桥）、避难洞、骑马岩。

（五）主谓型

前一词或语素表示被陈述的事物，后一词或语素是对前一事物的陈述。例如：

渔渡、仙叠（岩）、道俗（巷）、江沿（村）、凤卧（垮）。

这一类型的地名，在一般的聚落地名中比较少，但在景区地名里就相当多。如雁荡山景区就有“观音坐莲花”“将军抱印”“美女梳妆”“犀牛望月”“老猴披蓑衣”“蛤蟆聚会”等地名。

二、短语地名

我们再来讨论短语地名。短语地名是多合式的，即短语地名内部构成不止一个层次，而是由两个或两个以上的层次组成的。其结构关系基本上都是偏正关系。例如：

飞霞北路：“飞”修饰“霞”，“飞霞”修饰“路”，“北”修饰“飞霞路”，偏正型。图示如下。

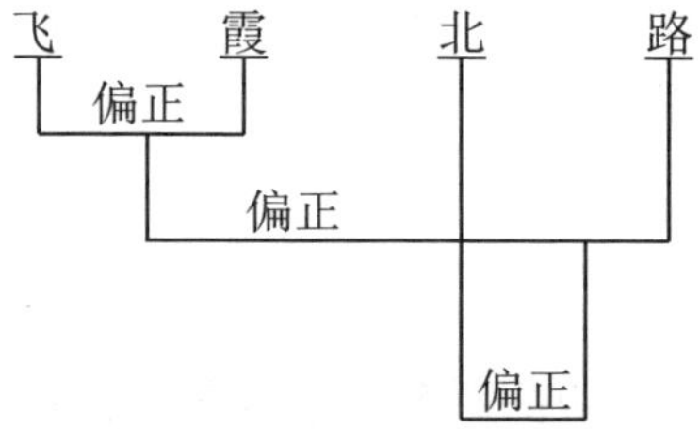

道前桥菜场：“道前桥”修饰“菜场”，“道前”修饰“桥”，“道”修饰“前”，“菜”修饰“场”。图示如下。

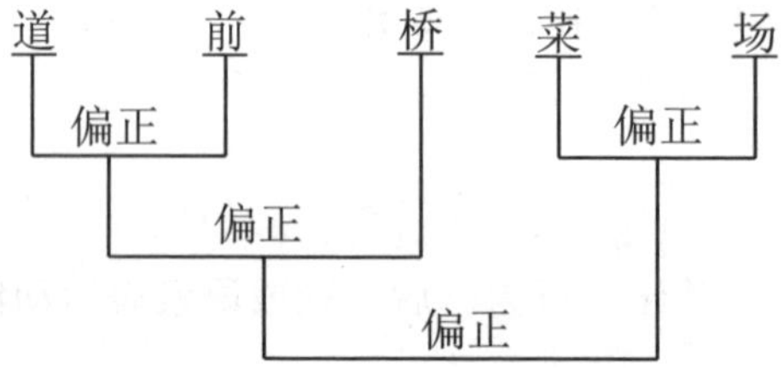

我们对温州市鹿城区的517个地名进行了分类并加以统计，情况如下：

（一）词地名（合成词地名）

1. 偏正型

（1）名词+名词

①名词+建筑物

桥：澄沙桥、范桥、郑桥、新桥、龙方桥、眺方桥、甲里桥、划龙桥、英华桥、将军桥、灰桥、蒋家桥、旺增桥、卖麻桥、河西桥、吴桥、仓桥街、粗糠桥、游泳桥、矮凳桥、胜昔桥、双莲桥、万里桥、营楼桥。

（小计：24　百分比：4.64%）

寺庙：童子殿巷、普觉寺巷、七圣殿巷、万心殿巷、洪殿、永宁巷、大爷殿、天妃宫巷、应道观巷、斋堂巷、新园觉、玉环殿边、大雄寺巷、东岳殿巷、晏公殿巷、护国寺路、嘉福寺巷、泰山宫巷、罗汉巷、三宫殿巷、岑山寺巷、施水寮、保生宫、里垟殿。

（小计：24　百分比：4.64%）

码头：株柏码头、公共码头

（小计：2　百分比：0.39%）

仓桥街

路：飞霞路、水心路、慈山路、鹿城路、九山路、杨府山路、西山路、雪山路、永川路、望江路、浦口路、浦边路、株浦路、园西路、广化桥路、河通桥路、半腰桥路、第一桥路、高公桥路、江边路、公园路、广场路、土地堂路、环城路、永东路、黎明路、永楠路、高田路、烈士路、隔岸路、永塔路、岠州路、公安路、医学院路、航标路、汤园路。

巷：兵营巷、镇宁巷、丰和巷、安平巷、花营巷、手肘头巷、岩斜巷、木杓巷、杨柳巷、石板巷、万寿巷、里端巷、水渡巷、福昌巷、蔡宅巷、董宅巷、闻宅巷、蒋家巷、李家巷、蔡宅巷、天雷巷、樊宅巷、徐衙巷、虞史巷、黄府巷、康宁巷、倪衙巷、侯衙巷、丁字桥巷、朱彭巷、飞鹏巷、西垟巷、金锁匙巷、中和巷、蛟翔巷、百里坊、蝉河、桂井巷、棋儿巷、龙巷、吉士坊巷、状元巷、墨池巷、谢池巷、柴桥巷、曹仙巷、文书巷、古厢巷、府学巷、花园巷、书堂巷、全坊巷、水仓巷、园史巷、龙泉巷、港务巷、皮坊巷、油车巷、人参巷、瓦市巷、珠冠巷、古炉巷、世美巷、仓根巷、嘉会里巷、天窗巷。

街：行前街、城西街、象门街、蝉街、鼓楼街。

（小计：106　百分比：20.50%）

②姓氏（包括人名、官名）+ 聚落

汤堡、陈村、潘坑、杨宅、丘山、金堡、潘岙、戴宅、朱坑、吴宅、沈宅、丽田、赵宅（又称“赵儿头”）、夏屋、周宅祠堂、任宅前、张府基、马宅巷、蔡宅巷、虞师里、状元里、进步里、万岁里、高盈里。

（小计：24　百分比：4.64%）

③实词 + 地形地貌

丘山、黄龙山、海坦山、郭公山、华盖山、松台山、太山、黄井山、垟山、太平山、黄山、巽山、黄牛山、吴山、金锁岭、井岭、牛岭、东屿、横渎、潘坑、朱坑、马坑、樟岙、潘岙、栖岙、河岙、箬笠岙、卧旗涂、杨府山涂、筲箕涂（筲箕：竹编的淘米器具）、半垟、瓯浦垟、垟田、岙垟、里垟、瓦窑、举人坦、华里坦、石坦巷、仓坦、炉田、丽田、高田、型田、龟湖路、月湖头、月湖巷、沧河巷、信河街、耕畴河、下河、纱帽河、谢池巷、放生池、马鞍池、方池巷、笼川、畚斗潭。

（小计：58　百分比：11.22%）

④其他

蛟龙堡、朔汀、馒头驻、葡萄棚、嵇师、军装局、山头峡、和平场、岩门、荷花、书阁、灯塔、头梳脑、莲花埭、来福门。

（小计：15　百分比：2.90%）

（2）形容词＋名词

颜色词：黄山、黄龙、金灶、白塔（巷）、白楼。

大：大笼川（别名大垄坑）、大简巷、大墨斗、大厅、大同巷、大士门、大高桥、大南门。

小：小南门路、小简巷、小墨斗、小虹桥、小高桥、小水窟。

新：新上堡、新岙路、新码道、新宫前。

老：老上堡、老方坦。

破（派、毛）：派园。

其他：甜井巷、铁井巷、横井巷、丰收、弘德、净水、广化、直墩。

（小计：34　百分比：6.58%）

（3）数词（量词）＋名词

双岙、双屿、双桥、双岭、双井头、双桂堂、双井巷、第二潭、三村、三浃、三牌坊、三角巷、四面堂、四营堂巷、五马街、五仑头、七枫巷、八角井、八仙楼、九山、九柏园头、十里、十二田、十八家路、十八家支路、十八家上涂、十八家下涂、三十六村。

（小计：28　百分比：5.42%）

（4）方位词＋名词

上：上涂、上横青、上岙、上堡、上桥、上净水、上村、上山田、上庄、上吕蒲、上村路、上岸街、上横街、上陡门、上陡门路、上叶、上伊。

下：下横街、下垟头、下涂、下际、下岭、下岙、下吕浦、下桥、下净水、下寅、下灰炉。

中、中央：中央花、中央村、中爿、中涂、中花、中央巷。

东：东屿路、东岳殿巷、东门横巷、东公廨、东萝、东庵。

南：南山、南塘、南塘街。

西：西公廨、西门新坦、西垟巷、西门大街、西门新坦。

北：北山、北鹿巷、北头。

前：前庄、前花、前营巷、前岸巷、前爿、前黄、前陈、前京（村前原为一京都商人所居）。

后：后京、殿后花、后营巷、后市巷、后垟巷、后爿。

底：底垟山、底垟儿巷。

外：外埠头。

正：正岙。

（小计：69　百分比：13.35%）

2. 联合型

林里（“林李”的谐音）、壬子（路）、康乐（坊）、游嬉（巷）、光明（路）、人民（路）、解放（路）、文武。

（小计：8　百分比：1.55%）

3. 补充型

（1）名词 + 方位词

上：桥上、岙上。

下：占下、山下、山下（巷）、桥下、樟树、岭下、塔下、新桥头下、大桥底下、妆楼下、瓜棚下。

中：垟中。

前：山前、山前（街）、桥前、坦前、屯前街、仓前坦、县学前、中府前、府前（街）。

后：山后、仓后、广场后（巷）、县后（巷）、山后（街）。

头：路头、屿头、巨山坳头、双井头、水门头、水窟头、教场头、马槽头、板桥头（巷）、县前头、花坦头、陡门头。

根：山根。

尾：蛟尾堡。

底：笼底、湾底、岙底、东岙底、西岙底、牛桥底、周岙底、水门底、河屿桥底、河桥底、汇车桥底、板桥底。

口：门口。

心：水心。

（小计：56　百分比：10.83%）

（2）名词＋数词

黎一、黎二。

（小计：2　百分比：0.39%）

4. 动宾型

打眼（巷）、打绳（巷）、打篷（巷）、打索（巷）、打铁（巷）、卷索（巷）、卖糖（巷）、踏碓（巷）、倒樟树、扬名（坊）、登选（坊）、渡船（巷）、庆年（坊）、宝昌（塔）、勉人（巷）、招贤（巷）、育英（路）、望江（路）、钟山（“种山”的谐音）、看花（巷）、更新（巷）、兴文（里）。

（小计：22　百分比：4.26%）

5. 主谓型

道俗（巷）、渔渡、鸡鸣（岭）。

（小计：3　百分比：0.58%）

（二）短语地名：

飞霞南路、飞霞北路、人民东路、人民西路、解放南路、解放北路、黎明东路、黎明中路、黎明西路、望江东路、望江中路、望江西路、兴墅北路、兴墅南路、百里东路、百里西路、九山南路、九山北路、牛山北路、西山西路、西山东路、丽田北街、环城东路、人民东路后巷、解放南路后巷、解放北路后巷、洪殿北路、洪殿南路、牛山北路、山下后巷、金宅屋基、道前桥菜场、板桥横巷、上村路南巷、麻行僧街、新宫前横巷、新桥横街、三中后巷、油车庄头、西门天灯下、西门龙泉浃、西门花园巷。

（小计：42　百分比：8.12%）

小结：温州地名的结构类型并不均匀，词地名占了 90% 以上，短语地名不到 10%。在词地名中偏正型的最多，其次是补充型，联合和主谓型最少。

第三节　温州地名中的方位词[3]

方位词是表示方向和位置的一类词，温州地名中的方位词绝大多数是表示位置的。只有极少数是表示方向的。如“下斜”“东斜”“西斜”“前墭”等（墭[tsɿ^{42}]：倾斜）[4]。我们在调查中仅发现此四例，都是方位词与表示“倾斜”义的“斜”或“墭”组合时，才表示倾斜的方向，是特例。因此，本节重点讨论表位置的方位词。

温州地名中的方位词可分两类：一类是普通方位词，即用来表示空间位置的方位词，如“上、下、前、后、东、西、南、北、中、底面、门前”（门前：温州方言，指“人或事物面前的”）等；另一类是准方位词。它们本身不是方位词，但也用来表示方位，所以我们称之为“准方位词”，可以将其分为两小类：一是表人体部位的准方位词，即用人体部位（body parts）词来表示方位，如“头、顶、口、背、心、脚、臀、皮”等；二是表生物部位的准方位词，如“尾、根”等。

根据音节的多少，我们又可以把方位词分为单音节方位词与双音节方位词。温州地名中单音节方位词较多，双音节方位词不多。

普通方位词、准方位词和单音节、双音节方位词是从不同的角度划分出来的。它们之间的关系如下图所示。

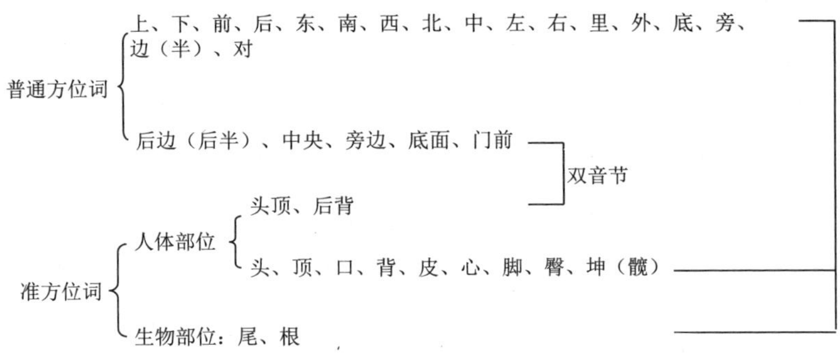

以上我们介绍了温州地名方位词的概况，下面来讨论几个问题。

一、方位词在地名中的语序问题

普通话方位词主要是加在名词或别的词语后面。温州地名中的方位词不仅可以加在名词或别的词语后面，还可以放在名词或别的词语前面，甚至可以加在两个名词或词语之间。

（一）方位词在名词（或其他词语）后面

1. *名词 + 方位词*

（1）地理实体 + 方位词

岙上、礁下、垟下、川外、江底、岩下、水心、山下、基右、山前。

（2）聚落 + 方位词

庄后。

（3）姓氏 + 方位词

周前、方前、汤西。

（4）建筑物 + 方位词

桥上、宫下、亭上、桥前、仓后、坦前、坟后、寨后、寨里、塘底。

2. 名词性词语 + 方位词

（1）名 $_1$+ 名 $_2$+ 方位词

炉山底、樟树下、岩坦下、菜园底、牛桥底、徐山底、缸窑下。

（2）方 $_1$+ 名 + 方 $_2$

后山下、南坑下、东岙底、外垟底、外坑底、里坑底、北山下。

（3）动 + 名 + 方

叠石下、踏碓下、妆楼下。

（4）形 + 名 + 方

老屋底、荒田后、高峰下、大路上、白岩下、洞桥下、横路下。

（5）数 +（量）+ 名 + 方

百丈漈下、八石山头、八石田头、三路口。

（6）名 + 方 $_1$+ 方 $_2$

岩头下、岙头底、桥头下。

（二）方位词在名词（或其他词语）前面

1. 方位词 + 名词

（1）方位 + 地理实体

北山、西湾、西岙、西岸、外河、上垟、后源、西湖、后半垟。

（2）方位 + 聚落

中央巷、前巷、下庄、前庄、底庄、上村、中村、下村、底村。

（3）方位 + 姓氏

前黄、东曹、上伊、上敖、前陈、后陈、前潘、后潘。

（4）方位 + 建筑物

西堡、西陵、上店、下铺、下店、下窑、上炉、外塘、后半屋。

2. 方位词 + 名词性短语

（1）方 + 名 $_1$+ 名 $_2$

①西沙湾、北山基、外屋基、上山田、旁山岭、下岭水。

②西峰漈、西公廨、东公廨、下寮坑、外垟桥。

（2）方 $_1$+ 名 + 方 $_2$

东山头、西坑口、西坑下、上坳头、外坑底、里坑底。

（3）方 + 形 + 名

上横街、下横街、里驮湖、底大会、外大会、底毛园、外毛园。

此类是形容词先与名词组合成名词性短语再与方位词组合。

（4）方 + 量 +（名）

上爿田、下爿坦、底条弯、后爿、中爿、前爿。

（三）方位词在名词或其他词语中间

（1）名 $_1$+ 方 + 名 $_2$

垟西坑、殿后花、山头垄、路头垟、桥头垟、垟头垟、垟头山、岩背坑。

（2）名 $_1$+ 方 $_1$+ 方 $_2$+ 名 $_2$

垟心南巷、垟心北巷、垟心中巷。

（3）形 + 方 + 名

老上堡、驮垟尾。

（4）名 + 方 $_1$+ 方 $_2$

岩头背、垟头顶、垟背头、岩头下、岭头尾。

（5）方 $_1$+ 方 $_2$+ 名

下尾垟、西中央涂、底北山、上北山、外北山。

这一类是方 $_2$ 与名词组合成名词性短语再与方 $_1$ 组合。

从上述语序问题的分析，我们可以得知，温州地名方位词至少有如下几个特点：

第一，在温州地名中，方位词不能单用，它只能与名词或其他词语组合，组合时，位置可前可后，也可以在中间。这里，“其他词语”主要是名词性词语。这类名词、名词性词语或是地理实体或是聚落姓氏或是建筑物。地理实体、建筑物与方位词组合的频率远远高于聚落、姓氏与方位词的组合。这是因为人们为了生存，总是选择一定环境，凭借一定的地理实体，结庐定居，然后才形成聚落。这样，使得“地理实体、建筑物 + 方位词”的组合比“聚落、姓氏 + 方位词”组合的形式相对来说产生的时间早，更容易形成地名。与这类名词或名词性词语组合的各方位词出现的频率也有很大的差别。根据收集到的资料分析，“上、下”出现的频率最高，由它们构成的地名有 134 个；其次是“前、后、底、外”，由其他普通方位词构成的很少。根据手头资料可知，由“左”构成的地名一个都没有；以“右”构成的地名，只有文成的“漈右”和“基右”两处，这可能跟“左、右”两词是较晚进入温州话词汇系统有关。温州方言称“左手”“左脚”为“借手”“借脚”，“右手”“右脚”为“顺手”“顺脚”。另外，由名词性词语加准方位词“头”构成的地名很多，有 130 多个，占由“头”构成的 160 个地名的 80%。表示身体部位的准方位词除了“头、顶”外，只有“心”可以并且只能进入这种格式，如“水心”“垟心”“江心”。

第二，地名中的方位词与名词或名词性词语组合表示的是偏正关系，中间不加助词“的”。但组合的方式多种多样，组合后的结构也不一样。如“方$_1$+ 名 + 方$_2$”格式，名词性词语 + 方位词不同于方位词 + 名词性短语的结构，前者是“方$_1$+ 名”组成名词性短语，再与方$_2$组合，如“后山下”；而后者是名词 + 方$_2$组成名词性短语再与方$_1$组合，如“东山头”。用符号表示如下。

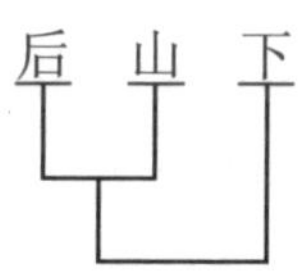

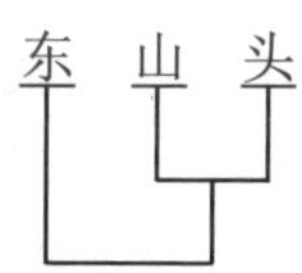

在名词性短语 + 方位词的格式中，前一部分（名 + 名）（方 + 名）（动 + 名）（形 + 名）（数 + 量 + 名）总是先组合，形成名词性词语，再与后面的方位词组成偏正关系的短语。而方位词 + 名词性词语的情况就比较复杂，如在“方 + 名$_1$ + 名$_2$”的格式中，A 组与 B 组不同，A 组是方位词 + 名$_1$与名$_2$的组合；B 组是方位词先与名$_1$组合，再与名$_2$组合，用符号表示如下。

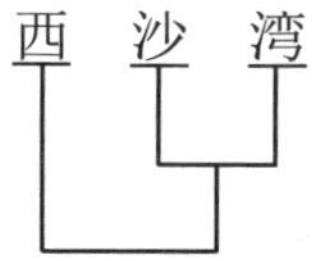

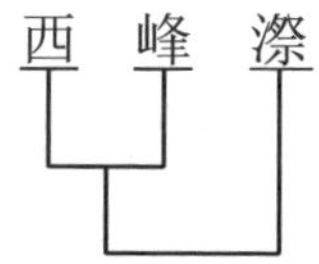

第三，在温州地名里，方位词的语序不同，所表示的意思也有所区别。如果方位词在名词后面，那么就以前面的地理实体，或聚落，或姓氏，或建筑物等为讨论对象，通常以地理实体、聚落（包括以姓氏形成的聚落）、建筑物等的中部为参照点。一般所指称的对象在前一名词所包括的范围之内。如“周岙底”，因处在周岙的里面而得名。以周岙中部为参照点，“周岙”包括“周岙底”。反映在地名上，行政村常用前一类地名命名，如“周岙”；自然村用后一类地名命名，如“周岙底”。另一种情况是，一个行政村常包括几个自然村。如果方位词在名词前面，往往是两个或几个地名对称地出现，那么通常以两个或几个地理实体或聚落、建筑物等之间的中线或中点为参照点。所指称的对象不在同一范围。如“东岙”“西岙”是以两个山岙之间的中线为参照点，处于东部的称“东岙”，处于西部的称“西岙”。“东岙”“西岙”不在同一范围。但也有例外情况，当处于名词前的方位词是“上、下”时，有时它同处于名词后的格式一样，如“上鹿山”“下鹿山”。因山形似鹿，称“鹿山”，村在山上部，称“上鹿山”；村在山下部，称“下鹿山”。

二、方位词地名的韵律结构

地名是词汇中的一个小类——专有名词中的一类。根据“韵律构词学”（Prosodic Morphology）的理论，地名必须符合“韵律词”（Prosodic Word）的要求。韵律词由“音步”（foot）构成，音步是“最小的、能够自由独立运用的韵律单位”[5]。音步严格遵循“二分枝”（Binary Branching）原则，在汉语中具体表现为一个音步必须由两个音节构成。由两个音节构成一个音步，成为一个“韵律词”，这才是“标准的韵律词”。少于两个音节的不能构成韵律词，多于两个音节的只能构成“超韵律词”，超韵律词的出现是有一定条件的。用这一理论可以解释温州方位词地名中的有关疑难问题。

第一，温州地名中单音节方位词在数量上多于双音节方位词，没有多音节方位词。单音节方位词在使用频率上远高于双音节方位词。据统计，温州地名中方位词共有 35 个，双音节的只有“后边（后半）、中央、旁边、底面、门前、头顶、后背”等 7 个。表示复杂方位的双音节方位词，如普通话里的“东北”“西南”这一类，温州地名里没有。温州地名中有“中南”“西东”两个村名。中南村因位于南垟片村中部而得名；西东村因位于西岙村的东部而得名。

因此“中南”“西东”是简称。表示“西南”这一类复杂方位，温州地名中用义近的单音节方位词来代替，如温州市区的上吕浦就处于吕浦河的西南部，下吕浦处于吕浦河东北部，应分别称“西南吕浦”“东北吕浦”或“浦西南”“浦东北”。但地名里根据吕浦河的流向，用“上”“下”两个单音节方位词分别代替“西南”“东北”两个双音节方位词。究其原因是方位词地名往往是由方位词和名词（名词性词语）组合而成的。温州地名中的名词单音节居多，单音节的方位词与之组合，恰好构成一个音步，成为一个标准的韵律词。温州方位地名里名词性词语双音节居多，与方位词组合就构成了[1+2]式（如“外屋基”“北沙湾”）或[2+1]式（如“樟树下”“板桥底”）。音步的实现是“在一个有音形式的句法树形上，从最右边的音节起向左数，直到一个音步的音节数量得到满足为止”[6]。我们首先来分析[1+2]式，根据从右到左的原则，右面的两个音节（如“屋基”“沙湾”）构成一个音步，前面的一个音节是方位词，方位词是个封闭类词（Closed word），不是一个纯词汇词（Lexical Word），它同后面的音步构成一个“超音步”。“一般的韵律构词法不允许一个单音实词修饰一个双音名词。如果这个单音词非得出现在一个双音名词前不可，它必须改变原有的性质：由一个纯词汇词变成一个词缀（Affix）。这样它就可以逃脱韵律构词系统的管辖，从而达到修饰双音词的目的。”[7]这里，我们也把这方位词看成是“类词缀”。我们再来分析[2+1]式，也以“樟树下”“板桥底”为例，如果按照从右到左的原则，“树下”“桥底”应是韵律词，从语义结构上看，“樟树”“板桥”本身就是韵律词。“韵律词的创造不允许把创造新词建立在破坏旧有的成果之上。”[8]因此，它只能分析为由双音节的名词或名词性词语和单音节的方位词构成的[2+1]式的超韵律词。这种超韵律词的构成是有条件的：“只有当树形结构的最右边的节点是单音节成分的时候，超韵律词才允许出现。”[9]而温州方位地名中处于最右边节点的是单音节方位词，恰好符合这一条件。

从使用上看，温州地名中的7个双音节方位词出现的频率远远低于单音节方位词，“中央”常被准方位词“心”来替代，水中陆地称“水心”，田中央称“垟心”。并且这一类地名重名很多，平阳一县就有7个“垟心”。据手头资料统计，其他6个双音节方位词组成的地名不到20个，仅占方位地名的2%–3%。

总而言之，地名中的方位词不管是跟名词组合还是跟名词性词语组合，组合时，不管位置在前还是在后，只要是单音节的，就可以构成韵律词。而最基本、最简单的复合词必须是一个韵律词。这就是温州地名中单音节方位词在数量上多于双音节方位词，在使用频率远远高于双音节方位词的原因。

第二，在普通话中“前面”“后边”等双音节方位词，一般不能跟单音节名词组合，如“前面屋”不能说，应说“前面的房屋”或“前面房屋”；但在温州地名中可以组合，如“门前屋”“后边厂”。这是因为在普通话中双音节词占优势，表“房舍”这个意思，普通话用“房屋”“房子”等双音节词表示，温州话用单音节“屋”表示。如上所述根据韵律构词原则 [2+1] 式中的“1”必须是单音节的。同样道理，温州方言中单音词比普通话多得多，温州方位地名中与方位词结合的单音节名词也占优势，与此相适应，方位词也应该是单音节的，这样才能构成标准的韵律词。

三、方位词地名的语义问题

为了讨论方便，我们把温州地名中的方位词分两类：一类是长期受普通话影响而形成的目前与普通话语义相同的方位词，如“东、南、西、北、左、右”等（本文从略）。另一部分，是温州话与普通话语义不同的，体现温州话特色的方位词，如“上、下、前、后、里、底、外、头、口”等。这是我们重点讨论的对象。

（一）普通方位词的语义

1. 上、下

上、下是温州地名方位词中使用频率最高的。据我们调查结果显示，在温州市区和文成县两地，自然村以上的地名中，有方位词的有 900 多个，其中由“上”“下”构成的地名有 134 个（不包括重名），占调查的地名总数的近 15%。“上”“下”在地名中有以下几个义项。

（1）“上”与“下”的主要意义是高于或低于某个参考点的位置，而且参考点与这个位置基本上在同一垂直于地面的垂线上，或在该垂线两边附近的位置。这与普通话相同。[10]

上山田：地势较高，周围有山田，故名。

上岭头：村庄位于山岭上头。

占下：后山巨石耸立，黝黑如江中礁石，故名“礁下”，方言谐音为占下。

岭下：村庄坐落瓯浦岭下。

此类地名很多，还有“瓜棚下、郭公山下、西门天灯下、山下巷、山下桥”等。根据所收集到的材料，由表示位置在低处的“下”组成的地名（主要是村名），明显多于由表示位置在高处的“上”组成的地名。由“上”组成的地名只有上述两例。这可能跟“下”相对位置低，交通便利，气候温暖，靠近溪流盆地、平原，居住条件相对较好，容易形成村落有关。

（2）“上”“下”分别表示“西”“东”。这是方位词的活用。

桥上：村处无名小桥西首。

上伊：伊姓始居，位处沿江诸村西首。

用“上”表示“西”的村名还有“上庄、上岙、上堡、上净水、上村、上陡门、上横街”等。

下河：因村东有一条小河。

十八家下涂：相传南宋乾道五年（1169）温州大水，城东仅遗十八户人家，聚居于此，故名。后因人口繁衍，以灰桥浦为界，西岸称“十八家上涂”，东岸称“十八家下涂”。

用“下”表示“东”的村名还有“桥下、下横街、下净水、岩壁下”等。

（3）“上”“下”也可以表任指，任指东、南、西、北。

上横青：村落在钟山北面高坡上，过去这里树木茂密，一抹黛青，故名。

山下：坐落在雪山北麓，故名。

这里的“上”“下”都是表示北面。

（4）“上”“下”表示次序在前或在后的。

上房：因陈氏大房先住此，习称“上房”，并移作地段名。

上垄：该地有两条田垄，次序在前的，叫“上垄”，在后的称“下垄”。

2. 前、后

（1）“前”表示在正面的，“后”表示在背面的。

屯前街：因位于旧左营守备署的正面而得名。

县前头：因地处旧永嘉县治正面而得名。

“前”表示“正面”的地名还有“坦前、新宫前、中府前、县学前、仓前坦”等。

县后巷：因巷在永嘉县署背面而得名。

广场后巷：因处人民广场背面而得名。

"后"表示"背面"的地名还有"后市巷、仓后、山后、后坦巷、后坑、后山、岭后、岳岭后、寨后、麻后"等。

（2）"前"活用为南，"后"活用为北。

前黄：黄姓始居，又地处葡萄棚自然村南，故名"前黄"。

山前：因坐落小山南麓而得名。

以"前"表示"南"的地名还有"前花、前爿、桥前、前庄"等。

山后：村位居小山北麓。

后爿：村居双屿山片村北部。

以"后"表示"北"的地名还有"后岙、后花、岭后、后源、山下后巷"等。

3. 普通方位词的活用与任指用法

"上、下、前、后、里、底、外"这几个方位词在温州地名中都可以活用，有时可以任指。它们的这种用法有一定的规律。

"上""下"活用为"西""东"，有人认为跟当地的地势、当地人的心理有关。[11]这对解释山区地名似乎说得过去，如文成县。文成属浙南山地，境内山峦起伏，连绵不断，山地面积占全县总面积的82.5%，俗称"八山一水一分田"。地势西北最高，石垟林场的杨顶垟，海拔1362米，东部出水口最低，大垟口海拔仅15米。西高东低，西为上，东为下。但对于平原地貌就无法解释了。上面所举的例子都是温州鹿城区地名，鹿城属瓯江冲积平原，地势平坦，一般海拔1—6米，河渠纵横，并散布着众多的孤丘。因此，我们认为"西为上，东为下"跟地势无关，而跟传统文化有关，中国古代以西为尊。清初顾炎武在《日知录》中旁征博引地证明："古人之坐以东向为尊，……即交际之礼亦宾东向而主人西向。""东向"就是坐西面向东，可见古人以西为尊，尊就是"上"。温州方言把就餐时的尊位称"上位"或称"上横头"，反之，称为"下横头"。鉴于此，温州由"下"组成的地名常用音近词或其他词代替。如乐清虹桥的"下村"写成"霞村"，"下庄""下湾"分别写成"杏庄""杏湾"。永嘉的"庙下"写成"庙活"，"下盛"写成"鹤盛"或"岳盛"。

"上""下"的任指用法，倒是跟地形地貌有密切的关系，因为表示方位，要有一个参照物。譬如，以溪流为参照物，如果溪流是西东流向，那么西为上，东为下；反之，东为上，西为下。如果是南北流向的，南为上，北为下；反之，北为上，南为下。普通话中"上游""下游"中的"上""下"也是这个意思。若以山峰为参照物也是如此，如村在山的东麓，那么西为上；村处山的南麓，那么北为上；村处山的西麓，那么东为上；村处山的北麓，那么南为上。相对来说，“下”就是表示山麓、山脚。温州市区有三个同名村，都叫“山下”，分别位于雪山北麓、杨府山山脚及巽山东南麓。

同“上”“下”可表示“西”“东”要有参照物一样，“前”“后”表示“南”“北”也要有一个参照物，而表示前后的参照物往往是建筑物，建筑物常是坐北朝南的。这样建筑物的正面（前）是南方，背面（后）是北方。

同样道理，“里、底、外”表示方位，也要有参照物，参照物的不同也会引起方位词语义的变化。譬如，以村落为参照物，如果村落坐东朝西，那么“底”“里”表示东，“外”表示西，如“毛山底”：村处毛山自然村东部；“毛山外”：村处毛山自然村西部。若村落坐西朝东，那么“外”就指东，“底”“里”就指西。如“外垟”：位于东处村东片田垟；“底垟”：位于东处村西片田垟。若以某建筑物为参照物，建筑物常坐北朝南，那么“外”表示南面，“底”“里”表示北面。如“底龙”“中龙”“外龙”：陈姓人在该地始居，先后建了三座草寮（“寮”“龙”方言谐音），分底龙、中龙、外龙，分别处于北、中、南部。“南门外”是温州市区俗地名，在大南门之南，是以城市建筑格局为参照物。若以溪流为参照物，就得考虑流向，如九溪是东西流向，“九溪底”就处于东部。

（二）准方位词的语义

人们认识世界总是从自身开始的，用人体的部位来表示方位也符合人类认识事物的规律。

1. 头、顶、背、皮

这四字用于表方位意义相近，“头”“顶”是人体最上或最高的部位；“背”是动物躯干的最上部；“皮”是器官的最外层。用来表示方位时，常用比喻义，指“最上、最高处”。

岭头：山岭的最高点。

马坑顶：村处马坑上部。

黄岩背：村建在一块黄色大岩石上面。

岩坦皮：因村建在一片岩坦上面。

有学者认为在吴语中方位词“头”能表“里、边、前、上”之义。[12]除“上”义外，其余三个义项在温州地名中尚未发现。

2. 口

因“口”是消化系统的顶端，故“口”表示方位，也是指某一事物的顶端，或汇合处或出入口。

穹口（穹 [tɕʻyoŋ⁴⁴]：指高起呈拱形）：有两条拱形小土岗，从左右两侧向该村包围，村民称之为“泥穹”，村前是两条泥穹的汇合处。

坑口：文成有三处村名叫坑口，分别在龙潭坑出水口、十源坑出水口、枫树龙坑出水口。

此外，还有“岀作口（岀 [ɦo³¹²]：山高石多）、岀口、坑口、水口、路口坪”等村名。

3. 心

因人的心在胸腔的中部，表方位是比喻“中部、中央”。

水心：因四周环河道，故名。

垟心：因四周是田垟，故名。

“心”用于地名还有“垟心南巷、垟心北巷、垟心中巷、垟心金、垟心李、垟心屋”等。

4. 尾、根、脚、臀

“尾、根、脚”作名词时表示动物或植物的末端部位，表方位也比喻末端。

蛟尾堡：该村位于河浃的末尾处，俗称“浃尾巴”，再讹传为“夹尾巴”，之后雅化为“蛟尾堡”。

林店尾：地处街道尾端，林姓人在此地设有一间盐酒店，故名。

西木龙（水尾龙）：此处时陈庄坑水尾，且坑边有一石如龙形，故名“水尾龙”，后演变为谐音的“西木龙”。

用“尾”表示方位的地名还有“埄尾、三条埄尾、下尾垟、驮垟尾、岭头尾、垟尾山”。

道岭根：因村处道岭的岭脚（山岭的末端），故名。

岱根：因村处山脚（山的末端），故名。

大会岭脚：因村处大会岭的岭脚（山岭的末端），故名。

臀：腰以下大腿以上的部分。取坐姿在底部，故用来表示器物的底部。温州方言中有“碗臀、水桶臀”等。温州地名有“畚斗潭”，是“畚斗臀”的谐音，村处畚斗形山坳的底部，后雅化为“畚斗潭”。

上述分析得知，温州地名方位词在语义上有下面几个特点：

第一，“上、下、前、后、里、底、外”等方位词在地名中有活用和任指用法，这种用法有一定的规律，它与语境息息相关，即与地形地貌、建筑式样等客观语境因素和传统文化等主观语境因素有密切的关系。

第二，表示人体或生物部位等的名词，用来表示方位时，常用比喻义。

第三，“东、南、西、北、中、中央、半、边”等方位词语义跟普通话基本相同。

四、方位词的同义异形问题

由于受古汉语和人们的交际心理、文化素养等方面的影响，温州地名方位词中存在几组同义异形词。

（一）里、底、坤（髋）

1. 里

（1）表示“一定界限以内”。

坳里：村在山坳里，故名。

这个义项与普通话相同，普通话有“城里”“房间里”等词语。

（2）表示“在这界限以外的里面（里侧、里首）”，这个义项普通话中没有。

里坑底：因位于金羊坑内侧，故名。

里驮湖：因村处驮湖里面，故名。

寨里：该地原有一古寨，村在古寨里面，故名。

2. 底

（1）表示“一定界限以内”，与“里”相同。这个意义，古汉语中就有。“又向人家啄大屋，屋底达官走避胡。”[13] 温州地名中有：

篡底：村在五堆寨下，因四面被群山包围，取名“圈底”，后因方言谐音，演变为“篡底”。文成有村名叫“敖里”，又名“岙底”，“敖”与“岙”谐音，“里”与“底”同义。

（2）温州方言非“底下”之意，而是“里面”的意思。这意思古汉语里也有。“道人憔悴春窗底，闷损阑干愁不奇。”[14] 温州地名中有：

竹园底：该地四面环山，周围皆是竹林，村舍在竹园里面，故名。

江底：该村在澄江里面，故名。

庵基底：村位于庵基里面，故名。

以“底”组成的地名还很多，例如：

马垄底、坑底、岙底、湾底、山坑底、菜园底、坑门底、江底、炉山底、川底；底垟、底新屋、底厂、底吕山、底马、底林龙、底沙湾、底樟山、底垟儿巷；洞桥底、汇车桥底、龙方桥底、板桥底、河屿桥底、牛桥底（桥底：不是指桥的下面，而是指桥的里面。指周围是水的一块陆地，凡进入这块陆地，不乘船的话，必须通过某一桥梁。故称这个地方为“桥底”）。

在温州话中，当表示方位时，“底”与“里”意思差不多，但在地名中，“底”的使用频率比“里”高得多。在900多个方位地名中，由“底”组成的地名有118个，由“里”组成的仅5个，其中“里坑底”是由“里”和“底”共同组成的，这大概是受古汉语的影响。“里”的常用义是乡村的庐舍，后泛指乡村居民聚落，自周代开始指地方行政组织。《诗·郑风·将仲子》：“将仲子兮，无逾我里。”毛传：“里，居也。”《周礼·地官·遂人》：“五家为邻，五邻为里。”温州地名中有“万岁里”“兴文里”“虞师里”。另外，“里”还用于长度单位。《古诗十九首·行行重行行》：“相去万余里，各在天一涯。”温州地名中有“十里亭”。用作方位词的情况比较少见，若表示方位，常写成“裏”。而“底”在古汉语中常表示方位。因此，温州地名中，当表示方位时，“底”的使用频率要比“里”高得多。

3. 坤（髋）

“坤”其实是“髋”的俗字。“坤”和“髋”方言同音，音[khaŋ³³]。《说文》：“髋，髀上也。”桂馥义证：“髀上也者，《一切经音义》二引同。又十四引《广雅》：‘髋，臀也。’”因取坐姿，髋处于底部，文成方言称“底”为“髋”，俗写成“坤”。畚斗的底部称“斗坤”，箩筐的底部称“箩坤”。文成有地名叫“岙坤”，“岙坤”即“岙底”。

“里”“底”与“外”组成反义词，常在地名中对称地使用。例如：

底沙弯、底樟山、底马、里坑底、川底、江底、底林龙、底呈山、底龙、底大会、底村。

外沙湾、外樟山、外马、外坑底、川外、江外、外林龙、外呈山、外龙、外大会、外村。

“底面”[tei³⁵mai³¹]跟“底”意思相同，如“底面店”。

（二）后半、后边

“后半”“后边”是一组同义异形词，“半”“边”方言音近，都是指“后面”。在地名中互用。温州地名中有：

后半厂（厂：方言指草屋）、后半垟、后半屋、后半山。

与“后半”“后边”意义相对的方位词是“门前”，“门前”方言指人或事物面前的，而不是指大门的前面。例如：

门前山、门前垟、门前垄、门前垟、门前上巷、门前后巷、高阳门前。

温州地名中同义异形方位词的存在，一方面是部分词保留了古汉语用法，与古汉语同源，使得古汉语用法与现代汉语用法并存；另一方面同当地人们文化水平不高，以及求简、求俗的心理有关，造成了正体与俗体并存。

注释：

[1] 转引自游文良：《畲族语言》，福州：福建人民出版社，2002 年，第 452—453 页。

[2] 转引自游文良：《畲族语言》，福州：福建人民出版社，2002 年，第 453—454 页。

[3] 本文选取温州市区（鹿城区）和温州所属县（文成县）两个点的自然村以上的地名进行考察，个别例外的地名已注明。

[4] 括号内为温州方言词的注音、释义。下同。

[5] 参见冯胜利：《汉语的韵律、词法与句法》，北京：北京大学出版社，1997 年，第 2 页。

[6] 参见冯胜利：《汉语的韵律、词法与句法》，北京：北京大学出版社，1997 年，第 11 页。

[7] 参见冯胜利：《汉语的韵律、词法与句法》，北京：北京大学出版社，1997 年，第 20 页。

[8] 参见冯胜利：《汉语的韵律、词法与句法》，北京：北京大学出版社，1997 年，第 17 页。

[9] 参见冯胜利：《汉语的韵律、词法与句法》，北京：北京大学出版社，1997 年，第 17 页。

[10] 参见廖秋忠：《空间方位词和方位参考点》，《中国语文》1989 年第 1 期。

[11] 参见张玮：《仙居地名文化考略》，《语言论丛》，杭州：杭州大学出版社，1999 年。

[12] 参见陈瑶：《汉语方言里的方位词“头”》，《方言》2003 年第 1 期。

[13] 杜甫《哀王孙》。

[14] 李清照《玉楼春·红梅》。

第五章　地名与修辞

修辞学是一门古老的学问，古今中外，不同学派、不同学者对修辞学的理解也是不相同的。

> 我们把修辞学定义为有关提高语言表达效果的规律的学问。我们认为，一切话语中都存在着修辞现象，不管自觉与否，表达者都在进行修辞活动。修辞现象是普遍地永恒地存在的。
>
> 我们不认为修辞学只是单纯的语言技巧问题，它也是人类认识世界的方式和手段，也是人类社会存在、发展和进步的工具和条件。[1]

是的，“一切话语中都存在着修辞现象，……修辞现象是普遍地永恒地存在的”。地名里也存在着大量的修辞现象，主要是辞格。

修辞包括词语的选择、句式的选择及修辞手段三部分。地名中的修辞主要指修辞手段，也就是辞格。常见的有比喻、借代、对偶、引用等。下面我们分几个部分来讨论。

第一节　地名中的比喻

比喻是最古老、最重要、最基本的一种辞格，也是人类各种语言中普遍存在着的修辞格。它是根据联想，用与甲物不同而又有相似点的乙物来打比方的一种修辞手段。比喻最大的功能是描绘形象生动。地名中比喻的作用也就是为了使地名更加形象，便于记忆。

《墨子·小取》载：“辟也者，举也（他）物而以明之也。”就是说，一个比喻必须由两个事物所构成，分别叫作本体和喻体。本体和喻体不是同一事物。如果是同一事物，就不能构成比喻，这就是所谓的“同类不喻”。[2]

从本体、喻体的角度考察温州比喻地名，可以发现温州比喻地名有三大特点。

一、专名是喻体，通名是本体，喻词不出现

完整的比喻地名在结构上有一个特点：一般来说专名是喻体，通名是本体，喻词不出现。

如“凤凰山”，以其山形似凤凰，故名。通名“山”是本体，专名“凤凰”是喻体。“龟洞”，洞形似龟，人称“龟洞”，通名“洞”是本体，专名“龟”是喻体。“马头冈”，因地处形似马头的山冈，故名马头冈，通名“冈”是本体，专名“马头”是喻体。“凤卧垮”，村前有弯曲的溪流，状如卧凤，故村名为“凤卧垮”，通名“垮”是本体，专名“凤卧”（即“卧凤”）是喻体。

这一特点不适用于转类地名。我们在“地名与词汇”一章中已谈到，转类地名是指在某个地名上加上新的通名，使地名的类别发生转换，构成新的地名。

如“青龙村”因鳌江经本村段形似青龙，又名“青龙江”，遂为村名。“青龙江”是原生地名，通名“江”是本体，专名“青龙”是喻体。“青龙村”是转类地名，不能用这一特点来分析。“村”不是本体，不能解释为“村似青龙”。

二、本体一般是山体、水体类地名，也有部分聚落类地名

这一特点可以从地名的通名里显示出来。

如“马鞍山”，因山形如马鞍；“象山”，因山形似大象；“凤林”，村后山形似凤凰，山下林木茂密，故“名凤林”；“馒头岩”，位于居圣井山东部山腰，村外有岩形似馒头，故名。像这一类的山体比喻地名在温州还有很多。

如“虎头山、寿桃山、观音山、龙虎山、凤凰山、牛大山、飞凤山、刀鹰尖、老鹰尖、饭蒸尖、鲤鱼尖、铁障峰、埙凤、凤巢埙、马头岗、纱帽岩、珍珠岩、门神岩、狮子岩”等。

又如“鹭鸶湾”，因位于鳌江上游，江道弯曲如鹭鸶颈状，故称“鹭鸶湾”；“鳌江”，因涨潮时江口波涛汹涌，有如巨鳌负山，故名为“鳌江”；“石龙”，清乾隆年间，称“屿龙”，因村西小山屿形似龙，故名，后因“石”和“屿”方言音近，改为“石龙”；“蒲瓜屿”，岛屿其形似蒲瓜，定名为“蒲瓜屿”；“江景”，当地《吴氏宗谱》载，明天启年间（1621—1627），吴氏祖先迁此成村。因鳌江流

经此处，折弯如颈，故名“江颈”。“颈”“景”同音，后更名为“江景”。像这一类的水体比喻地名还有很多。

如“稻桶坑、河龙头、牛湖、鳌江、老人礁、灰箕礁、兄弟礁、木桶礁、马尾礁、马蹄礁、破镬礁、鸽尾礁、珠屿、大笔架屿、笔架屿、老鼠屿、虎头屿、南猫屿、虎屿、虎洞岛”等。

有些比喻地名虽然没有通名，但地名中或省略“村”等聚落类通名，或省略作为山体、水体的通名。“龙头”，山有溪涧，下有深潭，其形似龙，龙尾下垂深潭，龙头上伸该村，故潭称“龙潭”，村称“龙头”；“龙尾”，因大尖尾山延伸到该村，山形又蜿蜒如龙，故村名“龙尾”；“大镬”，该村是四面环山的小盆地，像一只大镬（大锅），故名；“腾斗”，因三面靠江地势低凹，形成坠斗状，“坠”方言谐音雅化为“腾”，寓飞腾之意，故名。以上地名均省略了通名“村”。“龙涵”，龙涵原名“龙颔”，因溪流形似颔，省略了水体通名“溪”。“双珠”，当地有两块大岩石，其圆如珠，故称“双珠”，省略了山体通名“岩”。

三、喻体广泛多样

温州比喻地名的喻体选择非常广泛，有动物、植物、农作物、日常生活器具、人体部位等，包含了日常生活的各个方面。

1. *以动物为喻体的比喻地名*

在以动物为喻体的比喻地名中，以家畜、家禽为喻体的地名最多。

如“猪头岩”，岩石形如猪头。此外，还有猪母头、猪母礁、猪母仔礁、猪娘礁、猪娘垟等。“壬鸡山”，是山形颇像一只壬鸡（大鸡的意思），故名。“金屿”，因岛形似锦鸡得名，“锦”与“金”方言同音，谐音简称为“金屿”。此类地名还有“鸡笼屿、公鸡岩”等。

温州是稻作区，牛和马是稻作区的主要畜力。因此以“牛”和“马”为喻体的地名特别多。如“牛肚脏”，村在牛头山腰部，此地酷似牛肚部位。“牛角坑”，村西面高山有两块大岩形似牛角，峡谷有坑，故名“牛角坑”。此外，还有“牛伏岭、牛角湾、牛牯岭、牛母礁、牛头颈、牛皮山”等。“马鞍山”，是因山形如马鞍，村名“马鞍山村”。此外还有“马田、马良、五马街”等。

以家畜、家禽之外的动物为喻体的地名有“象垟、象湾、老鹰嘴、蜘蛛寨、南麂、北麂、虎头山、蝠山、朱山（该处有山冈突起，形似龟，原名龟山。因“龟”“朱”方言同音，遂名“朱山”）、龟龙背、龟山、龟岩、鹏山、老鼠垟、老鼠背”等。

除了物质世界存在的动物，还有以传说中的动物为喻体的，主要是“龙”和“凤”。

如“龙山头”，当地有一山，形似蛟龙，位于龙山前沿；“五龙田”，地处卧龙山东南边田垟处，原名“卧龙田”，“五”“卧”方言近音，谐变今名。此外还有“白龙山、白龙潭、龙须潭、石龙、龙潭背、龙虎山、龙亭”等。

“凤山头”，村后山形似凤凰，故名；“凤头”，因村居于山形似凤凰之山巅，故名；“凤凰蛋礁”，礁形如蛋，因位于凤凰山之西，故名；“水凤尾”，有河道流经此地，汇入鳌江支流，形似凤尾舒展，故称“舒凤尾”，方言“舒”“水”音近，习称“水凤尾”。此外，还有“凤口、凤山、凤山头”等。

2. 以植物为喻体的比喻地名

“荔枝山”，据民国《瑞安县志》载：“荔子山高182.3公尺，又名‘荔枝山’‘癞头山’。”该岛沿岸岩石垒列呈鳞片状，形似荔枝，故名；“双桃屿”，岛上有两个山尖，形如桃尖，故名“双桃”；“尖”与“枝”方言同音，故亦称“双桃枝”；“冬瓜屿”，岛屿形似冬瓜，故名；“冬瓜藤屿”，岛形狭长如冬瓜藤，故名；“底草岱”，山中盛长茅草，人畜进内如入袋中，“袋”谐为“岱”，故称“草岱”，以地处底首（里面），称“底草岱”；“箬湖”，因峡谷的两侧坡地上盛产箬竹，迎风起伏，状似湖水翻腾，故名。此外，还有“荸荠嶂、蒲瓜田、芙蓉岩”等。

这一类地名中以农作物为喻体的比较多。

如“五堆谷”，村南五座山峰形似五堆谷子，故名。“白道田”是“百稻田”的谐音。跟农作物有关的地名还有“米桶垢、大馒头、馒头山礁”等。

3. 以日常生活器具、建筑构件为喻体的比喻地名

（1）以日常生活器具为喻体的地名

“饭盆尖”，村后山尖酷似饭盆；“盘灶屿”，该岛岩岸高耸，形如盘罩，“罩”与“灶”方言同音，遂演变为“盘灶”；“火焜岙”，因岙口狭长前伸，西北风直通海口，有如火辊（吹火筒之俗称），遂为“岙名”，“辊”讹写为“焜”；“岙斗”，地形似斗，处山岙之内，故名“岙斗”；“银叠”，村旁岩石形似瓷碟，俗名“银碟岩”，简称“银叠”；“直落降”，冈形如箸笼，故名“箸笼冈”，谐音简称为“直落降”；“笠湖”，村外三面溪流环抱，古为湖泊，形如斗笠，故称村

为“笠湖”；“轩头”，北面山顶形如“轩头”（枕头），故名“轩头村”；“张仙岩”，山上岩石高大，削壁而立，犹如一把张开的折扇，原名“张扇岩”，谐称“张仙岩”；“科田塆”，因村旁山塆有形似裤的田，故名“裤田塆”，“科”和“裤”方言近音，谐称科田塆；“南裤裆”“北裤裆”，岛南北两端皆形如裤裆，有南裤裆、北裤裆两个港湾；“增垟”，因地形似罾（捕鱼网具），得名“罾垟”，因“罾”与“增”方言同音，遂谐称今名。此外，还有“布袋山、布袋垟、布代潭、畚斗岱、稻戟架、五角斗、镬盖礁”等。

在以日常生活器具为喻体的地名中，以“文房四宝”及“玉带”“纱帽”为喻体的地名也不少。

如“墨印”，村前田中一石端方似印，色黑如墨，故名；“园瓦曹”，村中有口井似砚（砚：方言称“园瓦”），故名；“园眼曹”以形似园瓦槽，因以名村，谐称今名。此外，还有“纱帽岩、纱帽匣、玉带河”等。[3]

（2）以建筑构件为喻体的地名

“岭门”，其地四周均为青山环抱，林木葱郁，南面出口处有两山对峙，宛如大门，故名“岭门”；“岭门头”，该村四面环山，有石路直达山顶，两旁山高如门户，故称“岭门头”；“横梁礁”，呈长狭形，形如横梁，故名“横梁礁”；“门槛礁”，形似门槛。

4. 以生物部位为喻体的比喻地名

人类认识世界总是从自身开始。以人体部位为喻体，符合这一认识规律。如“合掌坪”，因境内有两块岩石对立，形如合掌得名；“青丝岩寨”，村后有岩，生长着藤萝，像妇女下垂的长发，因以名山，村沿山名。此外，还有“岭脚、山背、溪心、莲花心、垟心”等。这类生物部位常常表示方位。[4]

除上述四类喻体外，还有“练川”，境内平川旷野，河道相连，形似项链，故名“链川”，又历“链”“练”同音，逐渐演为“练川”；“齿头山”，海岸线曲折，以其沿岸及岛顶崎岖多岩，堆列如齿状，形如头梳，因名“齿头山”，沿用至今；“亏头礁”，呈长方形犹似盔头，因“盔”“亏”方言同音，谐变为“亏头”；“钱盖礁”，状如一个个铜钱覆盖，故名“钱盖礁”；“金钟村”，以村后土色似金，有石像钟，故名；“石佛”，因山脊矗立一块形似佛像的巨石而得名；“七星”，该村辖地分散在七座小山之腰，故名“七星”。此外，还有“石公坑、元宝岙、元宝山”等。

第二节　地名中的借代

借代是不直说某人和某事物的名称，借同它密接相关的名称来代替，这种辞格叫借代。借代和比喻一样，都是汉语修辞学中最重要的辞格。借代这种辞格很常用，在地名中出现的频率也很高。

借代的方式很多，常见的有特征代本体、专名代泛称、具体代抽象、部分代整体、结果代原因等。而温州地名中的借代几乎都是特征代本体。可以细分为下列几类。

一、以自然景观借代本体

“石柱”，因村内有两根天然石柱，故名；“湖石”，从前村内有深湖，湖边有巨石，得名“湖石”；“平棋”，因有一块又平又大的棋盘石，故村名“平棋”；“霞溪”，溪上霞光照射，故名“霞溪”；“下章”，昔村东有一山屿，为村之屏障，旭日初升，朝霞满山，故名“霞嶂”，因以名村，后谐简为“下章”；“乌石”，相传内有黑色巨岩得名；“尖岩”因村里有一块尖锐的岩石而得名；“泥红山”，山泥带红色，故名；“石马垟”，从前村中田垟里有石马。

二、以地形地貌特征借代本体

“重田降”，因地多梯田，层层重叠，遂名村为“重田降”；“沉河田”，因多烂泥（冷水）田，承受力差，耕作时人、牛下沉颇深，故名“沉河田”；“上国仰”，地处平岗山山腰，仰首可见，俗称“上个仰”，谐变今名。

三、以具体的事件借代本体

“雷公坑”，村内溪坑旁有块岩石高突而起，曾遭雷击，故名“雷公坑”。“布袋坑”，据当地《李氏宗谱》载，清康熙年间（1662—1722），李氏祖先自闽南垵溪湖头迁此，种香菇为业，积累一布袋金钱，购买一契土地，名曰“布袋契”，契中所列山界至该坑为止，故名村为“布袋坑”；“八石”，从前村前有田，年租八石，故名“八石田”，村从田名。

四、以地理位置借代本体

“岩头咀”，村南有岩突出，故名；“大岗尾”，因村位于大岗顶西麓。“石壁料”，村前有岩，直立如壁，始居者搭草寮于此，因名“石壁寮”，谐变今名；“龙骨”，地处山垄之终点，俗称垄根，谐改今名；“雷公头”，村位于高山之巅，境内有雷峰寺，故名“雷峰头”，本地人惯称“雷公头”。

在温州地名里，借代往往跟比喻结合起来使用。如“白水村”，村北有岩庵山，溪水汇流至白水成瀑布，由悬崖奔腾飞溅而下，遥望如白练当空飞舞，故名“白水”；“秀尖村”，因村南有秀峰山，山尖形如圆锥，景色优美，故称村为“秀尖”。

第三节　地名中的对偶

对偶是我国特有的辞格，讲究对仗工整、声调和谐，是汉语修辞中最具形式美的一种格式，是汉语音乐美的最高表现形式。对偶就是将结构相同或基本相同、字数相等、意义上密切相连的两个短语或句子，对称地排列，这种辞格叫作“对偶”。有不少地名可以组成对偶，成为“地名联”，欣赏起来，不仅饶有趣味，得到美学上的享受，而且从中可以获得一些地理知识。据说，乾隆皇帝下江南，经过通州，就利用地名出了上联：

南通州、北通州，南北通州通南北。

《四库全书》主编、大才子纪晓岚当即对曰：

东当铺、西当铺，东西当铺当东西。

虽然对得巧妙工整，但遗憾的是下联没有跟地名联系起来。温州有许多对联就巧妙地把温州地名连缀成句，达到了很好的修辞效果。

对偶是由上下两联依照美学的对称原则组合而成的。它在语言的各个层面上都有严格的要求。在音节上，要完全相等。在句法结构上，要求相同。在语义上，要求相互对称。在韵律上，要求平仄相互配合。[5] 对偶就上联和下联在意义上的联系可大致分为正对、反对、流水对三类。由温州地名构成的“地名联”基本上都是正对。构成“地名联”的地名数量多少不论，少则4个，多则8个。下面我们根据对偶的特点分析由温州地名构成的对联。

如文成县的地名联有：

岱根岭脚黄狗搬窠，朱处龙头老鼠拦笼。

“岱根岭脚”是岭后乡地名，是偏正结构，对岳梅乡地名“朱处龙头”，也是偏正结构，非常工整。东头乡地名“黄狗搬窠”是主谓宾结构，与周南乡地名“老鼠拦笼”结构完全相同。上联由两个地名“岱根岭脚”和“黄狗搬窠”构成偏正结构，下联有由两个地名“朱处龙头”和“老鼠拦笼”构成偏正结构。细读此联，趣味盎然。

狮子岩下狮子寨，五峰坳头马峰岩。

“狮子岩”是桂山乡地名，“狮子寨”是玉壶乡地名，“五峰坳头”是双垟乡地名，“马峰岩”是金炉乡地名。此联虽然对得不甚工整，但形象地描写了自然景观。

傍山岭脚鸟儿住，白米岩头鸡花田。

这是由4个地名组成的地名联。“傍山岭脚”是樟台乡地名，“鸟儿住”是十源乡地名，“白米岩头”是中樟乡地名，“鸡花田”是“黄岭乡”地名。

乌支垟旁山桃树了，花竹岭隔水金竹斜。

这是由6个地名组成的地名联。“乌支垟”是石庄乡地名，“旁山”是玉壶乡地名，“桃树了”是樟台乡地名，“花竹岭”是花前乡地名，“隔水”是三源乡地名，“金竹斜”是稽垟乡地名。以上两个地名联分别描写了物产。

鲤鱼塘泥鳅垟从头分水，金鸡巷老鼠窠下背谷山。

这是由8个地名组成的地名联。“鲤鱼塘”是雅梅乡地名，“泥鳅垟”是珊溪乡地名，“从头”是西湖乡地名，“分水”的桂乡地名，“金鸡巷”是岳梅乡地名，“老鼠窠”是富岙乡地名，“下背”是西坑乡地名，“谷山”是金垟乡地名。这个地名联趣味盎然。

又如，永嘉县的地名联：

楠溪源头括苍山，大源小源汇瓯江。

“楠溪”是永嘉的最大的溪流，永嘉有两个同名的“源头”村，“大源”“小源”是村名。瓯江是温州主要水系，6个地名组成的地名联，大致概括了永嘉县的水系状况。

黄屿白沙花岩头，红枫绿嶂赤水亭。

用6个带色彩词的地名，组成了色彩斑斓的地名联，给我们展示了一幅形象生动的风景画。

桃山桃岙桃树湾，梅坦梅园梅柳坑。
梅坑梅坡冬梅园，李溪杏岙雪梨村。

以上两个地名联，每个都由6个地名组成，巧妙地使用了叠字格。叠字，又称“重言”，是一种修辞手法。叠字格的方法是将同一个字接二连三地用在一起，加强语言的形象性和音节美。

对偶又是汉语格律诗的最重要的基础之一，几个地名联往往组成一首地名诗。如用永嘉地名组成的地名诗有：

金溪金村建金窑，
银坑银泉设银场，
铁山铁坑铁炉基，
铜岙桐州铜锅潭。

12 个地名组成一首地名诗，不仅巧妙地使用了叠字格，更妙的是运用谐音重叠，“桐”和“铜”谐音，达到精巧别致的效果。

前一双溪三江四海山，
五濑六龙七房八沸垟。
九丈渡头隔水上日川，
十房岭头对埠下池坑。

百里粟头寒山寺，
千石双尖永宁山。
万里林山林下林，
兆潭西岙芙蓉岩。

前一首由 16 个地名组成一首地名诗，运用了一到十的系数数词；后一首由 12 个地名组成一首地名诗，运用了百到兆的位数数词。这两首诗都运用了层递的辞格，层层深入，步步推进，条理非常清楚。

温州地名诗最有名的是贯休的《咏雁山十八寺》。

本觉凌云到宝冠，能仁古塔上飞泉。
普明罗汉石门里，瑞鹿华严天柱边。
古洞灵峰真济并，灵岩霞嶂净名连。
石梁不与双峰远，十八精蓝绕雁巅。

这首诗，由本觉寺、凌云寺、宝冠寺、能仁寺、古塔寺、飞泉寺、普明寺、罗汉寺、石门寺、瑞鹿寺、华严寺、天柱寺、灵峰寺、真济寺、灵岩寺、净名寺、石梁寺、双峰寺等 18 个寺院名组成，写出了温州雁荡山的著名的寺院名称、地理位置、寺院与寺院之间的距离等，对研究浙南瓯语、浙南佛教很有价值。

第四节 地名中的其他辞格

一、地名中的引用

温州地名中的引用比较宽泛，可以引自名言名句，也可以引自童谣俗语等。

“腾蛟”：引自“山川毓秀、腾蛟起凤”句。“鹤巢”：取“有鹤来巢”之义。“种玉”和“蓝田”：相传，清朝一塾师，根据地理特征，引古诗“日暖蓝田春种玉”句，分别取地名为“蓝田”和“种玉”。这类地名引自古诗、名言。

“平路上”：引自俗语“平路过后往上走”。“凤巢”：据《杨氏宗谱》记载杨琼在温州闻童谣“云月凤来巢，无人相止”，于是取地名“凤巢”。“金山垟”：据说，从前有一人应考回乡，途经此地，题一匾曰“金山比秀”，故称此山为“金山”。这一类地名引自童谣、俗语，甚至偶然事件。

二、地名中的避讳

“乐清”：梁太祖开平二年（908），避梁太祖父朱诚讳改乐成为乐清。“谷山”：传说宋时国姓人居此，取名国山，皇帝得知国内还有一国山，准备出兵讨伐，国姓人为避祸难，改称“谷山”。

三、地名中的析字

析字是利用汉字的形体结构特点，对汉字字形进行分解、离合、增损、变化、重新组合，使之产生新的意义的修辞方法。[6] 温州地名中也有用析字手法的。例如：

“十八家”：据《李氏宗谱》载，元仁宗间，李姓世祖自十三都垄头迁白岩阳定居，后析“李”字成十八子，更白岩阳为十八家。“双木林”：析“林”字成双木而得名。

注释：

[1] 王希杰主编：《汉语修辞和汉文化论集》，南京：河海大学出版社，1996 年，第 99 页。

[2] 参见王希杰：《修辞学通论》，南京：南京大学出版社，1996 年，第 421—422 页。

[3] 参见盛爱萍：《从温州"比喻地名"看楠溪江耕读文化的特点与分布》，《修辞学习》2001 年第 4 期。

[4] 参见盛爱萍：《温州地名中的方位词》，《方言》2004 年第 3 期。

[5] 参见王希杰：《修辞学通论》，南京：南京大学出版社，1996 年，第 433 页。

[6] 参见盛爱萍：《论"析字"》，《湛江师范学院学报》1999 年第 1 期。

下卷

温州地名与东瓯文化

第一章　概述

在讨论“温州地名与东瓯文化”这个问题之前。我们有必要讨论“文化”的定义。那么什么是“文化”呢？文化，作为人类学、文化学、社会学等学科的科学术语，有其特定的内涵和外延。据统计，关于文化的定义有几百种，其中有代表性的有：

英国人类学家爱德华·伯内特·泰勒认为：“文化是包括知识、信仰、艺术、法律、道德、风俗以及作为一个社会成员所获得的能力与习惯的复杂整体。”[1]

美国学者威廉·A.哈维兰认为：“文化是一系列规范和准则，当社会成员按照它们行动时，所产生的行为应限于社会成员认为合适和可接受的变动范围之中。”[2]

《汉语大词典》把文化定义为：“人们在社会历史实践过程中所创造的物质财富和精神财富的总和。”[3]

我们比较认同《汉语大词典》给文化所下的定义。把文化分为物质文化与精神文化。那么“东瓯文化”就是温州人民在长期的社会历史实践过程中所创造的物质财富和精神财富的总和。

地名是词汇的一部分。词汇是一种语言中词的总汇。在语言的几个要素中，词汇是最活跃的，变化最快，与文化的联系也最为密切，对文化的反映也最为敏感。词语的产生、发展、变化、消失都与一定的文化相联系。所谓“词汇里跳动着时代的脉搏”，这里“时代”就与“文化”息息相关。词语内部的组合搭配也与特定的文化有紧密的联系。我们可以从一个个具体的语词中分析一些具体的文化现象和文化因素。譬如，我们可以分析温州地名，了解温州的动植物分布状况，这是物质文化层面的；也可以从温州地名看浙南的宗教文化，这是精神层面的。

“东瓯文化”的特点是什么？它包括哪些内容？作为文化载体的地名，能大致上描绘出东瓯文化的轮廓，一定程度上揭示东瓯文化的特点及其内容。

万历年间的《温州府志》对温州古代经济有过这样的描写：

> 瓯于浙为海国，其地斥卤，无珠玑宝玉珍奇金银之产，其民以煮海网罟业其生，颇称饶给。至于水陆所生以资饮食，前民用其品类。海土著之民，往往能握微资以自营殖，岂所谓因地之利者乎！

温州号称“百工之乡”，手工业在经济中占有很重要的地位，温州手工业除了上述府志中提到的“煮海网罟业”——制盐业、渔猎，还有陶瓷、造纸、制茶、织染、绣花等。温州有“盐盘、乌贼礁、碗窑村、纸山、茶厂、靛青厂、挑花岛”等一大批反映手工业情况的地名。

传统建筑是历史文化遗产很重要的一个方面。在温州，温暖湿润的气候使多为木构的古建筑遗留无几，但丰富的温州建筑地名保留了这座优秀的古老城市的许多建筑信息。

同样，历史上的许多战争已烟消云散，但军事地名可以使我们了解温州古代的军事设施与军事地理，了解历代的军事机构和兵事以及浙南的英雄人物。

东瓯文化源远流长。考古发现，在新石器时期，浙南大地就有人类活动的痕迹。就是从汉惠帝三年（前 192）驺摇建都东瓯开始算起，也有 2200 多年的历史。温州人文鼎盛，名家辈出，号称“东南邹鲁”，文化底蕴极其深厚。

永嘉建郡不久，在六朝时竟有中国文化史上几颗灿烂夺目的明星来任郡守，先后有王羲之、裴松之、孙绰、颜延之、谢灵运、丘迟等。这些郡守都以“助人伦、成教化”作为施政的最高追求。当时，在华盖山麓设立郡学，郡守王羲之“导以文教”，谢灵运“招学士”“讲群经”，促使文化教育的发展。弘治《温州府志》载：唐“大中、天祐之际，郡人已有登科跻显仕者”。北宋皇祐年间王开祖讲学于东山书院。东山书院是我国四大书院之一。历史上的学校教育和科举制度在温州地名中都有所反映。

一方面，温州传统文化最早受到全国重视的是以禅宗为主的宗教文化，晋明帝时温州已建有崇安寺。值得一提的是，唐代永嘉高僧玄觉和尚，博览群籍，信仰天台宗，所倡天台、禅宗融合之说，显名当时，和南岳怀让、青原行思等同列慧能门下，为五大宗派之一。总之，佛教的传播、佛教徒的努力、佛教建筑的兴盛，对温州地名产生了不少影响，形成了一批佛教色彩很浓的地名，如“禅街、观音洞、和尚田”等，我们称之为“佛教地名”，佛教地名与佛教有着密切的联系。另一方面，道教作为土生土长的宗教，在温州地名中也留下印记，有道教色彩的地名有“陶公洞、仙人井”等。我们可以通过调查、考察这些道教地名，了解温州地名与浙南道教的关系。

“百里不同风，千里不同俗。”温州民俗颇具特色且源远流长。古越人在原始的渔猎生产中创造了“剪发文身”等习俗。东瓯人的民俗信仰、民俗活动在地名中也有所反映。

在温州历史上，“瓯越之民”经历过几次大的人口迁徙，不同地区人口的迁徙，不同民族的交往接触，常常造成语言、文化的碰撞融合，它往往在地名上留下深深的痕迹。通过对地名的考察，可以看出人口迁徙的原因、心态等，印证人口迁徙的路线以及民族融合的状况。

在本卷我们分地名与物质文化、地名与精神文化两大门类，并分几个小类来讨论温州地名与东瓯文化的关系。

注释：

[1] 转引自［美］威廉·A.哈维兰：《当代人类学》，王铭铭等译，上海：上海人民出版社，1987年，第241页。

[2] 转引自［美］威廉·A.哈维兰：《当代人类学》，王铭铭等译，上海：上海人民出版社，1987年，第242页。

[3] 参见《汉语大词典》（缩印本），上海：汉语大词典出版社，1997年，第4023页。

第二章　地名与动植物 [1]

地名是地理实体的指称符号。地理实体不可能是光秃秃地存在，在它的上面或周围总是会存在这样或那样的动植物。这些动植物对地名的形成会产生或多或少的影响。有的作为专名，与通名一道构成动植物地名，如“野猪塘”；有的作为喻体构成比喻地名，如“鲤鱼山”。

温州属亚热带季风气候，夏无酷热，冬无严寒，四季分明，雨量充沛，特别适合亚热带动植物的生长。温州境内地势西高东低，西部山区有大量的动植物资源，用材林有松、杉、栎等树种 280 种。泰顺的乌岩岭亚热带常绿阔叶原生植被，是浙南绿色宝库。在温州的野生动物中，黄腹角雉、白颈长尾雉、金钱豹、黑麂等 8 种被列为国家一级保护动物。沿海平原地区河道纵横，土地肥沃，为主要产粮区，农作物一年三熟，以水稻为主。经济作物主要有柑橘、茶叶、枇杷、杨梅、甘蔗等 160 余种。[2] 种类繁多的动植物在地名中都有所反映。我们通过对温州动植物地名的描写统计、列表分类，就可以大致了解温州地区动植物的种类。有条件的话，还可以绘制动植物地名同名线，这样就可以大致了解某一类动植物在本区的分布情况。

下面我们分动物和植物两部分来探讨。

第一节　地名与动物

动物是生物的一大类，与植物和微生物共同组成生物界。动物与人类的生活关系密切。有些动物，如家养动物、鱼类和毛皮兽等是人类的重要食物来源；有些动物危害农业和林业；还有些动物能传播人和动物的疾病，以及植物病害的病原，危害人、畜和农作物。同样，活跃于浙南大地的动物与温州人民的生活、生存有密切的联系。表现在地名上，温州有许多地名是以动物命名的，我们称之为“动物地名”。动物地名与动物的关系分两种情况：一类是该地区活跃着该类动物，如“驮猫垟”，“驮猫”即老虎，“驮猫垟”从前是老虎经常出没的山冈；另一类是以动物为喻体构成的比喻地名。如“象山”，因山形似大象。这一类地名我们在“地名与修辞”一章里已讨论过。这里，我们重点讨论第一类动物地名。

我们参照动物学分类法，把动物分为哺乳类、鸟类、两栖类、爬行类、头足类、多足类、鱼类、甲壳类等。据此，我们也把动物地名进行分类。

一、哺乳类动物地名

哺乳类动物在温州分布众多。可分为野生的和家养的两类。野生的如虎、猴、鹿、野猪、黄鼠狼等；家养的如马、牛、猪、猫、狗等。

虎：浙南山区历史上曾是华南虎出没的地方。《温州都市报》曾报道：永嘉枫林镇一村民还保留着其祖先300年前打死的一只老虎的虎皮。温州方言把老虎叫“大猫”，有时用方言同音字代替，写成的“驮猫”“大茅”等。温州地名中有“驮猫垟、驮猫弯、大茅垟、虎屿、虎洞岛”等。

猴：温州泰顺的乌岩岭野生动物保护区、永嘉的石桅岩景区现在还生活着金丝猴群。温州方言把“猴子”叫“猴头”，有时写成“牛驮、猴驮、猴步、后步”等。温州地名中有“牛驮坪、猴驮洞、后步坐、猴头尖、猴头臀屿”等。

鹿：温州市区的“鹿城”，传说建城时有白鹿衔花穿城而过，人们认为是祥瑞，故名。“六科”，昔为野鹿群集之处，原名“鹿窠”，后雅化为“六科”。此外还有“大鹿岛、鹿西岛、鹿山、上鹿山、下鹿山”等。

野猪：性凶暴，通常夜出掘食农作物，有时袭击家猪和野兔等，是农业害兽。温州山区经常野猪出没，带“野猪”的地名也不少。如“野猪田、野猪塘”等。“野猪塘”重名的有很多，永嘉有3个，文成有2个。

黄鼠狼：温州方言叫“猫狸”，有时也写成“麻狸”。如温州地名中有“忙洞背”，是“猫洞背”的谐音，因该地有猫狸洞得名。还有“猫狸垄、猫狸塘、猫狸擂、猫狸穴、猫狸干、麻狸溜、麻狸湾”等地名。

马、牛：温州是稻作区，马和牛是稻作区的主要畜力。温州地名中带“马”和“牛”的地名很多。如“马路”，其祖宗从闽迁此养马，开辟道路供马行走，故村名“马路”。此外，还有“马腰、五马街、马车河、马车垟、马兰坦、马垮、马岭头、马上山、马路上、马垟、马田、马岙、马溪坑”等地名。

“牛场”，吴氏祖先在此搭茅舍定居，茅舍周围空地为牧童放牛之所，故村名“牛场”。此外，还有“牛栏断、牛游潭、石牛坑、牛塘、牛场内、牛场口、大牛栏、仙牛栏、牛栏汪、牛牯岭、黄牯袋、黄牯山、牛母礁”等地名。

猪、猫、狗：此类地名中以带“猪”的最多。“万猪场”，1959 年，国有农场在此办畜牧场养猪，故称“万猪场”。此外，还有“猪儿潭背、猪母头、猪母礁、猪母仔礁、猪娘礁、猪娘埲”等。其他两类很少，只有“猫儿尖、黄狗搬窠”等。

二、鸟类动物地名

分家养的和野生的两类。家养的有鸡、鸭、鹅等；野生的有大雁、白鹤、燕子、鹳等。

鸡、鸭、鹅：是温州农村饲养的主要家禽。以“鸡、鸭、鹅”构成的地名有“金鸡底”，四面环河平坦广阔，林木森森，传说古代有金鸡栖息其间。此外，还有“鸡母岗、鸡母娘礁、鸡肫巷、鸭母寮、鸭卵田、鹅尖山”等地名。

以野生鸟类动物命名的有“雁荡”“雁湖岗”：因为“山顶有湖，芦苇丛生，结草为荡，秋雁宿之”，故名。“鹤溪”：常有白鹤成群栖宿，故名。“乌秋坑”：前后山高陡峭，形成坑涧，坑边乌鹙鸟甚多，故名“乌鹙坑”，因同音称“乌秋坑”。“雉鸡山”：山中多产雉鸡，故名。“老黄坑”是“老鸦坑”的谐音，昔为乌鸦栖息之地，故名，雅化谐称“老黄坑”。“鸽巢”：当地有小河，古有鹳鸟在两岸营巢群居，因名“鹳巢河”，方言“鹳”“鸽”近音，讹成“鸽巢”。此外，还有“燕了、燕子窝、燕儿窝、鹭鸶窠洞”等地名。

三、两栖、爬行类动物地名

这一类地名主要是带“蛙”和“蛇”的地名。“蛙”温州方言叫“蛙蟆”。地名中有“蛙蟆垄、蛙蟆山、蛙蟆窟、蛙蟆垟、蛙蟆仰、蛙蟆降、蛤蟆洞、大蛇坑、蛇山、麻蛇岭”等。

四、头足类、多足类动物地名

头足类主要是墨鱼、枪乌贼，多足类主要是蜈蚣。墨鱼在温州方言里叫“乌贼”。墨鱼干叫“明甫干”或“明甫”。“枪乌贼”，温州方言叫“鸡居”，又作“鸡龟”。地名有“乌贼礁、乌贼山、乌贼底、大明甫村、大明甫岛、小明甫岛、鸡居礁、蜈蚣坎、蜈蚣山、蜈蚣岭”等。

五、鱼类动物地名

“鱼池”，据传，明洪武年间，此地有一口花岗岩砌的养鱼大池（旧址尚存），遂以“鱼池”名村。“渔塘”，当地《朱氏宗谱》载，朱氏挖塘修堤，蓄水灌田、养鱼，故名“渔塘”。此外，还有“鲤鱼田”“鱼仓头”“鳎鳗礁”“鳎鳗沙”“鳎目礁”[鳎鳗、鳎目：瓯语音近，指一种生活在海洋中的鱼。其学名为半滑舌鳎（Cgnegeossussenlieaevis），属鱼类舌鳎科]。

六、甲壳、贻贝类动物地名

蟹：是甲壳类。温州地名有蟹坑、亨乾口（“蟹钳口”的谐音，“蟹钳”就是蟹的螯）、蝤蠓田。

“壳菜岙”：因岙内盛产壳菜（贻贝类）得名。“淡菜岙”“淡菜澳”以出产淡菜（贻贝类）得名。“达达礁”该礁海域盛产淡菜，“淡”“达”方言近音，演变而成“达达礁”。

以文成县动物地名为例，分类列举见表5。

表5　文成县动物地名分类

纲	科	属种	地名举例
哺乳	马	马	马石、马车湾、马坑坳、马岭头、马坪、马坑顶、马坳寨、底马行政村、马济头、马峰庵、马塘、马垄底、马车头
	牛	牛	牛岭脚、牛塘下、牛弯头、牛路、老牛塘、牛栏坑、牛栏厂、牛塘、石牛坦、牛垄、牛塘垄、老牛堂、牛龙、牛驮垄、水牛丘
	鹿	鹿	岩鹿坑、岩鹿坑、上鹿山、下鹿山
	猪	猪	猪头龙、猪槽头、野猪塘井、野猪塘、野猪塘、野猪寮、野猪湖
	猴	猴	猴驮洞
	猫	虎猫	虎岭脚、猫儿尖
	鼬	黄鼠狼	猫狸干、驮猫坑、猫狸坑、猫狸垄、猫狸塘、驮猫垮、猫狸擂
	犬	狗	黄狗搬窠、狐狸垄
鸟	雉	鸡	米鸡垟、鸡驮垟、金鸡巷
	鸭	鸭、鹅	鹅凤山
两栖	蛙		蛙蟆垄

续表

纲	科	属种	地名举例
爬行	蛇	蛇	仓蛇
多足	大蜈蚣	蜈蚣	蜈蚣山
鱼			鲤鱼塘
甲壳			蟹坑

第二节　地名与植物

植物是生物的又一大类，与动物和微生物共同组成生物界。植物是自然界能量转换和物质循环的必要环节。植物的活动及其产物同人类经济文化生活关系极其密切。衣食住行、医药和工业原料以及改造自然，如防沙造林、水土保持、城市绿化、环境保护等，都离不开植物。温州地区植物历史悠久、种类繁多。山区农民素有种植毛竹、绿竹的传统习惯，历史上就有永嘉牡丹早于洛阳之称。这些在地名中都有所反映。山区带“竹”字的地名很多。永嘉有地名“牡丹园、牡丹亭”。

植物按生存方式可以分种子植物（裸子植物、被子植物）、菌类、藻类、苔藓、地衣、蕨类，共6类。温州植物地名中较多的是裸子植物和被子植物。菌类、藻类地名较少，苔藓类、地衣类蕨类植物地名几乎没有。

一、裸子植物地名

温州构成裸子植物地名的主要有松、柏、杉等。

“松树垟”，因山冈上长满松树而得名。温州方言把松树叫作“枞树”或“嵩树”，“枞”和“嵩”音[jyɔ²]。如“八角枞树”，昔有大松树八棵，得名“八棵枞树”。“角”与“棵”方言近音，谐变今名。“王树段岛”，1983年，地名普查以岛形如树段，定名“王树段”。“王树”，即枞树的同音简写。带“松”或“枞”“嵩”的地名还有“松树山、松坦、松垟、三株松、松坦山、松台山、大嵩”等。

“柏树巷”，因曾有大柏树得名。“白垟村”，当地《周氏宗谱》载，明末清初周氏祖先由闽迁此定居。此地多柏树，初名“柏垟洲”，后谐音称“白垟周”，简称“白垟”。这一类地名还有“柏树底、柏村、柏山”等。

“湾杉脚”，此处原为一片森林，林中多弯形杉树，故名“弯杉脚”，后演为“湾杉脚”。此类地名还有“杉树岗、杉棋、榅杉脚（榅杉，即柳杉）”等。

二、被子植物地名

被子植物可分双子叶和单子叶两类。

（1）双子叶类：桃树、杨树、茶树、樟树、楠树、枫树、苦槠、荷花等。该类植物在温州很多。

桃树：在温州种植很普遍。地名有“陶翁”：当地宗谱记载，明崇祯五年（1632），此地始成村落。原名“桃花山”，因有人植桃树致富，称“桃翁”，山名遂为“桃翁山”，村亦以山得名。因“桃”“陶”方言同音，讹成“陶翁”。“桃源”：此处古有道源山，山麓有道源潭，故名“道源”。道源山遍植桃树，道源潭潭水清澈，每逢暮春，落英缤纷，故又称“桃源”。“桃源底”：村处桃源底部。“陶溪”：溪中遍植桃树，原称“桃溪”，谐称“陶溪”。

杨树：温州的杨树品种主要是垂杨。地名里就有“垂杨”，因河畔种植杨柳，叶茂枝垂，故名“垂杨”。

杨梅：温州有好几处地名叫“杨梅山”，山上种植杨梅树，故名“杨梅山”。“梅坑”：坑两旁遍植梅树，故名“梅坑”。这一类地名还有“梅树坑、梅屿、梅岸、梅林”等。

茶叶、油茶都是山茶科。温州产茶的历史很悠久。泰顺县是我国茶叶之乡，永嘉的“乌牛早”、乐清的“雁荡毛峰”都闻名全国。温州带“茶”字的地名很多，如“茶坑”：原系植茶之山坑。此外，还有“茶山、茶塘、茶厂”等。“茶子山”：山上以盛植油茶得名。

樟树、楠树同属樟树科。这类地名有“章桥”：桥边有棵大樟树，又名“樟桥”，简写“章桥”，遂以名村。“樟垟”：村内有一大樟树，故名“樟垟”。“樟树垟”：四周樟树成荫，故名“樟树垟”。“九树湾”：因地有大樟树，故名“樟树湾”，方言“樟”“九”音近，谐称为“九树湾”。“三樟”：因村有三棵大樟树而得名。此外，还有“樟树坦、樟基、樟平、樟木峰、樟山、樟岙、东樟”等。与樟树同科的楠树在温州也不少，如“双木林”：据传，明代，陈氏祖先从腾蛟移居于此，聚成村落。村在茂林之中，建房时，发现一松楠相连的大树，因称“双木林”，后作为村名。“楠树垟”：因乌岩寨山脚小平垟有一棵高大挺拔的楠树，故称“楠树垟”。

枫树：浙南山区枫树不少，带“枫树”的地名也多。“枫树坦”：古时有5棵合抱大枫树，干粗叶茂，挺拔参天，树下一片平坦，被人称为“枫树坦”，遂以名村。“枫树头”：因山巅多枫树而得名。这一类地名还有“大枫脚、枫树塆、枫树头、大枫坪、枫林、枫树垟、枫树脚”。

苦槠，就是苦槠栲，同板栗等同属山毛榉科。温州带“苦槠”的地名很多。如“苦株树脚”：因地有苦槠树得名，谐音写成“苦株树脚”。“株树坪”：因有一棵大苦株（槠）树得名。“朱坑”：因地多苦槠树，故名“槠坑”，谐改今名。此外，还有“苦槠脚、苦槠村”等。“栗园”：因该地盛产栗子，遐迩闻名，故名“栗园”。

“荷花宕”：当地《何氏宗谱》载，明正德年间，何氏从闽朱州迁榆垟定居。村名何家宕。解放初为避免姓族纠纷，当地又多荷花，改名“荷花宕”。“玉莲村”：本县凤凰山陈家三兄弟迁居此地，挖池种莲，莲花洁白如玉，故名“玉莲”。“莲岙”：因村口有一池，长满莲藕，故称“莲岙”。这一类地名还有“莲花坪、藕莲头、莲潭、荷莲”等。

靛青是双子叶植物，十字花纲。浙南山区的主要染料。以“靛青”命名的地名有“靛青厂”：当地《赖氏宗谱》载，其先祖在该处搭茅屋种植靛青，遂成村落，故名靛青厂。“靛厂”当地《赵氏宗谱》载，清乾隆九年（1744），赵氏祖先从文成迁居此地，盖起几间茅厂居住，以种靛青为业，后成村落，遂以靛厂为村名。“清田垟”：昔因多植靛青（染料），得名“青田坑”，建村后改称“清田垟”。

菖蒲、葛藤也是双子叶植物。“蒲岭”：当地古时盛产菖蒲。“蒲潭”：村中有潭，潭中古时菖蒲甚盛，故名。“葛藤”：因该地盛长葛藤而得名。

双子叶植物地名还有“玉树巷”：该巷原有一株大玉兰树（玉兰树，木兰科）。“沙岙”：旧志作桑岙，因地多桑树得名，后谐称“沙岙”。“桑基潭”：因水潭原来种植桑树（桑树，桑科）而得名。此外，还有“葡萄岙”（葡萄，葡萄科）、“桂山”（桂树，木犀科）、“麻田”“麻园”（麻，荨麻科）、“黄檀坑”（黄檀树，豆科）、“毛桃坑”（毛桃，即野生猕猴桃，猕猴桃科）、“梧岙”（梧，即梧桐，属梧桐科）等地名。

（2）单子叶类：常见的是竹、茅、麦、芦苇、生姜等。浙南山区竹类品种繁多，有毛竹、篁竹、金竹、筋竹、苦竹、箬竹等，这在地名中也有所反映。如“毛竹坑”：坑旁盛产毛竹。“竹岙”：毛竹成荫，故称“竹岙”。“盖竹”：据民国《平阳县志·文征外编》载，宋时此处竹林荫翳，覆盖村庄，故名“盖竹”。这一类地名还有“竹屿、竹溪、竹园、大竹坑、茅竹山、占竹下、竹林脚”等。“篁坑”：因村边有条溪坑，两旁盛长篁竹，故名“篁坑”，村从坑名。“篁屿”：盛植翠竹，故称“篁屿”。“金竹湾”：盛产金竹而得名。“金竹坑”：因盛产金竹而得名。“筋竹村”：以盛产筋竹而得名。这一类地名还有“筋竹洞、筋竹溪、筋竹岭”等。“苦竹头”：村中有特大的苦竹竹根（俗称“竹头”），村名“苦竹头”。“白尧河”：山溪两侧盛长白箬（箬竹），故名“白箬河”，因“箬”与“尧”方言近音，谐改今名。此外，还有“白若湾、白箬坑”等地名。

“蒙根湾”：地多白茅（蒙根），故名。“麦园头”：因麦园而得名。

单子叶植物地名还有“芦浦”：因盛长芦苇（单子叶，禾本）而得名。“姜地”“姜屿”皆因盛产生姜（单子叶，姜科）而得名。

三、其他

菌类植物、藻类植物地名温州很少。菌类植物地名，温州只有由“香菇”构成的地名。如“香菇寮、香菇厂”等。藻类植物只有“苔湖”，古时村中有湖，长满青苔，故名“苔湖”。

苔藓类植物、地衣植物、蕨类植物地名，温州几乎没有。

以文成县植物地名为例，分类列举见表6。

表6　文成县植物地名分类

<table>
<tr><th>门</th><th>纲</th><th>科</th><th>属</th><th>地名举例</th></tr>
<tr><td rowspan="3">裸子植物</td><td rowspan="2">松柏</td><td>柏</td><td>柏</td><td>柏树坳</td></tr>
<tr><td>松</td><td>松</td><td>松树园</td></tr>
<tr><td></td><td>杉</td><td>杉</td><td>杉树坳、榅树根</td></tr>
<tr><td rowspan="5">被子植物</td><td rowspan="5">双子叶植物</td><td>蔷薇</td><td>桃树</td><td>申桃、桃树、桃坑、桃树垄</td></tr>
<tr><td>杨柳</td><td>杨、柳</td><td>杨树垟、杨山底、杨柳垄</td></tr>
<tr><td>山毛榉</td><td>栗</td><td>栗树坦</td></tr>
<tr><td>豆</td><td>葛</td><td>葛绳塆</td></tr>
<tr><td>山茶</td><td>茶</td><td>茶园、外茶、茶园湾、茶坪、山茶花、山茶园、茶寮塆</td></tr>
</table>

续表

<table>
<tr><th>门</th><th>纲</th><th>科</th><th>属</th><th>地名举例</th></tr>
<tr><td rowspan="8">被子植物</td><td rowspan="8">双子叶植物</td><td>睡莲</td><td></td><td>莲塘、荷塘、莲头</td></tr>
<tr><td>葫芦</td><td>黄瓜</td><td>刺瓜坳</td></tr>
<tr><td>毛茛</td><td>黄连</td><td>黄莲坑头</td></tr>
<tr><td>天南星</td><td>菖蒲</td><td>菖蒲垄、菖蒲塘</td></tr>
<tr><td>金缕梅</td><td>枫树</td><td>枫树龙、枫树寮、枫树坪、枫树湾、枫林、枫树亭、枫树奶、枫树头</td></tr>
<tr><td>樟</td><td>樟树</td><td>樟龙、樟坑、樟山、樟树巷、樟树下、外樟山、底樟山、樟坑坦、樟山、樟山岭、樟山</td></tr>
<tr><td>杨梅</td><td>杨梅</td><td>三支杨梅、雅梅、杨梅垄、梅垄坑、梅树岭、杨梅坳、梅垄坑、杨梅垟</td></tr>
<tr><td>大戟</td><td>油桐</td><td>桐园、桐油垆、桐子山</td></tr>
<tr><td rowspan="2"></td><td rowspan="2">单子叶植物</td><td>禾本</td><td>麦 竹
麦 茅草</td><td>金竹垟、石竹垟、金竹坦、稻桶岩、金竹坪、水竹湾、茅草坪、竹园寮、桂竹、竹图脚、稻桶坑、驮麦田、石竹寮、石竹栖、麦徐</td></tr>
<tr><td>百合</td><td>蒜</td><td>隆葱</td></tr>
<tr><td colspan="4">藻类</td><td>苔湖街、苔湖山</td></tr>
</table>

注释：

[1] 本章选取温州市所属瑞安市、平阳县、文成县三个点的自然村以上的地名进行考察；文字说明部分大多是瑞安、平阳地名；列表统计部分是文成县地名。

[2] 温州市志编纂委员会编：《温州市志》，北京：中华书局，1998 年，第 2 页。

第三章　地名与手工业

手工业是依靠手工劳动，使用简单手工工具从事小规模生产劳动的工业，最初与农业密切联系，属于农民副业性质的家庭手工业。经过第二次社会大分工，手工业脱离农业，形成独立的个体手工业。其特点是以一家一户为单位，用私有生产资料分散经营。主要类型有自产自销的手工业，直接为消费者服务的流通手工业和为买主或工厂进行加工的手工业。以后发展为资本主义简单协作的手工业作坊和工场手工业。温州号称“百工之乡”，手工业在历史上曾经获得高度的发展，南宋时已是我国东南部的手工业名城，以“其货纤靡，其人善贾”[1]著称。在封建社会里，温州的手工业和农业是温州地方经济的两大基本生产部门。

温州手工业历史久、行业多、分布广，在温州经济中占有重要地位。本章从地名与制茶业、纺织印染业、造纸业、陶瓷业以及制盐业几个方面来讨论。

第一节　地名与制茶业

中国是茶的发祥地。我国发现茶和饮用茶的历史，有文献可查的，可以追溯到前 1100 年的周代。我国是最早采制和饮用茶叶的国家。瑞典科学家卡尔·林奈（Carl von Linne）在 1753 年出版的《植物种志》中，就将茶树命名为“Camellia Sinensis L.”，“Sinensis”是拉丁文“中国”的意思。我国茶树的原产地是西南地区。人口迁徙是茶区扩展的主要原因。其扩展路线之一可能是由广西顺着西江水系传入广东，再由广东传入福建。福建毗邻温州，由福建移民带入温州。温州最早种植茶叶的时间已不可考。但《民国·平阳县志》记载，宋崇宁元年（1102）已实施“禁榷法”，缴纳茶税。清乾隆、光绪、宣统年间规定芽茶上解户部。温州地名中有好几个“茶山”，此外，还有“茶坪、茶树坪、茶坑、茶园坑、茶园角、茶山岭、茶岙村、茶堂”等地名，都是因盛产茶叶而得名的。

山区的茶叶一般都是茶农手工炒制的。“凡细茶，当茶芽初出极嫩时采摘。清明前采者名‘明前’，谷雨前采者名‘雨前’，即茶谱所谓‘旗枪’‘雀舌’等类，此茶之最细最嫩者。采成后，用手揉软，以铁锅微火轻轻搅炒，待半干时取出，再用炭火焙干，拣去粗梗，用纸包固。以石灰贮缸内，将茶包安置其中，缸口盖密，则茶叶香味不散，可以久藏。”[2]

温州在光绪年间就开始创办茶叶加工厂。清光绪十九年（1893），陆佑臣在温州南门开设裕成茶栈，有女工 300 余人，“收买茶户之毛茶加以精制”。至光绪二十二年（1896）茶厂增至 9 家。光绪二十四年（1898），裕成茶栈通过上海公信洋行，购进旧式滚茶机 1 台，用来焙制红茶。光绪二十九年（1903），温州茶叶出口量达 3.96 万担。[3] 现在，温州地名中的“茶厂”就是原裕成茶栈的所在地。

第二节　地名与纺织印染业

早在刘宋时期，温州各地已经普遍种桑。永嘉太守谢灵运有《种桑》诗云：“浮阳骛嘉月，艺桑适间隙。疏栏发近郊，长行达广场。”南北朝时永嘉出现了年育八次的“八辈蚕”。温州有“桑基潭”“沙岙”（“桑岙”的谐音）等地名。《隋书·地理志》记载，永嘉等地“一年蚕四五熟，勤于纺织，亦有夜浣纱而旦成布者，俗呼为‘鸡鸣布’”。温州市区九山湖畔有地名“浣纱潭”。唐代，该地所产之布因质量上乘，被列为贡品。宋代以缂丝、瓯绸、溪绢、绉纱等最为著名。麻织品有麻布、苎布、葛布等。“络者言麻之可经可络者也，其细者当暑服之凉爽，无油汗气。”[4] 这里所说的“络”就是“苎麻”。温州有地名“麻山、麻村、麻岙、苎厂（该村始祖搭建茅屋居此以种苎麻为业）、葛垟”等。明清时期，民间普遍种植棉花，温州有地名“棉花塘”。随后棉纺织也逐渐兴起，温州有地名“纺车园”，该村建于清道光二十六年（1846），相传一老妇居此以纺纱为业，购得半亩园，勤劳耕织，遂名其地为“纺车园”。

随着棉纺织业的兴起，挑花业也成了浙南农村妇女的家庭副业。挑花即十字绣，明朝时，十字绣便起源于浙南民间。刚开始时绣在帽翼、衣裤等容易破损的地方，用来增强牢固度，这是巧妇们发明的以装饰来代替缝补的生活技巧。后来，十字绣的花样越来越多，用途也越来越广，在肚兜、床额、床围和手帕上都出现十字绣花纹，图案大多选择吉祥的、温州民间喜闻乐见的题材，如春花、秋月、龙凤、蝴蝶等。晚清时期，温州与国外的交流增多，十字绣很快引起了来华人士注意，使他们产生了浓厚的兴趣。他们将其携至欧洲，进入皇家，结果大受欢迎。十字绣也随欧洲人的习惯出现于台布、灯罩等日用装饰品上，题材则变为国外的路易斯图案。为了利用中国农村大量的廉价劳动力，欧洲人又将这些台布、灯罩等带到温州，画好图样让妇女们大批量绣制，因此，有人将这种工艺称为"欧洲十字绣"。当然，渐渐地，经营者也不仅限于外国人了。据查证，19 世纪 20 年代，外商爱利勃和永嘉黄启文父子在温州办了 6 家十字花台布批发局。1949 年以后，十字绣的加工点遍及温州市郊以及乐清、永嘉、瑞安等县，加工人员一度达 18 多万人。1980 年，是温州十字绣发展的鼎盛时期，年成交额高达 1.76 亿元。历史上十字绣是家族或邻居以传、帮、带的形式延续的。温州有地名"挑花岛"，该地全村的妇女基本上都从事挑花业。

伴随着纺织业兴起的另一产业是印染业。中国四大蓝染是印染、扎染、蜡染、夹缬。而温州夹缬最有名。夹缬始于东汉，是中国古老的"四缬"之一，目前仅存传在浙南地区。夹缬印花在民间颇为流行，夹缬花被，在四五十年前还是农村妇女随嫁必备之物。温州的夹缬被面，多用当地粗纺棉布制成，很有特色，由三幅布料拼成九幅图案，其中八幅为八仙，一幅为状元夫人，称"状元花"或"八仙被"。经确认，日本旅游业已正式推出"中国蓝之旅"专线，其中"去温州看夹缬"成为主打项目。蓝染的主要原料是靛青。靛青的最早种植时间目前还不可考，但据温州当地家谱记载，明清时期福建兴泉、汀州一批农民为了生活，进入浙南山区垦荒种靛，聚族而居。这在地名上留下了痕迹。如平阳地名"靛青厂"，据当地《赖氏宗谱》载，明永乐十八年（1420）福建汀州赖氏迁居于此，搭茅屋（浙南瓯语称茅屋为"厂"）种植靛青，遂成村落，故名"靛青厂"。还有"靛厂"，据当地《赵氏宗谱》载，清乾隆九年（1744），赵氏祖先从文成迁居此地，盖起几间茅厂居住，以种靛青为业，后成村落，遂以"靛厂"为村名。

第三节 地名与造纸业

温州造纸历史悠久，唐代有蠲纸。蠲，免除也。因造纸户得免本身力役而得名。温州在“吴越钱氏时，供此纸蠲其赋”。北宋至和年间永嘉蠲纸被列为贡品入贡。明宣德五年（1430），何文渊出任温州知府，“病其伤民”，“方获除免”，但温州民间仍继续生产皮纸。蠲纸是以桑皮为原料精制而成的，而如今保留在温州地名中的“纸山”“四连碓”是生产“南平纸”的。“南平纸”是从福建南平迁徙到温州市郊泽雅的移民带来福建的造纸术造的，以水竹为原料，又称“竹纸”。

宋应星的《天工开物》介绍了造这种纸的全过程：

凡造竹纸，事出南方，而闽省独专其盛。当笋生之后，看视山窝深浅，其竹以将生枝叶者为上料。节界芒种，则登山砍伐，截断五七尺长，就于本山开塘一口，汪水其中漂浸，恐塘水有涸时，则用竹枧通引不断瀑流注入。浸至百日之外，加工槌洗，洗去粗壳与青皮（是名杀青），其中竹穰，形同苎麻样，用上好石灰化汁涂浆，入楻桶下煮，火以八日八夜为率。凡煮竹下锅，用径四尺者，锅上泥与石灰捏弦，高阔如广，中煮盐劳盆样，中可载水十余石，上盖楻桶其围丈五尺，其径四尺余，盖定受煮，八日已足，歇火一日，揭楻取出竹麻，入清水漂塘之内洗净。其塘底面，四维皆用木板合缝砌完，以防泥污（造粗纸者，不须为此）。洗净，用柴灰浆过，再入釜中，其上按平，平铺稻草灰寸许，桶内水滚沸，即取出别桶之中，仍以灰汁淋下。倘水冷，烧滚再淋，如是十余日，自然臭烂，取出入臼受舂（山国皆有水碓），舂至形同泥面，倾入槽内。凡抄纸槽，上合方斗，尺寸阔狭，槽视帘，帘视纸，竹麻已成，槽内清水浸浮其面三寸许，入纸药水汁于其中（形同桃竹叶，方语无定名），则水干自成洁白。凡抄纸帘，用刮磨绝细竹丝编成，展卷张开时，下有纵横架框，两手持帘，入水荡起竹麻，入于帘内，厚薄由人手法。轻荡则薄，重荡则厚。竹料浮帘之顷，水从四际淋下槽内，然后复帘，落纸于板上，迭积千万张，数满则上以板压，俏绳入棍，如榨酒法，使水气净尽流干。然后以轻细铜镊，逐张揭起焙干。凡焙纸先以土砖砌成夹巷，下以砖盖，巷地面数块以往，即空一砖，火薪从头穴烧发，火气从砖隙透，巷外砖尽热湿，纸逐张贴上焙干，揭起成帙。近世阔幅者，名大四连，一时书文贵重。……精与粗，皆同之也。若火纸糙纸，斩竹煮麻，灰浆水淋，皆同前法。唯脱帘之后，不用烘焙，压水去湿，日晒成干而已。盛唐时，鬼神事繁，以纸钱代焚帛。[5]

温州“纸山”生产的纸，生产流程如上所述，生产的是“火纸糙纸”，一直用来做冥纸或手纸。

第四节　地名与陶瓷业

温州制陶业历史悠久。考古发现早在新石器时代，今乐清白石、永嘉坦下、瑞安北龙等地的先民已掌握烧制陶器的技术。商代温州所制的陶器种类有泥质陶、彩绘陶、印纹硬陶等。春秋时期，瑞安在烧制硬陶的基础上，又烧制出一种器面有釉的原始褐瓷和原始青瓷。东汉中晚期，今永嘉东岸、罗溪等地在烧制原始瓷器的基础上，成功地烧制出真正的瓷器。西晋时，永嘉等地烧制瓷器技术进入成熟阶段。所制瓷器，釉色淡青，称为“缥瓷”，誉满海内。东晋，在烧制“缥瓷”的同时，永嘉罗溪又烧制出褐彩青瓷。晚唐、五代、北宋，温州制瓷技术进入鼎盛时期，宋代温州瓷器，较前更加异彩纷呈。已发现的宋代窑址有四五十处。所制瓷器，釉色淡青滋润，花纹图案有莲花、菊花、葵花、牡丹、海棠、蕨草等。窑址主要分布在温州市区西山、杨府山和永嘉罗溪、箬隆等地。南宋温州制瓷业继续获得发展。出现了泰顺玉塔的青白瓷、黑瓷，乐清大荆和永嘉岩头的褐色彩绘瓷，永嘉朱涂、桥头和文成珊溪的仿“龙泉青瓷”等产品。明代江西景德镇瓷器兴起，温州制瓷业日趋衰落，仅有少数星星点点的瓷窑仍在生产。清康熙年间，平阳的礁溪碗窑，远近闻名，该地也称“碗窑村”，沿用至今。

陶瓷业的发展，在地名上也留下痕迹。瓷器要烧制，离不开“窑”。如“寺前”：因有古窑址，曾名“瓷窑”。生产年代为五代至宋，产品有碗、盘、罐、壶和瓶等瓷器，釉色青灰、青绿，并有水波纹饰。“瓦窑”：自清朝以来，即建窑烧制砖瓦为业，故名。“下瑶”：原名“瓦窑”，明嘉靖谐称“下窑”，又名“雅窑”，后雅化为“下瑶”。再如“瓦窑头”：清嘉庆年间（1796—1820），已建有瓦窑，几经修复，至今尚存，故取名瓦窑头。“前窑”：清光绪二十七年（1901）《乐清县志》载，以村前多砖瓦窑而得名。

此外，乐清有地名“瑶岙”，是“窑岙”的谐音，永嘉有“窑底”“缸窑”“缸窑厂脚”。这一类地名还有“缸窑（因当地产陶土，设窑烧缸，故名‘缸窑’）、上缸窑、下缸窑、下碗窑坑、瓦窑（昔村民以烧制砖瓦为业，设有瓦窑)、光园岭(古为缸、碗窑址，故名‘缸碗岭’，方言‘缸碗’与‘光园’同音，谐简为‘光园岭’)”。

第五节 地名与制盐业

历史上温州制盐业十分发达。唐乾元元年(758)永嘉置盐监，为全国十盐监之一。宋时，温州是两浙海盐重要产地。宋宣和三年(1121)，温州天富南、北盐监，密鹦、永嘉二场，岁鬻盐7.4万余石。在浙东路的盐额中，仅次于明州。南宋时期，制盐技术已由原来的海水直接煮煎发展到“刮泥淋卤”“摊灰淋卤”法，是制盐技术的重大进步。

宋应星的《天工开物》介绍了海水制盐法：

凡海水自具咸质，海滨地高者名潮墩，下者名草荡，地皆产盐，同一海卤传神，而取法各异。一法高堰地，潮波不没者，地可种盐。种户各有区画经界，不相侵越度，诘朝无雨，则今日广布稻麦稿灰及芦茅灰寸许于地上，压使平匀，明晨露气冲腾，其下盐茅勃发，日中晴霁，灰盐一并扫起淋煎。一法潮波浅被地，不用灰压，候潮一过，明日天晴，半日晒出盐霜，疾趋扫起煎炼。一法逼海潮深地，先掘坑，横架竹木，上铺席苇，又铺沙于苇席之上，俟潮灭顶冲过，卤气由沙渗下坑中，撤去沙苇，以灯烛之，卤气冲灯即灭，取卤水煎炼。总之功在晴霁，若淫雨连旬则谓之盐荒。又淮场地面，有日晒自然生霜，如马牙者，谓之大晒盐，不由煎炼，扫起即食。海水顺风飘来断草，勾取煎炼，名蓬盐。凡淋煎法，掘坑二个，一浅一深，浅者尺许，以竹木架芦席于上，将扫来盐料(不论有灰无灰，淋法皆同)。铺于席上，四围隆起，作一堤垱形，中以海水灌淋，渗下浅坑中，深者七八尺，受浅坑所淋之汁，然后入锅煎盐。锅古谓之劳盆，亦有两种制度，其盆周阔数丈，径亦丈许，用铁打成叶片，铁钉拴合，其底平如盂，其四周高尺一寸，其合缝处一经卤汁结塞，永无隙漏。其下列灶燃薪，多者十二三眼，少者七八眼，共煎此盘。南海有编竹为者，将竹编成阔丈深尺，糊以蜃灰，附于釜背，火燃釜底滚沸，延及成盐，亦名盐盆，然不若铁叶镶成之便也。凡煎卤未及凝结，将皂角椎碎，和粟米糠二味，卤沸之时，投入其中搅和，盐即顷刻结成，盖皂角结盐，犹石膏之结腐也。凡盐，淮扬场者，质重而黑，其他质轻而白。以量较之，淮场者一升重十两，则广浙长芦者，只重六七两。凡蓬草盐不可常期，或数年一至，或一月数至。凡盐见水即化，见风即卤，见火愈坚。凡收藏不必用仓廪，盐性畏风不畏湿，地下迭藁三寸，任从卑湿无伤，周遭以土砖泥隙，上盖茅草尺许，百年如故也。[6]

上述制盐技术在地名中都有所反映。如上文提到的“盐盘”，乐清有地名“盐盘镇”“盐盘盐场”。“莘塍”：唐贞观年间，围涂垦殖，煎盐开荡，塍堤交错，故名“莘塍”，曾称“新塍”。“上灶”：当地居民过去大都以建灶煎盐为业，村在西北，故名“上灶”。“团前”：昔曾有一煎晒盐坦称“新坦”，村在坦前，故曾名“新坦前”，后因“坦”“团”方言近音，谐简为“团前”。

此外，许多盐场现在虽然已消失，但当时与制盐业相关的地名至今仍在使用。如“永嘉盐场”简称“永嘉场”或“永场”，因谐音写成“永强”，现是温州市区的一个地名。其他与制盐业有关的地名有“后盐、三盐、东盐、地盐、南盐、沙头盐”等。

地名反映手工业的远远不止上述五类，还有反映榨油业的“油车巷”“油车村”，反映家具制造业的“锯板坑”“圆木社”（以职业得名，1951年组织全乡有传统手艺的圆木工人，建立圆木生产合作社，简称“圆木社”），还有“打锡巷、打铁巷、打绳巷、打索巷、打蓬巷、蛎灰滩、铁炉坑”等地名。

注释：

[1] 程俱:《席盖善知温州》，北山小集·卷廿三。

[2] 转引自彭泽益编:《中国近代手工业史资料》第一卷，北京：中华书局，1962年，第44页。

[3] 温州市志编纂委员会编:《温州市志》，北京：中华书局，1998年，第1151页。

[4] 李调元:《南越笔记》卷五，转引自彭泽益编:《中国近代手工业史资料》（第一卷），北京：中华书局，1962年，第199页。

[5] 宋应星:《天工开物》，转引自彭泽益编:《中国近代手工业史资料》（第一卷），北京：中华书局，1962年，第24—25页。

[6] 宋应星:《天工开物》，转引自彭泽益编:《中国近代手工业史资料》（第一卷），北京：中华书局，1962年，第28—29页。

第四章 从温州比喻地名的喻体看楠溪江的耕读文化[1]

比喻是一种最基本、最常用、最古老的辞格。“辟也者，举也物而以明之也。”（《墨子·小取》）温州地名中有许多是采用比喻手法构成的。我们称之为“比喻地名”。“比喻是一种文化现象。一切物理世界的似同和差异都经过了民族文化的过滤和加工。一个民族的比喻的总和是这一民族的集体意识的产物，是民族文化宝库中的一个重要的组成部分。”[2]比喻由本体、喻体、相似点和相异点四个要素构成。本体和喻体之间，必然具有这样那样的相似点或相同之处。反过来说，两个事物之间具有相似点或相同之处，就可以构成比喻。我们知道，大千世界里各色各样的事物总是存在着各种各样的联系，或直接的，或间接的。因此，有相似点的事物很多，从理论上讲，同一个本体，可以选择无数的喻体，选用甲喻体而不选用乙喻体，这同人们的传统心理、文化背景等有着密切的联系。温州比喻地名具有浓郁的地方色彩，反映了特定的地域文化，这同喻体的选择是分不开的。本章通过对温州比喻地名的喻体分析，考察楠溪江流域的耕读文化。

第一节 众多的喻体种类，反映出丰富多彩的耕读文化

在浙南农村，尤其是楠溪江流域，在长期的宗法制社会体系中，人们的生活理想是“耕读传家”。楠溪江各族族规都规定了子弟务必读书，以“耕读为业”。“祖宗家法，以忠孝节义为纪纲，以耕读勤俭为本务。”（《云岭潘氏宗谱·家训》）“耕”是生活之本，是物质基础。“读”是人们通过科举，进入仕途，成为统治阶级一员的唯一途径，是精神上的，是高一层次的追求。苍坡村李氏大宗祠祠规里写道：“耕为本务，读可荣身。”正好说明这一点。耕读文化折射到地名中，使得比喻地名的喻体也相应地分为两类：一类是反映“农耕”的，主

楠溪江

要是稻作文化；另一类是反映“读书”的，主要是文化教育。

一、喻体反映稻作文化的面貌

我国是农耕社会，温州地处浙南，主要是稻作文化，水稻生产离不开水，而“龙”被认为是主宰水的神。天旱，人们求雨祭祀祈求的是龙；天雨，山洪暴发，人们认为是“龙抬头”。据不完全统计，温州的鹿城、永嘉、乐清地名中跟“龙”有关的地名有 50 多处（不包括方言谐音，如山垄、山寮等写成“山龙”的），绝大多数是以“龙”为喻体的。如村边积沙，状如龙，村名为“沙龙”；山呈马鞍形，其头似龙，称“马龙头村”；村屋建在形似龙的山岙上首称“上屋龙”；山间小坑，水流湍急，形似倒挂的飞龙，遂名“倒龙坑”；一次山洪暴发，淹没了村庄，一片汪洋中仅露处出几个山头，其中一个形似龙头，灾民说是龙抬头，故发大水，就此取名“龙头村”。此外，以“龙”为喻体的地名还有“白龙山、龙穴山、龙鼻水、龙口、龙泽、龙山头、龙头颈、龙头岗、龙珠塘、龙门山、美龙山、龙湫背、龙潭坑”等。还有用“蛟”来代替“龙”的，如“小蛟门、大蛟门、蛟翔巷”等。通常以“龙”为喻体的，大多是以龙的形状形态作比，龙的形状形态到底如何呢？宋罗愿《尔雅翼·释龙》描写道：“龙，角似鹿，头似驼、眼似兔、项似蛇、腹似蜃、鳞似鲤、爪似鹰、掌似虎、耳似牛。”温州众多的以“龙”为喻体的地名，从表层上看，是建立在对与“龙”的形状形态的相似点上，而它的深层是建立在人们对“龙”的崇拜上。这从语言禁忌中也可得到佐证。温州人对“老虎”有禁忌，“老虎”称“大虫”“大猫”或“猫”。如村位于像老虎的山岙里，不称“老虎岙”，而称“大虫岙”；像老虎的山峰，称“望天猫”。此外，还有“驮猫”“驮猫弯”（“驮”是方言“大”的白读音，驮猫即大猫）。但对蛇没有禁忌，不把“蛇”称为“长虫”，这大概是因为“蛇”跟“龙”形近。人们崇拜龙，也就不忌讳“蛇”了。以“蛇”为喻体构成的地名有“大蛇坑、蛇山、麻蛇岭”等。

在稻作区，牛是水稻生产的主要畜力，这由来已久。《山海经·海内经》记载：“后稷是播百谷，稷之孙曰叔均，始作牛耕。”《吕氏春秋》则认为“王亥服牛”。传说叔均、王亥都是殷商的祖先，可见殷代已经使用牛耕田了。孔子弟子冉伯牛，名耕。名与字中把“牛”与“耕”结合在一起。可见，至少在春秋时期，牛已普遍用于耕田。“牛是农民的宝贝”，因此在稻作区，人们爱用牛来作喻体，构建地名，也就完全可以理解。但这类地名之多，分类之细，是令人惊叹的。据不完全统计，温州鹿城区、乐清市、永嘉县三处的山名和自然村以上的地名中带有“牛”的有 50 多处，其中绝大多数是以“牛”为喻体的。对牛分类很细，从品种上分，有黄牛、水牛、乌牛。地名中有“黄牯袋、黄牯岭、黄牛场、黄牛山、水牛冈、水牛塘山、水牛湾、乌牛、乌牛岭、乌牛尖、乌牛溪、乌牛篡”等。从牛的身体部位分，有牛头、牛顶、牛角、牛鼻、牛背、牛皮等，甚至牛粪也可进入地名，如“牛头山、牛头寨、牛头尖、牛头岭、牛顶尖、牛角门、牛角尖、牛鼻洞、牛鼻、牛伦山（因山形如牛背而得名，牛伦即牛背）、牛皮栋、牛粪潭、牛兀礁（牛兀：温州话，牛粪）”等。还有跟牛的动作、生活有关的地名，有“眠牛山、牛吃水”等。牛喜饮水，水牛尤喜在水塘里纳凉，就有村名“牛有塘”（村庄后山形像卧牛，山麓有一口大水塘，故名“牛有塘”）。以“牛塘”构成的地名还有：牛塘、牛塘岗、牛塘山、牛塘尖、牛塘坑、老牛塘、下牛塘等。关牛的牛栏（温州话叫“牛牢”），也进入地名，如“大牛栏、牛栏塘、牛栏汪、牛栏弯、牛栏圈、牛牢头、牛牢坪”等。牛耕田用的“牛轭”地名中也有，如“牛轭潭、牛弯甩（牛弯甩：方言即牛轭）”等。甚至连传说人物牛郎也可作为喻体，构成地名，如“牛郎头（村边有岩形如传说中的牛郎的头而得名）”。

一些鸟类，特别是燕子之类的候鸟，春去秋来，季节性地在水田食虫除草，天然配合了水稻的生长，获得了农民的厚爱、崇敬，农民视燕巢于家室为吉祥的象征，禁止拆燕巢。因此，“燕窠”（温州话指燕巢）也常用作喻体，构成地名，如：“燕窠山、燕窠岩、燕窠、燕窠坟”等。

稻作生产形成了以稻米为主要特点的饮食习俗。即使同为农耕社会，北方和南方的饮食习俗也有很大的差异。北方天气寒冷，雨水较少，只适于种植小麦、高粱等作物，面食杂粮就成了北方的主食，所谓“南人做米，北人做面，常也”（李渔《闲情偶寄》）。稻作区的人们主食米饭，与这以饮食习俗有关的比喻地名有“饭甑山、玉甑峰、饭井岩、仰天饭井、饭蒸屿、饭盒尖、饭超岩、蒸笼岩、吕岙镬、镬潭、镬影龙潭、寿桃尖、寿桃山（寿桃：拜寿时用的米制的扁桃形的食物）”等。

与稻作有关的生产工具也可作喻体。如“铧锹山、米筛桥、米筛河、米筛潭（米筛：用竹条编成的有许多小孔的器具，用来筛稻谷、米等）、畚斗潭（畚斗：一种竹编的簸箕，专用于撮、簸稻谷）、筲箕涂、筲箕礁（筲箕：方言指竹编的淘米器具）、稻桶坑、稻桶岩（稻桶：传统的供水稻脱粒用的一种农具）”等。除水稻外，山地也产小麦，只是不像北方那样普遍。因此，地名中跟“麦”有关的，也只有“麦磨墩”“馒头岩头”等极少量的几处。温州方言里，馒头就是包子，馒头岩是指像包子一样的圆形的，上有褶子的大石头。

二、喻体反映文化教育的情况

以“文笔”“斗”为喻体，构建地名，反映了求学者的心态。在温州，圆锥形的山常被称作“文笔峰、卓笔峰、大笔峰、笔尖峰”等。上小下大或上大下小的方形的山，被称“斗山”，教人联想到“魁星点斗”，与文运有关。温州以“斗”为喻体的地名也不少，如“斗里（村有山，形如斗，村处其间，故名）、仰天斗、方斗岩、五星斗山、米斗山”等。

以“鲤鱼”“龙”为喻体，构建地名，是科举的产物。科举制度是对耕读文化的一个最重要的推动力，是底层民众进入上层社会的几乎唯一的道路，使“朝为田舍郎，暮登天子堂”由梦想变成现实。中举被认为是“鲤鱼跳龙门”。

因此，温州地名中有许多是以“鲤鱼”和“龙”为喻体的。“鲤鱼山”几乎各县都有，还有“朝天鲤”“鲤鱼尖”“鲤鱼田”等。除了海滨与海岛外，几乎没有用其他鱼作喻体的。以“龙”为喻体的就更多了，上文已述，在这一层次上，“龙”不仅是农民祈求风调雨顺的神，也是中举的代名词。

以“纱帽”“玉带”为喻体，构建地名，反映了儒家的“学而优则仕”的观念。如“纱帽河”，因巷内有一条小河，中间广阔成正方形，两端狭长，有似古代官员戴的纱帽，故名。此外，还有“纱帽岩、纱帽峰、纱帽岩尖、玉带溪”等地名。

以“文房四宝”“琴棋书画”为喻体，反映了读书人的情趣。如三峰或数峰矗峙的山就叫“笔架山”，笔直的街巷，称“笔街”或“文笔巷”，平整的四方石头，就称“砚台岩”“砚瓦槽”等。以“琴棋书画”为喻体的地名，有“琴山、横琴峰、棋盘岩、棋盘山”等，透露出浓厚的书卷气。

第二节　独特的喻体分布点，反映出独立的耕读文化圈

上文我们已把反映耕读文化的喻体分成两类：第一类是反映稻作文化面貌的；第二类是反映文化教育情况的。这两类喻体在地域分布上有明显的特点，多集中在楠溪江中游，尤其是第二类喻体，以楠溪江为中心，向上游和下游延伸。浙南多山，山峦层叠，大多是火山流纹岩，经过亿万年的侵蚀，圆锥形的山峰很多，在楠溪江中游的各个村庄一般都能找到。因此，楠溪江中游各村几乎村村都有文笔峰，如果村中没有文笔峰，就造一座文峰塔。“耸然特立一高峰，恰位东南秀气钟，巽吉更加崇宝塔，文风焕发笔游龙。”（《棠川郑氏宗谱·志地景》）古村落苍坡村就是以“文房四宝”建筑并命名的。芙蓉村有“七星八斗”。像这些以第二类喻体构成的地名明显地集中在楠溪江中游，形成一个独立的“耕读文化圈”。历史上的科举情况也可以反过来证明这一点。一般说来，耕读气息越浓郁，文风越盛的地方，中举的人数就会越多。“从唐至清，永嘉一共有过604位进士，宋代占513位，南宋一朝就出了464位。其中，确实可考订为楠溪江人的至少有50多位。南宋咸淳元年乙丑榜进士中，永嘉籍的有6位之多。”[3]其中，大多数在楠溪江中游。如豫章村胡氏有一门五进士，溪口村戴氏一门四代六进士。花坦村朱氏和塘湾村郑氏都有兄弟进士。

就温州这一区域来说，这两类喻体出现的情况是：以楠溪江流域位中心，向其他各县辐射。距离楠溪江越近的县，第二类喻体出现的频率越高，第一类喻体出现的频率就越低，反之亦然。乐清、苍南等沿海地区及洞头海岛则出现大量的反映渔业生产的喻体，如鳎鳗礁、鳎目礁（鳎鳗、鳎目即比目鱼）马鲛礁、乌贼礁（乌贼即墨鱼）、鲊鱼礁（鲊鱼：即海蜇、水母）。第一类反映农耕生产的喻体还占有一定的比例，第二类反映文化教育方面的喻体就很少了。就各县而言，第二类喻体出现的情况是以县城为中心，向下面各乡村辐射，这同各县城是文化中心有关。譬如，同是圆锥形的山峰，楠溪江流域，尤其是中游，选择的喻体是“笔”，构成“文笔峰、卓笔峰、大笔峰”等地名。而乐清、文成山区，许多地方选择“竹笋、蜡烛、箬笠”（温州方言指用竹篾和箬叶制成的斗笠），于是就有了“双笋峰、蜡烛尖、箬笠冈”等地名。帽形的山，楠溪江有“纱帽岩”，其他地方只有“宝冠山、馒头山”。从中我们可以看出，耕读文化圈以楠溪江流域为中心，呈水波形向四周扩散，这种扩散反映在语言上是文化（生存状态、社会观念等）对喻体选择的制约。正如邢福义先生指出的“比喻是一种修辞手段，也是一种认识方式——在不同事物中发现相似点的认识方式，而认知活动又受着人们的生存状态和社会观念的复杂影响”[4]。

总之，地名是一座蕴藏着丰富矿产的宝山，可供挖掘的东西很多。地名的物质材料是语言文字及其结构形式，是地名的“表层结构”，地名所反映的文化，如民族文化、地域文化等是地名的“深层结构”。本章通过地名的表层结构——喻体的选择，来透视地名的深层结构——在耕读文化方面进行了初步的尝试，这方面的研究还将深入。

注释：

[1] 盛爱萍：《从温州比喻地名的喻体看楠溪江的耕读文化》，《修辞学习》2001 年第 4 期。

[2] 何伟棠编：《王希杰修辞学论集》，广东高等教育出版社，2000 年，第 467 页。

[3] 陈志华：《楠溪江中游古村落》，李玉祥摄影，北京：生活·读书·新知三联书店，1999 年，第 53 页。

[4] 邢福义：《文化语言学》，武汉：湖北教育出版社，2000 年，第 555 页。

第五章　地名与传统建筑

地名往往以建筑为实体。作为一种意境语言，地名演绎了建筑的方方面面，它们相辅相成，反映了一个地方一个时代的特征。传统建筑是历史文化遗产很重要的一个方面。在温州，当地温暖湿润的气候使多为木构的古建筑遗留无几，所幸的是，丰富的温州建筑地名保留了这座优秀的古老城市许许多多历史信息。地名从实体脱壳而出，成为弥足珍贵的文脉，让后人回味和重塑当地历史文化的灿烂辉煌。

历史上的温州古城是个小城，叫“东瓯”，地处偏僻，鲜为人知，促使温州城乡古建筑成就辉煌的首推东晋著名的学者郭璞。郭璞是将人为环境与自然环境一体化的大师，他“妙于阴阳历算”，精通堪舆之术，由他选址和规划的温州古城，直至宋朝都是最先进的，温州城城址和风格历经1600多年不变，当属罕见，充分体现了堪舆学的科学价值以及郭璞的高度成就。

同样影响着温州建筑的是南朝刘宋永嘉太守谢灵运。这位中国山水诗的开山鼻祖，以为温州是未被时人发现的神仙佳境，在位不长，但足迹遍布温州的山山水水。崇尚自然，妙造自然，山水为主，建筑是从，化大为小，融为自然，在温州的楼台亭阁中得到充分的体现。

禅宗文化对温州的建筑影响深远，在温州的古建筑中，最气派、最漂亮的是佛教建筑。

温州作为水乡，溪流江河遍布全境，从独木桥、矴步桥到梁式桥、洞桥和悬臂廊桥，形式多种多样。泰顺廊桥，当地人称为“蜈蚣桥”，被誉为“中国古桥史上的瑰宝”。

浙南山区“山稠地窄，民居辽散”，有不少根据地形因势就利规划建设起来的村落。这些村落和民居“个性特点非常鲜明，从村落整体有规划的建设布局，到房屋个体的形制和风格，都明显不同于江南其他各地。渗透在村落和房屋里的，是浓郁的耕读文化的书卷气和乡民们淳厚朴实的性格，以及青山绿水长年陶冶出来的对自然的亲和感。上层人士努力培育的封建主义的礼乐教化也历历可见”[1]。

下面我们从古城建筑、楼台亭阁、宗教建筑、桥梁建筑、村落民居等五个方面探讨地名与建筑的关系。

第一节　雄伟的古建筑——城池

温州市西郊，有村庄名为“九山”，有一条路叫“九山路”，有一段古城墙静静地躺在路下，路旁有一条小河，叫“九山河”。“九山”并不是山名，而是村名。九山村并没有山，这个地名意涵温州城，因温州城有九座山。温州古城始建于东晋明帝太宁元年（323），名闻全国的堪舆学祖师、著名学者郭璞适在温州，于是请他规划、选址。郭璞起初想把永嘉郡治设在永宁县，即现在的瓯江北岸的贤宰乡一带。踏查环境后，否定了城市选址瓯江以北的设想而提出新城建在江南岸的意见，理由“江北土轻”。“土轻”，不仅指土质差，不宜作建筑用地，更主要的是考虑到可持续性发展。郭璞登西郭山观察地形，见九山环列，如同北斗星座，华盖、松台、海坦、西郭四山为斗魁，积谷、巽吉、仁王三山为斗杓，黄土、灵观二山为辅弼。郭璞认为：“若城绕山外，当聚富盛，然不免兵戈水火，城为山则寇不如斗，可长保安逸。”于是，东西依山、北临瓯江、南临会昌湖，连四山（海坛山、西郭山、积谷山、松台山）作石头城，周长9公里，四座山正好作为城防的四角墩台，而城南的三座山，正好作为城市外围设防的制高点，从此有了温州现存的古城，号称“斗城”。民族英雄郑成功为抗清复明曾三次扎营巽山脚下，攻打温州城，皆无功而返，感叹温州城池坚固。因建城时有白鹿衔花之瑞，故又名“鹿城”。

水对城市来讲，是至关重要的。郭璞造温州城的原则是依江、负山、通水、便民。除了利用天然水系（北面的瓯江）外，还在城的东、西、南三面人工开辟城壕，与江沟通，同时在城内开凿28口井（后来南朝刘宋时期城市发展，又增加水井72口），象征天上的28星宿，以济饮水和战时之需。弘治《府志》载：郭璞筑永嘉郡时“凿井二十八以象列宿”，因此温州古井作为地名保留下来的甚多，如“横井”，又名“天宿”井，始凿于晋，井内东面一石横刻“天宿”二字，故名。和建郡同时凿井以象列宿说吻合。此外引城南的西湖水（由三溪——郭溪、雄溪、瞿溪汇合而成，唐改称“会昌湖”）入城，连通城内的几个潭、池等地表水体，并开凿河网，形成特殊的沟渠围绕的里坊。城内五水配五行，迂潦不溢，东为伏龟潭（又名“碧波潭”），南为雁池（今乘凉桥），西为浣沙潭（即今九山落霞潭），北为潦波潭（康乐坊之东），中为冰壶潭（施水寮一带），潭与河通。构筑的河网水系，注入瓯江，既利排水，又便城市交通。这些以“湖、池、潭”为通名的水体类地名一直沿用至今。

城市布局为东庙、南市、西居、北埠，衙署居中，人工凿河形成棋盘格型街巷，前街后弄，方便生产、生活。与北京、西安等城市不一样，温州的街巷很不方正，这是温州城的自然环境使然。这种城市与自然结合一体的“山水城市”面貌，是极其前卫的。当年的“隅厢坊巷”，现在以地名的形式保存下来。其他还有墨池坊、康乐坊、百里坊、谢池巷、双井巷、甜井巷、铁井巷、桂（鬼）井巷、永宁巷等。

第二节　优美的建筑小品——亭台楼阁

亭台楼阁属于园林建筑，主要为游憩之所。温州的亭台楼阁不仅造型非常优美，取名也非常雅致。亭阁遍布于全市各地，最著名的有鹿城的“大观亭”、永嘉岩头“花亭”、文成玉壶“佑善亭”、泰顺里光“水尾亭”。此外，也有其他用途的亭台，如普遍设在祠堂、神庙、会馆的庙台，也称“戏台”，如旧永嘉城内有庙台 90 余座，平阳江南庙台多达 800 座。

保存下来的亭台楼阁地名，主要是“亭”和“阁”。从专名上看，往往与景观、人物、事件、作用等有关。就“亭”而言，就有景观亭、纪念亭、路亭等不同种类的亭。

景观亭：温州山清水秀，温州人又崇尚自然，山间水边，亭阁比比皆是。建于山上的亭台，往往处于位置较高之处，登高可揽胜。温州著名的有“大观亭”，位于华盖山之巅。刘宋太守谢灵运曾在此建亭，并赋《郡东山望溟海诗》。旧名“江山一览亭”“吸江亭”，万历年间重修时改名为“大观亭”，为回廊式木构，登亭俯瞰，瓯江如练，全城景色尽收眼底。这一类景观亭有瑶溪的“溪山一览亭”、市区的“富览亭”（相传亭额为王羲之所书），还有“夕照亭、圆照亭、四时万象亭、三光亭、绝境亭、水云亭、襟江亭”等。建于滨水边的亭台，放眼蓝天碧波，观赏江海美景，另有一番风韵，这类亭有：“安澜亭、望海亭、观海亭、半江亭”等。此外，温州的庭院也常布置亭阁，体现人融于自然的观念，如“醉乐亭、来鸥亭、独醒亭、来雪亭、流觞亭、觞咏亭”等。

永嘉花亭

纪念亭：纪念亭可分为纪念某个人物和纪念某一事件两类。

“怀谢亭”“谢公亭”都是怀念谢灵运的。纪念人物的亭还有“高阳公山亭、黄婆亭村”等。

纪念某一事件的有“驻鹤亭”，据说是道士白玉蟾驻鹤之处。“且息亭”是巽宅村人孙希旦中探花后，为酬谢父老乡亲所建的亭。亭中楹联上写道：“日之夕矣归与归；力不足也坐则坐。”流露出对乡亲们的关切之情。华亭村：村有华氏所建的凉亭。张璁碑亭：明嘉靖皇帝赠大学士张璁御碑，张氏在其一品家庙特建一亭放置此碑，该亭为木构建筑，亭内竖立汉白玉石敕制丰碑三座。

路亭：路亭位于交通要道，主要供行人喝茶、歇脚、问路，体现淳朴温良的民风，建筑形式素雅实用，如“望兄亭”“接官亭”“十里亭”等。著名的有永嘉西源“八角亭”、乐清芙蓉的“石茶亭”等。始建于清顺治七年的西源“八角亭”，每年端午至中秋村民按户轮流烧茶供路人饮用，又名西源“茶亭”。温州各地的路亭均免费提供茶水。

我们不仅可以根据专名给亭分类，而且可以通过专名了解亭的建筑式样和建筑材料。如永嘉西源“八角亭”，是八柱八角。“六角亭村”，村有一亭，亭有

洞头望海楼

谯楼

六角。永嘉岩头的“四柱亭”是四柱四角。“桥亭村”是建在桥上的较轻巧的，类似廊桥上的廊屋的亭。“双珠亭”是亭顶上建有上下相连的两个圆球，形似双珠。“石茶亭”的建筑材料是石料。“万竹亭”的建筑材料是竹子。

阁也可以根据专名分为景观阁、休闲阁、祭祀阁、住宅楼阁等。

景观阁：作为风景园林小品，它往往比较精致。其建筑格式常常与周围的环境巧妙地结合在一起。有一个富有诗意的专名。如“澄鲜阁、红云阁（园中有红梅）、沧浪阁、冷翠阁、观潮阁、御览阁”等。

休闲阁：一般比较清净，常常是文人读书休闲的地方。如“奎文阁、稽古阁、清芬阁、静宜阁、书阁”等。

祭祀阁：平阳的“文昌阁”位于北门外河渚上，四面环水，三间木构亭阁，祀文昌、关帝二像。温州各县都有文昌阁，建筑格局、功能基本上相同。“魁星阁”同样也是用来祭祀的。

住宅楼阁：住宅楼阁是普通住宅中的阁楼。如地名“张阁村”：明末有官兵经此烧毁村庄，剩下一阁楼，后张氏移居此，又成一村落，因名“张家阁”，简称“张阁”。

戏台：也被认为是亭台中的一类。

温州是南戏的发源地，现存的古戏台很多，其造型精致，很有地方特色，如温州市郊的“蒲州戏台”，平阳的“碗窑戏台”，乐清芙蓉的“海口戏台”“天后宫戏台”等。著名的“忠训庙戏台”，位于平阳腾蛟镇薛岙口，建于清康熙年间。戏台为木结构，三面空旷，一面为屏门，长 5.5 米，宽 5.1 米，台面离地 1.5 米高。天花板中央为方形藻井，四周开框，内绘戏剧壁画。藻井曲木以小栱成八卦状，栱头朱漆飞金，井中浮雕狮子抱球。椽木画有花草图案。横梁两头浮雕飞龙。四周檐下垂柱刻作花灯、莲花、葵花状。正面檐背、垂脊前端排立八仙过海及骑龙跨凤仙人等装饰塑像，造型精美，形态逼真。屏门中央彩绘人物图象，门上精雕龙凤，悬额“出将”“入相”。所有的温州戏台建筑格局、建筑式样都与此差不多。

碗窑古戏台

南戏博物馆

第三节　最气派的建筑——寺观建筑

历史上对温州地名影响最大的宗教是佛教和道教。基督教是近代传入温州的，在温州地名中留下的痕迹不多。

佛教创立于前6—前5世纪的古印度，东汉初年，传入中国。温州地名与佛教的关系，参见第八章第一节“温州佛教地名与浙南佛教文化、浙南瓯语的互动关系”。道教是我国土生土长的宗教，浙南道教与温州地名的关系，参见第八章第二节“从温州地名看浙南的道教文化”，这里不赘述。本文重点谈谈宗教地名与建筑的关系。为了分析方便，这里不区分佛教地名与道教地名，通称“宗教地名”。

寺：又称“寺院”，是宗教建筑中最重要的一类。温州建寺历史悠久，数量众多，规模宏大。

温州最早的寺院是建于晋太宁三年（325）的崇安寺，由永嘉人李整在其习礼坊私宅基础上建成，因唐朝开元年间温州佛教极为兴盛，此寺改名为“开元寺”，是温州规模最大的寺院，宋高宗在温州时经常出入该寺。同时，乐清的张文君从道贵释，将自己的住宅建成白鹤寺。萧梁时期，瑞安马湘也将私宅建为栖霞寺（宋改称“悟真寺”）。天监年间，瑞安东镇街有报国寺，龙门山有万兴寺。大同年间，永嘉永宁门有兴业寺，唐代先后改名“白鹤寺”“大雄教寺”。隋仁寿年间乐清建寿昌寺。

唐代建立的寺院从贞观年间的护国寺、白塔瑜珈寺、圣寿寺到天祐年间的福昌寺、接待寺、妙果寺、崎岩寺和静寂寺，共达71座。名刹出高僧，佛学之风颇盛。唐代永嘉高僧玄觉在西山（今温州景山、雪山一带）龙兴寺创建禅宗道场，永嘉佛教合南禅、天台宗为一（即永嘉禅），随之名闻天下，成为浙江乃至全国的佛学中心。文昌法师在妙谷寺弘扬天台宗，继忠法师于开元寺演教观，释心闻昙贲、雪庵从谨和原肇等相继开临济宗于江心寺，雪庵从谨的传法弟子授临济法予日僧荣西，荣西返国后创立日本临济宗。清了真歇禅师于江心寺开曹洞宗，士圭禅师开雁山道场，景蒙开法于瑞岩院，景纯开法于圣寿寺，宗达开法于双峰寺，德周、了威、深禅师先后开法于净光寺，景新开法于护国寺，文吉开灵峰碧霄庵道场，比丘尼慧温、妙道开法于净居寺。除各派宗师频频来温讲道外，官方也十分重视温州的佛学，证圣元年（695），武则天赐瑞安本寂寺为护国报恩禅院，盛况空前。

宋代雁荡山兴建寺院极为频繁，有名气的就有18座，成为温州的佛教中心道场，现尚有净信院、华严寺、普安寺、宝林寺等。当时，温州最宏伟的建筑是寺院，北宋熙宁九年（1076）“大云寺庐舍那阁成，费钱千有余万，其高广阔伟甲于城中间”（《海神庙碑》），大云寺被大火毁坏后重建，“门阁高百十丈，旁翼二台。千佛阁在其后，高又过之”。民间奉佛极为虔诚。叶适在《开元寺千佛阁记》里叹息：“说盖薄其家而厚佛僧，其俗然矣。”元、明、清转入民间信仰活动。由于温州民间道风日渐，亦建道家寺院。如陶山寺，唐天宝始建，梁朝道教思想家、医学家陶宏景曾在村西山上隐居，故名。

规模较大的寺院，除了“某某寺”这一地名外，一般还有山门、金刚殿、大雄宝殿、方丈室等小地名。这些小地名组成了该寺院的地名群。考察这些地名群，可以了解该寺院的建筑规模和建筑格局。

妙果寺

建于唐元和三年（808）的文成“安福寺”分圣门、头门、金刚殿、大雄宝殿、三圣殿5进，可见其建筑规模宏大。建于元和十五年（820）的“净慧禅寺”，俗称“七甲寺”，轴线中分别建有头门、金刚殿、大雄宝殿、三圣殿，边有僧厢房等。金刚殿面宽5开间，重檐歇山。大雄宝殿面宽7开间，高3米，进深17檩5柱，明间金柱用穿斗式抬梁，重檐歇山。三圣殿面宽5开间，单檐歇山。寺内佛与菩萨像雕塑艺术讲究，表层分金装与彩塑，较好保存着印度和犍陀罗的造像风格，寺前有玉泉佛塔，雄伟气派，布局合理。瓯海的密印寺，寺宇五进合院式木构建筑“千楹万础，绀殿飞楼”，殿、堂、楼、阁、轩、亭及僧房齐全，构成一个庞大的建筑群，“可与吴越双经、天童、雪窦诸大丛林颉颃相望”。

除了寺院外，还有“殿”“宫”“观”“庙”等宗教建筑地名。例如“地主殿巷、洪殿、殿前、真君殿、白马殿村、大殿、道士殿、皇岙殿、庙头殿、圣井石殿、三港殿、显佑殿巷、五显殿、横溪殿、后垟殿、龟山殿、白羊殿、沙潭殿、殿前坳、天后宫、天庆宫、老三元宫、海圣宫、三界宫村、看牛宫村、石宫村、三代宫村、莲花宫、娘娘宫、广福宫、北源宫、呈岸宫、娘娘宫、道士宫、戈溪宫、元妙观、真华观、飞霞观、永真观、玉清观、紫霄观、天清观、清幛观、卧云观、应道观巷、冷水观、紫阳观、无为观、三官庙、许真君庙、五显公庙、徐三公庙、庄济公庙、包公庙、杨府爷庙、娘娘庙”等宗教建筑地名。

这些宗教建筑地名本身一般只能显示建筑物所处的位置、祀奉的对象，不能显示建筑的特点。但个别宗教地名中的专名，能显示出建筑风格和建筑材料，也处处显示建造者的时空美学思想。例如：

“岩庵”：大雄宝殿构筑于洞穴式大崖之下，金柱后半檐处穴崖之内，以环境险峻奇特而驰誉，内有大雄宝殿、韦陀殿、地藏王殿、观音阁 4 座。

白马殿

“圣井山石殿”“石宫”：这两处的建筑材料都是石头。

除上述外，佛教的又一典型建筑物是塔。塔，是极其优美的古建筑形式，因为高，极易倾斜，所谓“十塔九歪”。温州地区更因为地基软弱，故所遗古塔无几。温州的塔多为六边形，现存的古塔多为砖石结构，这从作为地名的塔名中可以直接显示出来。如瑞安的“观音寺石塔”“垟坑石塔”“国安寺石塔”（龙湾区瑶溪镇皇岙村）。石塔高度一般只有 20 多米，最高的也仅 30 多米。作为佛教建筑的塔是极庄重高贵的建筑物，有村镇直接以塔命名的，如瓯海的南白象（塔，方言音同“塌”，俗改为“象”）镇，乐清的北白象镇，平阳的塔院村、南塔村、金塔村、西塔村、塔边村、平塔村、水塔村。塔的本意是僧侣荼毗后埋葬舍利子的坟冢，作为佛教活动场所；也有其他用途的，如平阳文明塔（六角七层青砖结构，乡人倡议建塔，是倡导文风的标志）。矗立于温州市区各山麓的塔则独具特色，有的是为瓯江航行导向，其中著名的江心双塔为国际航海界的导航塔。

温州无塔林，但在布局上也很有整体感，不乏大手笔。温州的双塔就很多，如罗浮双塔（省级文保单位）、江心双塔，它们隔江相揖，瓯江浑然一体，分外生辉。而江心双塔与净光塔、巽山塔总体上位于同一轴线。平阳宝胜寺双塔（六面五级实心砖塔，省级文物，传五代时吴越王钱镠曾在宝胜寺住过一夜，故寺内一座楼被称为“钱王楼”，或“钱王一宿楼”）。

宋朝以后的塔只作为寺观建筑的辅助建筑，但唐朝以前，塔为主，寺为辅，温州唐以前的古塔已消失。温州市人民政府为弘扬温州文化，于 2001 年重建了著名的唐塔——净光塔。

净光塔，系温州唐代高僧玄觉大师之真身塔。玄觉，俗家姓戴，永嘉人，集天台宗和禅宗（南派）于一身，独创永嘉禅，世人称“东土大乘”，其《证道歌》《禅宗悟修圆旨》等作品名闻海内外。圆寂后殡于西山，卒后百年，永嘉太守杜贲发坟视之，见遗体栩栩如生，因相传玄觉临终前有群雁数以千计驻留上空，徐徐径飞松台山，遂在松台山麓建真身塔以供瞻仰。（见宋《高僧传》）唐光启年间，郡守朱褒见塔顶常覆五云，表其事于朝，僖宗赐名“净光”，松台山也称“净光山”。

据载，净光塔初建时为木塔，不久便毁于大火，之后重建为砖塔，从 2002 年出土宋熙宁年间重建的塔砖所刻塔形得知，净光塔为楼阁式结构，七层七重

松台山净光塔

檐，飞檐飘逸，塔刹粗大，束腰须弥座。出土的瓦当、钉帽尺度很大，根据有关资料推测，塔高应在40米以上，高于温州现存的任何一座古塔。瓦当上菩萨端坐莲花座的浮雕（今温州博物馆藏），专家认为在国内绝无仅有，具有很高的艺术价值。根据出土的塔砖记载，此唐塔于宋熙宁年间重建。此次重建由温州地方政府负责，筹备长达几十年，民间捐助者甚众，不乏个人捐塔砖数万块者，足见净光塔耗资巨大，气派非凡。这就说明唐塔在佛教建筑所占的主导地位，也见证了宋朝时温州经济的繁荣。

元明以后，温州经济渐衰，净光塔经元朝至正年间修建后最终又一次南倾坍毁（废墟今仍在），明洪武年间再次重建，然而此次重建已经易址，从堪舆学上讲，已大不如前，于是明弘治十二年（1499）郡守文林因净光塔“妨于地理”，予以拆毁。民国时期有温州人欲重建，因财力所限，终未建成。

2001年，温州市人民政府决定重建净光塔。因旧有塔基裸露在地上，经考证为明塔，于是就选址其上，经勘探基下多软土，需打桩，又碍于人防，只得移位。就在开挖地基的过程中，发现了唐宋时期的净光塔遗址，出土了大量文物，尤其是轰动世界佛教界的玄觉大师舍利子的惊现。温州也再次受世界佛教界瞩目。

巽山塔：砖砌楼阁式风水塔，七层，位于古城的东南方，八卦属巽，与净光塔遥相呼应，旧时也称“雁塔”“文笔峰”。明洪武元年（1368），温州人王净在《巽吉山建塔记》中写道：“山巅旧有塔，堪舆家所谓文笔峰也。尔时民安物阜，而科第每得高等，岁久塔圮，即人文不逮往昔，或者归咎文笔之废，每请复于当道。”巽山塔祭祀的是文昌君，那时的温州人把人文衰落归咎于此塔的坍毁，故要求重建。关于此塔为何称“雁塔”，地方志无记载，直至2003年重建净光塔时才明白了个中含义。有人不经意发现飞机航拍的松台山地形图就像一只蛙，从九山河落霞潭跳上松台山，净光塔就位于蛙顶上，而对面的巽山就像一只雁（鸟），古人把蛙、鸟与日、月对应，天人合一，这又是堪舆家的杰作。可见郭璞思想对温州的建筑影响之深。明巽山塔于1974年南倾倒塌，温州市人民政府重建的巽山塔已于2004年4月竣工。

第四节　最美的建筑——桥

有西方著名建筑大师说过“桥梁是世界上最美的建筑形式”。温州地处水乡，溪流纵横，江河交错，湖泊众多。为了交通的便利，境内桥梁遍布。这些桥梁数量之多，功能之大，用材之广，建造之巧等方面，都在作为地名之一的桥名中有所反映。

一、温州桥梁地名数量众多

清代旧志载温州城内有桥梁150座，包括乡都共420座。这些桥名作为地名的一部分绝大部分都保存了下来。如望栖桥、新桥、惠民桥、敬亭桥、宋公桥、师姑桥、安丰桥、宅真桥、洗马桥、五福桥、小洲桥、高公桥、寨桥、仓前桥、渡儿桥、孝睦桥、第二桥、五马桥、通道桥、元丰桥、华盖桥、殿前桥、汇文桥、兴文桥、万寿桥、大云寺桥、大高桥、小高桥、西高桥、板桥、九圣桥、斜桥、侯衙桥、大赉桥、乘凉桥、商量桥、安仁桥、周宅桥、兴贤桥、青云桥、让善桥、文湍桥、寿安桥、永庆桥、大兴桥、庆云桥、登云桥、崖恩桥、玉带桥、青云桥、醋库桥、棠阴桥等。

温州有童谣云：

第一桥，第二桥，三板桥，四顾桥，五马桥，六陇桥，七佛桥，八字桥，九圣桥，十（集）庆桥，百里桥，千秋桥，万寿桥。高的高功桥，矮的矮凳桥，长的万里桥，短的砻糠桥，大的大高桥，小的小虹桥，文的状元桥，武的将军桥，荤的鲤鱼桥，素的豆腐桥。

这首童谣形象地说明了古代温州桥梁之多。

现代温州桥梁数量没有作过准确的统计，但估计应该在清代的数十倍以上。新建的“东瓯大桥”横跨瓯江，连接温州市区与永嘉县。“温州大桥”为双塔斜拉桥，是我国最长的公路桥。众多的桥名反映了温州桥梁数目的庞大。

二、桥名反映了桥梁的功能

桥的出现首先是为了交通。温州地处浙南，山区多山，山中多涧，涧中溪水阻断了交通；平原江河，湖泊遍布，给交通带来了不便。桥便是架在溪涧、江河、湖泊之上。温州有桥名“济川桥、通济桥、广渡桥、新渡桥、水渡桥、放溪桥、桑溪桥、车桥、马车桥、水门桥、山根桥”等，就表明了桥的这一功能。堤塘、坝、闸、陡门、埠头、渡口等水利工程亦须建桥通行，温州地名中有“陡门桥、小坝接桥、大坝接桥（又名‘永宁桥’）、横塘桥、下塘桥、中塘桥、上塘桥、童塘桥、安谰桥（渡口之引桥）、渡儿桥（渡口的配套桥梁）、河泄桥（跨河闸泄水口之桥）、梅埠桥（埠头配桥）”等，反映的就是这类“水利工程桥”。

一方面，温州传统建筑最讲究水土，重要的建筑或建筑群常临水而建，因而桥梁是不可或缺的主要配套建筑，桥梁为主体建筑增辉，许多寺庙、府第、村庄前面都设桥；另一方面，由于桥梁的美感，桥也常与其他景观建筑如亭阁共同造景。这类地名非常多，如“白塔桥（通塔之桥）、塔院桥（龙王寺塔院前之桥）、殿前桥（赞善王庙前之桥）、看民亭桥（通亭之桥）、文星桥（通文星阁之桥）、乾元寺前桥（通寺之桥）、护寺桥、府前桥（府衙前门之桥）、宅前桥（大宅前门之桥）、泗洲桥（泗洲堂前之桥）、大云寺桥、社坛桥（通往神坛之桥）、亭山桥（连接亭、山的桥）、花园桥（相传明代此地有郑家花园，后又建桥）”等。

此外，山区道路曲折，到达一地，往往需要走上好长的时间。这时桥便又承担了歇脚驿站的功能。尤其是泰顺的廊桥，每座廊桥的廊屋两边都有供人小坐的长木板。碰上炎日或雨天，廊屋又是极好的遮阳避雨之所。正是“何处是归程，长亭连短亭”。温州就有“乘凉桥、亭桥、牛桥（“楼桥”的谐音，因桥上建有避风雨的楼屋而得名）”等地名。

在满足了必要的交通需求后，廊桥更重要的作用是作为风水桥、祈福处所而存在。在浙南山区，稍成规模的村子，都会建有大小不一的廊桥，大部分廊桥都建在村口溪流上，俗称“锁住水头”，以防止财富外流，保住一村的风水。温州就有桥名“金锁桥”。桥还作为祈福的所在。这在地名中也有所反映。如温州的“拜圣桥”，每逢干旱，必在桥上筑台祈雨。泰顺的廊桥更是每桥几乎必建神龛，哪怕是一座长不过十米的小桥，桥中央也必供有关公、财神或者陈十四娘娘之类的神像；考究些的，会在桥上再建一层阁楼，专供神像，只有逢年过节才会开放供祭祀用。于是，廊桥的外形也因此而格外漂亮，不但色彩浓烈绚丽，许多都雕梁画栋，重檐飞梁。支撑廊屋的斗拱立柱也极其繁复，工艺精湛。浙南廊桥中唯一的国宝——庆元如龙桥，便以其斗拱花式的繁多而著名。

在农村，桥或桥头常常是村民聚集的中心地，因此在村民生活中，村中的家长里短在这里得以散布，许多村中公示也都在这里发布，有重要的事情也在这里商量。因此，温州就有桥名“商量桥”。泰顺廊桥的这一功能就更加突出。村中的有些公告就用墨笔直接写在了木质的廊板上。经年累月，层层叠叠。泰

万里桥

顺三条桥上有首脍炙人口的《点绛唇》词，据传为宋人手笔："常忆五月，与君依依，解笑趣，山清水碧，人面何处去，人自多情，吟吟水边立。千万缕，溪水难寄，任是东流去。"

在温州城，桥名反映了街区商业功能划分及市民日常活动场所。温州的小河小巷，前店后厂，街巷坊里，多以小桥相通，起居出行，非常方便。如卖油桥（即汇源桥、飞鹏桥）、卖麻桥、鲤鱼桥、仓桥、卖醋桥、卖茅桥、卖糖桥（墨池坊口，又称"棠阴桥"）、皂角桥、卖鸭桥、钓桥、划龙桥、蛎灰桥、洽桥、河鱼桥（通济坊）、打锣桥（即华盖桥，又名"陡门桥"）。

三、桥名反映了桥梁建筑结构及用材

温州桥梁结构式样多种多样，从独木桥、矴步桥到梁式桥、洞桥和廊桥，几乎应有尽有。不同式样的桥梁所用的建筑材料也有所不同，独木桥用材当然是木料。矴步桥，俗称"石步矴"，当是最原始最简易的桥，是点式桥，或叫"堤梁桥"。溪上无其他桥，人们把长条石垂直插在溪床上，露出水面的部分，供人行走，叫"矴步"。溪床越宽，矴步桥就越长，于是间隔一定距离，在一矴步旁另立一矴步，作为避路矴。矴步桥的用材自然是石条。乐清芙蓉镇就有"石碧溪矴步""前垟溪矴步""冈根溪矴步"等12条矴步。著名的泰顺县仕阳镇溪东村的仕水矴步，始建于乾隆年间，全长100多米，石矴200多步，每步石矴由两块平整条石砌成，平行分高低二级。《中国桥梁史话》将矴步桥定为原始桥梁雏形。梁桥在温州数量较多，建筑材料主要是石头和木材。拱桥在温州的数量也不少，可分石拱桥和木拱桥两类。石拱桥又称为"洞桥"，建筑材料主要是石头。温州各地多有"洞桥、洞桥底、洞桥头、东安硐桥（'硐桥'是'洞桥'的谐音）"等地名。木拱桥又称"廊桥"或"虹桥"，建筑材料主要是木头，泰顺县目前有33座廊桥。温州地名中有不少称为"玉廊桥、虹桥、大虹桥、小虹桥"的地名。

此外，有的桥名能直接显示出该桥的建筑用材。如"茅竹桥"的建筑用材是毛竹。"石桥"的建筑用材是石头。"青石桥"的建筑用材是青石。"藤桥"的建筑用材主要是藤。"板桥、单板桥、三板桥、四板桥、五板桥、大板桥"的建筑用材主要是石板。

泗溪廊桥

四、桥名反映了建桥工艺的巧妙

多姿多彩的古桥梁，展示了历代桥工的高超技艺和丰富的想象力，巧夺天工。如温州市区的“八字桥”：两条桥，位于市区天雷巷南跨东西，信河街北跨南北，因两桥形如八字而得名。温州各地以“八字桥”命名的桥梁不少。“丁字桥”：桥形如丁字。温州有“大丁字桥、小丁字桥、丁字桥巷、丁桥”等地名。桥身设有栏杆的，叫“栏杆桥”“横栏桥”，或者美称为“玉带桥”“万安桥”。桥柱上饰有龙头纹的叫“龙首桥”。桥板上刻有棋盘的，叫“棋盘桥”。桥上建有七间廊屋的就叫“七间桥”。此外，“八卦桥”“七佛桥”“古厢桥”等桥名都跟桥的构建有关。

最能反映浙南桥梁建造之巧的是泰顺的“三条桥”。“三条桥”是木拱廊桥，因有三条主梁架设而得名，始建于唐贞观年间，宋绍兴七年（1137）重建。现桥为清道光年间建筑，三条桥是泰顺历史最久远的木拱廊桥，已载入《中国古代科技成就》一书。正是这个三条桥，对虹桥技术“诞生于北宋”的说法提出了质疑。

洞头半屏大桥

洞头跨海大桥

一般人认为，浙南廊桥技术传自宋代北方，北宋南渡后把中原的造桥技术带到了南方，《清明上河图》上的虹桥便与廊桥有相似之处。但是据泰顺《分疆录》中记载，三条桥在清道光年间重建时曾发现唐贞观时期的旧瓦。而且在桥的上游还有旧桥遗址。1982 年，泰顺的文保工作人员专程前往三条桥考察。在三条桥的屋脊上，找到了刻有“绍兴七年九月十三日开工作瓦”字样的宋代瓦片。

泰顺文博馆馆长张俊曾依据三条桥遗址，经过多年的深入研究，撰写了《泰顺木拱廊桥发展历史探讨》一文，认为泰顺木拱廊桥历史发展脉络非常鲜明，萌芽于唐宋时期，成熟于明代中期，是本地区不断改良而自成体系的。从唐宋时期的旧桥遗址中的柱孔结构来看，它与明清时期的木拱桥结构有相似之处。我国汉代的“渭水桥”为八字形桥，泰顺木拱的发展过程也没脱离这种外形；三条桥旧桥遗址是多跨式木桥向“飞桥”发展过程中的过渡性桥型。此外，汴河虹桥的发展经过是从多柱式直接发展到飞桥无柱式，而泰顺木拱桥的发展经过是从多柱式逐渐减少桥柱和逐渐把桥柱往外移，再发展到不用桥柱的“飞桥”。

因此，泰顺廊桥的发现被誉为“颠覆了虹桥的历史”。

五、桥名反映了广泛的社会性

建桥作为公益慈善行为，具有广泛的社会性和群众性，参与者建桥者深受社会尊敬。

桥名反映了建桥者的职务或身份，如御史桥、状元桥、将军桥、统制桥（范统制居此）、洗马桥（宋洗马陈龟年建）、榜眼桥、和尚桥、道士桥、窦妇桥、夏姑桥（平阳）等。

桥名反映了承建者或附近居住者的姓氏，如汤家桥、蒋家桥、娄桥、宋桥、郑桥、周宅桥、潘桥、何庄桥、木施桥（在悟真观前，宋状元木待问建）、侯衙桥、项施桥、张骆桥（明末张骆两姓建）、诸募桥等。

桥名纪念重要的人或事，如御桥、宋公桥、待驾桥、拜圣桥、劝忠桥、上安桥（一名“金书桥”，宋高宗旋驾至此，问河名，知州卢知原以“上安”对，高宗悦，命金书桥额）、承恩桥、节烈桥、七君桥、怀忠桥、彰贤桥、清政桥、万寿桥、崖恩桥等。

第五节　独具特色的江南民居——古村落

一、地名反映了古村落的特点

浙南优美的山水培养了温州人的山水情怀，使他们对美有极其敏锐的鉴赏力。也培养了他们对自然的亲和力。这些都能显现在古村落的建筑风格和建筑形式上。“那里的房屋和村落非常朴素，所用的是未经斧凿的原木和蛮石，随弯就曲，仿佛信手搭接砌筑而绝少雕琢，以致房屋看上去生自天然，与山川草木一切生命相和谐。”[2] 这从村落地名里也可以反映出来。如永嘉的几个古村落分别命名为“芙蓉”“枫林”“林坑”“蓬溪”等。都是与村庄周围的山川草木相联系。

和江南大多数汉族居民的村落一样，浙南古村落一般都是血缘村落，是以血缘关系为纽带连接起来的。一村一个姓氏，一个宗族。这在地名中也有所反映。例如：

“周垟”，民国《平阳县志·舆地志四》载：“在五都周阳，宋绍熙二年（1191）建绍熙桥。”桥为乡人周仪兴建，又名“周垟桥”。因村民多姓周，故名“周垟村”。“包宅村”：全村大部分人都姓包。“前岸张”：因张姓人聚居于河的南岸，故名。“万茗”：万姓人聚居，村处茗山西北，故名。这一类地名很多，有“沪屿陈、胡家垟、赵家硐、张家湾、汤岙朱、汤岙余、山前马、路头石、下渎朱、塘沿周、潘垟、前潘、后潘、刘宅、李宅坦、戴宅（戴西、戴东）、杨宅、林宅、苏岙、高岙、黄庄”等。

泰顺库村民居

二、地名反映了民居的居住条件和建筑规模

温州有许多带“寮”字的地名。如“宏寮村、朱寮村、吴寮、罗家寮、上寮峰、茶寮、寮后、下寮、三寮、石寮”等。“寮”是

畲语，指草房。居住在山区的贫困畲民，通常在深山中搭建简陋的草房，以竹木为支架，上覆茅草或稻草，以葛藤或小竹扭扎固定。屋墙用小竹或芦苇秆编成篱笆围成，俗称“千枝落地”墙，屋内隔墙，以竹篾编成，有的涂上泥巴，但大多数没有间隔。这种房子在浙南山区普遍存在，反映了畲族民居条件的简陋。

世贸大厦

此外，还有“洞口外”，当地《周氏宗谱》载，明泰昌年间（1620），周氏祖先由福建漳州迁此，先居山腰洞穴，后衍成村落，是山洞最外面一个村，故名为“洞口外”。可见周氏祖先创业之初居住条件的艰苦。而更多的地名是反映了民居的建筑规模。例如：

“陈大屋”：因村有陈姓大屋得名。“三退屋”：该地有一座三进的房子。“双幢屋村”：元大德年间初建住房两幢。“九间”：村有一幢九间大屋。这一类地名还有“三大屋、四大屋、山大屋（“三大屋”的谐音）、下大屋、五间、七间”等。

还有一些带“楼”字的地名。如“大楼村”：因清康熙林氏建高三丈三尺高的楼房而得名。“郑楼乡”：明崇祯年间，这里发生火灾，仅剩郑姓一幢楼房，故名。“花信楼”：位于瑞安市区，单楹二层，面阔三间，进深六间，楼前有天井，青砖围墙，为洪炳文治学之所，洪氏家有苦楝树，取“二十四番花信风”为楼名。此外，还有“白楼、池上楼、宝纶楼、妆楼、陈楼村、潘楼、玉海楼”等。

反映民居的居住条件和建筑规模的地名还有“砚下”：原名“檐下”，因孙家大厦连楹绵亘而得名。“花园”：原系南宋时袁州太守邱汉规的花园，遂以“花园”名村。“花园桥”：相传明代此地有郑家花园，后又建桥，称“花园桥”。“柳池巷”：清代柳氏居官于此建宅挖池，故名。“门台底”：昔因村内有大门台而得名，带“门台”二字的地名还有“门台村、下门台、门台、大门台村、门台巷、门台口村”等。“张府基”：此地原为明嘉靖首辅张璁的府第。

三、地名反映了建筑物的朝向、建筑时间及建筑风格等

地名可以反映建筑物的朝向，如“朝东屋”，其宅均坐西朝东。地名可以反映建筑时间，如永嘉的“宋屋”，据说因建于宋朝而得名。“明屋”因建于明朝而得名。地名还可以反映建筑风格，如“前京”和“后京”因村子分别位于京式房子的前面与后面而得名。此类地名还有“苏式店面”等，说明了建筑风格开始走向多样化。

我们正面临20世纪所造成的“环境危机”。研究建筑地名，挖掘古代建筑的珍贵人文遗产，不仅能丰富城市的文化内涵，而且对人居环境的合理建设也具有重要的借鉴意义。

注释：

[1] 参见陈志华：《楠溪江中游古村落》，李玉祥摄影，北京：生活·读书·新知三联书店，1999年，第Ⅵ页。

[2] 参见陈志华：《楠溪江中游古村落》，李玉祥摄影，北京：生活·读书·新知三联书店，1999年，第65—66页。

第六章　温州地名与浙南军事

地名是文化的化石。当我们探索地名渊源时，就会发现地名与其形成期的历史事件、历史人物、社会生活等各方面有着密切的联系。年代更替、岁月流逝，形成这些地名的历史事件、人物常湮没不可寻，但地名凭着它相对的稳定性将这些粘附在它身上的历史保存了下来。如同苏联地名学家 H. N. 纳日金在 1837 年提出的地名的定义："地名就是地球的语言，而地球则是一部人们在地名录中书写的语言。"[1] 这个形象化的定义，阐明了地名和地球上的地理实体、人之间的关系。地名见证了历史，保存了历史。在这些地名保存的历史里当然也包括军事历史。

古代战事频繁，为反抗统治者，抵御外族入侵，建立了许多军事设施，出现了许多可歌可泣的军事英雄。如今，虽然那些烽火关隘、军事英雄早已烟消云散，但那些因军事而得名的地名没有消失，作为历史地名顽强地保存了下来，如"阪泉"和"涿鹿"。在氏族公社时期，传说黄帝因不满炎帝欺凌弱小部落，两个部落联盟曾经战于阪泉之野；南方部落首领蚩尤则大举北侵，与黄帝战于涿鹿。阪泉和涿鹿便因这两场战争而被先民们流传下来，记载入史书，成为我国历史上留下来的最古老的地名。

处于浙南的温州也保留了许多军事地名。这些地名产生的原因大致有两个方面：

一是由于它所处的地理位置和地理特征的特殊性，成为兵家必争之地，故战事频繁，因而产生了较多的军事地名。

温州地处浙江南部，地势西高东低。西北部与福建、丽水、台州等地接壤。境内群山连绵，有北雁、南雁、大洋三大山系。乾隆《永嘉县志》引旧《浙江通志》说："楠溪江太平险要，扼绝江，绕郡城，东与海会，斗山错立，寇不能入。"再加上温州温和的气候条件特别适合居住，境内河流纵横，土地肥沃，是兵家必争之地。文成、泰顺地处西部腹地，山高水险，树林密布，有利于藏兵和开展游击战争。温州东临东海，有瓯江、飞云江、鳌江、清江等河道交叉分布，自西向东注入东海；沿海有洞头、南麂、北麂、大斗等四大列岛，247个大小岛屿环抱温州，对兵家来说可攻、可守、可退，陆战、海战皆有利，军事地位特殊，故历来为兵家所重视，自古以来便战事不断，争夺激烈，也因此产生了许多军事地名。

二是东瓯人民勤劳勇敢，富于反压迫、反侵略的传统。如元末农民大起义时，文成人曾“斩木为戈矛，染红作巾裳，鸣锣撼岩谷，聚众守村乡”。明初，倭寇骚扰，温州沿海一带筑金乡、蒲壮、蒲岐等军事卫所，抗击倭寇，出现了许多抗倭的英雄。清初，有以陈仓为首的义军，一度与郑成功部队相配合，为反抗清兵的屠杀和侮辱，斗争了好几年。清末，有以赵起为首的金钱会、以金宗财为首的神拳会。中国共产党诞生后，永嘉、乐清、文成、泰顺等地一直是革命老根据地，为新中国的建立立下了汗马功劳。1949年以后，温州作为“东海前哨”，为巩固海防建立了卓越的功绩。这些都在地名上留下一定的痕迹。

通过对温州军事地名的研究，可以了解古代的军事设施、军事地理，了解历代兵事，了解历代军事机构和英雄人物等。研究温州地名将为温州地区的军事研究提供材料。

第一节　温州军事地名反映了浙南的军事设施与军事地理

一、以“城”“门”为通名的地名反映了古代的军事设施

温州从晋代即开始修建城池以防兵患，几度拆损重建，修缮加固。现今各县、市几乎都有各自的古城池遗迹，即使有些已残迹不存，但在地名中仍然留下了痕迹。

东晋明帝太宁元年（323），郭璞在温州选城址造城，他认为温州一地“若城绕山外，当骤富盛，但不免兵戈水火，城于山则寇不入斗，可长保安逸”，因此为防兵患，在温州建了永嘉郡城，名“斗城”（又名“鹿城”）。永嘉郡城的七座城门：东为东门（古名“镇海门”），南有大南门（古名“瑞安门”）和小南门（古名“永宁门”），西有三角门（古名“来福门”），西北有西廊门（古名“迎

恩门”）和麻行门（古名“永清门”），北方有望江门和朔门（古名“拱宸门”）。而郭璞为选城址所登的那座山便称为“郭公山”。“城”和“门”虽久经兵乱多已拆损，但上述“鹿城、东门、大南门、小南门、来福门、麻行、望江路、朔门”等仍以地名的形式顽强地保存下来。

海阳门：据《明鉴》载：“丁卯洪武二十年（1387）命汤和筑濒海城防倭，和乃度地，浙东西置卫所，濒海筑城五十有九，选壮丁五万八千余人戍之。”海安城为当时千户所之一，时称“海安所”，隶温州卫，原有城门四座，东曰海阳、南曰镇海、西曰永胜、北曰钟仁。今仅存海阳门城楼，余毁。海阳门城楼保存比较完整。现存地名有以海安所东门得名的“海东村”；以海安所北门得名的“海北村”；以海安所西门得名的“海西村”；以海安所南门——镇海门得名的“镇海村”，以海安所南门城外而得名的“城南村”等。

此外，乐清、瑞安、平阳、文成、泰顺等地都保存了许多有关“城”“门”的地名，如各县城几乎都有“东门、南门、西门、北门”，另外，还有“城门洞、城门洞外”等地名。

二、以“关”“隘”为通名的地名反映了古代的军事地理

古代的关隘在军事生活中有着举足轻重的作用，温州多为山区地形，关隘是指险要的地方。温州西南边界多为闽浙接合处，山高水险，战略地位十分重要，关隘的作用也愈加明显。因此，温州也有许多以“关”“隘”为通名的地名。例如：

分水关：在苍南松山（今桥墩），海拔 340 米，泉出陇上，东西分流，其岭曰“分水岭”，山凹处为分水关。为五代闽王时所建，日久毁平。分水关为浙闽两省交通要道，北距苍南桥墩门镇约 8 千米，南距福建福鼎县城约 14 千米，是浙南与闽东北出入的门户。关口东南侧有 528 座无名高地，西北侧有 308 座无名高地，是控制隘口南北各地的制高点。明、清两代曾分别设堠、烟墩和台，驻扎有士兵。

镇下关：又名“今霞关”，是浙江省最南端的海港口岸，也是通往福建沙埕、南镇的重要水陆关隘，镇下关依山傍水，外有北关、南关二岛为自然屏障，历来为兵家重视，明代曾在此建水寨，设总哨官，重点把守。旧志称：“东极大海，极为冲要。”清代此处也为防汛驻地。

龙湾汤和庙

通福门：位于平阳县城岭门的昆阳镇，建有防墙和墙门，墙门尚在。通福门驻兵借城楼为堡，守此关口。

镇南关：在泰顺七都雾溪黄家阳岭头（今万排乡），外界福鼎十七都，为闽界要道，俗称“黄家阳隘”。

卢西隘：古称“瓯西第一关”，位于黄桥村护西村北，北坡为景宁县石亭。清咸丰八年（1858）造。

黄泥隘：原名“黄杨隘”，在罗阳白溪岭头与寿宁交界处，为通庆元要道，清咸丰八年，乡兵曾在此防石达开部入境。

石门隘：位于七都高阳稗岭头（今三魁刘宅），明初开矿时建筑，明嘉靖三十八年（1559），生员林田抵御倭寇守此，筑有土城，后被倭寇攻破。

《旧志》云：“徽宗宣和二年（1121）县令王公济为拒方腊，集十一乡家一夫曰乡兵，于通他州县要路凡十九，皆设隘守之。”此十九关隘在今瑞安有十。分别是飞云寨、平阳坑岭、石塘岭（又名“牛皮岭”）、山皇寨、百步岭（以上都到平阳）、李山寨、桐岭（桐溪到瓯海经此，有温州寨、园岩寨、城门边）、分水城、白山岭、石壁岭。

此外，还有泰顺的石佛岭隘、龙牙岭隘、坳门隘、叠石隘、分水亭隘、上下排隘、牛头隘、石门隘、排岭隘、黄杨隘、蚊虫垒隘、龙岩岭隘、风门坳隘、分水排隘，以及永嘉的隘门岭、瑞安的石壁隘等。

第二节 以“卫”“所”“司”“营”为通名的地名反映了历代军事机构

各个朝代的军事机构、军事制度都有着很大的差别。温州在五代时设静海军节度使，宋设节度使，元设万户府，明设卫、所军事机构，清先后设立温州城守营都司、浙江总督衙门、温州镇守总兵署、温州防营、温州军政分营等军事机构。不同的军事机构给地名留下了不同的印记。现存的温州地名大致上能反映明、清时期军事机构。

一、以“卫”“所”“司”等为通名的地名反映了明代的军事机构

明时的温州军事机构，实行卫所制，洪武年间设立温州卫，嘉靖时又设磐石卫、金乡卫。两卫又下辖宁村守御千户所、蒲门守御千户所、壮士守御千户所和沙园守御千户所。这些卫所作为地名现在大都保存下来。如乐清有地名叫“后所”。各卫所均择要设寨，由各把总领兵操练巡防，抵御倭寇。瑞安城关有地名叫“大校场”，地名由来是嘉靖二十年（1541）明政府在瑞安置瑞安所，此处为大校场，后来废弃，1950年沿用原名置大校场居民区。温州带“校场”的地名很多，有“校场头、校场巷、校场路”等。

“沙园”：由海水泥沙冲积而成涂园，地据江口要津，为防止倭寇骚扰，明置沙园千户所，洪武二十年（1387）信国公汤和曾在此建周长632丈、高2.5丈多的一座城墙，分东、南、西、北四座城门，并有一水门，设敌楼12处，寓铺22所。该城已毁于1937年，仅留遗址。但“沙园”作为地名一直保存下来。

“司前”：明代的军事机构中巡检司为州县的指挥机关之一，一般都设置在距城稍远之处或关隘要地，由巡检领导。泰顺“司前自然村”，是明时设置巡检司

于此而得名的。此类地名还有“司前堤、司前堰、司前乡”等。

“莒江乡”：明景泰元年（1450）布政使孙原贞在此驻兵设岗哨，命名“莒岗”。后以谐音改称“莒江”。

“旗杆下”：位于文成，又名“谈阳村”。嘉靖十年（1531）明政府曾在此设巡检司，驻兵100多人，设旗杆，谈阳村也有了“旗杆下”的别称。古代谈阳地理位置很重要，在设置巡检司时还有过一段小故事：明洪武三年（1370），刘基就曾奏请在谈阳设置巡检司，但被胡惟庸诬陷，朱元璋心生疑虑，遂不准此奏。嘉靖十年（1531）五月十三日，吏、礼二部查奏表明刘基设司之议不是为己牟利，因此五月十九日奏敕准建立谈阳巡检司，设营兵125名，分五队。

二、带“营”“寨”等字的地名反映了驻军的情况

温州地名中，带“营”“寨”等字的地名有很多，这类地名则反映了当时驻军的情况。

“寨后”：当地《季氏宗谱》载，明末清初寨尖山曾为屯兵扎寨处。村庄位于寨尖山后首，故称“寨后”。

“寨山脚”：据传，古代此处立过山寨，四周筑寨墙，南北有寨门，可屯兵800余人，故后人称为“寨山”。村在寨山山脚，故名。

“寨头”：是从前至永嘉的陆上通道，设有寨堠，驻守官兵。村居寨堠之入口处，故名“寨头”。

“潘营”：潘姓人建村于山岙中，原称“潘岙”。后因地此驻过兵营，故称“潘营”。

“官坑底”：古时山上设寨，驻有官兵，故名“官坑底”。

“营盘”：乐清的营盘两边为山，是古驿道上的咽喉之地。清康熙初年，芙蓉汛的官兵常驻扎于此，而汛兵的驻地就叫营盘。“衙门基”就在营盘的中心，为守备官衙的所在地。后官衙损毁，仅留其基，故地名称为“衙门基”。“炮台垄”在营盘后面的山上，清时曾在此地驻兵架炮，山垄就是以炮台命名称“炮台垄”，如今遗址尚在。

“望江坪”：俗称“马冈坪”，山背有平地，举目可以将芙蓉镇与清江尽收眼底。清初，芙蓉汛兵将此地作为监视海面的瞭望地，所以叫“望江坪”，后因方言谐音又称“马冈坪”。

永昌堡

“营房坦”：清光绪六年（1880），全省防军被浙江巡抚谭钟麟编制为30个营，分别驻守各地，温州有10个营驻守。位于文成雅梅乡的“营房坦”即由此而得名。清光绪十二年（1886）分防县城由龙泉移回青田，驻黄坦，辖七、八、九三都，清末裁撤。“营房坦”即分防县丞衙署旧址。

此外，市区地名还有“兵营巷”：相传清代巷中有驻军兵营，故名。“四面营”：因古时四面皆兵营而得名。“四营堂巷”：清代，因巷对面有四面营营盘而得名。“前营巷”：太平天国时，清政府在西城驻有城防兵营，该巷地处兵营之前，故名。“后营巷”：清政府在西城驻有城防兵营，该巷地处兵营之后，故名。“下寅”：昔时，此地为郡城驻防营地，编为下营，后谐音演变为“下寅”。“军装局”：相传此巷在清代是存放军用物品之处。

第三节　军事地名反映了历代兵事

一、以“寨”等为通名的地名，反映了农民起义的情况

温州多丘陵地带，其山区面积占陆地面积的76.13%。境内又有雁荡、括苍、洞宫三条山脉贯穿全境。山区峰峦叠起、连绵不绝，峭壁峡谷、道路迂

回，部队进退自如、回旋空间大，非常适合农民起义战争和游击战，既可自由攻击平原城镇，又可退守于深山密林。温州古代历史上很多农民起义都是凭借着温州山区的地理优势发展壮大的。而今，在地名中仍留下这些起义战争的痕迹。例如：

"金山寨"：又名"吴成七寨"，在王宅乡高前村和金炉乡金山村交接处，是当年吴成七起义的主寨。元末民族矛盾和阶级矛盾非常尖锐，人民饱受压迫，生活苦不堪言。元至正十三年（1353），黄坦农民吴成七不堪压迫揭竿起义。依靠当地山势地形搭建山寨百余座，统义军数十万，控制了处州、金华、温州、建宁（今闽建瓯一带）等广大地区，与官兵进行了长达四年的斗争。到元至正十六年（1356）冬，吴氏总寨金山寨被攻陷，起义失败。如今，当年义军战寨遗址仍处处可见，吴氏起义军的活动在保留至今的地名中留下了深深的痕迹。例如，共宅村的"石鼓楼"，因吴成七选拔将士时，在楼前试石鼓比武艺而得名，今尚存石鼓一对。"水洪寨""青龙寨"相传均为吴成七义军之分寨。"洗马潭"：因其地近金山寨，相传为金山寨主洗马处而得名。中堡：吴成七在此地周围山上建立了"大路寨""十八节寨"和"寨头寨"，把山下集中点称为"中堡"（有中央堡垒的意思），遂沿用成村名。"寨上"：因山上有古寨遗迹，相传为吴成七所建。"济下"：传说村中小溪里有一石龟，元末吴成七在金山上立寨造反时，山顶有清泉，其水即本村小溪中石龟所送，故溪名"济川"，村名"龟济吴"，简称"济吴"，后吴败亡，改为"济雅"，又演变为"济下"。"下马垟"：相传，吴成七来此巡查，在新庄垟和三岔路口之间下马，称作"下马垟"。此外，还有"寨王墩、砖坑寨、凤垟寨、水连寨、单田寨、庵基寨、洞头坳寨"等地名。

地名还可以折射出统治阶级对农民起义的敌视和镇压。在封建时代，农民起义的领导人，往往被统治者所敌视，称为"山寇"，喻为"豺狗"。许多老百姓对农民起义也不是很理解。因此这些贬损起义者的地名也一代代流传下来。例如：

"豺狗洞"，相传吴成七战败后曾躲藏于此而得名。

"狮岩寨"：建于明嘉靖三十一年（1552），《瑞安县志》载："玉壶山沿溪有狮岩，横亘半里，逼似狮形。岩巅有大岩如裘，名天雷岩；水口有绝壁，峻绝峭立。……为防患，嘉靖壬子胡文轩辈谕众，筹集筑壁城，约高二丈，址阔一丈五尺，面宽九尺，中为寨房二十余区，高峻于邑令题其匾曰‘狮岩寨’。”现已毁，仅留一寨门，而狮岩寨作为地名则被保存了下来。

望楼亭：因防山寇而得名。明初，有寇在村西南的金山寨山上安营立寨，并在山脚设鼓楼亭，击鼓报更，隔溪与村相望，后村人为观察山寇动静，也建亭瞭望，因而得名望楼亭。

会甲溪：清朝时浙闽两省派兵在此会剿刁僧得名，甲乃“兵甲”之意。

二、军事地名反映了温州人民对外族入侵的抗击

温州地处中国的东南沿海，自古以来便是东南海疆重镇，其海防地位非常重要，这也在地名中有所反映。

（一）海防地名反映了抗倭的情况

我国元朝末年和明朝时期正是日本历史上的南北朝混战时期，那些失败的武士在日本国内无法谋生，便成群结伙地流浪到我国沿海地区武装抢劫、杀人放火，无恶不作。而温州的地理位置正是处于我国的东南沿海，东眺太平洋，和日本仅有一海之隔，且海岸线长达355千米，沿海岛屿星罗棋布。因此，极易遭受倭患打劫，人民处于水深火热之中。同时，也正是温州的这种特殊的地理位置使温州成为明代海防斗争的重要基地之一。温州沿海交通发达，港口众多，适宜海上进攻歼灭敌人。沿海有洞头、南麂、北麂、大斗等四大列岛为主的大小岛屿数百个，形成温州沿海地区天然屏障。为防倭寇骚扰沿海，明朝统治者相继在各防倭要地建立都城、卫所、寨堡、烽堠、炮台，温州军民英勇抗击倭寇的斗争迭见史志，这成为温州明代军事史上的一大特色。而由此产生的地名至今仍保留着。

“底回库”：根据《明史·兵志三》和当地宗谱的记载，明洪武年间，汤和巡视海上，建卫所造海船以抵御倭寇。而官山的大树可作船桅，故此地名“桅库”，后来因方言谐音演变成“回库”，又因回库军民扩大后有里外之分，本村在里面，方言称“底”，所以称“底回库”，还有“外回库”。

“宁城所城、金乡卫城、蒲城”：明洪武年间，倭寇不断骚扰江浙沿海，汤和奉命在沿海筑建海防，整饬水军。汤和，字鼎臣，元末明初人，他跟随朱元璋打下大明天下，有着出色的军事才能并深得朱元璋器重。汤和在瓯海修筑了宁城所城，在苍南修筑了金乡卫城、蒲门所城（简称“蒲门城”或“蒲城”，今

天仍然使用该名，为现今苍南的蒲城自然镇），还有壮士所城等寨城以抵御倭患，为抗倭立下了汗马功劳。

“永兴堡、永昌堡、寿宁堡”：嘉靖年间，倭患复又异常猖獗，永嘉修筑了永兴堡，温州修筑了永昌堡，芙蓉人朱守宣倡议在乐清瑶岙建造寿宁堡。这些卫所、寨堡都在抗倭中起了积极的作用。

“烟台、墨城乡”：嘉靖年间（1522—1566），大批倭寇从东南沿海登陆袭击温州各地，平阳、瑞安、乐清、永嘉都遭到不同程度的损失。时任浙江都司佥事的戚继光率领戚家军曾数次驰骋温州与倭寇水陆交战十余次，打得倭寇无还手之力，到处逃窜，倭患基本平定。平阳的烟台行政村正是由境内的烟台山而得名。而烟台山的名字便是戚家军在嘉靖年间来平阳御倭，在山顶设烟火台得名的，后村以山名。墨城乡也是由戚家军抗倭而得名的。据当地的《陈氏宗谱》记载，明嘉靖年间，倭寇犯境，戚家军在东山底至西山百步路处，建筑了一座长 750 米、高 4 米的防城，城直如墨线，因而得名“墨城”。

蒲壮所城

“沙城头”：相传为明时建筑沙城抵御倭寇，此为沙城始点，故名。

“吴堡”：明时为抗御倭寇入侵，在此设防建堡以此得名。

“寨下村”：是由于该村位于排石寨下而得名，曾雅称“寨雅”。据旧志记载，明嘉靖年间，县令刘畿为海防从西砚山麓至河埭共十余里立6座寨子，东边有司前寨、车头寨、岩前寨、五社寨4座寨子，西边有西埭寨、上河寨。其中，岩前寨俗名便是“排石寨”。

“梅头镇中村”：它的得名也与明朝时期抗倭有关。旧志记载，元末明初，梅头称“梅冈”，有前、后冈之分。后冈曾于明嘉靖三十八年（1559）建成城堡一座，以防倭寇。中村因村坐落于后岗原城堡的中心，故名。

“铜盘山”：相传明万历年间有陈、徐两位把总为加强海防，扎营于此，筑有烽火台，设炮台两座，遗址尚存。所以岛初名为“营盘山”，后因岛上岩石色泽似铜，岛形似盘才得名“铜盘山”。

“烟墩山”：位于东山乡北跨隆山乡界，明清时期在此设置寨堠派兵驻守，为海防要地，所以又名“寨山”。

（二）军事地名反映了抗清运动

“国姓岙、国姓澳”：据传，明末清初，郑成功曾驻此练兵，谋复明室，明末皇帝赐他朱姓。当地群众以“朱”为国姓，称郑成功为国姓爷，其驻地为“国姓岙”。清顺治二年（1646）7月，清兵攻克温州，实行民族压迫。清初，温州人民纷纷起来武装反抗清朝统治者。一直从事抗清运动的郑成功也曾在温州进行过抗清运动。温州的洞头列岛群山环抱，形势险要，素来有“外载海洋，内资三江”（瓯江、飞云江、鳌江），“盗得之可以为巢，我得之可以为守”等说法，故历来为兵家所重视，郑成功也没忽视这点。顺治十六年（1659），郑成功率领舟师北上，攻下磐石卫后，就曾在大门、大瞿岛备战休整达7个月之久，然后兵分两路进攻南京。现在在大瞿岛仍然保存有郑成功校场遗址，平阳有一个“国信澳”，是“国姓澳”的谐音。明末清初时，郑成功率兵驻扎在南麂岛，打败了荷兰侵略军，当地人民为纪念他，就将此地称为“国信澳”。

此外，地名还反映了浙南的革命战争。例如：

“红军洞”：原名“倒崩洞”，坐落于三合村干田下。1935年，刘英、粟裕等同志带领红军进山时，曾在此洞办公，红军伤病员也在此洞内医治养伤。1936

年，刘英同志召集浙江全省地下工作人员500余人，会同红军共计1000多人在下庄村外垄坳田开会，会后进行联欢。此后，群众就把“倒崩洞”改名为“红军洞”，外垄坳田改名为“联欢田”，以作纪念。

温州市区“胜利路”，是1949年浙南游击支队入城所经过的街道——小南门街改名的。

第四节　温州军事地名反映了浙南的英雄人物

“东瓯王庙”：秦汉时期驺摇乃越王勾践的后人，秦末，他率领瓯越人民起义反秦，后又跟随汉高祖打败了项羽，因有功于汉室，在瓯越建立了东瓯国，被晋封为东海王，俗称“东瓯王”。这是温州第一次有了行政建制，因此驺摇对温州的贡献是十分大的。温州人民在华盖山麓建立东瓯王庙来纪念瓯越始祖，东瓯王庙俗称“大殿”，现已被拆毁，仅留石砖仿木结构的门台，称“东瓯王庙门台”。

“南岩寨”：陈虞之（1225—1279），永嘉县岩头镇芙蓉村人，宋咸淳元年进士。南宋德祐二年，他随陆秀夫保益、广二王退至温州，为使二王安全，他率族人引元军进入楠溪，在芙蓉山南崖扎寨抵抗，称“南岩寨”。他在此坚持三年，在粮绝水尽、元军攻下南岩寨后宁死不屈跳崖殉国，其妻子、子侄、乡亲八百余人都壮烈牺牲。南宋祥兴二年（1279），其夫妻合葬于崖下寺洞桥边的陵墓。清康熙三十七年（1698），重修并立“宋进士秘书省校勘兼国史院云翁陈公暨殉节夫人赵氏之墓”墓碑。今天，永嘉的陈虞之墓已成为当地的名胜古迹之一。芙蓉村也建立了陈虞之纪念馆供人瞻仰。

“文信国公祠”：抗元名士文天祥也曾在元兵押解北上途中逃至温州，在江心屿停留一月之久，召集温、台、处三州豪杰志士组织勤王之师，以图恢复大计。因此，温州人民在他逝世200周年纪念日，即明成化十八年（1482）在江心屿建立“文信国公祠”来纪念他。

“诚意伯庙”：刘基为我国历史上杰出的军事家、政治家和文学家，字伯温，元末明初文成人。他随朱元璋南征北战，运用自己精兵法、通天文的军事才能为明朝的建立立下了汗马功劳。朱元璋登基后，刘基为明代建立“军卫法”，确定卫所制，加强对海防的戍守。为此，刘基被尊为明朝的“国师”，被封为诚意

刘基故里鹤鸣堂

伯。在文成南田乡华盖山麓就有一座诚意伯庙（为刘基祠堂），纪念这位明朝开国元勋。

“南塘”：浙南沿海有许多村镇名“南塘”，民族英雄戚继光号“南塘”，地名“南塘”大多与这位民族英雄的抗倭活动有关，是为了纪念戚继光的。

“将军桥”：位于温州市区。原名“介福桥”，根据乾隆《温州府志》记载，唐大中十三年（859），浙东裘甫于象山起义，连拔嵊县、余杭、慈溪等县，次年，部属南下攻温州。郡将龚炳偕翁、苏二副将拒战于此，皆死于此。里人为之立“龚将军庙”。桥在庙旁，因而改称将军桥，村以桥名。

以上这些军事建筑作为地名保存至今。

注释：

[1] 转引自牛汝辰：《中国地名文化》，北京：中国华侨出版社，1993 年，第 77—78 页。

第七章　从温州地名看科举制度和文化教育[1]

科举取士制度是封建王朝允许普通人士自愿向官府报名，经过分科考试，根据成绩，从中选取人才、分别任官的一种制度。我国是世界上最早采用考试的方法选拔文官的国家。早在周代就有“乡举里选”的方式，《礼记·射义》载：“诸侯岁献，贡士于天子，天子试之于射宫。”秦汉时期，我国就出现了以举荐为主，考试为辅的察举制度，这被认为是科举制度的源头。到了东汉，察举被豪门名士所操纵。曹魏政权建立之后，实行“九品中正制”的选官方法，将士人评议品级由豪门名士之手收归中央委派的专职官吏，但“九品中正制”从魏晋延续到隋，300 年来，造成了“上品无寒门，下品无势族”的局面，科举制度真正开始是在唐代。温州史称“小邹鲁”，文风颇盛。清代，曾主温州东山书院讲席的孙扩图作词云：“温州好，书院讲堂开。邹鲁当年曾比美，山川何地不生才，小别惜追陪。”据明弘治《温州府志》、明万历《温州府志》、清乾隆《温州府志》和温属各县县志及有关资料记载，自隋大业三年（607）至清光绪三十一年（1905）废科举止的 1248 年间，温州共考中进士 1976 名，其中文进士 1583 名，武进士 393 名。科举的重视，促使了教育的繁荣；同时，教育的繁荣，又促进了科举的发展。

语言是文化的载体，地名是文化的化石。科举制度和文化教育势必在地名上留下痕迹。温州地名中有“考棚巷”，清时此巷建有考棚，是考生参加科举考试的试场。此外还有“状元镇、进士坑、解元坊、举人坦”之类的，可反映出历代的科举情况。另一类如“县学前、府学巷、书阁、东山书院”等，可以看出当时文化教育的概貌。通过探究这些地名的来历，我们可以了解温州科举制度和文化教育的一些情况。

第一节 从温州地名看科举制度

一、地名反映了科举制度的特点及人们的心态

科举制度最重要的特点在于：其一，“投牒自应”，读书人不论其出身、地位、财产如何，均可自行报名参加考试，不必由官吏举荐；其二，考试定期举行，不必等候皇帝下达诏令；其三，严格考试，录取与否完全决定于考试文章优劣。[2]

一切以程式文章定取舍的特点，这就使一大批出身清寒、勤奋苦读的有真才实学的下层知识分子脱颖而出，成为一代名臣或大师。如宋代的王十朋、叶适、林景熙，明代的张璁等人。这些名人在地名上也有所反映。

梅溪村：村以人名。王十朋（1112—1171），字龟龄，号梅溪，乐清人，绍兴二十七年（1157）46岁中进士，廷对第一，官至龙图阁学士，著有《梅溪集》。

水心村：叶适（1150—1223），字正则，永嘉人。晚年居永嘉水心村，世称“水心先生”。淳熙五年（1178）进士，官至宝谟阁待制，卒谥文定。平生提倡经制功利之学，反对空谈性理，为我国古代杰出的思想家，是永嘉学派集大成者，著有《水心文集》等书。

翔园：当地《王氏宗谱》载，该地原有南宋爱国诗人林景熙的花园，常有鸟、蝶在花园上空飞翔，故名“翔园”。林景熙（1242—1310），字德阳，平阳人。咸淳七年（1271），自上舍生授泉州教授。历礼部架阁，转从政郎。宋亡不仕，往来吴越间，世称“霁山先生”，著有《霁山先生集》。

三牌坊：此巷原是明嘉靖时宰相张璁大学士府第之大门，因门前大道上树立三座高大的石牌坊而得名。张璁（1475—1539），字秉用，赐名“孚敬”，号罗山。温州瓯海人，正德进士，官至华盖殿大学士，谥文忠，著有《谕对录》《张文忠公集》等。

张府基：此处原是张璁府第旧址。

妆楼下：此巷在张璁府第女眷梳妆的妆楼之下。

以程式文章定取舍为特点的科举制度向任何一个读书人——哪怕是出身低微，贫穷潦倒的——展示着进入官僚集团的可能性，是下层民众进入上层社

会的几乎唯一的道路，使“朝为田舍郎，暮登天子堂”由梦想变成现实。明清时代，即使是一个穷秀才，也会受到社会的尊敬，官府和富人也必须“以礼相待”。封建社会的富裕之家，为了保住财产、地位，即使不谋求科举仕进，但至少也要培养出一个能与官府平等打交道的秀才。这促使人们对科举极度重视。在地名里也有所反映，具体表现在以下三个方面。

第一，以“鲤鱼”“龙门”为喻体构成的地名特别多。[3] 在中国传统文化中，中举被喻为“鲤鱼跳龙门”。《瓯江竹枝词》云：“城西十亩放生池，池上縠纹皱绿漪。妾羡鸳鸯能比翼，郎如文鲤得扬鳍。”如“鲤鱼山、鲤鱼尖、鲤鱼田、龙门山、龙门潭”等。这类地名重名的有很多，它们的大量存在反映人们对中举的渴望。

第二，以中举士人的活动来命名地名，反映了人们对中举者的仰慕。

驷马：据《徐氏宗谱》载，清乾隆十三年（1748）徐凯源、黄德似及杨、魏共 4 名举子上京殿试，全中进士，并同时骑马回乡祭祖、探亲，故称此地为“驷马”。

五十丈：相传南宋时，睦源周氏兄弟共 8 人，其中 7 人为朝廷命官，唯弟周八在家无事，受嫂欺辱，嫂曰：“汝能为官，余以石板铺路五十丈迎接。”周八乃发愤习武，果中武进士。及返里，嫂取石不及，只铺青街街路至溪路口一段，其余以布五十丈铺路迎之。村名因称“五十丈”。

青街：据传，此地南宋有一名士周八，被其嫂所欺，乃发愤习武，武举及第，其嫂以青石铺路迎之，故名“青街”。

会文里：宋项泽一门 18 人登第，立会文坊，后演变成地名，称“会文里”。

花园底：据嘉庆《瑞安县志》载，张氏居陶山，唐开元以来世有冠冕，自元丰至开禧第科目者 13 人。奉旨建御凤楼，并筑花园，围城垣，残存遗迹依稀可辨，村处花园城里，故名。

樊宅巷：清代樊姓贡生居此。

登选坊：因巷口原有曾氏“登选”牌坊而得名。据清光绪《永嘉县志》载，坊为曾鼐立，曾鼐字思宗，号朴庵，明永乐十五年（1417）举人，任礼部主事。

第三，知识阶层是社会的文化代表，然而中国古代的科举制度耗费了这个阶层的几乎全部精力，读书为了应举，应举为了做官。这就造成了弥漫全社会的“官本位”的意识，促成了人们强烈的“官本位”心理。在地名中首先表现为以官员的装饰“纱帽玉带”为喻体构成的比喻地名很多，如“纱帽河、纱帽岩、纱帽峰、玉带溪”等。其次以官员的姓氏、官职命名的，如“夏宅村”：古时为厦庆大夫所居地，故名“夏宅”。“薛岙村”：据传，北宋神宗时，袁州太守薛昌荣曾居此地，后被奸相所害，追封谏议大夫。明永乐年间，当地人建庙纪念，故名“薛岙”。“李岙村”：当地《吴氏宗谱》载，明万历年间已有李姓布政司在此聚族而居，故称“李岙”（1980年，出土了几百块李府厅的三角形青石）。“曹堡村”：原名“藏宝”。据传，明崇祯八年（1635），有曹姓侯王葬于后山，为纪念曹侯，改“藏宝”为“曹堡”，沿用至今。“御垟”：焦氏祖先曾当过御史大夫，故名村为“御垟”。还有“御史巷、御史墓”等地名。另外，有直接以“官”字命名的，如“官宕村”：民国《平阳县志·建置志三》载，宋绍兴十五年（1145），太常博士吴蕴古在宋埠创筑沙塘陡门，并定居此地，后人因此地建有官家住宅，遂名官宕。“坐官堂”：村边有一终年不积水的干塘，村名“坐干塘”，后改名“坐官堂”。“昆阳”：唐代潘姓人打猎路经此处，羡山川秀丽，择此定居，取名“金仓山下”，后因子孙当了官，改称“官垟”，村名以谐音改成“昆阳”。“旗杆底”：据《林氏宗谱》载，清康熙年间以有宦迹功名，树旗杆于门第，故名。以“旗杆底”为地名的还有好几处，平阳有村名“旗杆”，据传村边原有旗杆夹两对而得名，还有“旗杆墓山”等。

二、地名反映了科举的体例

科举发展在长期的封建社会发展过程中，已形成一个层次等级、条规、名目繁多的庞大体系，大致有下面几个层次。

童试：最初级的地方县、府考试。通过者，称为“童生”。

院试：在府、州的“学院”举行，又分为“岁试”和“科试”两级。岁试是每年举行的童生“入学”考试，录取后即为“生员”，通称“秀才”；科试则是对已在学校的秀才进行考试。

乡试：又称为“大比”，每三年一次，定在子、卯、午、酉年的八月初九至十五日举行，即所谓的“秋闱”。录取为“举人”。举人第一名称为“解元”。

会试：乡试后的次年（即丑、辰、未、戌年）的二月初九至十五日于京师礼部举行，又称“春闱”“礼闱”。录取者为“进士”。

殿试：科举的最后一次考试，在会试后的一月即三月十五日举行。殿试结果按宋之制，一律不黜落，只排定名次。前三名分别称“状元”“榜眼”“探花”。

各个层次的录取者，都是科举制度的幸运儿，受到人们的尊敬和羡慕，人们往往用“秀才”“举人”“解元”“进士”等名称来作地名。

市区有“秀垟村”：旧志载，唐刘冲隐居大罗山，号罗隐秀才，现存罗隐洞遗迹。秀才垟之名始于此，后简称“秀垟”。此外，还有“秀才坪”等。

“举人坦”：传说此巷原有空坦，一孕妇产下一婴儿后身亡，该婴儿被人抚养成人，后中举。故名“举人坦”。

平阳有“解元坊路”：据传，该巷从前住过解元。温州还有“解元”“唐解元”等村名。

需要指出的是温州自南北朝后，成为浙南重镇，尤其是南宋偏安江南，温州更成为经济、文化发达的沿海城市。温州籍人考中状元、榜眼、探花的人数骤增。从唐代到清代共考取文状元 7 人，武状元 16 人；文榜眼 9 人，武榜眼 3 人；文探花 3 人，武探花 6 人。其中，文科的在南宋时期占 73.6%，武科的在南宋时期占 96%。这在地名中也能反映出来。

状元巷：南宋孝宗时状元木待问居此。木待问，字蕴之，隆兴元年（1163）以廷对第一及第。历任著作郎，太子詹事，知福、婺二州和太平、宁国二府，焕章阁待制及礼部尚书等官职。

状元里：因状元周旋居此巷而得名。周旋，字中规，明英宗正统元年（1436）进士，廷试第一名。授官翰林修撰，进侍讲，著有《畏庵集》。

进步里：原名“进士第”，因清乾隆年间，有姚姓进士建第于此而得名。

进士坑：当地《郑氏宗谱》记载，其祖先林郎于清嘉庆二十五年（1820）得中进士。后人为纪念林郎，取村名为“进士坑”。

吉士坊巷：因巷口有为进士刘安定而立之吉士坊，故名。

侯衙巷：因明嘉靖进士、江西左布政使侯一元居此而得名。

此外，还有“状元桥、状元镇、进士牌楼、进士墓”等地名。

还有一类是以进士们的活动命名的地名。

巽宅：因始居孙氏，故名“孙宅”。乾隆年间，探花孙西旦，选八卦“☵”（“☵”名巽，代表沼泽）取村名“巽泽”。清代“巽泽”“孙宅”二名同用，民国时各取一字定名“巽宅”。

朱岙：相传明代绿嶂村进士史文公辞官荣归。一次游山至此，发现山水奇异：左山形如蛟龙飞腾，右山状如滚龙抢珠，遂从原地迁居，定居于此，取名“珠岙”，后习写“朱岙”。

吟州：又名“洐川”。传说明初王榜眼看演戏，赋一诗，诗中有“洐川”二字，故名，后改写成“吟州”。

我们还应看到科举的另一面，进士及第，是封建社会士人人生途中最关键、最荣耀的一步，放榜之后，新科进士们总是陶醉于美酒名花的狂欢之中，尽情享乐。公卿豪贵之家也在新科进士中选东床快婿。而新科进士为求得政界应援拉拔的关系，迅速授官升迁，与权门联姻。已婚的扔下家中的糟糠之妻，使家人望穿双眼。这在地名中也有反映，如廊下村：据《朱氏族谱》记载，明嘉靖年间，朱氏祖先上京考功名求官，其妻盼夫归心情急切，造一“望归亭”于路口，并建有一条避风雨长廊通达亭内，便于太婆在廊下来往，故名。

科举制度向每一个读书人展示着进入官僚集团的可能性，但考取功名的毕竟是少数。他们有的出入科场，头白身衰仍锲而不舍地追求，以为“今科虽失而来科可得，一科复一科，转瞬之间其人已老”（冯桂芬《校邠庐抗议·改科举议》）。有的愤而闭门著书立说，授徒讲学。后者更得到人们的尊敬，人们用他们的姓氏来作地名。

景山：王开祖（约 1033—1065），字景山，永嘉人，皇祐五年（1053）进士，曾任校书郎、丽水主簿，年三十二卒，为永嘉之学的开山祖，著有《儒志编》，学者称其为“儒志先生”。陈谦：乾道八年进士，作《儒志先生学业传》载：“皇祐五年（1053）中第三甲进士第。洪氏《登科记》：云‘是年应制科者十有八人。宰相不曾留意取士，密谕考官，只放一个过阁下试六论。贤良赵彦若中选，及对策，又黜之’。是年制科并不取人。景山然不调而归，尽焚旧作。纵观经史百家之书，考别差殊，与学者共讲之，席下常数百人，尊之曰‘儒志先生’，……倡鸣‘道学’二字著之语言。此永嘉理学开山祖也。”人们用他的字作为山名。

万桥：乐清天成乡万桥村有一座横跨江面的大桥，该桥创建于宋哲宗元祐二年（1087），由乡人万规倡议建成的，故名“万桥”，村以桥名。万规，字仁甫，号东平，乐清万桥人。熙宁初试礼部不中，便谢举子业，闭门著书，又累荐不就。在村设书塾，教授乡里，为百姓建桥，是一位“退而修于野”之士。

三、科举催化了诗歌的繁荣，这在地名中也有所体现

清康熙“御制”的《全唐诗序》:“盖唐当开国之初，即以声律取士，聚天下才智英杰之彦，悉从事于六艺之学，以为进身之阶，则习之者固已专且勤矣。”省试诗赋，由于它与仕途利禄紧紧相连，这就促使士人将毕生精力投注其中，当他们日常吟咏之时，为寻求题材和灵感，必须留意观察生活，观察社会，观察自然。浙南优美的山水造就了山水诗的鼻祖谢灵运，同样也造就了“永嘉四灵”等一批杰出的诗人。以温州地名入诗的比比皆是。据粗略统计：作家出版社 1998 年出版，由黄世中选，沈洪保注的《温州古诗选注》选入古诗 479 首，其中题目中有地名的 294 首，除个别非温州地名外，温州地名入诗的占一半左右。诗歌繁荣在地名中的另一个表现是许多温州地名非常优美，充满诗情画意，如永嘉的“枫林、碧连、霞美、霞川、梅园、梨村、桂坑、芙蓉、玉池、绿嶂村”等，平阳的“翔园、傲寒、梅园、梅林、梅溪、浪花礁、桃源、莲花、荷莲、荷花宕”等等。

第二节　从温州地名看文化教育

唐代科举的应试者主要由两部分人组成，即“生徒”和“乡贡”。生徒即官办学校的学生，他们修业期满，可以应举参加考试。乡贡即各地方士人自学或在民间私塾学成的，向本县、州投请应试，经地方预试合格，再“进贡”到京师应试。[4] 不管是“生徒”还是“乡贡”，都离不开教育。更重要的是科举制度将权力、财富、地位与学识结合起来，这就造成了中国民族极端重视教育、刻苦勤奋读书的传统素质。

一、地名反映了浙南的教育网络

宋、元、明、清四代，府学（包括县学）、书院、蒙学构成浙南的教育网络。

西晋太康年间（280—289），平阳刚建制，已建有学宫。东晋太宁初年，建立永嘉郡学，即后来的温州府学，是为浙江最早建立的府学之一。《文献通考》载：“唐天宝十二年（753），敕令天下乡贡举人，不由县学者勿举。”县学开始与科举制度挂钩。但其时，只有乐清县学始建，其余各县尚无县学。五代

时，由于长期战乱，官学逐渐凋零，私学应运而生，逐渐代替官学地位。庆历四年（1044），宋仁宗根据范仲淹等人的建议，“乃诏州县立学，本道使者选属部为教授，不足则取于乡里宿学之有道业者”。并规定在校学习满300天的人，才能参加取解试，过去曾经解送的，学习时长可减为100天。《明一统志》确定平阳县学建于此时。永嘉县学建立于宋元祐三年（1088），瑞安县学迁建于宋崇宁元年（1102）。宋代，县学基本上未设学官，一般是“知县兼管勾学事”，县丞、主簿等也参与讲学。南宋人才辈出，在117年间举进士者达406人。但这些人才却很少是由县学培养的。叶适曾评说：“今州县有学，宫室廪饩无所不备，置官立师，其过于汉唐甚远，惟无所考察而徒以聚食，而士之俊秀者不愿于学矣。”“今日之学校也，乃为弃材之地乎！”到了宋末，县学实际上成了“明智之士”装点门面的“饬治之具”。许多士人修学于书院。书院之名始于唐，而盛于宋、元。宋皇祐年间（1049—1054），王开祖在东山讲学，温州始有书院。宋淳祐十二年（1252），王致远、陈南一建永嘉书院（今“书堂巷”沿称不变）。之后，平阳陆续建有8所书院，开始时多是私人讲学授徒，作培育人才的处所。宋咸平四年（1001），诏州县学校及聚徒讲学之所并赐九经，书院地位与官学相同。《文献通考》云：“盖州县之学，有司奉诏旨所建也，故或作或否，不免具文。乡党之学，贤士大夫留意斯文所建也，故前规后随，皆务兴作，后来所至，书院为多。而其田土之赐，往往过于州县学，盖皆仿四书院云。”作为新生事物的书院，开始是优越于县学的。《续通考》胪列宋时全国官办或官助的书院，温州不在其内。元朝，书院转向官学化。明代，非学校出身不能应科举考试，书院不受重视。温州只有鹿城书院，但各县所建书院都同以科举获举的士人有密切的联系。永嘉有“芙蓉书院”，王瓒读书于此，“罗山书院”由明郡人张孚敬创办，及入相，奉敕改建为“贞义书院”。乐清有“梅溪书院”，知县以状元王十朋号命名。清初，“不许别创书院”。雍正时，禁令解除，但不论“绅士出资立，或地方官拨公经理”，仍要“申报该管官查核”。平阳正式出现与县学相并立的书院是乾隆中期的龙湖书院。“各乡闻龙湖书院之兴也，此倡彼和，而吾南、环青、逢源相继而起。配以恒产，而弦歌之声渐盛。”到了清末，共有10所书院。

这些府学、县学的名称基本上在市区和各县城的地名中还能保存下来。如市区的“府学巷”原为府学所在地。县学前：因县学设此巷而得名。据清光绪

《永嘉县志》载：“永嘉县儒学在县治东华盖山麓。宋元祐三年（1088），县令吴君平始建。”此后，元、明、清诸代，皆有修建或扩建。李东阳曾作《永嘉县学奎光阁记》，李东阳（1447—1516），湖南茶陵人，天顺年间进士，官至文渊阁大学士。明正德元年（1506），永嘉县令王献臣于华盖山建奎光阁，为永嘉士人藏书，讲诵六经之所。《瓯江竹枝词》曰：“广文官舍对山青，时引诸生讲六经；问水亭前辨清浊，三生石上证精灵。”（问水亭、三生石皆在县学署中）各县市的“县学巷”“学前街”等地名表明历史上县学的存在。

上文提到的书院始于宋代，盛行于明朝，延至清末而废止，它原为藏书、修业之所，后以讲学、考课为主，兼藏书和祭祀。各个书院的命名方式大致可分三类：

（1）以人名命名

梅溪书院：为纪念王十朋（号梅溪），创建于元代，为乐清历史悠久、规模最大的书院。高谊［宣统三年（1911）举孝廉方正］作《梅溪书院教学记》陈述嘉庆以后书院史略，特别阐明清季由陈介石先生两度掌讲，乐清文风为之丕变，其讲学倡导之功，永垂于世。

儒志坊：“府学巷”的旧称，以纪念宋初曾居此巷内的“永嘉之学”始倡者，学人尊他为“儒志先生”的王开祖。清代改名“府学巷”。因温州府儒学建于此巷口。

罗山书院：明朝张璁（号罗山）授徒讲学之处。

（2）以地名命名

“东山书院”位于东山山麓，“芙蓉书院”位于永嘉芙蓉村，“昆阳书院”位于平阳昆阳。还有“龙湖书院、狮山书院、武阳书院、南阳书院、花竹书院、李山书院”等都是以地名命名的。

（3）书院的命名有特殊含义

会文书院：又称“会文阁”，为北宋学者陈经邦与从弟经正所创。陈经邦，平阳人，宋大观三年（1109）进士，官终迪功郎。他在《会文阁记》中写道：“邦自髫龄读书，晚而不倦。……于是谋于家居之前，创为书阁，且欲远于家务，庶免家人之所讥议。阁告成，尝试以‘会文’名之，而又凿沼于其前，开圃于其侧，环山列屏乎左右，带水萦绕乎东西，日与诸友登临于此，以读书缀文为事。休则凭栏寓目，畅气舒怀，一觞一咏，自有其乐……”阐明了以文会友、以友辅仁的儒学宗旨。

宝香书院，创建于光绪三年（1877），为纪念明卓敬而立。孙锵鸣（1817—1900），字绍甫，号渠田，瑞安人，孙衣言弟，道光二十一年（1841）进士，翰林院编修，官至侍读学士。作《宝香书院碑记》，文中记载书院创立的始末，并颂扬卓敬的品节，勉励诸生向其学习。

集善院：为南宋陈则翁任广东副使时，崖山之变宋亡后归里所建。院内供奉宋朝皇帝龙牌，同遗民北奠。后作为书院。陈为高则诚舅公，则诚曾在院中读书。今院为晚清重建，仅存后进，面阔五间，进深五间。现为高明小学校址。

随着时间的推移，这些书院大多已毁，但第一类地名曲折地保留了下来。“梅溪书院”“罗山书院”已消失，但“梅溪村”“大罗山”等地名得以保存。第二类地名本身就以地名命名，不管书院是否存在，地名总是存在的。第三类地名随着书院的消失，作为地名也基本上不存在了，但要注意的是下列地名：

书堂巷：因巷中有建于南宋时之永嘉书院而得名。

心兰巷：清陈志三创心兰书社于此。

下峭峥：据当地《金氏宗谱》载，明万历五年（1577），金氏祖先从詹家埠移居此地。村北 50 米处有一书院，名“凤阁斋”，以此名村。后因方言谐音，演为“下峭峥”。

这些地名反映书院的情况就更隐晦了。

蒙学包括社学、义塾、私塾。明太祖洪武八年（1375）诏天下立社学，“延师儒以教民间子弟，导民善俗”。平阳第一所社学，是成化十四年（1478）建成的贤祠社学。义塾（又称“义学”）与社学性质一致，都是培养科举人才的初级学校。但社学是官办的，义学除官办外，也有不少是私人捐资倡办的。明代，平阳有社学近百所。清代，平阳有社学 4 所。元、明、清先后建义塾 10 所。明代，永嘉有社学 97 所，义塾 3 所。明代，乐清建社学 34 所，义塾 2 所。明代，瑞安有社学 4 所，义塾 1 所。清代，泰顺有社学 16 所，义塾 1 所。[5]

私塾，也称“书馆”，是旧时民间较普遍的一种办学方式，大致有如下三类：一是由族中族长延聘塾师或地方上热心教育的人士，招收族中或地方子弟入学。塾舍一般设于宗祠或殿宇中。这类私塾若不受或少收学费，则称为“义塾”。明弘治二年至九年（1489—1496），有邓林、横溪、金山、项桥、龙江、梅江、还塘、北山8个义塾，或设在祠堂，或义民捐建，且都拨有田亩，“延师设教，以田租赡塾之师徒”。二是由一家或数家富户出资，聘请塾师教育他们子女的家塾，塾舍一般设于出资人家里，其亲友子弟也可附读。三是由塾师自行设馆，招收近邻村童入学，学费按入学儿童程度分摊，有的由家长轮流供膳。私塾入学年龄没有严格限制，一般招收七八岁以上童蒙。没有统一的学制，教材也可因人而异。民国时期，私塾一般废除，仅山区尚有少数残留。

社学、义塾、私塾，除富户延师自办的家塾外，多以寺院、宗祠、社庙为办学场所。泰顺义塾就办在文昌阁。这些义塾往往以地名命名。如“南田义塾、屏川义塾、玉壶书社、莲头私塾、潘山书馆”等。塾馆废除了，但地名还存在。

此外，古称村塾为“庠”，因此温州有地名“下庠”，村处于茗山山麓下首，因茗山山麓从前有村塾，故名。旧时学宫前的水池叫“泮”，学校就叫“泮宫”[6]。温州有地名“泮垟”“泮垟前横（简称‘前横’）”“泮垟后横（简称‘后横’）”。清道光丙戌《乐清县志》载：“古时文风颇盛，入泮者众，故名‘泮垟村’。后以人口增多，分为前后二村，该村居后，称‘泮垟后横’。”从这些保留下来的地名中，我们可以了解当时的教育情况。

二、地名反映了尊师重教的观念

教育的发展除了科举制度的刺激外，与温州历代郡守为化民成俗，努力普及教育，促使文风高涨有关。乾隆《永嘉县志》转引《旧志》说：“王羲之治尚慈惠，谢灵运招士讲学，由是人知向学，民风一变。”在当政者的倡导下，浙南地区对教育非常重视。几乎各村的宗谱里，都记载了一些读书人的事迹，以博学为自豪。在地名中也反映了对教育的重视。表现为两点：

一是以“文房四宝”为喻体构成的地名特别多。[7]

如“文笔峰、卓笔峰、大笔峰、笔尖峰、文笔巷、墨池坊、墨池巷、纸山、砚台岩、砚瓦槽”等。

楠溪江古村落“苍坡村”面对的山叫“笔架山”，村中的街道叫“笔街”，池塘叫“墨池”，充满浓浓的书香。

二是把对教育的重视直接寄托在地名里。

树贤村：取育才树人之意，故名“树贤”。

增光井：清宣统三年（1911），有邓小华者在张家井宫创办北山小学，后以勉励师生为地方增光而改名“增光小学”，村名张家井改名为“增光井”。

此外，还有“兴文里、兴学巷”等地名。

教育的主体是教师和学生。教育的发展、学生的进步，离不开教师的辛勤教育。在温州历史上，教师普遍受到尊重。这在地名中也有所反映。

柯师垮：传说一虞姓教师在此任教，深受村民尊敬，后过继给柯家，故此地名为“柯师垮”。

郎中岩：相传有一书生避难至此，在一个岩下设馆教书，人们尊称他为“郎君”，称该岩为“郎君岩”，村以岩得名，后写成“郎中岩”。

总之，科举制度刺激了教育的发展，教育的发展又影响了科举，它们之间是互动的，这些都在地名里有所反映。我们可以通过对温州地名的考察，了解浙南历史上的科举与教育情况。

注释：

[1] 盛爱萍：《从温州地名看科举制度和文化教育》，《国文天地》（台北）2004 年第 4 期。

[2] 参见金诤：《科举制度与中国文化》，上海：上海人民出版社，1990 年，第 48 页。

[3] 参见盛爱萍：《从温州“比喻地名”看楠溪江耕读文化的特点与分布》，《修辞学习》2001 年第 4 期。

[4] 参见金诤：《科举制度与中国文化》，上海：上海人民出版社，1990 年，第 51 页。

[5] 温州市志编纂委员会编：《温州市志》，北京：中华书局，1998 年，第 2463 页。

[6] 参见《现代汉语字典》，北京：商务印书馆，1978 年，第 843 页。

[7] 参见盛爱萍：《从温州“比喻地名”看楠溪江耕读文化的特点与分布》，《修辞学习》2001 年第 4 期。

第八章　从温州地名看浙南的宗教文化

第一节　温州佛教地名与浙南佛教文化、浙南瓯语的互动关系[1]

佛教创立于前6—前5世纪的古印度，佛教传入中国的时间，有多种说法，学术界比较一致的看法是佛教通过印度的西北地区、大夏、安息、大月氏、康居并沿丝绸之路，于东汉初传入中原。最初被用于祭祀，东汉后期传入民间。魏晋时，佛教活动主要是译经，也有少量的寺庙建筑。晋明帝时（323—325），温州已建有崇安寺。隋唐是佛教的兴盛阶段，在译经、寺庙古窟建筑等方面都有很大成果。温州的许多寺庙均始建于此时，如乐清的“法华寺”建于隋代，“南屏寺”建于唐代。五代动乱，北方佛教衰落，但处于南方割据政权内的温州，佛教却很兴盛。据乾隆《平阳县志》统计，平阳从五代至宋建了64所寺院，其中25所建于五代。宋元时期，佛教进一步繁荣，贯休的《咏雁山十八寺》云:“本觉凌云到宝冠，能仁古塔上飞泉。普明罗汉石门里，瑞鹿华严天柱边。古洞灵峰真济并，灵岩霞嶂净名连。石梁不与双峰远，十八精蓝绕雁巅。”这是一首地名诗，由18个寺院名组成。诗中除本觉寺建于唐乾宁年间外，其余的凌云寺、宝冠寺、能仁寺、古塔寺、飞泉寺、普明寺、罗汉寺、石门寺、瑞鹿寺、华严寺、天柱寺、灵峰寺、真济寺、灵岩寺、净名寺、石梁寺、双峰寺均建于宋代。一座雁荡山在宋一朝就建起17座有名的寺院，可见佛教的繁荣。明清佛教衰落，然而浙南大地却禅宗盛行。据旧志不完全统计，平阳县在康熙前期，有寺庙60座，乾隆时有180座，到民国初年已达333座。纵观历史，由于各种原因，佛教在中原大地上时兴时衰，但在温州，佛教，至少是其某一分支，一直兴盛。这对温州地名产生了不少影响，形成了一批佛教色彩很浓的地名，如“禅街、麻行僧街、观音洞、和尚田”等。我们称之为“佛教地名”。它与佛教的传播、发展及宗教活动有着千丝万缕的关系。

“地名是人们赋予各个地理实体的专有名称。”[2]地名是文化的化石。虽然有些地名与命名时的初始状态相比已发生变化，但由于地名的继承性，有相当一部分地名保留了下来，这些地名为探索某地区、某一时期的文化提供了丰富的材料。地名作为专有名词的一部分，其表层结构是语言，深层结构是文化（狭义的文化），那么温州佛教地名的表层应是浙南瓯语，其深层是浙南佛教文化。一方面语言、宗教作为广义文化的一部分势必会对地名产生影响；另一方面，地名也会对语言、宗教产生反作用。这就是地名与语言、宗教的互动关系。本节试图讨论温州佛教地名与浙南佛教文化、浙南瓯语的互动关系。

一、浙南佛教文化、浙南瓯语对温州地名的影响和制约

（一）佛教对温州地名的影响

佛教传入温州的确切时间已不可考。但近两千年来，佛教作为完全不同质素的文化系统，经历了探索、冲撞、适应、融合等阶段，深深融入温州社会生活的各个方面，成为浙南文化的一个重要组成部分。它势必会对地名产生深刻的影响，在温州地名里留下深深的痕迹，具体表现在以下几个方面。

1. 以佛教建筑物为标志形成的地名

“建筑物……由于这些地物在周围环境或同类实体中富于特色或知名度较高而显得突出，因而获得了方位意义，可以作为地名来称说。”[3]这类地名的特点是：通名常常是“寺”“庵”“庙”“塔”等。

“寺”：东汉时为官署名。“今九卿自大理、太常已下官署皆名曰寺，沿东汉之地。”相传汉明帝时，天竺僧摄摩腾、竺法兰自西域以白马至洛阳，舍于鸿胪寺。后建白马寺，遂以寺为佛教庙宇之名。温州以“寺”为通名构成的地名很多，市区有“江心寺、妙果寺、普觉寺、庆福寺”等。瑞安有“普安寺、闲心寺”等。乐清除了上文提到的雁荡山十八寺外，几乎各乡镇都有以“寺”为通名的地名，如“法华寺、南屏寺、汇峰寺”等。

“庵”：原指圆顶草屋。《释名·释宫室》：“草圆屋曰蒲。……又谓之庵。”后多指尼姑所居之寺院。“庵”的规模比“寺”小。以“庵”为通名组成的地名也很多，如瑞安的“牛石庵、上坪庵、半坑庵、龙潭庵”，永嘉的“巨坑庵、新庵、老庵”等。

“庙”：古时指供祀先祖神位的屋舍。佛教传入后，把供祀佛的屋舍也叫

“庙”。《晋书·何淮传》：“惟诵佛经，修营塔庙而已。”温州地名中有“大爷庙”。

“塔”：是“佛塔”的简称。佛塔起源于印度，“梵语为 stūpa（窣堵坡）”，晋宋译经时造为“塔”字，塔用于收藏佛祖或高僧的舍利子。后亦用于收藏经卷、法器、佛像等，甚至用来葬僧尼。温州市区有“净光塔”，2002 年年底开始在原址上重建，在原塔基中挖掘出永嘉大师玄觉和尚的舍利子。[4] 此外，温州地名中还有“界塔、白塔、东塔山”等。

2. 以僧尼或他们的活动命名的地名

随着佛教的传播，寺院的兴建，一个新的群体——僧尼产生了。由于他们装束特别以及社会地位的特殊，他们显得与众不同。人们喜欢用他们或他们的活动来命名。

一类是直接以和尚命名的，大多是某地或某山与和尚的外形相似，如洞头的“石和尚”是一孤立的岩石，犹如一尊石雕的和尚，有人题诗云：“赤脚光头一老禅，出家究竟是何年。向来不念弥陀佛，不灭不生不上天。”雁荡山的“迎客僧”，山形似一披袈裟的和尚拱手迎接客人。“头陀寺”，始建于五代后汉乾祐年间，寺庙依山而建，山耸而圆，状似老僧踞坐，故有“头陀”之名。头陀即“和尚”，地名还有“和尚礁”等。

另一类是以僧尼的活动命名的，如“禾上寮”（“和尚寮”的谐音）是和尚居住的草屋。“禾上田”（“和尚田”的谐音）、“和尚垟”是因为从前村前几亩水田是寺院和尚的产业。尼姑在温州话里称“师姑”或“师姑娘”。因而温州地名中有“施古院（‘师姑院’的谐音）、师姑娘潭、师姑基、施家岙（‘师姑岙’的谐音，因古时村旁有尼姑庵，故名）”等，都跟尼姑的生活活动有关。温州市区的“四顾桥”，相传元时有位尼姑在桥边捡到一男婴，含辛茹苦将其抚养成人，人们把此桥叫“师姑桥”，谐音为“四顾桥”。

更重要的一类是，由于和尚，尤其是高僧为人们做了好事，人们就直接用其姓氏作为地名，来纪念他。

广惠庙：明末广惠和尚用两句诗保全了寺院和周围群众的住宅。人们就用他的名字来命名。

甘泉坊：以十几岁能写回文诗的聪慧的小和尚甘泉之名命名。

妙智寺：传说唐代高僧玄觉曾栖生头陀山峦。为纪念玄觉，取其谥号“圆明妙智”中“妙智”二字，因此而得名。

3. 以佛、菩萨命名的地名

佛、菩萨、罗汉是佛教的三个等级。大乘佛教中，菩萨地位仅次于佛，远远高于罗汉。佛、菩萨、罗汉除地位不同，在佛殿中的位置有区别外，从形象上看，他们头部的装束也有明显的不同。一般说来，佛是不戴帽子的，头上布满小而卷曲的螺髻；菩萨常戴雕饰精美的宝冠；罗汉则与剃发的和尚差不多。佛教的神祇由异域传入中土后，人们往往以佛、菩萨作为地名以求赐福保佑。但以罗汉为地名的很少，形似罗汉的，由"和尚"来替代了。在以佛教的佛、菩萨等崇拜对象构成的地名中，观音、弥勒最多。观音大慈大悲，救苦救难，以使众生解脱一切苦难为务。这一职能，当然是极泛极大且极重要极实用的，也是观音受到人们普通信仰的一个重要原因。另外，在民间信仰中，在众多的主生育的神灵里，观音是最著名的一位，被称为"送子观音"。"不孝有三，无后为大。"子嗣问题，在中国民间是最重要的问题。这是观音受欢迎的另一个重要原因。弥勒，是梵文 Maitreya 的音译，意思是"慈氏"。这是佛教的菩萨名，但我们民间称之为"弥勒佛"，民间对于弥勒佛的出处、法力、行事等，并不知道多少，一般人只知道他的形象：一个浑身是肉的胖和尚，袒着胸脯，露出大肚子，短短的脖子，圆圆的头，慈眉善目，两耳垂肩，咧着大嘴哈哈笑，无忧无虑。人们称其"大肚能容，容天下难容之事；开口便笑，笑世间可笑之人"，是"福"的象征，因此受到人们的欢迎。以佛、菩萨命名的地名有很多，如永嘉的"石佛汪"，因村旁有一天然石佛，状如弥勒，又村处山坳，"坳"和"汪"方言同音，故名。又如"金佛山""佛住岩"等均取其自然物似佛而命名。温州市区"小虹桥"在民国前称"水井佛前"，因巷中一水井刻有弥勒佛石像，故称"水井佛前"。瑞安万松山麓有观音寺，乐清雁荡山有观音洞，有景点"观音坐莲花"。洞头有景点"观音驯狮"，而"石佛观海"，是酷似一尊拱手盘坐于莲花台上的观音菩萨，面对波涛万顷的大海。此外，值得注意的地名有"金刚尖""大鹏山"等，这里"金刚"就是佛教中的"天王"，是神将，"大鹏"是佛教"天龙八部"之一的迦楼罗王的俗称。

4. 以佛教讲义、宗教仪规命名的地名

法华寺：直接取自《法华经》。

密印寺：取自佛法"生、口、意"三密相印之说。

妙果寺：寺名语出梵典，含有"殊妙胜果"之义。

南陀村：取自“南无阿弥陀佛”。

宿觉寺：唐代永嘉高僧玄觉大师谒见禅宗六祖慧能，谈了一宿。禅宗《传灯录》用了传奇的手法，既幽默又戏剧性地记述了他俩相见的情景，他们谈得心心相印，盎然成趣，由近及远，从浅到深。玄觉顿悟“无生”之理，慧能连呼：“善哉！善哉！”这被禅宗史称为“一宿觉”。他修行习静，位于温州松台山的寺院也就称为“宿觉寺”。

放生池：位于温州九山湖，四月初八相传为释迦牟尼诞辰，温州各佛寺举行诵经，并用各种名香浸水，灌洗释迦牟尼的诞生像，以纪念佛的诞生，称“浴佛节”。佛教主张不杀生。这一天，人们买青蛙、鱼、鳖、蛇等，于放生池放生。

施水寮：佛教主张慈悲、施舍。施水寮原是一座对行人施水的尼姑庵。

5. 以佛教象征物及法器、用具命名的地名

莲花：是佛教象征物，也用来喻佛门的妙法。明代李贽《观音问》：“若无国土，则阿弥陀佛为假名，莲华为假相，接引为假说。”“莲花世界”是佛教所称的极乐世界。康有为《大同书》乙部第二章：“孔子之太平世，佛之莲花世界，……实境而非空想焉。”温州以“莲花”命名的地名很多，如永嘉的“碧莲、望莲峰”，洞头的“莲花台”，瑞安的“白莲村、莲子湖、莲花礁、莲花山、莲潭山”，文成的“莲头村”等。

木鱼：佛教法器。相传佛家认为鱼昼夜不合目，故刻鱼形木像，用以警戒僧众应昼夜思道。唐司空图《上陌梯寺怀旧僧》之一：“松日明金像，山风响木鱼。”温州也有用木鱼命名的地名，泰顺有“木泥岩村”是“木鱼岩村”的谐音。

此外，还有“香”“香炉”等，乐清有景点“一支香”，永嘉有“香炉峰”，文成有“香炉丘”等。

总之，佛教文化对温州地名的影响，使之产生了众多的佛教地名，这些地名都具有浓厚的宗教色彩。

（二）浙南瓯语对佛教地名的制约

温州地名，作为专有名词的一部分，自然受到语言系统尤其是浙南瓯语的影响。具体表现在下面几个方面。

1. 受汉语韵律结构的制约，温州佛教地名中有许多是简称地名

温州佛教地名没有单音节，一般都是三个音节的“超韵律词”，如“能仁寺、净名寺、白云庵、南陀村、木鱼岩”等。超韵律词的出现是有一定条件的。我们分析温州三音节的佛教地名，会发现它们的格式都是[2+1]式，无一例外。如果按照韵律词的一般分析原则，即从右到左。那么上述“仁寺”“名寺”等都是韵律词，事实上“能仁”“净名”等本身就是韵律词。“韵律词的创造不允许把创造新词建立在破坏旧有的成果之上。”[5]因此，它只能分析为由双音节的专名和单音节的通名构成的[2+1]式的超韵律词。这种超韵律词的构成是有条件的：“只有当树形结构的最右边的节点是单音节成分的时候，超韵律词才允许出现。”[6]而温州佛教地名中处于最右边节点的是单音节的通名，恰好符合这一条件。

然而，三音节的佛教地名往往是由一些宗教建筑物名称构成的地名，在社会生活中它们常用来指称村镇，转化为村镇名。按理说，应在该三音节的地名后，加上一个通名“村”或“镇”，如“能仁寺”转化为“能仁寺村”，变成了四个音节，这样就不是一个韵律词了。因此，像这一类的四音节地名在温州地名中几乎不存在，三音节地名用来指称村镇时，常采用简称地名，或脱落一个通名，变成三音节，成为一个“超韵律词”，如“能仁村”“净名村”，或两个通名均脱落，变成双音节，恰好构成一个音步，成为一个标准的韵律词，如“能仁”“净名”。

2. 受浙南瓯语语音的影响，温州佛教地名中出现了许多谐音地名

温州佛教地名里有许多是谐音地名。如“禾上田”“和上田”都是“和尚田”的谐音。谐音的大量使用与浙南瓯语的语音状况有一定的关系。浙南瓯语的基本音节不太多，这使浙南瓯语中有相当数量的同音词，它们音同义不同，为谐音的产生提供了有利条件。另外，浙南瓯语语音系统跟普通话语音系统相差较大，据游汝杰先生调查，温州市区有声母29个，韵母35个，声调8个。其他各县相差不是很大，如文成声母30个，韵母34个，声调8个。构成的音节就有数千个，这不同于普通话音系，普通话音系里，声母22个，韵母39个，组成400多个音节，加上四声变化和轻声、儿化，也只有1300个左右。这样使得一些地名在普通话中是谐音的，但在浙南瓯语中是不谐音的；反之，有些地名在浙南瓯语中是谐音的，但在普通话看来是不谐音的。温州佛教地名中谐音

地名很多，如“庙活村”是“庙下村”的谐音；“安基”是“庵基”的谐音；“下龙庵”是“卧龙庵”的谐音；“石佛汪”是“石佛坳”的谐音；“湖屿桥”是“和尚桥”的谐音；“龙前村”“龙潜村”均是“寮前村”的谐音；“木泥岩”是“木鱼岩”的谐音。温州佛教地名中的谐音地名很多，举不胜举。

3. 受浙南瓯语词汇的影响，佛教地名的某些通名颇具特色

寮：温州方言指用茅草等搭盖的屋舍，后用来指僧尼居住的地方。“寮”是吴语、闽语的方言词。宋代陆游《贫居》诗：“囊空如客路，屋窄似僧寮。”温州佛教地名中有许多以“寮”为通名构成的地名，如“和尚寮、施水寮、下寮”等。“寮”与“龙”方言同音，因此有“禅龙”（古时，小禅山前山尖上建有一小草屋，故名）等地名。

堂：旧时称“庵堂”，温州方言常简称“堂”，是尼姑居住的地方，也常用来作通名。如平阳有“上堂”，据《叶氏宗谱》载，其祖先从鳌江塘边迁居于此，遂成村落。此地有东西两寺，本村处于寺之上首，当地俗称寺为“堂”，故称“上堂”。此外，瑞安有“净天堂”，乐清有“吉庆堂、东门堂”等。

总之，浙南瓯语对地名的影响，使温州佛教地名具有浓郁的地域色彩。

二、佛教地名对浙南佛教、语言系统的反作用

我们承认佛教文化、浙南瓯语对地名有制约影响作用，但我们也不得不承认地名的反作用。具体表现于，从温州地名可以看出浙南佛教的特点和浙南瓯语的某些特点。

（一）温州地名反映浙南佛教的特点

1. 佛、道、地方神不分

在中国漫长的封建社会，科举制度的内容一般只涉及儒家学说，这在某种程度上造成佛、道学说与儒家学说的分裂。为了便于传播，佛教也像道教一样不得不把自己的信仰对象调整到我国下层的广大农民身上，形成了我国宗教的民间形态。G. K. Yang 在《中国社会中的宗教》一书中，分析为“散开的宗教”。“从本土的经验也不难发现中国宗教在多神的、混乱的信仰下，神圣与世俗混在一起，不同的宗教与不同宗教的神同时一并供奉的事实。佛教、道教作为制度性的宗教，在某种程度上为分散性的民间宗教信仰提供了精神资源，更使得宗教的民间形态完全可以将上层意识形态的控制放在一边，以其分散而又

灵活的方式展现宗教在中国社会不竭的生命力。”[7]在温州，处于社会下层的农民受教育程度低，常分不清佛教与道教及地方神。他们对宗教的信仰往往是功利的。遇重大事件去烧香许愿，遭灾害病痛去祈求保佑，常常是几个宫庙均朝拜。朝拜的对象不管是佛教的菩萨也好，道教的神仙也好，地方性的神灵也好，只要“有求必应”就行了。这一点可以通过地名反映出来。以地名中的通名为例，以“寺”“庵”“堂”“庙”“殿”为通名组成的地名有的是佛教地名，有的是道教地名，如“江心寺、巨坑庵、净天堂、大爷庙、大爷殿”是佛教地名，而“资福寺、郭仙庵、土地堂、东瓯王庙、七圣殿巷”是道教地名。以“庙”“殿”为通名组成的，有时甚至奉祀的是地方神，如“龚将军庙、陈王庙、晏公殿”等。

2. 温州民间对于严格的宗教神学观念并不是十分热衷

百姓对佛教的清规戒律不以为然，对僧尼常持戏谑的态度。

广惠庙：明末广惠和尚用两句诗保全了寺院和周围群众的住宅。广惠和尚后来还俗娶妻生子。这明显地违背了佛教的戒律，但百姓不计较这些。到了清代，广惠年纪大了，大家都亲切地叫他为“大爷”，将广惠庙也改称为“大爷庙”，巷以庙名，也称为“大爷殿”。

再如雁荡山景点里有“和尚背尼姑”，明显地带有戏谑的成分。另外，上文提到凡是以“和尚”“尼姑”命名的常采用谐音的方式给予替换。这从另一个层面可以看出人们对僧尼的态度。

3. 地名反映浙南佛教的寺院经济及佛教徒的农禅生活

随着佛教的传播，各地兴建了许多寺院，寺院经济应运而生。在封建社会中，土地是最重要的生产资料，是寺院经济最重要的组成部分。寺院所拥有的土地大多数由寺院自营，也有一部分租给农民经营。这一现象在地名中得到反映。如“和尚山、和尚田、和尚垟”等。

唐代，佛教已发展到全盛阶段。六祖慧能建立禅宗门庭之后，禅宗几乎取代了中国全部佛教的地位。怀海禅师运用禅学于劳动实践中，实行“一日不作，一日不食”的制度，提倡“上下均力”的集体劳动。居住在水边林下的高僧，大多是亲自参加农业生产，“锄得一片地，种得一畲粟”，不愿“抵掌空谈，坐食百姓”。“诸方说禅浩浩地，争如我这里种田博饭吃。”（以上均引自《护法论》）温州佛教中影响最大的也就是禅宗。永嘉高僧玄觉大师就是慧能的得意弟子，建立永嘉禅学。佛教徒的农禅生活也在地名中有所反映，如雁荡山的“大镬寺”：“老僧在镬头边为大众说法，大众亦当共同于镬头边生活。”在温州，这种农禅生活还一直保留到现在。据不完全统计，平阳碧云寺近5年绿化1000亩秃山，天明寺3年来绿化200多亩荒山，广慧寺积极搞好农业生产，粮食、蔬菜基本上自给。

4. 地名反映浙南佛教的传播方式及派系

如平阳佛教在传播过程中形成了仙坛、岩庵、半山、玉苍诸派。各派系的名称都是由地名——寺院名命名的。仙坛派以东门仙坛寺为祖庭，属天台宗；岩庵以岩庵碧泉寺为祖庭，属净土宗；半山庵派以九凰广慧寺为祖庭，因广慧寺地处九凰山半山腰，故俗称“半山庵”，其派系就称“半山庵派”，属禅宗；玉苍派以玉苍山法云寺为祖庭，属密宗。由于各派系都是以地名（寺院名）命名的，我们可以推断其传播方式是以寺院传播为主。

（二）温州地名反映浙南瓯语的某些特点

1. 从佛教谐音地名中可以看出浙南瓯语语音特点

上文已谈到浙南瓯语里有相当数量的同音词，为谐音的产生提供了条件，而这些同音词又不同于普通话的同音词。那么，我们能不能根据这些同音词推导出浙南瓯语的某些语音特点呢？回答是肯定的。例如：

“田下村”是“殿下村”的谐音。可见在瓯语里“田”和“殿”是同音词。在普通话里“田”和“殿”不同音，声母分别是[t’][t]，是送气和不送气的区别。但在温州话里是同音，声母都是浊音[d]。可见“保存古浊音”，是浙南瓯语语音的一大特点。

“四顾桥”是“师姑桥”的谐音。普通话里“四”和“师”不同音，除了声调不同外，声母也不同，是平舌音与卷舌音的不同。在瓯语里是音近词，除了声调略有差别外，声母完全相同，都念成[s]。可见“不分平卷舌”，是浙南瓯语语音的另一大特点。

“宝林寺”又称“保灵寺”。也是一个谐音地名。在普通话里“宝”与“保”同音，但“林”与“灵”不同音，前者是前鼻音[n]，后者是后鼻音[ŋ]，但在温州话里是同音的，都念成[ŋ]。可见“前后鼻音不分，鼻韵母只有一个[ŋ]”是浙南瓯语的又一大特点。

"木泥岩"是"木鱼岩"的谐音。普通话里"泥"和"鱼"不同音，声母、韵母都不同，但在温州的乐清、泰顺等方言里，除声调略有差别外，声母、韵母都相同，读 [n̥i]，可见"疑母读鼻音"也是浙南瓯语的一个特点。

此外，还有些谐音地名是通过曲折的方式形成的，如"白塔"与"白象"。白塔的"塔"与温州话里表示价格下跌的"塌"同音，于是，就用反义词"上"（上涨、上扬）来代替，"白塔"就成了"白上"，再用同音词"象"来替换"上"，形成谐音地名。在普通话里，"象"和"上"韵母比较接近，但声母不同，"象"的声母是 [ɕ]，"上"的声母是 [ʂ]，但在温州话里，其声、韵、调完全相同，都念 [ji]。可见温州话里部分 [ɕ][ʂ] 不区分，一律读成 [j]。

2. 从温州佛教地名可以看出浙南瓯语词汇的特点——单音节词占优势

温州佛教地名的结构形式可以分成下面三类。

（1）专名与通名组合

通常专名在前，通名在后。专名可以是单音节的，也可以是双音节的。前者如"白塔"，后者如"普安寺"。但通名一定是单音节词，普通话中的"寺院""禅寺""禅院"等，在温州地名中一般成了单音节的"寺"。然而根据我们的调查，发现也有个别以双音节"寺院"为通名的地名，但那一般是历代皇帝所赐之名，所用的是不同于瓯语的官话。我们称之为"正名"，在温州这一类地名中除了正名，往往还有俗称，俗称的通名都是单音节的。如瑞安的"圣寿禅寺"是宋真宗赵恒所赐。熙宁年间，宋神宗又赐题"昭德积庆禅院"，民间俗称"仙岩寺"。普通话中的"庵堂"，在温州地名中就成了单音节的"庵"或"堂"。我们调查了温州自然村以上的地名，无一例外。

（2）方位词与通名组合

我们调查了温州地名中的方位词，共 35 个，其中单音节的 28 个，双音节的仅 7 个。用于佛教地名中的方位词几乎都是单音节的。如"庙下""寺前"。

（3）简称地名

简称地名的特点是原先有一个"专名 + 通名"的标准地名，后来以该地名为参照物，形成一个新的地名（如新庵：过去村附近有新建庵堂，相对于旧庵而言），或者呈辐射状，形成一组地名（如永嘉有村名分别叫"殿上""殿前""殿后"等）。这类情况接近于第二种形式方位词与通名组合，常见的一类情况是专名脱落，通名与方位词等组成一个新地名；另一类简称地名是在"专

名 + 通名 + 通名”的格式中，通名脱落一个，或全部脱落，如“能仁寺村”简称“能仁村”或“能仁”。其专名可以是单音节，也可以是双音节，但其通名肯定是单音节的。

从上述佛教地名的分析中，我们可以知道，地名作为专有名词的一部分，属于词汇的范畴。我们可以推断在浙南瓯语词汇中，单音节词占优势，这保留了古汉语的特点。

3. 从温州佛教地名可以看出浙南瓯语方位词的特点

温州佛教地名中有一部分是由方位词组成的。其形式主要是方位词和名词结合，而名词往往是通名，主要是寺院名。普通话方位词主要加在名词或别的词语后面。但由方位词组成的温州佛教地名，其方位词可以在名词后面，也可以在名词前面，前者如“庙下”，后者如“里寺”（保灵寺的俗称）。方位词在前、在后，表达的语义不同。如果方位词在寺院名后，那么以寺院为讨论对象，以寺院为参照点，如“庙下”表示寺庙所处的位置相对比较高，在山坡上，参照寺庙，村庄位置相对比较低，在山脚，故称“庙下”。“寺前”村庄位于寺庙的前面。如果方位词在名词前面，往往是两个地名对称地出现，那么通常是以两个地理实体的中线为参照点。如“上寮”“下寮”是以两个建筑物之间的中线为参照点，位于上面的就称“上寮”，位于下面的就称“下寮”。

总之，地名作为文化的化石，语言作为文化的载体。地名、文化、语言三者之间的关系是非常密切的，又是对立统一的。本书通过对温州佛教地名的调查、分析，揭示作为地域宗教的浙南佛教文化及浙南瓯语对温州佛教地名的作用和反作用，试图找出些规律性的东西。这方面的研究还将继续下去。

第二节　从温州地名看浙南的道教文化[8]

《说文解字》曰：“地名者，从地也，万物所陈列也。”地名是世界万物在地表上分布的指称符号系统。地名作为语言里的专有名词的一部分，是地名的表层结构。它可以反映某一时期的政治、经济、文化等等，这是地名的深层结构。温州，古称“永嘉”。地处浙江南部，市区包括鹿城、瓯海、龙湾、洞头4个区，下辖乐清、瑞安、龙港、永嘉、平阳、苍南、文成、泰顺8个县市。温州历史上深受道教的影响，形成了独特的道教文化。南朝永嘉太守谢灵运在《游岭门山》诗中写道："早莅建德乡，民怀虞芮意。"这里把温州称为"建德乡"，建德乡是道家虚构的无为而治的理想之地。《庄子·山水》："南越有邑也，名为建德之国，其民愚而朴，少私而寡欲，知作而不知藏，与而不求其报；不知义之所适，不知礼之所将；猖狂妄性，乃蹈乎大方；其生可乐，其死可葬。"虽然道教不等同于道家，但道教与道家有密切的联系。在温州地名中，有一批道教色彩很浓的地名，如："陶公洞、三官殿巷、应道观巷、八仙楼、天妃宫巷"等等，我们称之为"道教地名"。从语言学的角度来看，它们可分为两类：一类是由"专名+通名"或"专名+通名+通名"组成，前者如"陶山""陶公洞"。后者如"天妃宫巷""土地堂巷"。其专名与一千多年来道教的形成、发展及宗教活动有着千丝万缕的联系。另一类是简称的地名，如"坦前"（地处奉祀神农氏的先农坛之前，谐音简化为"坦前"）。这一类地名的特点是原先有一个"专名+通名"的标准地名，后来以该地名为核心，形成一个新的地名，或呈辐射形地形成一组地名。常见的情况是：专名脱落，通名与方位词等组成一新地名。例如：

寺前：古时此地建有一座三官堂（寺），后在堂前首建村，故名。

新宫前：当地有两处"天后宫"。修建时间较晚的，称"新宫"，该地有一巷直贯新宫之前，故名。

宫后：村在天仙宫后，故名。

东庵：坐落在钟山东面的一座庵堂。后以庵名村。

仙垟：以村东田垟中有仙师庙，故名。[9]

这一类地名尽管专名已隐去，但我们可以通过调查、考察，使其显现出来，仍可以看出温州地名与浙南道教的密切关系。温州地名反映了浙南道教文化体现在三个层面上。下文就这三个层面谈谈我们的看法。

一、以道教自然物和建筑物为特征的表层文化。[10]

表层文化是以物质的形态而存在的，它占有一定的空间，作为地名，它又有一定的方位，有固定的形态和特点，是人们可以通过感觉器官直接感知的。可分两类：

一类是有象征意味的自然物，如被列为"洞天福地"而广为流传的地名。

道教的信仰之一就是得道成仙。仙者，小隐隐市朝，大隐隐山林。葛洪

《抱朴子·内篇》中说:“凡为道合药，及避乱隐居者，莫不入山。”(《登涉》)入山修道需要一个合适的环境，这是道教历来所十分强调的。《五岳山名图》曰:“性命魂神之所属，皆有理所。”理所，即道教所说“仙境”，隐居之所。魏晋南北朝时期，就有不少名山被列为传授道书和炼制金丹的地方。隋唐时，许多幽远的名山洞府，被称为“洞天福地”。道教称“神仙所居的名山胜景”为“洞天”，“上帝命真人治之，其间多得道之”为“福地”。道教有“三十六洞天”“七十二福地”之说，温州地名中相关的就有五六个。温州市区的华盖山洞被誉为第十八洞天，名“容成太玉天”，据说是容成子修道处。《瓯江竹枝词》云:“海上蓬莱路几千，我来暂学小游仙。容成未必居尘世，华盖山前有洞天。”“仙磕山”被誉为第三福地，永嘉的大若岩得誉为第十二福地。瑞安的陶山、平阳的三皇井分别被誉为第二十八、第二十九福地。《太平寰宇记》把文成的百丈漈也称为“天下七十二福地”之一。

陶弘景在《答谢中书书》中写道:“山川之美，古来共谈。高峰入云，清溪见底。两岸石壁，五色交辉。青林翠竹，四时俱备。晓雾将歇，猿鸟乱鸣。夕日欲颓，沉鳞竞跃。实是欲界之仙都。自康乐以来，未复有能与其奇者。”据考证，这是描写其在永嘉楠溪江的修道之处。《瓯江竹枝词》云:“洞天福地胜蓬壶，山水清幽画可摹，绿嶂白泉游未遍，如何能作邑居图。”[11]陶弘景居住的青嶂山白云岭，取之他的《答齐高帝诏》“山中何所有，岭上多白云。只可自怡悦，不堪持寄君”。瑞安陶弘景居住的地方叫“白云乡”，这地方白云缭绕，环境优美，是练功的好去处。“白云出山去，摇曳或西东。人住白云下，安然心已空。”[12]

另一类是道教建筑物。和佛教的寺院庵堂地名一样，道教的宫观庙宇地名在温州地名中也占有很大的比例。徐坚编《初学记》“释道部”有“观四”“寺八”。“观”本来是台观，即宫廷大门外两旁的高大华丽的建筑物，后来被道教所衍用，成为道教修道奉祀的场所，如温州市区的“紫霄观”、乐清的“白云观”。唐代，“宫”是皇帝居所的专用名词，到唐玄宗时，视老子为先祖，因此道教供养老子的场所也用王族所居的“宫”字。之后，供奉道教其他神仙的地方也可叫“宫”，如温州市区的“保生宫、太阴宫、泰山宫巷”等。有时也称“殿”，如温州市区原于元大德年间建的“三元宫”，俗称“三官殿”。有时“庙”也称为“殿”，如温州市区“东瓯王庙”俗称“大殿”。用“殿”命名的还有“七圣殿巷、童子殿巷、永宁殿、大爷殿、万仁殿巷、玉环殿”等。元代以后，全真派融合三教，亦称其修道场所为“寺、庵、堂”，如温州市区有“资福寺”又称“通真庵”，还有“白鹿庵、郭仙庵”，大南门外有“土地堂巷、思永堂”等。此外，还有用“阁”来命名的，如“文昌阁、魁星阁”等等。

道教自然物和建筑物属于道家文化层面的表层文化，通过它我们可以去审视和挖掘道教的里层文化和深层文化。

二、以仙客、羽士的宗教行为为特征的里层文化

以仙客、羽士的姓名或他们的宗教活动称谓地名，是道教地名的又一特色。历史上许多仙客、羽士或出生于温州，或客居温州，在温州地名中留下了他们宗教活动的痕迹。

华盖山上的资福寺，原名“通真庵”，林灵素曾筑室于此，附近有“容成洞”“炼丹井”“三生石”等古迹。林灵素，初名灵噩，字岁昌，永嘉人。徽宗赐名灵素，号金门羽客冲虚通真达灵玄妙先生。相传还曾居温州市区应道观。应道观，原名“开元观”，建于唐代，是温州市区古代道教的主要道观。正“三清殿”奉“元始、灵宝、道德”三天尊。据万历《温州府志》记载，唐代著名道士张无梦曾修真于此。明朝万历年间，王九灵在此观编撰《道德阴符》《维教正论》《参同悟真》，并金书《玉泉集经》，后遍游五岳名山，至晚年归观。朱子蕃送其对联云：“五岳归来云满袖，九山高卧雪盈巅。”[13] 清乾隆四十四年（1779），道士宣华海募金建“文昌阁”和“斗楼”，供吕祖和斗母二像。《温州鹿城区民俗月令竹枝词》云：“黄梅天气雨晴间，何处寻幽可遣闲。羽士修真应道观，喜看重叠果盘山。”应道观由于历代著名羽士修真弘道的影响而显赫民间，人们常携幼抱雏拜乞天尊收作义子，请求赐名祈祷保健。每年农历四月十五日为天尊寿诞日，各家义子都送果盘前来祝寿，果盘上摆放桂圆、元枣、荔枝、核桃、花生和瓜子6种干果，因送来果盘很多，自地面凌空重叠如山，故俗称“果盘山”。游人瞻仰，络绎不绝。这些民俗，可以说是道教的一项宗教活动。

永嘉的陶公洞就是被称作“天下第十二福地”的大若岩。南朝时的陶弘景开创了茅山宗，他是杰出的道教理论家、炼丹家。陶弘景曾在此广泛收集到杨羲、许穆二君的遗迹，进行整理，编撰成道教最著名的经典《真诰》7篇20卷。故此地又称“真诰岩”。《瓯海竹枝词》云：“陶公居处绕烟霞，大若岩高石室

遮；赤水果为延寿药，不知几度浴丹砂。”

温州市区八仙楼巷的忠靖王庙即东岳庙，祀奉的泰山神温琼是温州平阳人。《瓯江竹枝词》云：“光明世界瓣香烧，东岳巡方接翠轺，三月烟花刚上已，六街灯火又元宵。”

仙师岩：相传为南宋乐清知县刘默弃官修炼得道升仙处。附近有“刘公谷、刘公河、刘公桥、刘公祠”等地名。

飞霞洞：据《永嘉县志》记载，晋邑人刘根，隐居此间洞壑中，修炼得道，乘赤霞飞往天台，故名。《瓯江竹枝词》云：“飞霞洞口对清流，老树拿云状如虬，欲与刘根访仙子，天台好乘赤霞游。”

道士岩：初名“白石岩”，为道士李少和所开，又状如道士冠，故名“道士岩”。

玉蟾湖：相传宋代有仙人之称的道士白玉蟾曾居此处。民国时期，谐音俗书为“蝉河”。

驻鹤亭：相传白玉蟾控鹤于此山而建此亭。

丹霞山：北宋《太平寰宇记》卷九九：“（张文君）永嘉人，隐丹霞山，郡守羲之造访，遁入竹中不得见。”

白鹤山：明永乐《乐清县志》卷八“释仙”云：“张文君，字子雁，乐清人，世居白鹤山下，得神仙修炼之术，于所居旁炼丹。郡守王羲之慕其名往访焉。文君以余药掷溪水，遁入竹中，右军不获见而去。”其地常有白鹤飞翔，故名“白鹤山”。唐代，温州太守张又新《白鹤山》诗云：“白鹤山边秋复春，文君宅畔少风尘。欲驱五马寻真隐，谁是当年入竹人？”

北魏著名道士寇谦之改革道教仪式，道教徒可以在家建坛，“寻诸诵诫，建功香火，斋练成功，感彻之后，长生之克”。因此，修道不必人人进山。所以家中的院子，温州话叫“道坛”。

从上述分析我们可以得知：温州地名反映道教宗教活动主要体现在修道成仙方面，而斋醮、符咒、法术等宗教活动在地名里几乎没有得到反映。温州，包括下辖各县市区自然村以上的地名中，只有洞头有个“卜卦礁”。这大概同温州历史上文风颇盛，尤其是中唐以后，充满理性的士大夫鄙视粗浅鄙陋的斋醮、符咒、法术等活动有关。[14]

以仙客、羽士的姓名或活动命名的地名，作为物质形态，它还客观存在，但仙客、羽士的宗教行为随着时间的推移，我们已无法直接感知。因此，我们把它称为道教的里层文化。里层文化是连接表层文化和深层文化的中间环节。里层文化——仙客、羽士的宗教行为，离不开表层文化。从里层文化，可以进一步体悟和发掘道教的深层文化。

三、以道教的核心内容、讲义学说、崇拜信仰等为特征的深层文化

道教作为土生土长的宗教，产生于东汉中末年，在长期发展过程中，经过历代道教理论家的努力，形成了较为完整的学说、讲义及意识形态。如东晋葛洪《抱朴子·内篇》为道教构想了种种修炼成仙的方法，并建立了一套成仙的理论体系。以后，道教的教规、仪范经北魏的寇谦之、南朝的陆修静修订，逐渐定型。陶弘景充实了道教的内容，构造道教神仙谱系，叙述道教传授历史，对以后道教的发展影响很大。所有这些，作为道教的深层文化，在温州地名中均有所体现。

（一）地名反映道教的核心内容

仙是人修炼变化而成的，其关键，即在得道。得道成仙的追求，是给人指出一条超越自然寿命、克服痛苦的解脱途径，同时，道教又认为一旦得道，即可度人济世。人得道而成仙，仙因道以济人。这就是道教的核心内容，种种宗教行为都是因此而展开的。

1. 带“仙”字的地名

“成仙”是道教徒梦寐以求的追求。谢灵运《舟向仙岩寻三皇井仙迹》云：“低徊轩辕氏，跨龙何处巅？仙踪不可即，活活自鸣泉。”“仙岩”在瑞安，三皇（三皇谓伏羲、神农及黄帝）井在仙岩附近。温州带有“仙”字的地名很多：

市区：郭仙庵、八仙楼、仙人床、曹仙巷、仙人巷、仙人井、夏仙里。

瑞安：仙岩、仙岩头、升仙岩、仙降村、下仙基、仙浃、仙浃虞、仙浃季、仙北村、仙南村、仙篁竹、仙牛坦、仙牛栏。

平阳：仙姑洞、仙口、仙人岩、仙垟、仙岩。

乐清：仙姑洞、仙亭山、仙人岩、仙岩、仙溪、仙桥、仙杖峰、上仙垟、下仙垟、人仙堂。

永嘉：仙客村、仙人洞、水仙洞、仙山村、仙清路。

洞头：仙叠岩、仙人戴帽、蛤蟆欲仙、八仙过海、仙女照镜。

圣井山石殿

2. 带“丹”字的地名

修道成仙的方法就是炼丹。葛洪之金丹，乃称“外丹”。内丹是以身体为炉鼎，体内精、气、神作为药物，经过一定步骤，使精气神在体内凝成大丹的养生术。南宋陆游《道室杂兴诗》：“身是秋风一断蓬，何曾住处限西东？棋秤窗下时闻雹，丹灶崖间夜吐虹。采药不辞千里去，钓鱼曾破十年功。白头始悟颐生妙，尽在《黄庭》两卷中！”《黄庭》是关于炼丹的最重要的书，“丹灶”是用来炼丹的。乐清有村名叫“丹灶里”。乐清有条溪叫“金溪”，据明隆庆壬申《乐清县志》载：“相传晋张文君炼丹，溅石成金。今溪石间有金星。”故名“金溪”，并以“溪”名村。市区有“金丹山”和“炼丹井”。平阳有“葛洪丹井”。瑞安有“圣井山石殿”，相传许真君在此修炼得道成仙。丹灶尚存，石室下有井。殿内保存多方记载宋、明时期温州、瑞安群众到圣井求雨的碑刻。

（二）温州地名反映了道教的讲义学说，展示了浙南道教的特点

葛洪在《抱朴子·内篇》提出了一整套较为完善的道教学说，提出了以神仙养生为内，儒术应世为外，把神仙方术同儒家的纲常结合起来，认为道教徒应

以儒家的中孝仁义为本，否则，即使勤于修炼，也不能成仙。陶弘景继续吸收儒、释两家思想，主张佛道双修，儒释道三教调和兼容并包，曾说："万物森罗，不离两仪，百法纷凑，无越三教之境。"[15] 葛洪、陶弘景都曾客居温州，他们的学说或多或少地影响了浙南的道教文化。另外，浙南尤其是楠溪江流域的文化是"耕读文化"，儒家思想对士大夫影响很深。失意的文人常在佛教的出世哲学里寻找精神寄托。广大农民受功利的影响崇拜地方神。这些都为道教与儒、释及地方神信仰的融合提供土壤。反映到温州地名上，可以折射出两个层面：

1. 处于社会上层的官吏、士大夫们及部分城市居民主张三教融合，反对地方神崇拜

温州市区土地堂巷中的土地堂，所祀的"土地爷"是孔子的门生子贡。据清梁章钜《浪迹续谈》载：明嘉靖中，因从大学士张璁建议，废配祀孔庙诸先贤之木雕像，改用木主。而邑人惜之，乃于雕像发送海上时，窃回两具。其一即为子贡，急送大南门外土地堂中，作为土地爷。这一现象体现了儒道的融合。

中唐以来糅合了老庄、禅宗及传统养生术的一部分思想，常常在分不清道家与道教的士大夫那里颇有市场，因此，"把心理上的清净虚明、无思无虑与生活上的自然恬淡、少私寡欲当作养生之术的基础的理论在唐宋以来成了道教的主流哲学"[16]。这在温州地名上也有所反映。晋室和宋室两次南渡，一些中原衣冠士族来了永嘉楠溪江流域，他们大多是仕宦人家，凭借文化优势和经营能力，很快成了当地的望族，造成了人文荟萃的局面。他们重视的是"耕读文化"。但当他们在人生不得志时，或是被世俗纷争搅得头昏脑涨，感到厌倦的时候；或是官场失意，感到失望的时候；或是被社会抛弃，感到痛苦的时候，道教的这一哲学思想就成了他们心灵和生活上的"隐遁之所"。因此，永嘉太守谢灵运有"总笄羡升乔，灵域久韬隐"（《石室山》）的诗句。士大夫们在村庄、房舍的命名上或多或少地体现出这一思想，如："枫林、花坦、霞美村、水月堂、森秀轩、近云山舍、枕琴庐"等，如火的枫林，似花的村庄，茂密的森林。白天，烟霞白云缠；夜晚，在溪水与明月之中。人与大自然进行着心灵的交流，荣辱皆忘，心随景化，轻松闲适。这一类以自然景色、恬静的心态命名的地名处处皆是。

至于地方神崇拜，士大夫和致力于儒家教化的统治者是极力反对，屡加禁

止的。他们把供奉地方神的建筑称为“淫祠”，明代永嘉县令文林曾下令毁淫祠，但没有效果。

2. 处于社会下层的农民，分不清儒、道、释三教，把地方神等同于道教神灵

中国漫长的封建社会，除个别朝代以外，科举制度的考试内容只涉及儒家的学说，这在某种程度上造成了道教学说与儒家学说的分裂。使得道教不得不把自己的信仰对象调整到社会下层的广大的农民身上。道教的学说也越来越能被广大的人民群众所接受。而广大老百姓对宗教的信仰，往往是功利的。烧香拜神不过是因为有难处，求保佑。“祸福悉归之为神”。这“神”不管其是道教的神仙也好，佛教的菩萨也好、儒教的先圣也好、地方性的神灵也好，只要“有求必应”就行了。由于处于社会下层的农民文化水平低，居于官方地位的儒教在农村还不普及。因此，浙南农村中的道教呈现出一个明显的特征，即很少受到儒教的影响，却跟佛教、地方神信仰紧密地融合在一起。这在温州地名中可以反映出来。

（1）许多道教中的神仙，就是从地方神演变而来的

法国的安娜·塞德尔认为：唐宋时期，道教仪式同地方性的祭祀圣人的仪式牵缠到一起。这种发展并不能反映出道教的“普及化”，而是反映了新的地方性权势人物对道教仪式的利用。他们的目的在于使其领袖人物的地位神圣化，并且通过国家的承认和将自身挤进道教众身的行列，来提高其在地方上受人崇拜的地位。[17]我们认为这个观点值得商榷。根据我们的调查，温州的地方神除了乐清的刘默曾是知县外，其他都不是“地方性权势人物”，他们都是普通百姓，他们或为百姓做了好事，或有奇异功能，人们纪念他们，崇拜他们。那么，他们为何会演变成道教的神仙呢？这是因为道教的信仰之一就是“得道成仙”。认为凡人经过长期的修炼，就能锻炼元神，到了一定的程度，元神能脱离人体，在宇宙中自由飞翔，但又能同大脑保持一定的联系，一旦元神与虚空同体，便能超越生命，证悟无限，达到永恒。这对忧虑生命之光总有一天要熄灭的凡人来说，是有很大诱惑力的。道教告诉人们通过修炼，就能达到实现“凡人—地方神—神仙”这一过程，以增强道教的号召力。请看下面一组地名。

东岳庙：位于温州城内，祀奉忠靖王温琼。民间称他为“温元帅”。据元末宋濂《宋文宪公全集》卷四十一《温忠靖王庙碑》记载：“忠靖王，姓温名琼，温

之平阳人。”“以唐长安五月五日生。”因进士不第，“乃拊几叹曰：吾生不能致君泽，死当为泰山神以除天下恶厉耳”。《道藏》称其为“地祇上将温太保”[18]。

天后宫：祀奉的天后林默娘，原名叫林默，北宋福建人。传说她凭着一身好水性和一颗善良的心在海上多次救助弟兄和遇难的船民，帮助船民惩罚海寇，帮助宋君抗击金兵。林默娘的“灵迹”得到从宋到清历代帝王的褒奖。林默娘也由朴素的村姑而为灵惠夫人、天妃、圣妃，直至天后。祭礼也由民间层次的上升到国家级的，最终也进入道教的神仙行列之中。栖霞宫中的陈静姑也是由凡人经修炼成为神的。

（2）温州下层农民把所有的地方神都作为道教的神仙来跪拜，不管其有没有进入神仙行列

老百姓不可能也没必要分清道教里的神仙与地方性的神灵。温州民间信仰，主要是地方神崇拜，在乡村尤为普遍。“瓯越间好事鬼，山椒水滨多淫祀。其庙貌有雄而毅、黝而硕者则曰将军，有温而厚、晰而少者则曰某郎，有媪而尊者则曰姥，有容而艳者则曰姑。其居处则敞之以庭堂，峻之陛级，上有老木，攒植森拱，……农作之氓怖之，走畏怖后，大者椎牛，次者击豕，小不下鸡犬鱼菽之荐，牲酒之奠，缺于家可也，缺于神不可也。”[19]据清末《温州拦街福春许各还请科书》记载：温州市区除城隍土地之外，其中各种各样的神祇庙宇达80座。下属各县更是比比皆是，不计其数。乡村庙宇里供奉的神灵大多是地方性的，有的是纪念当地的某一人物，如原城郊乡的龚将军庙，据清乾隆《温州府志》记载：唐大中十三年（859），浙东裘甫于象山起义，次年，部属南下攻温州。郡将龚炳偕翁、苏两副将，皆殁于阵。人们为纪念他，在其阵亡处，建龚将军庙。有些是当地人突发奇想而供奉起来的，如永嘉的陈王庙，所供奉的陈王原是本村一陈姓农民，其家中贫困，衣食难继，一日上山砍柴，突然呕吐出酒肉来，自称夜夜有神仙召宴，于是被供奉起来。有的神灵甚至来历不明，晏公殿巷里有晏公殿，晏公，名字、邑里都不清楚。相传晏公是一位海船船主，旧称“船老大”，因救助落水难民有功，曾得到朝廷封爵，死后，人们认他为神，能保佑地方安宁。永嘉下坞村的陈五侯王庙，所祀的陈五侯王到底是何许人、何方人士、侯爵何时赐予等等，均已不可考。还有楠溪江流域的“刘一”“衰四”“石压娘子”等等，都是地方神，但出处均无从查考。多少年来，老百姓一直把他们作为道教的神仙来跪拜。正如《瓯海竹枝词》所云：“山

下都营花粉宫，香闺祈祷意懵懵；不知谁定神仙传，十四娘娘三令公。”另外，在道教的庙宇中，诸神杂处的现象很普遍。永嘉蓬溪的关公庙里有土地菩萨、陈十四娘娘、毛氏夫人、刘一、刘二、衰四、衰五、济公、孙悟空等。西岸村的关帝庙，后改为送子娘娘庙，关羽的儿子关平和手下的大将周仓就成了送子娘娘的功曹，供奉专管子息的卢氏孝佑娘娘。由于关羽是道教中的神仙，人们把他手下诸神都当作道教的神仙来祭拜。

（三）温州地名中透视了浙南道教崇拜信仰的特色

1. 温州道教地名中鲜见直接用道教尊神命名的地名

温州道教地名中鲜见直接用道教尊神如“三清”“四御”“东王公”“西王母”命名的地名几乎没有。应道观尽管祀奉的是三清，但不以“三清”直接命名，“四御”“东王公”“西王母”祀奉得更少。而大量的是民间神灵，如“三官”“土地”等，如永嘉的“三元堂”，市区的三元宫俗称“三官殿”，市区还有“西门天灯下”［因旧时此巷悬有“天灯”（三官灯）照明，故名］。“三官”即天官、地官、水官。传说天官赐福、地官赦罪、水官解厄，各有所司，掌管人间祸福。尤其是天官，最受人们欢迎，天官赐福，民间遂将其视为“福神”，世俗间“福”的含义包括“富贵、长寿、多子”等等。三官殿遍布各乡村，温州市区有土地堂，供奉的是土地神，农村大多叫“土地庙”，几乎村村都有，旧时土地庙前常有这样一副对联：“土能生百物，地可发千祥。”土地能化生百物，是民众的衣食之源，因此受到百姓的普遍祭祀。

2. 从温州地名中，还可以看出道教的神与佛教的不同之处

道教除了男神，还有许多女神，女神也不是不食人间烟火的，许多是结了婚的某某夫人或称为“娘娘”的。大量的生育神都是女性。

天后宫：又叫“天妃宫”，俗称“娘娘宫”。《瓯江竹枝词》云：“呼邻结伴去烧香，迎庙高台对夕阳。锦绣一丛齐坐听，盲词村鼓唱娘娘。”洞头受闽方言影响，称“妈祖宫”。祀奉的“天后”或称“天妃”“妈祖”的，被认为是航海的保护神，同时也是生育神，向天后宫祈求生育，除烧香、祭拜、占卜外，通常还有一系列巫术活动，如许愿求子等等。“天后宫”在温州市区有好几处，下属各县均有，沿海地带最多。平阳有栖霞宫：祀陈夫人陈静姑，即陈十四。《瓯海轶闻》转引自吴任臣《十国春秋》，陈守元女弟为陈靖姑，有道术，曾诛白蛇妖，闽主封为顺懿夫人，食古田三百户，以一子为舍人，靖姑辞让，封邑不受，乃

赐宫人三十六人为弟子。据《三教搜神大全》载，临水夫人名进姑，也有书称为靖姑，我国台湾又称其为“注生娘娘”。所谓注生，是执掌生育之事。她还主管妇幼诸事，尤主痘花。遍布各村镇的“娘娘宫”或“娘娘庙”，有的是祀奉林默的，有的是祀奉陈十四的，还有的是祀奉其他女性地方神，如永嘉的“石压娘娘”“毛氏夫人”。

3. 星宿之神在温州地名中出现的频率颇高

星宿之神崇拜来源于我国古代的鬼神思想，在古代社会，人们把日月星辰视为神灵。道教承袭这种鬼神思想，并不断地把这些神灵纳入道教。星宿之神在温州地名中频频出现。

（1）北斗星君与斗姥

北斗七星，依次为天枢、天璇、天玑、天权、玉衡、开阳、瑶光。把天枢、天璇两星连成直线，延长五倍距离，即可以找到北极星，所以北斗可以确定方向和季节。古代，人们除了将它们奉为历法的重要依据外，还将他们神化，赋予它们某些职能。关于它们的职能，有不同的说法。通常的说法是：“斗七星，富贵之官也。其旁二星，主爵禄。其中一星，主寿夭。斗主岁时丰歉。”（《河图帝览嬉》）道教经典中云北斗主万物生死寿夭。温州雁荡山有“北斗洞”。温州苍南沿海岛屿有“天权礁、天璇礁、玉衡礁、天玑礁、开阳暗礁、瑶光礁、天枢礁”。

市区有郭公山：郭璞以精通卜筮之术闻名于世。据光绪《永嘉县志》记载：温州在晋明帝太宁元年决定修建郡城，恰好郭璞客居温州，于是请他“为卜郡城”。郭璞登上温州的西部的一座小山，观看地形，看到九山环列，像北斗星座，华盖山、松台山、海坛山、西郭山像北斗的“斗城魁”，积谷山、巽吉山、仁王山像“斗柄”，黄土山、灵官山则是辅弼。九山形势险要、依山控海，是建造郡城的好地方，因此他建议跨山筑城，并在城内开凿 28 口水井，象征天上二十八星宿（温州有“天宿井、奎壁井”等地名）。故名城为“斗城”，他登临的山称“郭公山”。

斗姥：又称“斗姆”，是北斗七星和天皇大帝、紫微大帝的母亲，显贵无比，神通广大。道教认为只要虔诚祀奉斗姥，一切都会尽善尽美。温州市区、平阳县都有“斗姥阁”。平阳斗姥阁内有清人题联：“居其所，众星拱卫；锡厥福，万物归怀。”

（2）魁星和文昌星

魁星源于古人的奎宿崇拜，奎宿为二十八宿之一，因“魁”与“奎”同音，“魁”有“首”“第一”的意思，所以把主文运的“奎星”写成“魁星”。又根据析字法，认为是“鬼之脚右转如踢北斗”，于是就有“魁星点斗，独占鳌头”之说。文昌也是星名，在民间信仰中，文昌是专司科名、官位、禄籍之神。因此，在文风颇盛的温州，魁星楼、魁星阁、文昌庙、文昌阁遍布各地，由此产生的相应地名也比比皆是。

道教的建筑物和自然物，仙客、羽士的宗教行为，道教的内容、学说及信仰，分别属于三个不同的文化层面，具有不同的形态特征和宗教功能，但又是互相联系的。表层文化为里层文化提供活动场所，一方面，里层文化离不开表层文化，没有道教建筑物、自然物，仙客、羽士的宗教活动就无法开展；另一方面，里层文化为深层文化作铺垫，道士们的宗教活动，势必吸引大量的民众，有利于道教内容、学说、信仰的传播，同时，也丰富了道教的理论。表层文化也受到深层文化的制约，洞天福地的选择与确定，宫观庙宇的建筑都能体现道教的深层文化。所以说温州道教地名反映了浙南道教的三个层面，反映了浙南道教的概貌，揭示了浙南道教的特点。

注释：

[1] 盛爱萍：《从温州地名看浙南的宗教文化》，《中国语研究》（日本）2003 年第 45 号。收入本书时，个别地方有改动。

[2] 参见《中国大百科全书·地理卷》，北京：中国大百科全书出版社，1991 年。

[3] 参见李如龙：《汉语地名学论稿》，上海：上海教育出版社，1998 年，第 3—4 页。

[4] 玄觉，字明道，俗家姓戴，唐代永嘉人。年仅四岁，其父母就将其送到西山龙华寺出家。玄觉剃度以后，博览群书，后成为禅宗六祖大师慧能的得意弟子。着有《证道歌》《禅宗悟首园旨》等佛学经典，名闻世界，特别是日本和韩国。

[5] 参见冯胜利：《汉语的韵律、词法与句法》，北京：北京大学出版社，1997 年，第 20 页。

[6] 参见冯胜利：《汉语的韵律、词法与句法》，北京：北京大学出版社，1997 年，第 17 页。

[7] 范丽珠：《中国宗教的制度性与散开性》，《读书》2002 年第 6 期。

[8] 盛爱萍：《从温州地名看浙南的道教文化》，《浙江社会科学》2003 年第 3 期。

[9] 温州方言把大片的田地称作“垟”。

[10] 建筑物、风景点的名称，由于这些地物在周围环境或同类实体中富于特色或知名度较高而显得突出，因而获得了方位意义，可以作为地名来称说。参见李如龙:《汉语地名学论稿》，上海：上海教育出版社，1998 年，第 3—4 页。

[11] 陶弘景曾作《永嘉邑居图》。

[12] 参见杨蟠《白云岭》。

[13] 温州市区有九山。

[14] 参见盛爱萍:《从温州比喻地名看楠溪江耕读文化的特点与分布》,《修辞学习》2001 第 4 期。

[15] 参见《茅山长沙馆碑》。

[16] 参见葛兆光:《道教与中国文化》，上海：上海人民出版社，1987 年，第 310 页。

[17][法] 安娜·塞德尔:《西方道教研究史》，上海：上海古籍出版社，2000 年，第 68 页。

[18] 参见黄公瑾校正:《地祇上将温太保传》,《道藏》第十八册。

[19] 参见陆龟蒙:《野庙碑》,《全唐文》卷八〇一。

第九章　温州地名与浙南民俗

“民俗”顾名思义就是“民间习俗”的意思。“民俗”一词在我国古已有之，《礼·缁衣》中有“故君民者，章好以示民俗”。

关于民俗学的定义，历来都有很大的争议。有代表性的有下列几家：

以民间风俗、传说、口头文学等为研究对象的学科。[1]

民俗（folklore）：一个民族长期形成的风尚和习俗等的总称。包括民间风俗、习惯、信仰和各种口传文学，诸如神话、故事、符箓、谜语、谚语、祷词、歌谣、歌曲、迷信以及节日典礼、传统游戏、艺术、手工艺等。民俗作为术语最初由英国考古学家汤姆斯在1846年使用。民俗具有以下特性：①传承性。某一类型的民俗在形态与性质方面自始至终有着大致相同的形式或大致相同的内容。②变异性。某一民俗类型的内容和形式在流传过程中由于受到地理环境、时代或民族传统文化等诸多因素影响，会产生一定的变异。③历史性。民俗会随着人事的更替以及社会经济、政治的演变而形成、发展与消失，从而往往成为特定历史阶段的标志。大部分民俗是一些仍有实用价值的历史残存。作为学科名词，亦可译为民俗学，但后来逐渐转向专门研究民间文学的活动。[2]

广义的民俗学概念认为这是一门综合学科，是以城乡民间生活为其研究对象的。狭义的民俗学概念大约有四种不同的意见：第一种认为民俗学只对远古遗留下来的信仰、风俗和传统加以研究；第二种认为民俗学仅以研究文明民族的民间生活为限；第三种认为民俗学只研究民间生活中的仪式、祭祀和禁忌；第四种认为民俗学只以民间口头文学为研究对象。[3]

我们认为民俗主要是指民间流行的风俗习惯。它是人们在长期的社会生活中传承下来的生活习惯及文化活动。地名和民俗的关系是对立统一的。说它是对立的，是因为地名和民俗属于不同的学科，各有不同的研究对象。说它是统一的，是因为两门学科互相渗透，研究地名要牵涉到民俗学的问题；研究民俗要联系地名。浙南民俗折射在地名中，温州地名又能反映浙南民俗。

第一节 浙南民俗折射在温州地名中

民俗包括经济民俗、社会民俗、信仰民俗、游艺民俗等几大类。浙南民俗也可以相应地分成浙南经济民俗、浙南社会民俗、浙南信仰民俗、浙南游艺民俗等。它们在地名中或多或少地留下一些痕迹。我们可以通过考察温州地名来了解浙南民俗。但在浙南民俗的这几种类型中，经济民俗在地名中表现不明显，我们从略。信仰民俗在“从温州地名看浙南的宗教文化”一章中已谈到，这里不赘。这一章，我们主要谈温州地名反映社会民俗、游艺民俗。

一、社会民俗，尤其是人生礼仪民俗折射在温州地名中

社会民俗指世世代代传承下来的城乡社区、各社会集团在交往过程中形成的习俗惯制。社会民俗包括家族民俗，乡里、都市社会民俗，人生礼仪民俗等。家族民俗是社会民俗最基本的部分，它能增强作为社会基本单位的家族的凝聚力。乡里、都市社会民俗能加强一定区域内人们的亲近感。人生礼仪民俗在温州地名中留下的痕迹最明显。“每个人在一生中都有必经的几个生活阶段，每个人的社会属性就是通过这些重要阶段不断确立起来的，在各阶段中自古以来便用一定的仪式做出表示，以便获得社会的承认和评价。在这一生中各阶段所标志出的仪礼，就是人生仪礼。”[4]

人一生中重大的礼仪习俗，也称“人生礼仪”即诞生礼、婚礼、寿诞礼、葬礼。温州人生礼仪跟其他地区有相同的地方，也有不同之处。这在地名中都有所反映。例如：

三朝礼：是小孩出生后，母家所送的礼物。除了一年四季的衣物、日常用品外，还有一把计重不到一分的金交剪（交剪，温州方言指剪刀），钉在婴儿帽上。还有“寿桃”，取长寿之义。温州有“交剪排、交剪岩、寿桃山”等地名。

人一生中最重大的事莫过于婚姻大事，一个地方的婚俗强烈体现了当地的风俗民情。温州许多的地名与婚俗有关，温州的婚俗也独具特色：订婚时，女家的回盘中一定有碗，“碗”温州方言谐音“稳”，是稳当的意思，男家要保藏

到成婚那天拿出来用。“碗”的使用一方面是为了吉祥，讨口彩；另一方面，也跟温州的传统产业有关。温州历史上陶瓷业很发达，已发现的窑址有100多处，苍南至今还有村名叫“碗窑”。

男女订婚后，男女双方的父母互称“亲家”。温州地名中有“亲家岩”，村西首有两岩石并立，状似两亲家，以岩形名村。

迎娶前，男家还要送糖金杏给女家。金杏，温州方言指石榴。糖金杏是把糖染成红色，煎成浓汁，然后用模型压出石榴形状，冷却即成。大的一个有三四斤重，小的一个仅几两重。送礼时，一般是大的送一个，摆在新房中；小的则视女家亲友多少而定，有多少家亲友，就送多少个，表示祝贺婚后早生、多生子女，像石榴般的多子。这是古代以石榴预祝子孙众多习俗的遗风。温州有地名“金乃礁”（金乃：又作金杏，即石榴）。把石榴叫作“金杏”是为避吴越王钱镠讳。

结婚那日，女家雇有陪伴新娘的女人，叫伴姑。温州有地名“伴姑山”。“米筛”是结婚时多次用到的道具。新娘上轿前，要用红绿布做一双软底的上轿鞋。有的地方是请亲戚女客中福气好的人做。有的地方则有踏米筛、坐谷桶、做上轿鞋的习俗，即在清晨五更，新娘就珠冠蟒服，坐在一桶谷上，足踏米筛，和另外一位未结婚的少女，用红绿布共同做上轿鞋，须在天明之前做好，放在米筛内，等候花轿。男家花轿到了，女家在门口高烧火盆，燃放百子炮和双声花炮，用鼓乐出来迎接，花轿进入大门停在中堂。然后，由一对童男女陪同新娘吃了上轿饭，再由两个都是夫妻双全、子孙满堂的年老的利市婆，各执红灯、米筛，在两边扶着红绸盖头的新娘上轿。迎亲时，新娘花轿后跟着一个小孩，盛装打扮，骑在一匹马上，手拿米筛，一边行进，一边把染红的米不断撒在花轿上，俗叫“撒米郎”，据说是为了“破煞”。到了夫家，新郎出来，跟着两个利市翁，每人一手执灯，一手执米筛。新郎到了轿前，先向新娘一揖。在瑞安，“妇至门，未下车（轿），婿揖妇者四，妇乃入门”。温州有地名“米筛巷”。

婚礼中的另一个道具是“布袋”。新娘到了夫家，男方开了洞房门，地上铺起了两个红绿布袋，喜婆扶新娘出轿，两个利市翁夹护新娘、新郎，照布袋行去，先跨一个再跨一个，两个布袋交替进行，直到进入洞房，这叫“接代”（“袋”“代”同音）。温州有地名“布袋潭、布袋坑、布袋山、布袋塘”等。

在人生礼仪中，另一个道具是“寿桃”。祝贺婴儿诞生的“三朝礼”中有“寿桃”，给老人做寿时更离不开寿桃。做寿也叫“祝寿”“拜寿”。一般男的从50岁，也有从59岁开始，女的从60岁开始做寿，称为“男做九，女做十”。以后每隔十年做一次，称“做十”。祝寿必送米制的寿桃，意为祝老者长寿。庆寿时把寿桃陈列盘上，九桃相叠成一盘，形似小山。最有名的是寿桃山，在约两米高的木架上放满100多个寿桃，共有七八层，在寿桃山的正面和两侧的每层上，分别站立100多个大小不同的米塑戏曲人物，及鸟兽、花卉等装饰；山顶上放有一个花作背景，站立着一位老寿星。温州很多地名中都会出现“寿桃”两字，如“寿桃山、寿桃尖”等。

死亡是任何一个来到世上的生命体最终的归宿。祭奠死亡的仪式体现了不同民族人们不同的丧葬民俗。

温州市在历史上一直盛行土葬。据考古资料证明，在相当于中原的西周时期，已有石墓石棺出现。这种墓高约一米余，四周有4块天然大石块作支柱，上盖一块长方形的巨石。据史载，至迟在2000年前的东瓯王驺摇时期就存在土葬。旧时的温州西郊瓯浦山旁就有东瓯王墓。

在温州民间，历来还有在生前筑寿坟，或死时临时选穴筑坟的习俗。其坟大都以砖灰为塘，以石为茔，比较流行的是一种以棺木为中心，周围垒以大石，做成靠椅式的坟，俗称“椅子坟”。温州带“坟”字的地名很多，有“石坟路、陈地坟、石坟垟、双个坟、坟前、坟后、洞坟、百家坟、花坟”等。

温州民间葬礼比较繁复。棺材上山时，在棺前陈列肴馔等。所选时辰一到，烧起柴火两大堆，鸣锣发炮，喇叭铙钹，锣鼓齐奏，并放花爆，孝子跪伏坟坦。在一片杂乱声中，棺木进入坟塘，这叫“进棺”。这时人们在坟背上铺起松松的泥土，孝子肩背布袋，左手执一个盖仓谷的印，整只手套入布袋里，从左方登上坟背，在泥土上重重戳出印痕，再从右方下来，叫作“印坟”（方言谐音，“印”“应”同音，“袋”“代”同音，是传代应坟的意思）。棺柩入塘之后，将坟塘外口，用砖砌好，在与灵柩差不多高的正中处所，剩个足方一寸光景的洞儿，叫“龙门”。时辰一到，又是烧火、奏乐、发炮，孝子伏地。一个泥工用一块细小砖头，砌塞龙门，才算安厝完毕。温州地名中有“棺材山、棺材岙、布袋塘、龙门山、龙门潭”等地名。

在人生礼仪中的还有一个重要的道具是“柏树枝”。不管是“三朝礼”“寿礼”还是“婚礼”，柏树枝是最重要的装饰品。在“三朝礼”“寿礼”中，柏树枝放在寿桃上，取“松柏常青”之义。婚礼上，喜婆取两片瓦和一对泥碗，用红头绳捆扎坚固，外系“柏树枝”，送入花轿，这叫“鸳鸯瓦”。意思是“头顶自己瓦，脚踏自己泥”，是娘家把风水福泽，分给女儿带去，是爱女的意思。温州有“柏树底、柏树巷、柏村、柏山”等地名。

二、岁时民俗和游艺民俗折射在温州地名中

照理说，岁时民俗属于信仰民俗，不同于游艺民俗。但温州的岁时民俗常常与游艺民俗结合起来。如春节舞龙，端午赛龙舟等。我们就把这两种民俗放在一起讨论。

瓯越文化源远流长，温州岁时民俗别具特色。最热闹的传统节日是春节、端午和中秋。

在温州，春节活动丰富多彩，但主题都离不开“辞旧迎新”这个主旋律。温州人过春节比较有特色的项目是拜年的纸蓬包。

按旧习，温州人正月初一不走亲戚。拜年时间一般是初二到初十或延至十五。到一般亲戚家里去，都要带礼品。以前礼品比较简单，大都是桂圆、荔枝、红枣、元枣、红糖、柿饼等，用特种草纸包上，这特种草纸温州方言叫“纸蓬”。上面封有红纸（有的印有祝贺新年的花边字样），故称“纸蓬包”。每包装礼品半斤左右，需要送多少包，则根据所走的亲戚情况而定。送纸蓬包重在形式，不重内容，有时纸蓬包送给东家，东家送西家，西家再送南家……最后，包破了，包中的东西被孩子们挖个洞摸着吃了，有时只剩一两个红枣、桂圆之类，还在送来送去。温州有地名“飞鹏巷”原名“纸蓬巷”。

温州还有在端午节给小孩戴虎头帽、穿虎头鞋、挂上虎头香袋的习俗。古人视虎为兽中之王，认为它能降服百兽，就能消灾辟邪。由于人们对它如此敬畏，不敢直呼其名，称之为“大猫”，写成“驮猫”或“驮茅”。所以温州地名中有“驮猫垟、驮猫弯、大茅垟”等。

端午节还有一个重要习俗——吃端午粽。在明代，该日，“造角黍，以馈亲戚”。角黍，即粽子，民间的制作法是以箬叶包糯米，放在水中烧煮而成。以纯糯米包成的，称为“米粽”；有在糯米中加入豇豆或赤小豆的，称为“豆粽”；亦有在糯米中加入番薯（以鲜番薯刨成丝，剁细）的，称为“番薯粽”。还

有一些农户特地在纯糯米中嵌进少量红枣、金丝蜜枣或莲子等，以增加风味。包粽子用的箬叶是箬竹的叶。箬叶包成的粽子，有清香之味，食之宜人。束缚粽子的绳子，一般是棕榈叶片，因为棕榈叶片去筋烧煮后柔韧清香。粽子的形状，以四角为主，称为“角粽”；亦有类似长三角形的，像老太太的小脚，称为“袅脚粽”（袅脚：温州方言是“裹脚”“小脚”的意思）。温州习俗规定，一般是40个粽扎一把，内有一个特大的叫“粽娘”（一升米做4个）；又有一把特小的叫“子孙粽”（一升米做10个）。“粽娘”和“子孙粽”是婿家送给母家的。普通的叫“新庚粽”（一升米做6个），是分送亲友邻居的。粽子有两种，上品是肉馅粽、白糖莲子粽；其次是蚕豆粽、槐豆粽、白粽。后者是用早稻秆或豆秆烧灰，取汁浸而煮之，通过热水淋掉碱质后制成，俗称“淋粽”。送礼粽子的种类没有明确的规定，视家庭经济状况和个人爱好而定。有的地区午宴以粽子为主食。这些在地名中都有所反映，如永嘉有个“粽子村”，村中大多数人家以包粽子出售为业。用包粽子的材料命名的地名就更多了，如“糯米田、大箬、大箬溪、箬袅、箬溪、箬岙底、箬岙山、箬垟、黄箬岭、稻秆塘”等。

在明代，端午节民间“煎百草为汤，老幼皆浴”。至清代，皆以菖蒲、艾蒿之类，煎汤沐浴，叫“草头汤”（亦称“蒲汤”）。据说洗了可解毒去秽，使人不染痢疾。在苍南，则采五种药草，与鸡鸭蛋同煮，称“午时草”。其汤供小孩沐浴，浴后以雄黄点额，涂其手脚心，然后吃蛋，也有把菖蒲切成碎片，浮在雄黄烧酒杯内，叫作“蒲酒”，也叫“蒲觞”，吃了可以避邪。温州有民歌云：“五月五日端午节，屈原饮恨汨罗江，龙舟队队江中飞，要饮蒲酒保平安。”温州地名有带“蒲”二字的，如“蒲岭”：当地古时盛产菖蒲。“蒲潭”：村中有潭，潭中古时菖蒲甚盛，故名。

中秋节是个团圆的节日，根据史籍的记载，“中秋”一词最早出现在《周礼》一书中。到魏晋时，有“谕尚书镇牛淆，中秋夕与左右微服泛江”的记载。直到唐朝初年，中秋节才成为固定的节日。《唐书·太宗记》记载有“八月十五中秋节”。中秋节的盛行始于宋朝，至明清时，已成为我国的主要节日之一，是我国仅次于春节的第二大传统节日。温州的中秋传统除了吃月饼、送节、赏月，还有设桌摆置各种小摆设和观潮的习俗。古代帝王有春天祭日、秋天祭月的社制，民家也有中秋祭月之风，到了后来赏月重于祭月，严肃的祭祀变成了轻松的欢娱活动。中秋赏月的风俗在唐代极盛，许多诗人的名篇中都有咏月的诗句，宋代、明代、清代宫廷和民间的拜月、赏月活动更具规模。每当中秋月亮升起，于露天设案，将月饼、石榴、枣子等瓜果供于桌案上，拜月后，全家人围桌而坐，边吃边谈，共赏明月。温州至今遗存“拜月亭”“望月楼”等地名。

以上民俗折射在地名中，是民俗对地名的间接作用；而地名反映浙南民俗，是地名对民俗的直接作用。

第二节　温州地名反映浙南民俗

一、温州地名反映民俗事象

温州地名可以反映浙南民俗事象，如“龙金田”，昔系河道，曾划过龙船，后淤积成田，故称龙船田，后改称今名。“龙坞”，相传此处为端午节龙船竞渡停靠之埠头。“龙船河”，相传上有人工开凿河道，可以划赛龙船，故又名“龙船河”。此外，还有“划龙桥、龙船湖山、龙船寨”等地名，都反映了端午划龙船这一民俗事象。

明代，温州的端午节活动已十分丰富多彩。据明万历《温州府志》载：“竞渡起自越王勾践。永嘉水乡用以祈赛。”温州竞渡，至迟在宋时已很流行。叶适诗：“一村一船遍一邦，处处旗脚争飞扬。祈年赛愿从其俗，禁断无益反为酷。”可见温州一带的竞渡，渊源于古代越族龙图腾崇拜的祭祀活动，主要是用于祈求平安和丰收。在宋时，还不是纪念屈原，直到明清以后，才演变为专门纪念屈原的日子。到明时，端午龙舟竞渡仍很盛行。清时，斗龙舟更加广泛流行。端午那日，在温州各地都有龙舟竞渡，并“悬赏夺标”，俗称“划龙船”或“划斗龙”。时间一般是在农历五月初一前开始，到初十左右结束，也有至月半者，平阳江南则是在农历四月初一开始。温州各乡都有龙船，各庙宇设香官神，专管划龙船。每逢端阳节，有些地方要做新龙船，农历四月初一就擂鼓开殿门，祭香官神，开始造船。各地乡风一般都是农历五月初一才开殿门，祭神后即开划，俗叫“上水”，龙船归去叫“收香”，斗龙结束叫“散河”或“洗巷”，并把龙船翻转，次日再翻正，抬到庙中保存。在划龙船地区内，都要出龙船费用，请划龙船的人吃酒，还要放鞭炮，设祭迎接，叫“摆香案”。龙船头各处大同小异。有的在船身绘画龙鳞，头尾分别安置活动的龙头、龙尾，船型较小，有的船身稍画上几笔龙鳞，亦无头无尾，但船型较大。每乡龙船，各有固定颜色的旗帜，一乡之内，有几支龙船的话，也要用旗色区分标志。以温州南郊南塘河古老风俗为例，有的旗用蓝色，龙头、龙尾和船身都是蓝色，叫作“青龙”，相传四方只有东方苍龙七宿称“龙”，所以青是正色。在南塘河面，以莘塍为河主，所以莘塍东堂庙的龙船特别大，有16档，船面有44人，叫“大青”，算是龙娘。其他龙船上水，必须先到东堂庙朝见，庙司事要赏给彩红，大青出来，各龙不敢和它竞赛，其余小的都叫青龙，其他黄色的叫黄龙。旗白的，船的颜色也是白的，俗称“白龙儿”。如是红旗，船身也染红色，叫作“红霓岭”等。

朔门观潮：姜维《岐海琐谈》：“中秋夜办酒肴赏月，贫亦然，不因雨阻，倾城男女往朔门观潮。”

走马灯行政村：跑马灯又称“走马灯”，是温州传统的民间游艺活动，尤其在苍南最为盛行。马灯的“马”是用竹篾扎成两截灯笼，分别系在表演者的腹前和臀后，加上马头、马尾，就像人骑在马上一样。马灯队一般由12名小孩组成，他们打扮成《三国演义》《杨家将》《戚继光》等戏剧中的人物，在广场或台上载歌载舞，队行穿梭变化，令人眼花缭乱，加上鼓乐齐鸣，很是热闹。表演时，唱着《马灯歌》：“小小儿郎志气壮，扬鞭催马走四方。铁打营盘金乡卫，海疆雄风戚继光，打得倭寇无处藏。朗朗朗朗马来了，我的马儿不吃草。朗朗朗朗马来了，马儿会跳又会跑。”

叶部山：该山原是叶姓给郑姓的陪嫁山，郑姓子女为纪念外婆家，称之为“叶部山”。

陡门乡：相传古代乐清瑶岙女嫌山区无河可划龙舟，不愿与陡门陈氏通婚，夫家为迎合新娘心愿，特地在村涧中筑造陡门，积水成湖，每年端午照常游划龙舟。

二、温州童谣中的地名

童谣是儿童口头传唱的歌谣。大多是成年人根据儿童理解能力、心理特点，以简洁明快、生动形象的韵语写成，并得到儿童传唱，也有的是儿童自己在游戏等场合随口编唱的。童谣按其功用，大致可分为三类：游戏童谣（如《讵歌》)、教诲童谣、训练语言能力的绕口令等。一般比较短小，句式多样，富有变化，节奏鲜明，朗朗上口，易念、易记、易传。

温州童谣是温州民间文学的一种，是民俗学研究的一个部分。在温州童谣中有许多温州地名，这些地名在童谣中的作用各不相同。例如：

第一第一桥

第一第一桥。第二第二桥。
第三三官殿。第四四营堂。
第五五棚殿。第六六塘殿。
第七七星殿。第八八仙楼。
第九九星殿。第十十字街头买酱油。

以上加线的都是地名，其作用是利用地名中的数字达到叠字的效果，念起来朗朗上口。

诓歌

江心寺后栽株瓜，藤达楠溪开朵花。
瓜叶遮住青田县，达到杭州生个瓜。
瓜儿只有酒杯大，切出瓜子三札箩。
这不算多，瓜里还有一双妇女在纺棉纱。
大脚娘，一步跨过九爿墙，踏死十猪九头羊；
前屋叫赔猪，后屋叫赔羊。
大脚娘，真心伤，双双眼泪落地上，
扭晓得海水只没到膝盖上。气得一脚踢倒了海龙王的外婆娘。
诓啊诓到底，脚趾丫里爬出个田嬉儿。
田嬉儿毛劖落。盖起三间茅棚屋，田嬉儿壳做东海大航船。

以上加线的地名表示各地之间的距离远，达到夸张的效果。

百个窟

百里坊伯伯板障上有百个窟，
拿百个铜钱去买百张粉白纸，

欒百里坊伯伯那板障上百个窟。

董宅和薛宅

东门董宅东园里种冬瓜，
西门薛宅西园里种西瓜；
有人讲东门董宅东园里的冬瓜，
值不得西门薛宅西园里的西瓜。

八楞竹

八角井头有八株八角八楞竹，
八株八角八楞竹上有八个八哥。
有八个八脚八手人，
各拿八个金弹子，
打八角井头八株八角八楞竹上八个八哥头上落。

萝卜干和豆腐干

应道观有东西两判官。
东判官手里捏条萝卜干，
西判官手里捏块豆腐干。
东判官想尝西判官那块豆腐干，
西判官想尝东判官那块萝卜干。
东判官想用自个萝卜干，
去调西判官的豆腐干。
西判官想用自个豆腐干，
去调西判官的萝卜干。
东判官又舍勿得拿自个的萝卜干，
去调西判官的豆腐干，
西判官又舍勿得拿自个的豆腐干，
去调东判官的萝卜干。
东判官和西判官，

萝卜干和豆腐干。

以上4首都是绕口令，利用地名与童谣中的词语音近，达到绕口的效果，以训练语言能力。

瓜儿大来瓜藤长

瓜儿大来瓜藤长，囡儿从小跟亲娘。
日里教囡打花鼓，夜里教囡做衣裳。
春夏秋冬勿出门，年过二八嫁平阳。
平阳老公真正好，双双领来望亲娘。
好的亲娘烧卵吃，贪财亲娘打巴掌。

劝婶歌

婶勿响，阿哥带你去平阳。
买来平阳树，做起平阳床，
眠床底角画蛟龙；
踏凳头，画红花，
尿盆盖，画鸭卵；
尿盆唇，画济公；
尿盆外，画老大；
尿盆底，画小姐。

后生娶个大姑娘

山间流水叮咚响，后生娶个大姑娘；
明年生个大阿郎，阿朗大起会骑马；
骑到温州东门下，招来兵马打天下；
天下太平，种田人年年好收成。

樟树解板

樟树樟，樟树解板喷香香；
樟树解板三百粒，叫个老司造轮船；
轮船造起光溜溜，三日三夜到温州；
温州城底嬉三日，买个玉疏转回头。

温州童谣中常出现“平阳”“温州”等地名。这些地名在童谣中往往是借代“好地方”。

金叮当

金叮当，金叮当，五甲桥上出个沈登光，
二都桥上出个王榜眼，三都桥上出个张朝纲。

沙巷

沙巷里老嬷客，横井巷蚊虫药，
戏台下荸荠白，高盈里乌麦麦。

叮叮当

叮叮当罗哩，叮叮当罗哩，
山脚门外罗哩，罗罗哩，
孤老堂，松台山下仙人井哪罗哩。
妙果寺里猪头钟哪呵咋。

温州城底小南门

温州城底小南门，到处煮馄饨。
馄饨汤，喝眼光，
馄饨皮，兑番薯；
番薯干，兑老安；
老安兑来不肖人，
三更半夜爬起叫别人。

哭猫蛋

哭猫蛋，炒油蛋。炎亭虾饭没人担，
担些臭虾饭，给哭猫蛋配配饭！

以上5首童谣中的地名都是表示人物的出生地、事物的产地以及景色特点。《金叮当》中的地名表明了温州历史上3个著名人物的出生地;《沙巷》写出了当地的特色与特产;《叮叮当》写出了松台山、妙果寺一带的景物特点。此外，小南门的特产是馄饨，炎亭的特产是“虾饭”（温州方言指软壳小虾）。

扇扇凉

扇扇凉，透高粱。
高粱擂鼓，擂拉茶浦。
茶浦㩙猪，擂拉楠溪。
楠溪㩙鸭，擂拉白塔。
白塔洗菜，擂拉潮埭。
潮埭成亲，擂拉江心。
江心砻米，擂拉城底。
城底儿栽花，看到白沙。
白沙晒谷，看着临福。
临福洗菜头，擂拉菇溪桥头。
菇溪桥头买扇，擂拉谷宅店。
谷宅店黄草鸡儿生卵，擂拉下近。
下近下近邹，煮粥煎桐油。
饭桨高高挂，铜杓打千秋。
镬盖推到门台头，捉捉牢，盖在饭镬头。

这是文字游戏，利用地名构成“顶真”的修辞手法。上递下接，饶有趣味。

总之，作为民间文学形式的温州童谣中有许多温州地名，这些地名在童谣中有不同的作用，使得童谣具有浓郁的地方色彩，充满了生活情趣，念起来朗朗上口，便于记诵。

注释：

[1]《汉语大词典》(缩印本)，上海：汉语大词典出版社，1997年，第3985页。

[2]《中国大百科全书》(光盘版)，北京：中国大百科全书电子音像出版社，2000年。

[3] 乌丙安：《中国民俗学》(新版)，沈阳：辽宁大学出版社，1985年，第4—5页。

[4] 乌丙安：《中国民俗学》(新版)，沈阳：辽宁大学出版社，1985年，第210页。

第十章　从温州地名看浙南人口迁徙和民族融合[1]

温州地处浙江南部，春秋战国时期，温州就居住着“瓯越之民”。《史记·赵世家》描写他们是“断发文身，错臂左衽”。在温州历史上，这些“瓯越之民”经历过几次大的人口迁徙，迁徙有的在本民族之间进行，我们姑且称之为“族内迁徙”，有的在不同的民族之间进行，往往是从一个民族聚居地迁徙到另一个民族的聚居地，这种迁徙我们称之为“族际迁徙”。不同地区人口的迁徙、不同民族的交往接触，常常造成语言、文化的碰撞融合，往往在地名上留下深深的痕迹。通过对地名的考察，对地名类型的分析，我们可以分析出迁徙的原因、心态及民俗，印证人口迁徙的路线及民族融合的状况。

第一节　历史上浙南人口迁徙的原因

历史上浙南人口迁徙的原因是多方面的。第一个原因，也是最主要的原因是战乱，原居住地遭到破坏，而温州的地理环境，尤其是楠溪江流域，地势险要，利于避乱。乾隆《永嘉县志》引旧《浙江通志》说：“楠溪江太平险要，扼绝江，绕郡城，东与海会，斗山错立，寇不能入。”再加上温州温和的气候条件特别适合居住。因此有西晋末年，由于封建统治者内部混战，从黄河流域一带进入浙南的北方人；有晚唐时，为避黄巢之乱而来的宁波人；有为避闽国动乱而来的福建人；有随宋室南渡而来的中原人等等。这些在地名上都有所反映，如永嘉“豫樟村”，据族谱记载，宋朝年间，始祖是从江西省豫樟县豫樟镇迁居至此，为了不忘祖宗故地，故直接用原地名“豫樟”来命名新居地。瑞安的“方村”，始祖方佛定，因避乱于后周广顺元年由福建长溪迁至瑞安，以姓氏命名新居地，叫“方村”。

第二个原因是居住在原地的人们，为了生存而迁徙。他们或者寻找新的田地，去发展农业生产，或者去开拓新的海域，从事渔业生产等。如大量的中原人进入温州之后，温州的部分土著为了生存，往南迁徙，进入现在的福建、两广地区，成为南方少数民族的祖先。例子见下文以“栏”为通名组成的地名。又如明清时期福建兴泉、汀州一批农民为了生活，进入浙南山区垦荒种靛，聚族而居。如平阳地名“靛青厂”，据当地《赖氏宗谱》载，明永乐十八年（1420）福建汀州赖氏迁居于此，搭茅屋（浙南瓯语称茅屋为“厂”），种植靛青，遂成村落，故名“靛青厂”。还有明朝福建南屏人到泽雅利用水竹造纸，该纸至今仍叫“南屏纸”，他们生活的地方叫“纸山”。再如浙南的沿海岛屿，如洞头岛，说闽南话的占三分之二。这是由于福建渔民北上捕鱼，久而久之，渔民与其眷属就在浙南海岛上落脚，并且世代繁衍。参见下文以闽语“厝”为通名构成的地名，此类地名在沿海渔村特别多。

第三个原因是外族入侵，或者官府镇压及苛捐杂税，人们在本地难以生存，被迫迁徙。前者如汉武帝建元三年（前 138），由于越族内部冲突，东瓯遭到闽越王出兵攻击，东瓯王便率其众 4 万余人，举国迁徙到江淮之间，东瓯国随之灭亡。后者如浙南畲族，宋元时期，大量畲族人迁出闽、粤、赣边界，这种迁徙在明清时达到高潮，其中一部分人迁入浙南各县。这在畲歌中有所反映，景宁畲族《盘瓠歌》抄本唱道：

搬到福建住连江，连江亦算好田场，
乃因官差难作食，思量再搬住浙江。
三姓搬来到景宁，景宁亦是好田场，
景宁田土好作食，开山作田做何粮。
景宁亦算好田场，山上树木闹洋洋，
乃因官府欺负人，三姓思量散去掌。
世上万样难了难，祖公历代掌半山，
一路搬去都一样，官府欺负掌人难。
官府财主没好意，歌源唱来各人记，
有话莫去通官府，官府财主互通气。
蓝雷钟姓一宗亲，有事照应莫退身，
今下各人掌各县，都是广东一路人。

景宁位于浙南，是畲族自治县。温州各县的畲民大多是从景宁迁过来的。温州由“寮”（畲语，指用茅草等搭盖的屋舍）构成的地名最初基本上都是畲族人居住的。

第四个原因是灾害移民补籍。历史上主要有两次移民补籍：一是南宋乾道二年，温州遭大台风，大海溢，溺死数万人。温州知州传檄福建，要求移民补籍。闽民奉命陆续来温，如瑞安张氏、林氏、池氏、应氏，均在乾道二年（1166）后由闽迁温。这在地名上也有所体现，如瑞安的“前池”：据《池氏宗谱》载，始迁祖由福建赤岸迁此。始建村者池姓，以位于鲍田大村的南面，故名“前池”。

二是皖南歙县一带，因瘟疫爆发之后，百姓大量死亡，致使当地出现人口稀缺的情况，于是从浙南迁入大量越人。《徽州府志·风俗篇》记载：“俗参瓯骆。宋吕和叔云，歙地杂瓯语，号称难治。”这里的“瓯”即“东瓯”，“瓯语”就是温州话。[2]这种情况在地名中也有体现。浙南以“漈”（音 [tsei^{42}] 或写作“沶”“际”，指山间小瀑布）为通名的地名很多。如“漈下桥、百丈漈、拢盘漈、西风漈、白岩漈、漈头陈、漈头温、漈坪岗、干漈、白水漈、漈大寮、漈头、平漈”等。

这些地名只见于浙南，与皖南山区相接壤的浙西北山区没有，但皖南有此类地名，如“石际山”。这是因为大量的温州人进入皖南，在皖南的地名中融入浙南瓯语成分。

第五个原因是仕官温州的人士定居占籍或朝廷派兵镇压动乱后，将士们留驻当地，并在当地世代相传。

如永嘉的邵园：始祖邵宏明，原籍福建福清，于唐大中十年（856）任温州别驾，卒于任。后其子孙迁居永嘉，命其新居地为“邵川”（今为邵园）。

又如温州苍南有个金乡方言岛。这跟明代倭寇之扰，朝廷派兵抗倭防守有关。明洪武二十年（1387），为防倭寇侵扰，建立了 5 千米长的卫城，称“金乡卫”。戚继光和他的戚家军曾几度在此扎营练兵，抗击倭寇。许多操官话的将士及其眷属留驻当地，形成了方言岛。在地名上应引起注意的是浙南沿海有许多村镇名“南塘”，戚继光号“南塘”，地名“南塘”大多是为了纪念戚继光，与这位英雄的抗倭活动有关。

总之，人口迁徙的原因是多种多样的，迁徙的方式也各不相同。但人口的迁徙必然会带来语言的碰撞、渗透甚至融合，往往在地名中留下印迹。人们可以在这些地名中考察和印证人口迁徙的历史，印证民族间接触和民族融合的历史。正如 L. R. Palmer 在《现代语言学》（*Modern Linguistics*）中所说的那样："地名的研究实在是语言学家最引人入胜的事业之一。因为他们时常供给重要的证据，可以补充和证实历史学家和考古学家的话。"

第二节　浙南人口迁徙后形成的地名类型

温州历史上人口迁徙，以及不同语言的相互接触和相互影响所产生的地名，有各种各样的类型，我们分两部分来分析。

一、族内迁徙形成的地名类型

因族内迁徙而形成的地名共有五类。

第一，把原住地的地名原封不动带到新住地，来命名新地名。这地名就成为古代人口迁徙最明显的踪迹。此类地名在温州地名中很多。

瑞安市有"长山村、南镇、三大亩"等地名。长山村：据《郑氏宗谱》载，明代郑姓从乐清常山迁此，以其原籍地名村，称"常山村"，后谐音改今名。南镇：据《缪氏族谱》载，其先祖于宋乾道年间自福建南镇迁此始居，因难忘故地，故名。三大亩：据《谢氏宗谱》载，清康熙年间谢姓自平阳江南三大庙地方徙居于此，为怀念故地，遂称"三大庙"，后谐音改今名。此外，还有"温州厝、温州寨、温州寨顶"等，这几处的祖先均从温州市区迁来。

又如平阳县有"麻园村、铁场村、桐桥村"等。麻园村：据当地《郑氏宗谱》载，明末，郑氏祖先从乐清柳市的象山麻园迁此居住，此地故名"麻园"。铁场村：林氏从小南乡墨城铁场移居此地，以原籍地名命名，沿用至今。桐桥村：当地《白氏宗谱》载，清康熙年间，万全乡童桥村白氏在此建墓，其后人又迁此成村。为纪念祖籍，取名"童桥村"，后谐音改为"桐桥村"。

第二，把原住地的地名通过压缩，作为专名，加上一个通名构成一个新地名，原地名曲折地保留在新地名中。

如平阳有"梅村巷、大文厂、金墩厂、陈岙、南陀岭"等地名。梅村巷：因巷内大部分居民从梅源迁来。大文厂：《黄氏宗谱》载，清康熙二十七年

（1688），其祖先从驷马、大份头来此牧牛，盖茅屋栖身，故名“大份厂”，因方言谐音，写成“大文厂”。金垮厂：其祖先自腾蛟金垮来此盖茅舍栖身。故名“金垮厂”。陈岙：当地《马氏宗谱》载，马氏祖先为陕西（古为秦地）平凉县人，于明崇祯己亥年迁此，“秦”“陈”同音，遂称“陈岙”。南陀岭：腾蛟乡南陀村孙氏建墓于此，并筑石道通向山下，故名“南陀岭”。

又如瑞安有“黄林、桐星”等地名。黄林：第一代村民从青田县黄砚地方迁入，因不忘故地称此地为“黄村”，后因村中枫树成林，改称“黄林”。桐星：1965年，因桐溪水库出险，桐溪村部分村民移此建村，取名“桐星”。

第三，把原驻地的地名通过压缩，成为一个语素，加上一个表示心理或有一定寓意的语素，再加上一个通名，组成一个新的地名。

如瑞安有“陈思田、肇平垟”等地名。陈思田：村民都从陈岙徙居，境内稻田多属陈岙陈姓所有，“思”意含怀念思念，故名。肇平垟：清初，祖上由平阳迁此，寓肇始之意，故名。

第四，以新驻地的环境命名。如平阳有“上岙、上坦、雅屿、上坎头、士头山、沿口、前堡”等地名。上岙：当地《孙氏宗谱》载，明正统年间，孔氏自山东曲阜迁此始居。村庄三面环山，处于岙门最上端，故名上岙。上坦：当地《蔡氏宗谱》载，宋天圣二年（1024），蔡姓由闽蒲田迁此定居。因北面有一片平坦高地，村名俗称“上坦”。雅屿：陈氏祖先自闽长溪赤岸迁此成村。此地原为岛屿，林茂景美，故名“雅屿”。上坎头：当地《赵氏宗谱》载，其祖先于清康熙七年（1668），自乐清迁居此处。因村处东面龙凤山山脉一段高坎之上，故称“上坎头”。士头山：陈氏从灵溪繁枝迁此成村，因村位于“士”字形三座山峦之间的小平原，故名“士头山”。沿口：地处鳌江中游沿岸的东坑山岙口，故称“沿口”。前堡：当地《周氏宗谱》载，清康熙间，周姓祖辈从北港迁居此地。因村庄四面环河，形似元宝，取村名为“元宝”，又因方言谐音，演为“前堡”。

第五，以姓氏或祖先的名字作为语素，加上通名或方位词，构成新地名来命名新驻地。

如瑞安有“薛里、贾岙、翁山”等地名。薛里：为薛氏（福州人），从福建迁到温州市区，再迁到瑞安，故名“薛里”。贾岙：始迁祖贾仁三，福建仁溪人，宋乾德年间任黄岩尉，后卜居乐清龙门山麓，以姓氏命名“贾岙”。[3]翁山：始迁祖翁神安，原籍福鼎，于宋乾德二年（964）访伯父至瑞安未遂，逾数岭到泰顺定居，新居地命名为“翁山”。

又如平阳有“杨光龙、徐家站”等地名。杨光龙：杨氏祖先杨光，从闽泉州迁此定居。茅舍建在山腰上，周围山形似龙，故名“杨光龙”，沿用至今。徐家站：徐氏家族从闽迁此，村名遂为“徐家站”。此类地名很多，如“包宅、蔡宅、李家村、蒋家桥”等。

此外，还有以迁徙时的某些特定的事件命名的。如瑞安的“里北垟”：据《李氏宗谱》载，始祖德兴随父璞山于宋淳熙年间从永嘉楠溪迁此，是年适父子同游泮水，遂以姓与泮名其地，为“李泮垟”，后谐变为“里北垟”。“盘台角”：始居者陈、木两姓，曾一再择地而迁，搬迁至此，可说是搬到角落了，故曾名“搬到角”，谐音改为今名。

二、族际迁徙形成的地名类型

这类地名主要是以方言词为通名，构成具有浓郁地域色彩的地名。

我们以畲族为例：浙南各县，尤其是山区县，都有畲族居住。畲族是古老的民族。“畲”字来历甚古，《易·无妄》有“不甾畲”句。《诗·周颂·臣工》：“亦又何求？如何新畲。”毛传：“田，二岁曰新，三岁曰畲。”畲又指焚烧田地里的草木，用草木灰作肥料的原始耕作方式。唐元结《谢上表》：“臣见招辑流亡，率劝贫弱，保守城邑，畲种山林，冀望秋后少可全活。”畲族，也称“畲民”，因从事畲耕（即刀耕火种），故名。畲族自称“山哈”，“山哈”即“山客”，意为居住在山上的人。畲族古时分布在今闽、粤、赣、浙四省的山区。南宋刘克庄《漳州谕畲》：“畲民不悦（役），畲田不税，由来久矣。”

那么，畲族的语言又是如何的呢？我们认为在唐之前，居住在闽、粤、赣交界处的畲族先民肯定在使用一种语言，这种语言就是古畲语。第一个方面，畲语应该融合了许多古汉语词汇。据史书记载，汉朝统一过这一带。唐开元年间，唐王朝为镇压闽、粤的畲族，便派唐将陈元光父子为首的123名将领，58姓军校带领近万人的中原队伍进入闽粤地区，这些都对畲语产生了很大的影响，促使畲语吸收古汉语成分。第二个方面，客家话对畲语也有一定的影响。客家先民从东晋开始，分5次由中原南迁，部分客家人与畲民杂居，这不能不对畲语产生影响。据施联朱教授主编的《畲族简史》和蒋炳钊教授的《畲族史稿》研究认定，畲族离开凤凰山到闽东、浙南定居，是从南宋到明代时期（1127—1644）。在这个时期内，畲族先民与客家先民经历了一个长期杂居阶段。在这个阶段中客家先民进入畲族先民的生活，因为不是强制同化，畲族先民与客家先民心理上的隔阂更少，语言上的交流更顺畅，相互吸收进的各自原有语言中的词汇相当多。这时的畲族先民操的是古畲语，客家先民操的应是中原古汉语加进沿途迁徙吸收的汉语方言而产生的次古汉语。按《畲语简志》所言，在这个阶段中，畲族先民是放弃了畲语而使用客家语，雷先根认为应该说是畲族和客家人在互相学习中，古畲语进一步吸收了客家先民带来的次古汉语，客家语也进一步吸收了当地的古畲语。[4] 黄家教、李新魁于 1963 年在《潮安畲话概论》中认为：畲语“至少在宋元时代便开始向汉语靠拢”。第三方面，迁徙到浙南温州各县的畲语受到浙南瓯语和闽南话的影响，这在地名中都留下了痕迹。常见的有下面几类：

第一，直接以“畲”或畲族的“盘、蓝、雷、钟”四姓命名的。温州有：“李家畲、畲龙行政村、畲屋、桐畲、下畲、梨畲、彭畲、蓝宅桥”等地名。此外平阳有一个“国宋村”。当地《雷氏宗谱》载，清乾隆十二年（1747），畲族雷国宋迁居此地。雷氏后裔为纪念祖先，即以“国宋”为村名。

第二，以畲语“寮”为通名组成的地名。浙江省景宁《畲族志》载：“房子畲语称‘寮’。”畲族山歌里唱道：“今日寮里起身来。”早期畲民生产力落后，过着刀耕火种、游移不定的农业生活。他们大多数“结庐山谷，诛茅为瓦，编竹为篱，伐荻为户牖。”[5] 这种房子畲民称“草寮”，它在浙南农村，尤其是山区普遍存在。因此，温州地名中以“寮”为通名组成的地名很多，如“下黄寮、上寮村、寮后、寮山、寮下、长岭寮、白玉寮、外寮、底寮、上豹寮、杨寮、田寮、坟头寮、吴寮、东家寮、罗家寮、茶寮弯、上寮峰、茶寮、寮后、下寮、三寮、石寮、寮坑村、朱寮、银寮、大寮后、外寮、地寮、宏寮、香菇寮、寮后、鸭母寮”等。

第三，以闽语“厝”（房子）为通名组成的地名，如“萧厝、温厝、大厝基、老厝、外新厝、张唐厝、朱厝、朝西厝、老厝、厝基、陈厝、温州厝”等。这类地名往往出现在福建移民的居住地。

第四，以“栏”字组成的地名，有“牛栏坑、羊栏坳、牛栏塘、牛栏汪、牛栏岗、牛栏断、仙牛栏、栏巷”等。

据《方言与中国文化》介绍，壮侗语系称“屋”“家”为“栏”，房层用竖立的木桩为底架，建成高出地面的一种房屋，屋内住人，屋下空间养畜，南方自古就有，我国南方出土文物，如云南晋宁石寨山青铜器上的建筑模型，两广、湖南、贵州汉墓中随葬的“干栏”明器，以及早在江西新石器时代遗址中的陶屋，都是干栏式建筑。“干栏”虽不是汉语词，浙南瓯语也没把房屋说为“栏”，但牲畜住所仍沿称“栏”，如“牛栏”“猪栏”。这是因为西晋之后，大量的中原人进入东瓯，原来居住在东瓯的部分土著即古越人开始南迁，进入福建、广东以至越南的北部及附近岛屿，成了闽越、南越、骆越等，称之为“百越”。而“栏”是瓯语的底层词，跟壮侗语同源。

第三节　地名反映了心态、民俗，印证了人口迁徙的线路与民族融合的状况

一、地名反映了迁徙者的心态

地名反映了迁徙者不同的心态。第一，迁徙后的新地名反映了人们对故土的眷念。上文提到的“长山村、温州寨、梅村巷”等带有故土的地名，用意是使这些移民不忘故土。又如“陈思田”，是指从陈岙迁出来的，以“思”直接表明对故土的思念。

第二，反映了人们对新生活的期盼。如瑞安地名“肇平垟”，祖上由平阳迁此，寓肇始之意。迁徙总是迫不得已的，被认为是“背井离乡”，到了一个新的居住地，一切都从头开始，新的生活也从头开始。

第三，新地名反映了人们对居住环境的重视。居住环境对处于自给自足的自然经济之下的农业生产和生活的人们而言是非常重要的。土地、水源、山林等是人们生存的先决条件。如“上岙”中“岙”是山间平地，“上坦”中的“坦”也是平地，“雅屿”主要指树林美，“沿口”表明靠近水源。

第四，地名反映了人们对祖先的崇敬心理。如“贾岙”“翁山”等直接以祖先姓名命名，表明了祖先创业不易，以姓氏命名表明了对祖先的怀念、敬重、崇拜。

二、地名里反映了民族的历史和民俗

我们还是以畲族为例。畲族史诗《高皇歌》记载了上古时代，祖先盘瓠征

服犬戎，与高辛皇帝的三公主结婚，后弃官入凤凰山居住，生下三男一女，三子分别姓盘、蓝、雷，女儿招婿姓钟。畲歌唱道："祖宗落担凤凰山，做天做地做世界，青山绿水做衫着，溪河流水做琴弹。"在祖歌《高皇歌》中有"送落凤凰大山宫""送落潮州凤凰村""凤凰山头一块云""凤凰山上鸟兽多""凤凰山上实在闲"等句子。畲民把始祖居住的地方称"凤凰山"。始祖在凤凰山繁衍了四姓族人，后因外族入侵和民族压迫而被迫外迁，其中一部分迁到浙南各县。

畲族尊三公主为"凤凰神"，畲族妇女普遍穿"凤凰装"。"凤凰装"别具特色：畲族妇女用红头绳扎头发，盘在头上，高高隆起，像凤凰头，叫"凤凰髻"；在上衣上刺绣着大红、桃红夹着黄色的花纹，镶绣着金丝银线的花边，象征着凤凰的颈和羽毛；围兜上也绣着五彩的花纹，象征着凤凰的腹部；身后两条绣花的飘带，象征着美丽的凤尾，各种颜色的脚绑和绣花鞋，象征着凤凰的脚爪；周身佩挂着叮当作响的银饰品，象征着凤凰的鸣啭。《后汉书·南蛮传》记载的"好五色衣服"，《桂海志续》记载的"女则用五采缯帛缀于两袖"，指的就是"凤凰装"。姑娘出嫁时，还要戴"凤凰冠"。有的凤凰冠还饰有雕刻吉祥图案的银片、银牌，非常昂贵。像这样的凤凰装、凤凰冠常常在婚礼上穿戴一次便收于箱底，等到亡故时再用来穿戴入葬。

婚礼的厅堂上常有"凤凰到此""凤凰来仪"的红联，婚宴中有"取凤凰蛋"的歌舞节目。畲族"赤郎"（迎亲伯）常在婚宴上唱这样的畲歌：

一心要去凤凰山，凤凰山上客聊坪，
凤凰山上出凤凰，凤凰贵子进京城。
凤凰是凤凰，凤凰生蛋四角方，
凤凰生下凤凰蛋，凤凰蛋献状元郎。

短短八句畲歌，"凤凰"一词竟出现了11次。可见"凤凰"是畲族的崇拜对象，是吉祥的象征。这在地名中也有所体现，畲族居住的地方，地名常带"凤凰"或"凤"字。如平阳有"凤卧乡"，原名"凤翔"，因闽语"翔""卧"谐音，故演变为"凤卧"。平阳还有"朝阳乡"，是畲族聚居地，现有畲民756人，取"丹凤朝阳"之义，从一个侧面反映了畲族的这一信仰和民俗。此外，平阳还有"凤口、凤头、凤山、凤山头、水凤尾"等村名。瑞安以"凤凰"命名的地名只有“凤凰山、凤凰山礁”两个。永嘉有“凤岙村、凤岙尖、凤山村、凤凰寨、凤凰头”等。这些地名都从一个侧面反映了畲族的历史和风俗。

三、地名印证了人口迁徙的线路

对于上文提到的“族内迁徙”形成的地名类型，如用原地名来命名新住地，我们只要把这些地名排列起来，逐一分析，考证其年代，当时迁徙的痕迹就会明朗起来。谭其骧的《晋永嘉丧乱后的民族迁徙》[6]一文就是这样写成的。谭其骧是根据侨置郡县来判断民族迁徙的，但温州没有侨置郡县，所用的故土地名都是小地名，但这种方法仍可使用。

另外，我们尝试用绘制地名同名线的方法来考察迁徙的路线，也是很有效的。据调查，以“寮”为通名组成的地名里，大多数历史上曾有畲民居住过，有些现在仍有畲族居住，如“外寮、宏寮、寮后”等。我们可以用有“寮”“凤”等畲族特有的地名用词构成的地名，绘制地名同名线，根据同名线的走向及疏密程度等，从中我们就可以推断出畲族迁徙的路线及分布。

又如以“厝”字组成的地名，主要分布在沿海岛屿，并且按带状分布，从福建到苍南、平阳、瑞安，经洞头列岛，到达温岭的石塘附近。再往北就没有了。据说，从前有规定，福建人打渔，北面以石塘为界，石塘以北是宁波人打渔的区域，以南是福建人打渔的区域。可见福建渔民北迁的路线的终点应是石塘。

四、地名中的不同方言成分同时存在，反映了民族的融合

地名中的不同方言成分同时存在，反映了民族的融合，请看下面两组地名：

A 组：猪母头、猪母礁、猪母仔礁 、牛母礁、鸡母岗、鸭母寮（猪母、牛母、鸡母、鸭母，闽语分别指母猪、母牛、母鸡、母鸭）。

B 组：猪娘礁、猪娘垟、牛牯岭、黄牯袋、黄牯山、鸡母娘礁（猪娘、牛牯、黄牯、鸡母娘，浙南瓯语分别指母猪、公牛、公黄牛，母鸡）。

虽然表示性别雌雄的语素在闽语和浙南瓯语里，经常处于被修饰成分之后，但二者所选用的语素不同。这两组地名常出现在同一县市，表明了语言的互相影响，反映了民族的融合。

还有同一地名中多种语言成分的重合也反映了民族的融合，如“草寮厝”

中的“寮”是畲语成分，表“房子”义。但“厝”是闽语，也表“房子”，闽方言称房子为“厝”，建房子叫“起厝”，房租叫“厝税”，屋顶叫“厝盖”。闽语的“厝”，就是畲语的“寮”，也就是瓯语的“屋”。“草寮厝”是畲语受到闽语的影响而形成的“架床叠屋”的造词法，这也反映了民族的融合。

注释：

[1] 盛爱萍：《从温州地名看浙南人口迁徙和民族融合》，《温州师范学院学报》2004 年第 3 期。

[2] 据颜逸民先生的分法，“以瓯语泛指温州地区各市县的温州话，以温州话专指温州市区方言，温州方言则指温州地区各种方言。”参见颜逸民：《浙南瓯语》，上海：华东师范大学出版社，2000 年，第 1 页。

[3] 参见乐清鹿岩《贾氏宗谱序》。

[4] 参见施联朱、雷文先主编：《畲族历史与文化》，北京：中央民族大学出版社，1995 年，第 126 页。

[5] 杂识《畲客》，《长汀县志》卷三十三。

[6] 参见谭其骧：《晋永嘉丧乱后的民族迁徙》，《燕京学报》1934 年第 15 期。

参考文献

著作类：

1. 罗常培:《语言与文化》，北京：语文出版社，1989 年。
2. 游汝杰:《中国文化语言学引论》，北京：高等教育出版社，1993 年。
3. 游汝杰:《中国文化语言学引论》（修订本），上海：上海辞书出版社，2003 年。
4. 游汝杰:《著名中年语言学家自选集·游汝杰卷》，合肥：安徽教育出版社，2003 年。
5. 游汝杰、杨乾明:《温州方言词典》，南京：江苏教育出版社，1998 年。
6. 周振鹤、游汝杰:《方言与中国文化》，上海：上海人民出版社，1986 年。
7. 王力:《汉语语音史》，北京：中国社会科学出版社，1985 年。
8. 耿振生:《音韵通讲》，石家庄：河北教育出版社，2001 年。
9. 陈复华:《汉语音韵的基础》，北京：中国人民大学出版社，1983 年。
10. 罗美珍、邓晓华:《客家方言》，福州：福建教育出版社，1983 年。
11. 李锦芳:《侗台语言与文化》，北京：民族出版社，2004 年。
12. 胡安顺:《音韵学通论》，北京：中华书局，2003 年。
13. 李步嘉:《越绝书研究》，北京：中华书局，2003 年。
14. 迟文浚、王玉华:《尔雅音义通检》，沈阳：辽宁大学出版社，1997 年。
15. 余迺永校注:《新校互注宋本广韵》，上海：上海辞书出版社，2000 年。
16. 李如龙:《汉语地名学论稿》，上海：上海教育出版社，1998 年。
17. 牛汝辰:《中国地名文化》，北京：中国华侨出版社，1993 年。
18. 张步天:《中国历史地理》，武汉：湖北教育出版社 1993 年。
19. 郭锦桴:《汉语与中国传统文化》，北京：中国人民大学出版社，1993 年。
20. 徐杰舜主编:《汉族民间风俗》，北京：中央民族大学出版社，1998 年。

21. 董楚平:《吴越文化新探》，杭州：浙江人民出版社，1988 年。
22. 王晓丽:《中国民间的生育信仰》，北京：社会科学文献出版社，1999 年。
23. 刘国梁:《宗教与中国传统文化》，北京：教育科学出版社，1990 年。
24. 马西沙、韩秉方:《中国民间宗教史》，上海：上海人民出版社，1992 年。
25. 金诤:《科举制度与中国文化》，上海：上海人民出版社，1990 年。
26. 颜逸民:《吴语概说》，上海：华东师范大学出版社，1994 年。
27. 颜逸明:《浙南瓯语》，上海：华东师范大学出版社，2000 年。
28. 威廉·A. 哈维兰:《当代人类学》，王铭铭等译，上海：上海人民出版社 1987 年。
29. P.H.S.Montgomery：*Introduction to the Wenchow Dialect*，上海：上海 Kelly & Walsh 公司，1893 年。
30. [日]桥本万太郎:《语言地理类型学》，余志鸿译，北京：北京大学出版社，1985 年。
31. [法]罗朗·布洛东:《语言地理》，祖培、唐珍译，北京：商务印书馆，2000 年。
32. [日]多田贞一:《北京地名志》，张紫晨一译，北京：书目文献出版社，1986 年。
33. [法]安娜·塞德尔:《西方道教研究史》，上海：上海古籍出版社，2000 年。
34. 游文良:《畲族语言》，福州：福建人民出版社，2002 年，第 1 版。
35. 施联朱、贾文先:《畲族历史与文化》，北京：中央民族大学出版社，1995 年。
36. 彭泽益编:《中国近代手工业史资料》（第一卷），北京：中华书局，1962 年。
37. 温州市志编纂委员会编:《温州市志》，北京：中华书局，1998 年。
38. 姜准:《岐海琐谈》，蔡克骄点校，上海：上海社会科学出版社，2002 年。
39. 冯胜利:《汉语的韵律、词法与句法》，北京：北京大学出版社，1997 年。
40. 王希杰:《修辞学导论》，杭州：浙江教育出版社，2000 年。
41. 王希杰:《修辞学通论》，南京：南京大学出版社，1996 年。
42. 王希杰:《汉语修辞和汉文化论集》，南京：河海大学出版社，1996 年。
43. 何伟棠:《王希杰修辞学导论》，广州：广东高等教育出版社，2000 年。
44. 葛兆光:《道教与中国文化》，上海：上海人民出版社，1987 年。

45. 陈志华:《楠溪江中游古村落》，李玉祥摄影，北京：生活·读书·新知三联书店，1999年。

论文类:

1. 牛汝辰:《地名研究的符号学视界》,《中国地名》1991年第5期。
2. 牛汝辰:《目前中国理论地名学亟待解决的问题》,《地名丛刊》1987年第4期。
3. 杨光浴:《应用地名学讲座·第一讲地名》,《地名丛刊》1986年第3期。
4. 杨光浴:《应用地名学讲座·第二讲地名的分类》,《地名丛刊》1986年第4期。
5. 刘盛佳:《地名学的产生》,《地名丛刊》1986年第4期。
6. 刘盛佳:《地名学的研究内容》,《地名丛刊》1986年第5期。
7. 涂成焱:《地名的区分与归纳初探》,《地名丛刊》1985年第3期。
8. 王荣富:《试论地名学的科学性质》,《地名丛刊》1985年第3期。
9. 钱瑞梁:《西藏地名命名类型》,《地名丛刊》1986年第1期。
10. 汪虹波:《湖北地名用字的地理景观特色》,《地名丛刊》1987年第1期。
11. 赵学艺:《地名学几个基本问题的探讨》,《中国地名》1991年第3期。
12. 王文凯:《刘熙的地名学思想》,《地名丛刊》1988年第2期。
13. 李葆嘉:《我国地名词典的雏形——〈尔雅〉中的释地四篇》,《地名丛刊》1988年第1期。
14. 寿纪钧:《讳名与地名演变关系初探》,《地名丛刊》1985年第3期。
15. 商伟凡:《孙中山——中国拥有纪念性地名最多的人》,《地名丛刊》1988年第1期。
16. 宋蜀华:《论中国的饮食文化与生态环境》,《中央民族大学学报》(人文社科版)2001年第1期。
17. 盛爱萍:《从温州"比喻地名"看楠溪江耕读文化的特点与分布》,《修辞学习》2001年第4期。
18. 徐御静:《永嘉县水稻生产习俗及其文化》,《中国民间文化》1993年第3期。
19. 王际桐:《地名与地名工作》,《地名丛刊》1984年第1期。
20. 李汝雯编译:《海底动物命名的政策和程序》,《中国方域》1999年第3期。

21. 林宪生:《〈中国地理〉教材中有关政区和城市地名知识》,《地名丛刊》1990 年第 3 期。
22. 阎凤云:《中学文科教学与地名》,《中国地名》1991 年第 1 期。
23. 周游:《谈汉唐两代地名标准化》,《地名丛刊》1990 年第 4 期。
24. 孙冬虎:《我国古代地形分类的地名学考察》,《地名丛刊》1990 年第 3 期。
25. 孙关龙:《中国古代的行政区划》,《地理知识》1990 年第 6 期。
26. 高成元:《天津街名中的"道""路"分野及其它——兼论城市街道命名的"有序化"》,《地名丛刊》1986 年第 3 期。
27. 张恒仁、张俊、陈丕宏:《谈谈火星上的地名》,《中国地名》1994 年第 2 期。
28. 蒋露平:《城市"新村"通名小议》,《地名丛刊》1987 年第 6 期。
29. 蒋露平:《析古今街巷名称看温州城市水环境变化》,《地名知识》1988 年第 3 期。
30. 陈航、钮仲勋:《控山带海的温州》,《地理知识》1985 年第 11 期。
31. 刘盛佳:《符号学对地名学的启示》,《地名知识》1988 年第 4 期。
32. 谢前明:《浅议方位词地名》,《中国地名》2000 年第 6 期。
33. 游汝杰:《论台语量词在汉语南方方言中的底层遗存》,《民族语文》1982 年第 2 期。
34. 傅根清:《山东方言特殊词语的分析研究》,《山东大学学报》(社会科学版)2001 年第 1 期。
35. 吴安其:《温州方言的壮侗语底层初探》,《民族语文》1986 年第 4 期。
36. 杨乾明:《评〈汉语方言词汇〉温州部分》,《方言》1979 年第 4 期。
37. 郑懿德:《福州方言的方位词》,《方言》1995 年第 2 期。
38. 尹钧科、张祖兰:《北京市地名通名的类型及特点》,《地名丛刊》1990 年第 5 期。
39. 顿嵩元:《古代居民点曰"里"考——兼谈聚、落、村》,《地名丛刊》1990 年第 2 期。
40. 杨光浴、杨昊星:《试论地名词的结构》,《中国地名》1991 年第 2 期。
41. 贾文毓:《试论地名雅称》,《地名知识》1988 年第 4 期。
42. 李如龙:《巧用地名诗如画》,《中国地名》1991 年第 6 期。

43. 高成元:《地名对联欣赏》,《地名丛刊》1988 年 2 月。
44. 涂成焱:《试论构成地名科学性、连续性、稳定性的因素》,《地名丛刊》1986 年第 1 期。
45. 刘岩:《试论河北省植物聚落地名群》,《地名丛刊》1988 年第 2 期。
46. 蒋国 :《地名在研究中国自然地理环境中的作用》,《地名丛刊》1988 年第 6 期。
47. 蒋国 :《地名对研究熊岳平原形成的作用》,《地名丛刊》1988 年第 1 期。
48. 蒋国 :《浅谈地名在地貌研究中的作用》,《地名丛刊》1984 年第 1 期。
49. 赵艺学:《晋东南区域生物地名研究初探》,《地名丛刊》1988 年第 3 期。
50. 康群:《秦皇岛市地名初探》,《地名丛刊》1987 年第 6 期。
51. 傅行健:《苏州的街坊名称》,《地名丛刊》1987 年第 5 期。
52. 朱振龙:《山东以屯庄寨铺集坊命名村落探源》,《地名丛刊》1984 年第 2 期。
53. 赵艺学:《水体系列地名之窥见》,《地名丛刊》1987 年第 5 期。
54. 依·谢尔盖也夫:《地理名称的秘密》,《地名丛刊》1987 年 5 月。
55. 王岩松:《抚顺满语地名特点极其演变》,《地名丛刊》1987 年第 4 期。
56. 王广荣:《简谈羌人在新疆活动遗存的地名》,《中国方域》1994 年第 1 期。
57. 李源:《闲话南京科举地名》,《地名丛刊》1990 年第 3 期。
58. 徐成志:《中华山水文化的结构特色及开发利用》,《江淮论坛》2000 年第 2 期。
59. 栾广高:《中国道教地名概略》,《地名丛刊》1990 年第 2 期。
60. 王煦:《漫谈宗教地理》,《地理知识》1991 年第 6 期。
61. 王学平:《河西走廊的地名与军事》,《地名丛刊》1986 年第 5 期。
62. 杨樱:《浙江历代文学家与古迹地名》,《地名丛刊》1986 年第 2 期。
63. 郑张尚芳:《浙南畲族话的特点及其来源分析》,中国东南方言研讨会,上海师范大学,2001 年 3 月。
64. [英]Edward Harper Parker : *The Wenchow Dialect*,《中国评论》(香港)1884 年第 12 期。
65. [美]张琨: *Wenchow Historical Phonology*,《民族学研究所集刊》(台北)1971 年第 32 期。

附　录

附录由镇、村（指行政村，下同）地名和山水地名两部分构成。截至 2017 年年底，温州共有镇名 93 个，行政村 5404 个（包括重名）。不仅数量多，而且命名方式多样，能反映当地当时的自然景观或人文特征。温州依山傍海，山区地名不同于沿海地名，如山区地名对植物的分类比较细，沿海地名跟海洋关系密切，对海洋地形地貌及水产品分类较细。这是物质文化对地名的影响，从而使地名显示出自然地理特征。另外，精神文化也对地名产生很大的影响，使地名显示出人文地理的特征。如楠溪江流域崇尚耕读文化，因此地名中常有以“文房四宝”和“鲤鱼”“龙”命名的；宗族文化对温州地名的影响不小，产生了许多血缘村落，村落的命名与宗族文化密切相关；宗教文化也影响了地名的命名，温州有大量佛教地名、道教地名；由于战争、饥荒、天灾人祸等原因，人们往往从一个地方搬到另一个地方，虽然住地易主了，但原有的地名不可能荡然无存，新来的人常常沿用原来的旧有的地名，这就产生了迁徙地名。总之，镇村地名，反映了温州社会生活的方方面面，贮藏着丰富的文化底蕴。因此，我们把镇村地名单列并进行归类。

温州市位于浙江省东南部，地貌受地质构造的影响，地势自西向东呈梯状倾斜。洞宫山脉自福建省东北延伸到泰顺、文成二县，括苍山脉从永嘉西部东北东走向至黄岩、仙居，海拔多在千米以上，又因断裂作用，构成巍峨的中山山地。温州东濒东海，境内河流发育受地质构造制约，沿华夏式断裂线流向。干流大抵自西向东流，又因纵横断裂影响，支流多构成羽状水系。温州是个典型的山水城市，因此，第二部分选择山水地名。山区多山，山中多涧，涧中溪水阻断了交通；平原江河、湖泊遍布，给交通带来了不便。桥便是架在溪涧、江河湖泊之上便于交通的人工建筑。温州桥梁众多，结构式样多种多样，从独木桥、矴步桥到梁式桥、洞桥和廊桥，几乎应有尽有，桥名丰富多彩，桥与山水相关，所以把桥名也纳入山水地名中。

关于镇村地名和山水地名的分类，是一大难题，由于地名结构的复杂和命名方式的多样，无论采用哪一种分类标准，几乎都有交叉的现象。我们只能根据这两类地名的特色，设定不同的分类标准。镇村地名根据专名，从命名法的角度来分类，分为描述性地名、记叙性地名和寓托性地名。描述性地名包括地理位置、自然景观、自然资源等；记叙性地名包括文化景观、人物族姓、史实传说等；寓托性地名包括观念地名、愿景地名等。山水地名根据通名，从内容的角度来分类，分为山体地名、水体地名、桥梁地名。山体和水体地名根据地形地貌再细分，细分之后各小类地名按首字音序排列。对于分类的交叉现象，我们原则上只选其一。如“下庠村”，着眼于“下”，应归于描述性地名中的表示地理位置中的方位地名；着眼于“庠”，应归于记叙性地名中的记录文化教育的地名。为避免重复，方位地名中选了，教育地名中就不选了。

第一部分　镇、行政村地名

一、描述性地名

（一）表示地理位置

方位地名：

安下村	安阳村	安阳街道
庵前村	岙上村	坳后村
坳下村	八亩后村	白楼下村
白下村	白岩前村	半路村
北岸村	北岙村	北岙街道
北岙内村	北白象镇	北堡村
北茶寮村	北厂村	北城街道
北城社区	北村村	北大垟村
北段村	北峰村	北行街村
北麂乡	北街村	北坑村
北岭村	北吕岙村	北门村
北门街村	北内村	北山村

北山坡村	北山前村	北山下村
北坦村	北塘村	北外村
北溪村	北新村	北垟村
北隅村	埠下村	仓下村
苍北村	苍南村	苍南县
曹北村	曹东村	曹南村
曹田后村	曹田前村	曹西村
柴上村	柴下村	蟾东村
蟾西村	朝北处村	朝西屋村
车门下村	陈东村	陈西村
陈下山村	陈雅山后村	陈雅山后村
陈雅山前村	陈雅山前村	城北村
城北居	城北社区	城东村
城东街道	城东社区	城南村
城南街道	城南社区	城西街社区
城中村	城中社区	祠南村
村口村	村前村	村头村
村尾村	大北岙村	大藏村
大东村	大沸下村	大坟脚村
大京底村	大林后村	大路前村
大树下村	大崧上岙村	大崧下岙村
大阳村	大元下村	岱西村
岱下村	埭上村	埭下村
戴东村	戴西村	丹东村
道观后村	底大会村	底岭下村
地上王村	甸岭下村	店后村
殿后村	殿后山村	殿前村
顶村村	东安村	东岸村
东岙村	东岙顶村	东边村
东才头村	东仓村	东陈村

东成村	东城村	东城街道
东城社区	东村村	东埭头村
东店包村	东店村	东方村
东丰社区	东风村	东风社区
东皋村	东高桥村	东耕村
东瓜岭村	东馆村	东光村
东行村	东华村	东加岙村
东降村	东郊村	东街村
东街居	东进村	东臼村
东坑村	东坑里村	东坑山村
东坑头村	东括底村	东里村
东联村	东辽村	东林村
东龙村	东龙社区	东炉村
东门村	东门街村	东门社区
东门垟村	东南村	东内村
东瓯社区	东排村	东坪村
东屏街道	东浦口村	东前村
东桥村	东仁宕村	东沙村
东山埠村	东山蔡村	东山村
东山街道	东山南村	东山头村
东山下村	东山周村	东社村
东升村	东司桥居民区	东寺前村
东坦头村	东塘下村	东田村
东跳村	东头村	东外村
东湾村	东西街村	东溪村
东溪乡	东斜村	东兴居
东旭村	东沿村	东盐村
东阳村	东垟村	东垟底村
东垟田村	东勇村	东屿村
东元村	东园村	东源村

东张庄村	东章村	东樟村
东嶂村	东洲村	东庄村
都南村	陡北村	陡南村
斗南村	方北村	方南村
方前村	方岩下村	方中村
坊下村	枫树下村	凤东村
芙蓉下村	砩头村	府前社区
玕东村	玕南村	玕西村
下村	高东村	高后村
高前村	高西村	高中村
宫后陈村	宫后村	宫西村
贡后村	古路下村	固前村
观前村	观下村	官南村
龟山下村	桂东村	桂西村
郭南村	郭西村	海北村
海东村	海西村	海西镇
海下村	航西村	河北村
河北庙村	河东山村	河南村
河上垟村	河西岸村	河西村
鹤东村	横带桥东岸村	横带桥西岸村
横路下村	横阳居	横阳社区
虹南社区	洪岭下村	后垵村
后岸村	后岙村	后半厂村
后半垟村	后步坐村	后蔡村
后仓村	后陈村	后村村
后东村	后官村	后河村
后湖埭村	后江村	后姜村
后街村	后京村	后九村
后坑村	后寮村	后林村
后龙村	后隆村	后潘垟村

后坪村	后桥村	后山村
后所村	后塘村	后头村
后土曹村	后西岑村	后西村
后西门村	后西垟村	后西漳村
后岘村	后谢村	后盐村
后垟村	后垟门村	后垟社区
后垟增村	后屿村	后章岗村
后支村	后中村	后朱村
湖北村	湖东村	湖南村
湖上岙村	湖上垟村	湖西村
沪屿后村	沪屿前村	华东村
华西村	黄东村	黄楼下村
黄南村	黄南林坑村	黄西村
黄中村	凰山前村	会东村
吉南村	际下民族村	济下村
浃东村	浃西村	浃中堡村
建北居	鉴后东村	鉴后西村
鉴后垟村	江北岭村	江北社区
江东村	江南居民区	江南上村村
江前村	江西村	焦下村
街北居民区	街南居民区	金东村
金后村	金南村	金前村
金西村	金中村	京岸村
荆东村	荆东居民区	荆南村
荆南居民区	井虹寺前村	井虹寺前村
九房后村	九房前村	九南村
坎上村	坎上村	坑东村
坑南村	口上村	库下村
捞村	老殿后村	乐东村
黎明西路社区	李东村	李后村

李前村	里岸居民区	里北垟村
里村村	里上坑村	立后村
联南村	联西村	寮东村
林北村	林东村	林南村
林西村	林下村	林中村
临黄村	临区村	岭北村
岭东村	岭后村	岭南村
岭前村	岭外村	岭西村
岭下村	刘北村	刘南村
刘西村	柳南村	龙东村
龙前村	龙上村	龙潭下村
龙西乡	龙下村	楼村村
楼下村	鹿西村	鹿西乡
罗东锦苑社区	罗东居民区	罗阳镇
马北村	马道西村	马路下村
马南村	马前村	马上村
马上山村	马下村	马中村
麦西村	毛竹下村	梅垟下村
门前村	门前山村	门前垟村
面前岭村	庙后村	庙下村
岷岗后村	岷岗前村	岷岗中村
茗后村	茗上村	茗下村
缪北村	木山后村	南岸捕
南岸村	南岸山村	南岙村
南岙山村	南岙垟村	南白象村
南白象街道	南堡村	南堡岭村
南北岙村	南滨街道	南才头村
南草垟村	南策村	南茶寮居
南潮村	南陈岙村	南陈村
南城街道	南充村	南村村

南宕村	南宕村	南丰村
南港村	南阁上街村	南阁下街村
南行村	南行街村	南河村
南河村	南鹤居	南湖村
南湖社区	南汇街道	南麂镇
南郊街道	南街村	南街居
南坑村	南坑炉村	南坑垟村
南口村	南龙村	南吕岙村
南门村	南门街村	南门社区
南内村	南爿村	南爿村
南平村	南坪村	南浦村
南浦溪镇	南峤村	南峤村
南桥北村	南山庵村	南山村
南山根村	南山脚村	南山前村
南山垟村	南胜村	南宋村
南塘村	南塘社区	南塘镇
南头村	南陀村	南外村
南网村	南溪村	南下村
南下居	南仙社区	南祥村
南翔村	南新村	南盐村
南雁村	南雁镇	南阳村
南垟村	南垟居	南隅村
南园村	南源村	南院村
南岳镇	南镇村	南正村
南朱山村	内村村	内档村
坭后村	坭前村	瓯北街道
排岩头东村	潘南村	磐东村
磐东村	磐南村	磐南村
磐西村	磐西村	泮河东村
泮河东村	泮河西村	泮河西村

泮垟后横村
泮垟前横村
培头民族村
平南村
平瑶村
坡南村
坡南社区
蒲中居
浦北村
浦东村
浦东社区
浦后村
浦后社区
浦南村
浦前村
浦西村
七东村
七前村
七西村
棋南村
前岸村
前岙孔村
前半垟村
前堡村
前北村
前蔡村
前陈村
前程村
前村村
前大村
前宕村
前宕村
前东村
前方村
前丰村
前官村
前河村
前河蒋村
前河蒋村
前河头村
前横村
前横村
前湖埭村
前黄村
前降村
前街村
前金村
前京村
前九村
前林村
前牌村
前潘垟村
前爿村
前爿村
前坪村
前坪仔村
前桥村
前沙村
前山村
前塘村
前途村
前网村
前吴村
前五宅村
前西岑村
前西村
前西门村
前西垟村
前西漳村
前溪村
前下村
前巷村
前小村
前星村
前垟村
前垟底村
前垟洞村
前垟居
前窑村
前盈村
前园村
前张村
前州村
前庄村
强里村
桥北村
桥东村
桥东居民区
桥南村
桥南居民区

桥上村	桥西村	桥下村
桥下街居民区	桥下镇	秦垟北村
秦垟南村	青山后村	清北村
清南村	荣西村	榕树下村
瑞后村	三东村	三江浦东村
三盘尾村	三西村	沙北村
沙东村	沙后村	沙南村
沙西村	沙垟上村	沙垟下村
沙中村	沙洲后村	沙洲前村
山北村	山北底村	山东村
山后村	山南村	山前村
山前街社区	山前马村	山前社区
山上陈村	山头外村	山头下村
山西岙村	山下垟村	上安村
上庵村	上敖村	上岙村
上岙山村	上岙垟村	上坳村
上白岩村	上堡村	上堡垟村
上北閤村	上步村	上蔡村
上察溪村	上陈村	上陈管村
上呈村	上池村	上池头村
上村	上村村	上戴村
上地村	上店村	上董村
上洞村	上都村	上段村
上对口村	上泛村	上房村
上浮林村	上港村	上閤口村
上官塘村	上光村	上河村
上河村	上河头村	上河头村
上横村	上烘头村	上洪村
上侯宅村	上黄村	上凰桥村
上交垟村	上街村	上金村

上京村	上坑民族村	上来桥村
上岚村	上浪村	上寮村
上寮村	上林村	上林垟村
上灵岩村	上刘村	上榴湾村
上六坪村	上龙村	上马村
上马前村	上美村	上蒙垟村
上坭村	上排村	上潘村
上皮山村	上平坑村	上坪村
上蒲州村	上乾头村	上桥村
上稔垟村	上阮村	上三房村
上沙村	上沙塘村	上山村
上山根村	上上江村	上社村
上石庄村	上双岙村	上水门村
上顺溪村	上寺西村	上坦涂村
上塘头村	上陶村	上滕村
上塆村	上湾村	上望街道
上屋村	上西垟村	上溪村
上仙垟村	上斜村	上新社区
上徐村	上岩后村	上岩前村
上岩前村	上垟村	上垟田村
上垟庄村	上叶村	上伊村
上游村	上园村	上园社区
上院村	上岳头村	上灶村
上泽村	上宅岸村	上詹村
上郑村	上舟垟村	上周村
上朱山村	上庄村	邵东吕村
社后村	社下村	石介下村
石马北村	石马南村	仕阳镇
双东村	双昆村	双南村
双前民族村	水东村	水上垟村水西村

司前村	司前畲族镇	寺东村
寺后村	寺前村	寺前田垟村
寺西村	苏北村	塔东村
塔前村	塔下村	坦下村
汤东村	汤西村	陶北村
陶南村	腾中村	廷坑下村
亭后村	桐西村	土盖后村
团前村	驮山东爿村	驮山西爿村
驮山中爿村	外大会村	外岩村
外胡坑村	外砻村	外南村
外山村	外山头村	外垮村
外西坑村	外垟湾村	弯前村
垮里村	湾底村	万东坑村
万南村	万泽后村	万泽前村
尾垟下村	卫前居	五上村
五下村	西（土幽）村	西安村
西岙村	西岙龙村	西堡村
西北山村	西边村	西才头村
西城社区	西程村	西塍村
西川村	西村村	西埭村
西地村	西东村	西段村
西戈村	西关村	西河村
西横河村	西后村	西湖村
西黄村	西凰屿村	西尖村
西江村	西街村	西街居
西坑村	西坑民族村	西坑畲族镇
西括村	西浪村	西里村
西林村	西林垟村	西刘宅村
西龙村	西炉村	西门村
西门河头社区	西门街村	西门居民区

西门外村	西南村	西南居
西内村	西鸟头村	西排村
西浦村	西浦口村	西前村
西桥村	西仁宕村	西沙村
西山村	西山社区	西山头村
西社村	西寺村	西宋村
西台村	西滩村	西厅村
西外村	西湾村	西屋村
西吴坑村	西坞村	西西村
西溪村	西溪下村	西下村
西斜村	西谢村	西沿村
西旸镇	西垟村	西垟缪村
西垟社区	西垟亭村	西洋社区
西叶村	西屿社区	西园居
西张庄村	西洙村	西庄村
锡垟村	溪北村	溪边南村
溪东村	溪南村	溪西村
溪下村	溪下乡	下安村
下庵村	下岙村	下岙儿村
下白岩村	下堡村	下鲍垟村
下北阁村	下彩村	下厂村
下陈村	下呈村	下城岙村
下埕村	下川村	下村
下村村	下厝村	下埭头村
下店村	下东村	下东山村
下东垟村	下东庄村	下硐村
下渎朱村	下泛村	下冯村
下冯山村	下浮林村	下干村
下阁口村	下河村	下烘头村
下侯宅村	下黄村	下汇村

下汇周村	下家岙村	下贾岙
下交垟村	下角村	下街村
下近村	下巨村	下巨垟村
下坑村	下坑浃村	下坑口村
下魁村	下郎村	下涝村
下连坑村	下良村	下林坳
下林村	下灵岩村	下岭根村
下岭头村	下榴湾村	下六坪村
下龙村	下陇村	下路堡村
下马岭村	下门村	下垅村
下排村	下潘村	下爿坦村
下浦村	下乾头村	下桥村
下稔村	下日川村	下阮村
下沙垟村	下沙园村	下山村
下山根村	下山虎村	下山头村
下山垟村	下社村	下石坑村
下石垟村	下石庄村	下水门村
下顺溪村	下塔村	下汤村
下涂村	下屯村	下湾村
下尾村	下武垟村	下西垟村
下仙垟村	下庠村	下斜村
下谢村	下兴村	下徐村
下薛村	下雪村	下沿村
下垟埠	下垟村	下垟郑村
下印村	下应村	下屿村
下屿坦村	下园村	下在村
下泽村	下泽汤村	下宅村
下章村	下者村	下周村
下庄村	下庄垟村	夏后垟村
仙北村	仙南村	县后村

县前村	县前社区	项东村
项西村	象北村	象北居民区
象东居民区	象南村	象南居民区
象山桥后村	象山桥前村	象中村
小北岙村	小南村	小南龙村
新北居民区	新北社区	新殿后村
新东村	新南村	新前村
新西坑村	兴东村	兴上村
兴中居	许北村	许南村
宣前村	宣中村	薛北村
薛后村	薛南村	薛前村
薛中村	学士前村	雪尖山下村
衙前村	雅后村	雅前村
岩门下村	岩前村	岩上村
岩下社区	砚下村	雁前村
垟北村	垟东村	垟南村
垟西村	垟下村	垟中村
仰后村	瑶北村	瑶南村
营前村	营上村	永上居民区
余北村	余南村	榆北村
榆南村	屿北村	屿后村
屿前村	泽前村	宅西村
站东居	站前居	站前居
张北村	张东村	张南村
张西村	章前垟村	樟北村
樟南村	樟树下村	樟下村
长林东村	长林西村	长山后村
长山前村	肇平垟下村	肇平垟中村
柘下村	镇北村	镇东村
镇南村	镇前居	镇西居

镇西社区
郑东村
中埄村
中北村
中村村
中段村
中对口村
中墩村
中方村
中姑村
中和村
中后村
中湖村
中花坦村
中街村
中联村
中林村
中仑村
中美村
中南村
中山村
中石门村
中坦村
中西村
中西漳村
中心村
中心垟村
中星村
中兴村
中雁村
中央山村
中垟村
中垟田村
中屿村
中元村
中镇村
中庄村
周山下民族村
周垟上村
周垟下村
朱下村
珠北村
珠东村
珠后村
珠南村
珠上村
珠西村
珠下村
庄后村
庄下村
卓南坑村
梓上村

距离地名：

八里村
八里山村
百里坊社区
百丈村
百丈镇
九里汇居民区
九丈村
七里港捕捞村
三里村
三里社区
三里宅村
十八步村
十里村
十里亭社区
五里牌村
五十丈村

序列地名：

八村村
八甲村
鲍二村
鲍七村
鲍三村
鲍四村
鲍五村
鲍一村
茶二村

茶一村	第八居民区	第二居民区
第六居民区	第七居民区	第三居民区
第四居民区	第五居民区	第一居民区
第一桥村	董八村	董二村
董九村	董六村	董七村
董三村	董四村	董五村
董一村	二号村	二甲村
二平村	二沙村	二新村
二源村	二源镇	枫二村
枫三村	枫四村	枫五村
枫一村	高二村	高三村
高四村	高一村	阁二村
阁三村	阁一村	古二村
古一村	河二村	河三村
河一村	鹤二村	鹤一村
花二村	花三村	花一村
华二村	华一村	环一村
黄二村	黄七甲村	黄一村
江一村	九村	九都村
九二村	九房村	九凰社区
九甲村	九街村	九三村
九厅村	九一村	巨一村
廊二村	廊三村	廊一村
乐二村	乐一村	黎二村
黎一村	里二村	里三村
里一村	栗一村	岭一村
六岙村	龙二村	龙一村
吕一村	南二村	南山二村
南山一村	南一村	潘二村
蓬二村	蓬三村	蓬一村

朴湖二村	朴湖三村	朴湖一村
浦二村	浦一村	七村村
七都街道	七二村	七甲村
七三村	七四村	七五村
七一村	七宅村	岐头二村
岐头二村	岐头三村	岐头三村
岐头四村	岐头四村	岐头一村
岐头一村	前二村	前三村
前一村	桥一村	卅七村
三板桥社区	三村村	三房村
三江村	三五新村	三宅村
四板桥村	四村村	四大屋村
四房村	四十五村	四坦村
坦一村	汀八村	汀二村
汀九村	汀六村	汀七村
汀三村	汀十村	汀四村
汀五村	汀一村	外三甲村
万桥二村	万桥三村	万桥一村
五板桥村	五甲村	西二村
西一村	溪二村	溪一村
下二村	下一村	新三村
杏湾二村	杏湾三村	杏湾四村
杏湾一村	巽一村	岩二村
岩一村	一村村	一甲村
一沙村	宜二村	宜一村
应二村	应一村	章一村
郑二村	郑三村	

（二）描述自然景观

山体地名：

白岩山村	半山村	包山村
包山底村	表山村	蔡界山村
大公山村	大京山村	大埔山村
大山背村	大山村	大山底村
大山头村	岱山村	到家山村
底山村	底山根村	地赖山村
丁岙山村	杜山村	杜山头村
度山村	矾山镇	范山村
丰山村	丰台村	凤山村
凤山居	凤山社区	凤山头村
福山村	富山村	岗山村
孤山村	谷山村	关帝山村
官山村	光山村	过山村
杭山村	横山村	横山底村
横山岭村	洪山村	沪山村
华山村	环山村	汇山村
季家山村	甲山村	将山村
角山村	金山村	金山头村
京山村	景山街道	景山社区
镜架山村	九山村	均山村
林山村	岭山村	隆山社区
娄山村	炉山村	炉山底村
路山村	罗浮村	罗山村
麻山村	马界山村	门槛山村
鸣山村	内山村	坭山村
瓯山村	潘山村	平盘山村
平山村	屏山村	齐山村
青山村	球山居	全山村

阮山村　软山村　三面山村
山岸村　山背村　山碧村
山边村　山儿头村　山根村
山环村　山节村　山结村
山坑村　山联村　山弄村
山平村　山平田村　山头村
山外村　山外湾村　山峡村
山霞村　山早村　上马石村
尚古山村　邵山村　绍山村
神山村　胜山村　石榜山村
石山村　石坦山村　石坦山村
苔湖山村　太湖山村　泰山村
天长山村　铁山村　头山村
旺山村　五仁山村　五云村
霞山村　响山村　小横山村
小南山村　小球村　小舟山村
协山村　斜山村　绣山社区
雪尖山下村　雪临村　押头村
雅山村　烟台村　言山村
岩角山村　岩山村　岩头山村
阳山村　瑶山村　宜山镇
驿头山根村　谊山村　银山村
英山村　尤山村　玉山居
云加山村　云山村　长山村
长山头村　肇山村　珠岸山村
珠山村　祖婆山村
半岗村　车头岗村　大岗背村
定岗村　横岗村　沙岗村
沈岗村　石岗村
白沙　村　苍　村　大岙　村

大　村	大了　村	吊　村
黄　坑村	垟　村	
岑头村	大垄头村	鸡冠垄村
大垅村	双垅村	金加了村
底砻村	底寮村	甘岐村
界岱村		
安峰村	独峰村	峰门村
峰文村	霞峰村	新峰村
云峰村		
百尖村	饭盆尖村	驮尖村
三魁镇	双尖村	双尖凤村
白蓬岭村	半岭村	半岭堂村
车岭村	赤岭村	大会岭脚村
大岭村	大岭脚村	大岭头村
大茅岭村	岱岭畲族乡	甸岭冈脚村
硐岭头村	干岭村	国岭村
洪岭头村	金岭村	柯岭脚村
昆岭村	岭背村	岭背社区
岭边村	岭底乡	岭根村
岭根了村	岭脚村	岭里村
岭头村	岭尾村	岭雪村
岭垟村	蒲岭村	瑞岭村
沙岭村	石岭村	市岭村
双岭村	苏岭村	乌石岭村
武岭村	响岭头村	霄岭村
小岭村	银岭村	云岭村
云岭乡	珠梅岭村	左原岭头村
八仙岩社区	白岩村	白岩山村
百福岩村	柏岩村	赤岩坑村
大若岩居民区	大若岩镇	大岩村

大岩头村
豆岩村
风岩村
富岩头村
黄岩村
金岩民族村
金岩头村
岚岩村
林岩村
灵岩村
排岩头村
派岩村
瑞岩村
石碧岩村
迢岩村
乌岩村
响动岩村
岩宕村
岩峰村
岩角山村
岩龙村
岩门村
岩山村
岩塔头村
岩坦村
岩坦街居民区
岩坦镇
岩头村
岩头咀村
岩头山村
岩头镇
岩舟村
玉岩村
云岩村
巉头村
大嶂村
白石街道
白石坭村
大乌石村
叠石村
黄石村
流石村
磐石镇
企石村
四角石村
碎石村
小乌石村
重石村
峃车村
峃口村
峃口镇
大峃镇
古磉村
古磉居
白垟村
半地垟村
半垟村
包山垟村
包垟村
包垟底村
包垟店村
包垟乡
布袋垟村
朝头垟村
赤水垟村
畴垟村
大发垟村
大京垟村
大岭垟村
大深垟社区
大石垟村
大树垟村
大心垟村
大垟村
大垟坑村
大垟口村
道均垟村
灯垟村
底垟村
顶垟村
硐垟村
杜垟村
㟋垟村
恩岱垟村
峰垟村
凤垟村
凤垟乡
富垟村
葛垟村
谷垟村

光塘垟村 横垟村 厚垟村
华垟村 稽垟村 尖头垟村
金山垟村 金垟村 金竹垟村
京垟村 开垟村 黎垟村
李垟村 里垟村 林垟村
罗垟村 茗垟村 牧垟村
睦州垟村 坭垟村 潘垟村
盘垟村 泮垟村 泮珠垟村
畔垟村 旁边垟民族村 彭坑垟村
取垟村 三门垟村 三垟街道
沙垟村 山峰垟村 山垟村
师科垟村 石坟垟村 石鸟村
石牛坑村 石垟村 双垟村
水车垟村 顺垟村 填垟村
同垟村 驮垟尾村 外垟村
外垟头村 晚垟头村 旺垟村
榅垟村 五垟村 务垟村
小茅垟村 小石垟村 小心垟村
小舟垟村 新桥村 新厦垟村
新塘垟村 新垟村 秀垟村
徐垟村 垟岸村 垟岙村
垟岙底村 垟岙头村 垟边村
垟埠桥村 垟车村 垟底村
垟底张村 垟地边村 垟丰村
垟港村 垟埙村 垟河村
垟教村 垟京村 垟井村
垟坑村 垟浦村 垟山村
垟山民族村 垟山头村 垟田村
垟田社区 垟头村 垟外村
垟塆村 垟望村 垟尾村

垟尾园村	垟心村	垟心金村
亦垟村	月落垟村	云垟村
涨岸垟村	肇平垟新渎村	柘垟村
珠垟村	珠照垟村	
坳口村	坳坪村	坳头村
白脚坳村	白石坳村	库门坳村
茗岙乡	外坳村	
岙底村	岙底坑村	岙斗村
岙口村	岙里村	岙面村
岙头村	岙外村	岙外村
岙仔村	白箬岙村	板岙村
包岙村	包岙内村	抱岙村
泊岙村	布袋岙村	苍岙村
车岙村	崇家岙村	大岙村
大岙底村	大岙农业村	大岙坦村
大岙心村	大头岙村	德岙村
底岙村	对岙村	阜埠岙村
富岙村	甘岙村	谷岙村
官岙村	国姓岙村	横岚岙村
湖岙村	华岙村	皇岙村
黄岙村	黄岙头村	火焜岙村
金岙村	金光岙村	均岙村
里岙村	丽岙街道	丽岙社区
连岙村	林岙村	岭岙村
流岐岙村	炉岙村	麻岙村
马岙村	美岙村	内岙村
女岙村	潘岙村	齐岙村
秦岙村	青岙村	瞿岙村
箬岙底村	三岙村	森岙村
沙岙村	山岙口村	山岙头村

沈岙村 石岙村 石子岙村
双岙村 舜岙村 宋岙村
宋岙底村 宋岙河头村 苏岙村
田岙村 涂岙村 驮岙村
外岙村 万岙村 乌芦岙村
霞岙村 先岙村 小岙村
小旦岙村 小京岙村 小坑岙村
协岙村 谢岙村 谢岙底村
新岙村 新皇岙村 信岙村
雄岙村 徐岙村 阳岙村
邺岙村 驿头岙底村 银岙村
隐处岙村 英岙村 油岙村
渔岙村 玉岙村 长岙村
涨岙村 嶂岙村 珍岙村
正岙村 珠岙村 梓岙社区
白石坑村 春臼坑村 包坑村
碧坑村 利八坑村 廿五坑村
阮坑村 闪坑村 邵坑村
深固坑村 石坑村 石施坑村
碎坑村 选坑村
底坦村 横坦村 花坦村
黄坦村 黄坦镇 蕉坑村
马兰坦村 石坦村 坦岐村
坦头村 坦头垟村 小花坦村
小长坑村 晓坑村
贵坪村 岭坪村 埔坪村
三坪村 山坪村 石埠坪村
雅阳坪村 株树坪村
底垟湾村 柯师湾村 芦湾村
路湾社区 鹭鸶湾村 蒲湾村

青塆村	瑞湾村	双塆村
塆头村	湾旦村	湾头村
文湾村	正塆村	
八格村	八金田村	八亩村
八十亩村	包田村	沉河田村
城田村	澄田村	大丘坪村
大坵田村	大田平村	红朱田村
黄田街道	四格村	四角丘村
五亩村		
白迭村	贝谷村	鼻头村
苍坡村	昌门村	翠微社区
大亭村	大平村	大埔头居
大园村	岱口村	岱头村
地赖村	定头村	隔岸村
古岸头村	光头村	广头村
横培村	横彭村	横平村
红头巾村	黄坦洞村	济根村
济头村	夹里村	礁头村
金平村	九岱村	莒云村
莒云村	坎头村	老台村
里窍村	里斜村	理只村
寮顶回族村	林梁村	炉头村
罗丰村	民族村	廿四（土最）村
平齐村	岐元村	穹口村
三澳村	社帆村	社门村
十二岱村	十二盘村	石帆街道
双屿街道	思居村	腾斗村
天长村	跳头村	团社村
驮了村	驮平村	外埕头村
外档村	外林村	乌弄村

五角斗村 武阳村 霞岭根村
小旦村 小方村 小横床村
小口村 小垅村 小朴村
雅漾村 银洞村 只音村
直洛村 珠岸村

水体地名：

鳌江镇 滨江街道 滨江社区
澄江村 横江村 横支村
江岙村 江边村 江边萧村
江边宅村 江滨居 江滨社区
江池村 江底村 江渡村
江景村 江坑村 江口村
江浦村 江浦社区 江桥村
江山村 江山炉村 江山民族村
江苏村 江潭村 江头村
江外村 江湾村 江湾居
江心田村 江沿村 江宅村
襟江社区 靖江村 柳江村
楠江社区 蒲江社区 清江村
清江底村 清江镇 三江村
十八江村 顺江村 望江居
望江社区 沿江社区 云江社区
之江社区 珠江村
白海村 滨海村 澄海村
海霞村 银海社区 玉海街道
望海社区 海滨街道 海丰村
海利村 海口村 海头村
海思村 海港居 海城村
海城街道 海滨村 海晏居

海滨街道居民区		
大港村	港滨居	港头村
港沿村	过港村	横港头村
鳌洋村	大门洋村	富洋村
葛洋村	洋观村	
半河村	沧河村	大河川底村
大河沿村	二河村	河岙村
河岙底村	河滨村	河底高村
河古村	河家埭村	河口岙村
河口村	河口埭村	河口塘村
河口叶村	河坤村	河浦村
河淇村	河山村	河山平溪村
河山头村	河深村	河深桥村
河头村	河头山村	河头垟村
河尾村	河尾垟村	河尾庄村
河沿村	河峥村	河庄村
横河村	横河社区	环河村
黄金河村	金钗河村	林村村
平河村	七河村	清河村
三河村	沙河村	山河村
深河村	泰河村	天河村
天河街道	小河川底村	新河村
新河浹村	新河头村	雄河村
沿河村	沿河居	沿河社区
璋川村	直浹河村	梓河村
槎川村	川岙村	大川村
横川旸村	黄川村	霞川村
新川村		
八水村	白水村	分水村
分水岩村	环水居民区	净水村

净水社区	平水村	清水埠社区
水对头村	水碓宅村	水碓舟村
水凤尾村	水干岸村	水港村
水沟村	水井头村	水景村
水坑头村	水门内村	水深村
水深社区	水深垟村	水塔村
水塔头村	水潭村	水塘山村
水亭村	水头村	水头垟村
水头镇	水尾村	水心村
水心社区	水岩村	水岩村
水垟村	水月村	水云村
外水良村	渭石村	小净水村
八沸垟村	白溪村	白溪街村
半溪村	碧溪村	苍溪村
赤溪村	赤溪居	赤溪镇
大岙溪村	大溪居民区	大溪源村
淡溪居民区	淡溪镇	都溪村
富溪村	甘溪村	干溪村
戈溪村	隔溪村	根溪村
过溪村	河溪村	横溪村
洪溪美村	怀溪镇	环溪村
佳溪村	金溪村	金溪镇
荆溪村	莒溪村	莒溪镇
可溪村	乐溪社区	林源村
灵溪镇	路溪村	罗溪村
洛溪村	鸣溪村	彭溪村
彭溪镇	平溪村	蒲潭村
瞿溪村	瞿溪街道	瞿溪社区
三条溪村	山溪头村	珊溪镇
珊溪自然镇	石溪村	双溪村

双溪口村	顺溪村	顺溪镇
泗溪镇	台溪村	腾溪村
梧溪村	五溪村	溪岙村
溪光村	溪坑店村	溪口村
溪了头村	溪坪村	溪坦村
溪头埠村	溪头村	溪头街村
溪尾村	溪心村	溪源村
霞溪村	小若口村	小溪村
新溪村	雄溪村	秀溪边村
秀溪村	徐溪村	雪溪乡
沿溪居民区	瑶溪村	瑶溪街道
荫溪潮埠村	银溪村	玉溪村
藻溪镇	泽雅社区	泽雅镇
珍溪村	左溪村	佐溪村
黄坑村	黄沙坑村	加针坑村
闹水坑村	水碓坑村	水坑村
小洪坑村		
池底村	池浦村	池头村
池心村	池源村	大池头村
横池村	墨池社区	谢池社区
渔池村		
鹅湖村	繁湖居民区	飞云湖居民区
合湖村	横湖村	湖滨村
湖底村	湖窦村	湖广店村
湖井村	湖口村	湖里村
湖岭镇	湖桥村	湖石村
湖头村	湖雾镇	湖庄村
锦湖街道	兰湖洞居民区	乐湖社区
里湖村	青湖村	石湖村
宋湖村	驮湖村	新湖村

仰天湖村	银湖村	月湖村
月湖社区		
大潭村	黄潭村	活水潭村
曲尺潭村	台边村	台头村
坂塘村	茶塘村	大塘村
古塘村	横塘村	横塘头村
黄塘村	青塘村	泉塘村
三塘村	沙塘村	
潮埠村	潮际村	潮济村
白泉村	钱泉村	银泉村
玉泉村		
碧源村	富源村	宏源社区
汇源村	三源村	十源村
大岙渔业村	大星捕捞村	洞头村
洞头区	古渔村	万泽捕捞村
小渔村	渔渡村	
滩脚村	三滩村	
泥涂村		
白鹭屿村	大谢村	冬瓜屿村
凤屿村	横屿村	横屿头村
湖屿村	界屿村	巨屿镇
兰屿浦村	霓屿街道	青屿村
三屿村	新屿社区	秀屿社区
雅屿村	印屿村	屿边村
屿根村	屿湖村	屿门村
屿山村	屿田村	屿头村
云屿村		
白鹿洲社区	戬洲村	三墩洲村
岑浦村	大横浦村	泛浦村
航浦村	横浦村	黄浦村

焦浦村	灵浦村	灵浦居
流浦村	娄浦村	芦浦村
宁浦村	瓯浦垟村	瓯浦垟社区
浦边村	浦口村	浦内洪村
浦石村	石浦村	小横浦村
新浦村	新浦居民区	沿浦村
沿浦镇		
水碓湾村	八岱村	
汇头村		
天津村		
半浃连村	仓浃村	大浃头村
横浃村	浃底村	浃底园村
浃口村	三浃村	三浃社区
四甲村	外甲村	夏泽村
鱼鳞浃村		
渡渎村	横渎村	新渎村
稠泛村		
白水漈村	百丈漈镇	黄淡漈村
法洪村	泾口社区	小沿村
沿口村		

天体地名：

白云村	朝霞村	大云兜村
飞云街道	巨星村	联星村
同星村	晚斜阳村	小云兜村
月星村	云遮村	云周街道

（三）说明自然资源

动物地名：

白巢村	白鹤村	白象村

白象社区	豹屿捕捞村	蚕场
蟾钟村	昌鱼礁村	大渔镇
埭马村	鲂鱼山村	凤鹤村
凤狮村	鸽尾礁村	古鳌村
龟背村	龟墩村	龟湖村
龟湖镇	龟山村	龟岩村
龟垟村	鹤岙村	鹤峰村
鹤湖村	鹤浃村	鹤联村
鹤泉村	鹤山村	鹤盛村
鹤盛镇	鹤湾村	鹤祥社区
鹤秀居民区	鹤垟村	架鹤山村
界鸟村	金蟾社区	金马村
鲸头村	老鼠嘴村	老鹰岩村
鲤溪村	鲤鱼山村	炉熊村
鹿堡村	落马村	落马头村
马道底村	马道头村	马渡村
马岗脚村	马河村	马龙头村
马路角村	马鸣瑞村	马桥村
马仁桥村	马山村	马田村
马头村	马岩村	马垟村
马屿斡村	马屿镇	马站村
马站镇	马祖岙村	鸟头村
牛鼻洞村	牛端头村	牛伏岭村
牛角门村	牛坑村	牛岭村
牛岭社区	牛伦村	牛乾村
牛桥村	牛卧龙村	山马村
狮峰村	狮山村	狮头脚村
狮溪村	石马岙村	石马捕捞村
石马村	双马村	驷马村
腾带村	天鹅湖社区	天雁村

蛙蟆垄村
万象居民区
望鹤村
望里镇
望雁社区
乌牛街道
乌牛皮服城居民委员会
五马街道
象山村
象松村
象湾村
象垟村
象周村
新鹤村
鸭鹅村
雁荡镇
雁峰村
雁湖社区（居委会）
雁门村
雁山村
燕坑村
燕水路居民区
燕头村
燕州村
燕子窝村
野骨村

植物地名：

白莲村
白叶村
白银村
柏树村
柏树巷村
碧莲村
碧莲街居民区
碧莲镇
草白村
草岱村
茶岙村
茶花社区
茶山村
茶山街道
茶石村
菖蒲塘村
稠树村
垂杨村
大柏村
大峨村
大荆村
大荆镇
大梅村
大朴村
大箬村
大树岗村
大树脚村
葶芳村
芳园社区
芳庄乡
风荷社区
枫林岙村
枫林村
枫林镇
枫树坑村
枫树头村
枫树垟村
芙蓉村
芙蓉镇
福梅村
盖竹村
甘茶村
古树村
桂川村
桂柑社区
桂花亭社区
桂库村
桂兰居
桂坪村
桂泉居
桂山村
桂山乡
桂溪村
桂阳村
桂竹村
桧染村
果木场村

荷岙村
荷包田村
荷堡村
荷花村
荷花社区
荷盛村
荷塘村
红枫村
红枫社区
花岙村
花草垟村
花岗村
花井村
花柳塘社区
花坪头村
花台村
花坦村
花园村
花园底村
花竹岭村
黄檀村
篁坑村
篁屿村
篁庄村
金竹村
金竹坑村
金竹湾村
金竹溪村
筋竹村
锦花社区
荆州村
韭菜园村
钩竹坑村
科竹村
壳菜岙村
葵坑村
梨村村
梨垟村
莲池社区
莲大新村
莲头村
莲子湖居民区
林岸村
林场村
林里村
菱藕社区
柳埠村
柳峰乡
柳市镇
柳王村
柳垟村
柳庄村
卢梨村
绿嶂村
毛竹村
茅楼村
茅坪村
茅山村
茅垟村
茅竹坑村
茂竹村
茂竹园村
梅岸村
梅岙村
梅岙村
梅川村
梅底村
梅丰村
梅坑村
梅里村
梅岭脚村
梅岭头村
梅泉社区
梅山村
梅树村
梅树坑村
梅树岭村
梅坦村
梅湾村
梅溪村
梅屿村
梅园村
梅源村
木林村
藕莲村
葡萄村
蒲瓜墩村
箬隆村
箬垟村箬臮村
三樟村

三株松村	石竹寮民族村	树枫村
树排头村	甩稻岩村	双桂村
双桂乡	双莲桥社区	双榕社区
松柏园村	松根村	松坑村
松罗村	松山居	松台村
松台街道	松坦村	松湾村
松垟村	松源村	穗丰村
苔湖村	谈阳村	棠梨埭村
棠坪村	桃湖村	桃花垟村
桃坑村	桃岭村	桃山村
桃塆村	桃源村	桃源社区
藤岙村	藤家垄村	藤垄根村
藤溪村	桐岙村	桐江村
桐利村	桐岭村	桐浦村
桐浦镇	桐桥村	桐桥头村
桐溪村	桐星村	桐阳村
桐园村	桐州村	驮山梅林村
万茗村	万松社区	旺林村
榅树根村	梧岙村	梧村村
梧町村	梧梅村	梧桥村
梧田街村	梧田街道	梧桐垟村
五蒲村	戊林村	霞林村
夏林头村	小芙村	小荆村
新梨村	新林村	杏岙村
杏里村	杏湾渔村	杏垟村
雅林村	仰根村	养根村
榆茶村	榆龙村	玉莲村
圆木社村	樟岙村	樟村村
樟坑村	樟里村	樟坪村
樟浦村	樟树鸟村	樟台村

樟湾村 樟垟村 蔗岙村
蔗湖村 珠璋村 竹里村
竹龙岙村 竹茂旸村 竹桥村
竹溪村 竹屿村 棕利头村

二、记叙性地名

（一）记叙文化景观 建筑地名：

建筑地名：

白粉墙村 碑排村 步廊村
茶堂村 乘凉社区 大处基村
大界村 大井头村 大路村
大谟村 埭头村 底新村
矴步头村 碇步头村 都口村
渡船头村 渡头村 墩头村
坊额底村 府岸村 隔篱村
隔头村 古双村 关头村
广场社区 横官路村 横架村
横墙村 华表村 界牌村
金仓村 金棚头村 金窑村
金园村 锦园社区 井大村
井市村 均路村 库村村
库区村 了烈村 里弄巷村
里舍村 里塘村 良园村
林路村 林泗洞村 娄渡村
路边村 路口村 路头村
路头石村 罗厝村 罗厝居
绿园社区 麻园村 码道村
瓯渠村 舥艚村 平园村
普城村 七星居 钱库镇

青园社区	渠口村	仁堂村
沙园村	山仓村	山塘村
商城社区	邵园村	绅坊村
莘塍街道	圣井村	十五殿村
十字路村	石城村	石古墩村
石井坑村	石路村	石牌村
石柱村	书阁村	双港居
双路村	双台居	泗塘村
泗洲堂村	台石村	台头村
泰庄村	堂基村	堂阳居
天井村	外厂村	外新村
万仓村	旺庄村	望城居
雾城村	夏园村	咸园村
县浦村	小三盘村	筱村镇
斜路村	新仓村	新厂村
新城村	新城社区	新渡村
新坊村	新宫村	新居村
新社村	新田园社区	新庄村
盐城社区	盈仓捕捞村	尤家园村
鱼仓村	鱼墩村	鱼局村
鱼里村	渔业捕捞村	元底村
元觉街道	园底村	园林村
园屿村	柘园村	镇海村
镇江村	镇头村	筑成村
庄里村	庄里社区	庄岩村
庄垟村		

白塔王村	灯塔村	金塔村
平塔村	双塔社区	塔里村
塔山村	塔石村	塔头村
塔院村	玉塔村	

矮凳桥社区	白岩桥村	板桥村
半腰桥社区	仓桥村	澄沙桥村
大板桥村	大矼村	大郎桥村
大桥村	大桥居	大桥头村
倒桥村	洞桥村	洞桥头村
硐桥村	硐桥社区	干桥村
拱桥内村	古桥社区	虹桥镇
洪渡桥村	灰桥社区	鉴桥村
金岭桥村	金桥村	金山桥村
金丝桥社区	魁桥村	栏杆桥村
连桥村	林步桥村	林桥村
林桥头村	六板桥村	娄桥村
娄桥街道	楼桥村	木桥村
木桥头村	潘桥村	潘桥街道
彭桥村	平桥村	平水桥村
浦桥村	桥底村	桥墩镇
桥儿头社区	桥坑村	桥里村
桥邻村	桥头村	桥头井村
桥头连村	桥头镇	桥外村
桥垟村	青石桥村	清桥村
任桥村	儒桥头村	三杆桥村
三界桥村	三郎桥村	三秀桥村
山桥村	商量桥村	莘桥居民区
神宫桥村	石桥村	双桥村
宋桥村	塔桥村	藤桥社区
藤桥镇	童桥村	万里桥村
夏桥村	显桥村	香桥村
新渡桥村	新桥村	新桥街道
新桥社区	新桥头村	雅店桥村
云桥村	篢筜桥村	闸桥头村

长桥村	庄桥村	
茶亭居	大亭村	华亭村
凉亭村	新亭村	炎亭镇
云亭村		
大堡底村	顶堡村	黄堡村
黄华堡村	家堡村	家堡社区
金堡村	灵堡村	灵堡社区
埠头村	龚埠村	
坝头村	砂堤社区	沙堤社区
陡门村	陡门底村	陡门社区
陡门头村	斗门头村	老陡门村
小陡村	新陡门村	
白门社区	城门村	大门村
大门社区	大门台村	大门镇
大台门村	风门村	坑门村
岭门村	门台村	门屿尾村
蒲门村	普门村	三圣门村
沙门村	山门村	山门镇
珊门村	社门村	深门村
石碣门村	石门村	石门居民区
朔门社区	峡门村	显胜门村
小门村		
大屋村	底屋村	李大屋村
长连屋村	三大厂村	三大屋村
四大村	庄屋村	
大店村	店埠村	都铺村
管店村	横店村	横街村
街口村	街路村	街路头村
街头村	街尾村	老街居
丽水街居民区	内街居	青街村

青街畲族乡	新街居	盐店村
元店村		
八仙楼社区	大楼村	古楼山村
鼓楼社区	门楼坳村	门楼底村
门楼外村	文楼村	新楼村

官职、军事类地名：

林官仓村	官宕村	官渎村
官进村	官坑村	官堂村
官岩村	官引村	将军村
教场社区	久防村	营塍居民区
营楼桥村	营楼桥社区	营盘基村
营新村	营兴居民区	营垟村
御营村	霞关镇	霞关村
石阵村	瑞里村	平阳县
琯头村	戈恬村	教新村
司南村		

手工业、工艺类地名

车头村	瓷窑村	打水鞍村
打铁巷村	大樯村	地盐村
吊壁灯村	缸窑村	格利村
镬炉村	金炉村	金面盂村
金钟村	九刀连村	口筐村
擂网岙村	犁头垟村	里渔村
蛎灰窑村	笠湖村	林店尾村
麻步村	麻步镇	麻车村
马鞍池社区	马鞍村	马鞍桥村
马车河村	马车湾村	玛瑙村
码砗村	馒头驻村	墨印村
沐箫社区	平棋村	蒲鞋市街道

蒲鞋市社区	蒲州街道	棋盘村
棋盘桥村	启灶村	琴桥村
箬笠岙村	三盐村	三重炉村
盛陶村	石匣村	特陶社区
铁炉村	铜铃村	铜铃山镇
瓦窑村	瓦窑头村	外窑村
碗窑村	碗窑美村	盐盘街道
盐盆捕捞村	盐盆村	窑底村
瑶洞村	银场村	油车村
玉壶镇	舟岙村	舟山头村
砖瓦村	坐凳村	

（二）记录人物、史实 科举、教育地名

百岱村	板场村	博园社区
春秋社区	大京村	大学村
大庄村	甲村	甲第村
解元村	进书村	敬仁村
九岱村	昆阳镇	丽塘村
六科村	潘塘村	仁里村
仁前途村	山官村	上仁村
四亩村	文昌居民区	文卫居
五斗村	霞砀村	霞王村
夏八美村	巽岙村	迎学垟村
虞师里社区	育才社区	育秀垟村
御史桥村	豫章村	中魁村
中魁居	诸葛岭村	庄泉村
状元村	状元街道	状元桥村
状元渔业大队		

（三）记载宗教、宗族

宗教地名：

茶寮村 大姑村 大王殿村
道基村 殿巷社区 宫村
宫外村 古庙口村 关庙村
观音礁村 行禅村 洪殿村
洪殿社区 洪宫村 护法寺村
九仙村 巨坑庵村 老庵村
灵乾村 罗汉村 庙活村
庙头村 庙益村 墓庵村
乾口村 三大庙村 三官庙村
三元堂村 山头庵村 仕静村
双庙村 驮庵村 乌仙头村
仙篁竹村 仙浃村 仙浃季村
仙降村 仙降街道 仙居村
仙居山村 仙客村 仙门村
仙坭船村 仙平村 仙人坦村
仙山村 仙坛社区 仙堂村
仙溪镇 仙岩村 仙岩工业园社区
仙岩街道 仙岩社区 仙垟陈村
仙垟村 仙垟方村 仙垟谢村
仙垟赵村 仙源社区 仙宅山村
闲心寺村 峙口村

宗族地名

白家村 包宅村 鲍垟村
捕捞新村 蔡岙村 蔡家堡村
蔡家村 蔡家岭村 蔡里村
蔡桥村 蔡垟村 蔡宅村
曹岙村 曹村镇 曹埭村

曹建村	曹门社区	曹平村
曾山村	柴岙村	柴街居
柴皮村	陈岙村	陈处村
陈村	陈村村	陈华垟村
陈家坑村	陈家坪村	陈家桥村
陈家山村	陈家寺村	陈家垟村
陈家宅村	陈家庄村	陈鉴垟村
陈交大村	陈坑村	陈良村
陈寮村	陈坪村	陈山村
陈山头村	陈坦村	陈田村
陈新村	陈垟村	陈宅村
陈宅旺村	陈钟民族村	陈周村
陈住起村	陈庄村	呈岸村
呈岙村	呈店村	呈段村
呈佛村	呈坑村	呈岭村
呈山坪村	呈树村	澄头村
赤金村	大瞿村	大同村
大徐村	戴家堡村	戴宅村
底庄民族村	丁岙村	丁岙山村
丁步头村	丁埠头村	丁凤村
丁桥村	丁山村	董岙村
董岙底村	董陈村	董夏村
董源村	方岙村	方岙头村
方城底村	方村	方斗岩村
方家村	方江屿村	方隆村
方巷村	方竹村	冯岙村
冯村村	冯店村	冯渡村
冯桥村	冯宅村	高岙村
高堡村	高村民族村	高地村
高河村	高坑村	高楼镇

高民村	高坪村	高浦村
高桥村	高沙村	高山村
高塘村	高新村	高星村
高轩村	高阳村	高垟村
高营村	高余村	高园村
共宅村	谷庄村	郭岙村
郭宕村	郭公山村	郭公山社区
郭家车村	郭坑村	郭路村
郭山村	郭溪村	郭溪街道
郭庄村	韩埠村	韩家垟村
韩田村	韩头桥居	杭郭村
合朝村	何宅垟村	和家村
洪地村	洪地民族村	洪秀村
侯垟村	胡家垟村	胡坦村
胡头村	黄坳村	黄村村
黄底村	黄岗村	黄华村
黄华关村	黄家岙村	黄家蓬村
黄家山村	黄家宅村	黄甲村
黄界坑村	黄库村	黄良村
黄林村	黄岭头村	黄龙村
黄龙社区	黄麻垟村	黄茅坪村
黄坭岙村	黄判桥村	黄桥村
黄曲寮村	黄山村	黄山头村
黄深坑村	黄施岙村	黄垟村
黄垟坑村	黄屿村	黄宅内居
黄庄村	贾岙村	姜地村
姜家汇村	姜山村	姜垟村
姜宅村	蒋家桥村	蒋家桥社区
蒋山村	蒋宅村	金城村
金处村	金村村	金宕村

金斗垟村	金墩村	金丰村
金福村	金福景苑居民区	金光村
金家堡村	金家沿村	金家垟村
金家庄村	靖底施村	巨光村
孔山村	孔坦村	赖宅村
李家车村	李家村	李家井村
李家坑村	李家山村	李家垟村
李家垟头村	李降垟村	李茅村
李浦村	李山村	李夏村
李宅基村	李庄村	李庄站村
里光村	里户村	里章村
联余村	梁宅村	廖家垟村
廖垟村	林陈村	林光村
林华村	林家村	林家硐村
林家塔村	林家院村	林家庄村
林胜村	林宅村	刘山村
刘宅村	卢处村	罗徐村
吕家岸村	吕家降村	吕家田村
吕浦社区	吕庄村	麻村村
麻家溪村	麻庄村	马家山村
毛家处村	毛坑村	毛坦村
毛徐村	毛垟村	民族村
内李村	倪家山村	倪宅村
潘汇村	潘家垟村	潘坑村
潘罗村	潘营村	潘宅村
潘庄村	彭家礁村	彭宅村
钱家垟村	邱宅村	仁地村
仁家垟村	任宅村	荣里村
荣庄村	阮家村	阮家山村
山脚李村	山外蔡村	上胜村

尚宅村 邵宅村 社叶村
盛岙村 盛家塘村 盛山村
施宅村 十八家村 十八家社区
十二岱村 石陈村 仕家垟村
双家垟村 双望村 四代徐村
宋家埭村 苏家堡村 苏家村
苏山村 苏田村 孙岙村
孙店村 孙家河村 孙家垟村
孙楼村 孙坪村 孙桥村
孙山村 孙垟村 孙宅村
汤岙村 汤岙余村 汤店村
汤家桥村 汤家垟村 汤鉴垟村
汤垟村 唐宅村 陶岙村
陶峰村 陶贡村 陶山镇
陶溪村 驮加村 外徐村
外叶村 王洞村 王公门村
王家村 王家店村 王家洞居
王家山村 王家坞村 王家垟村
王立村 王山村 王神洞村
王孙村 王坛村 王相村
王宅村 翁处村 翁村村
翁地村 翁家山村 翁山村
翁盐村 翁垟村 翁垟街道
翁垟社区 邬家桥村 吴岙村
吴坳村 吴堡村 吴家堡村
吴家墩村 吴家库村 吴家弄村
吴界山村 吴坑村 吴兰楼村
吴桥村 吴山村 吴山底村
吴小垟村 吴新村 吴垟村
吴样村 吴源村 吴宅村

五林村	伍岱村	武宅村
霞坊村	霞霖村	夏家山村
夏口村	夏口徐村	夏宅村
项岙村	项坑边村	项坑村
项浦埭村	项山村	项垟村
肖包周村	肖山村	肖宅村
萧江村	萧江镇	小陈村
小陈家堡村	小巨村	小施村
谢屏村	谢山村	谢垟底村
新村村	新康民族村	新林民族村
新岳村	新宅村	徐发村
徐家塆村	徐家站村	徐家庄村
徐龙村	徐山村	徐宅村
许峰村	薛内村	薛外村
薛宅村	巽山村	巽宅村
巽宅镇	严处村	严山村
严垟村	严宅村	严坋村
言章村	杨岙村	杨川村
杨府山社区	杨府山涂村	杨光村
杨家边村	杨家桥村	杨家山村
杨家宅村	杨角井村	杨梅田村
杨梅庄村	杨山村	杨思田村
杨塆村	杨巷村	杨宅村
杨洲村	杨庄村	杨子山村
叶岙村	叶段村	叶家垟村
叶坑村	叶瑞旸村	叶山村
叶山头村	叶盛坑村	叶先村
叶垟村	叶宅村	叶庄村
应岙村	应坑村	应山村
应潭村	尤里村	余桥村

余山村	余山民族村	余庄村
俞思坑村	岳巢村	岳田村
岳溪村	岳垟村	詹岙村
詹江村	张大屋村	张阁村
张公平村	张基村	张家山村
张家湾村	张坑村	张良山村
张骆桥村	张平村	张瞿村
张染村	张溪村	张溪林坑村
张严冯村	张宅村	张庄村
章岙村	章当村	章公尖村
章进岙村	章均垟村	章坑村
章良村	章桥村	章荣村
章山村	章山里村	长垄民族村
赵岙村	赵基村	赵家硐村
赵家辽村	赵山村	赵阳村
赵垟村	赵宅村	郑岙村
郑大垟村	郑家墩村	郑家楼村
郑家内村	郑家山村	郑家垟村
郑家庄村	郑坑村	郑山村
郑源村	郑宅村	郑庄村
支岙村	支坑村	钟山村
钟垟村	周岙村	周岙底村
周村村	周墩村	周贵垟村
周湖村	周家车村	周家村
周家桥村	周林村	周龙村
周浦岭村	周壤镇	周山村
周山平村	周山畲族乡	周山垟民族村
周田村	周田湾居民区	周湾村
周卫村	周新村	周徐村
周垟村	周垟民族村	周宅村

朱岙村　朱岙底村　朱处村
朱川村　朱硐坑村　朱家斗村
朱家站村　朱坑村　朱坑垟村
朱寮村　朱坪村　朱山村
朱山头村　朱涂村　朱垟村
朱元村　朱宅村　卓岙村
卓山村　卓屿村　卓宅村
卓庄村

迁徙地名：

敖里村　大厝基村　凤阳畲族乡
宏寮村　黄畲村　金塘村
朴头村　洽尾缪村　士金兜村
泗安村　铁场村　外寮村
万金村　尾厝村　小姑村
新莒村　新泽社区　渔寮村
泽霞社区　竹里畲族乡

（四）记录民俗传说地名

民俗地名：

划龙桥村

传说地名：

大龙口村　大龙山村　大住村
丹灶里村　渡龙村　发凤村
范龙村　飞龙社区　飞霞居民区
飞霞社区　丰龙村　凤岙村
凤巢村　凤池村　凤川村
凤渎村　凤凰村　凤凰居
凤凰头村　凤凰亦村　凤江村
凤林社区　凤岭村　凤楼村

凤社村	凤胜村	凤士村
凤头村	凤湾村	凤尾山村
凤尾社区	凤卧湾村	凤卧镇
凤溪村	凤溪社区	凤翔社区
凤岩村	凤阳村	华龙村
黄碧龙村	凰岙村	凰浦村
凰桥村	凰湾村	汇龙村
会龙门居	蛟池村	蛟翔巷社区
蛟垟村	金凤村	金鳞社区
金龙村	金乡镇	金星村
九龙村	九龙头村	康龙社区
郎等村	里龙村	林龙村
麟头村	六龙村	龙安村
龙岙村	龙背村	龙避岙村
龙车村	龙川村	龙船河村
龙斗村	龙斗村	龙渡村
龙方村	龙凤村	龙港镇
龙根村	龙涵村	龙湖村
龙华村	龙华居	龙井村
龙坑村	龙口村	龙口村
龙门村	龙蟠基村	龙浦社区
龙潜村	龙桥村	龙山村
龙山头村	龙珊村	龙舌头居
龙沈村	龙顺村	龙台头村
龙滩村	龙潭村	龙潭坑村
龙坦村	龙腾社区	龙头村
龙头居	龙外村	龙外村
龙湾区	龙威居	龙霞社区
龙翔村	龙翔居民区	龙星村
龙垟村	龙瑶居民区	龙益村

龙园村 龙源社区 龙跃居
龙跃社区 龙泽村 龙泽居民区
龙珠塘村 马良村 硿头村
潘公龙村 盘龙山村 蟠凤村
平凤村 平龙山村 青龙村
深龙村 剩庄村 石角龙村
石良村 石龙村 石龙头村
双凤村 双龙村 双神村
太心村 腾蛟村 腾蛟镇
腾龙社区 腾祥社区 天场村
天成街道 天凤村 铁凤村
乌龙川村 五凤垟村 小龙村
新凤村 新龙村 雅龙村
吟州村 玉龙村 玉龙社区
玉腾村 云仙村 珠龙村

纪念地名：

鳌寒村 重阳村 红光村
红星村 嵇师村 郎中岩村
立公村 立新村 利条村
联丰村 闹村乡 千石村
前进村 山皇村 莘民农场村
圣旨门居民区 胜丰村 胜光村
胜利村 胜利社区 施良村
文成县 五四村 五一村
星火村 朝阳村 大华村
大观村 大木岭村 大新村
大联村 底店村 芬星村
戈场村 公阳村 公阳乡
静凉村

三、寓托性地名

安居村	安澜社区	安乐溪村
安然村	百有居	宝丰村
保兴村	沧宁村	昌明社区
昌荣社区	朝霞社区	朝阳社区
承天村	崇安村	传星村
创新社区	春阳村	大安乡
大自然社区	丹霞社区	德政村
繁华居	繁里村	繁荣村
繁荣社区	繁枝村	芬益村
丰乐居	丰门村	丰门街道
福虹村	福全村	福首源村
福田村	福溪村	福新村
福佑村	福掌村	富春社区
富家垟村	富康民族村	富里村
富民村	富强新村	富头村
高丰村	高旺村	高翔村
高翔社区	挂彩村	观美村
光华村	光辉村	光明村
广化街道	贵德村	和平村
和兴村	华荣村	华瑞社区
华新村	华庄村	环球居
环秀村	惠民村	集善社区
集新社区	加速村	建安村
建丰村	建光村	建民村
建强村	建新村	建新居
金益村	金元村	进星村
进源社区	九堡村	开源社区
康佳社区	来福门社区	乐成街道

乐怡社区	雷付村	黎明村
里红村	里隆村	丽庆社区
利民村	联安社区	联光村
联进村	联胜村	联谊村
联友村	联源村	练兴村
林福村	灵丰村	灵昆街道
罗胜村	孟福林村	民丰村
民丰社区	民主村	明瓯社区
睦源村	能仁村	宁村村
平安村	平和村	平和乡
蒲新村	蒲源社区	普美村
千秋门村	钱仓村	清风社区
清远社区	庆丰村	庆年坊社区
全安村	仁寿居	荣祥村
瑞昌村	三美村	三兴村
上升村	深固村	升天基村
寿山村	寿桃尖村	曙光村
曙光居	双进村	双乐社区
双旺村	双旸村	双益村
泰安社区	泰石村	泰顺县
腾阳社区	天星村	同盟村
同兴村	万安村	万安社区
万全镇	万顺村	万兴村
旺厂村	五爱村	五新村
五星村	五兴村	希贤村
霞美村	祥池村	祥云社区
翔金社区	翔金垟村	向荣村
向阳村	晓丰村	欣雅村
新安村	新方村	新丰村
新富村	新光村	新和村

新华村	新建村	新进村
新利村	新联村	新民村
新明村	新瓯社区	新强村
新荣村	新欣村	新星村
新兴村	信星村	信智村
星光村	星海街道	兴澳村
兴宝坦村	兴昌村	兴城村
兴川村	兴发村	兴华居
兴康居	兴龙居	兴隆社区
兴民村	兴蒲村	兴庆村
兴文村	兴霞村	兴业社区
兴渔村	幸福社区	雄心村
旭光村	旭日社区	旭阳社区
雅村村	雅儒村	雅阳镇
延寿村	阳光社区	阳美村
仰新社区	仰义街道	依仁村
宜矾村	永安村	永安社区
永昌居民区	永恩村	永丰村
永福村	永阜村	永光村
永嘉县	永乐村	永门村
永民村	永胜村	永盛居
永寿村	永坦村	永兴村
永兴街道	永中街道	友谊村
玉和社区	裕丰村	裕山村
裕垟村	悦来村	跃进村
泽基村	增产村	增光井村
增光垟村	扎不断村	占里村
长安村	长春村	长丰村
长虹村	长虹社区	长徽村
长青村	蛰丰村	振德社区

振棋村　振兴村　振兴居民区
智广村　智仁乡　种玉村
自力村

* 联合地名：

底村村　底三甲村　地凑村
丰汇社区　谷联村　横辽村
嘉同村　金合村　金兰村
金瓯社区　君阳村　雷渎村
里见村　连村村　联城村
联合村　联盟村　联民村
联新村　芦黄村　马联村
盘黄村　坪山村　坡头村
瑞阳村　三合村　三甲村
三联村　三新村　三星村
三永村　上米岙村　双何村
双汇村　双联村　双灵村
双台村　双新民族村　四联村
苏吕村　外村村　文理村
梧涨村　新红村　新兰村
新三村　玉联村　玉轩村

第二部分　山水地名

山体

1. 山、埄、岗（冈）

敖大山　八石山头　白济山
白箬岙山　白溪头山　白岩山
白云山　百谷山　办山
半山　半天山　傍山

宝台山	北岙山	笔架山
碧山	彩山	曹湾山
岑岐山	曾山	茶山
慈湖山	打水湾山	大岙山
大隔山	大尖山	大京山
大南山	大跑山	大山
大山降北	大山嘴	大汪山
大岩山	大众山	倒生丝山
底北山	底浃湖山	底吕山
底山	底山根	地赖山
丁山	东坑山	东山
东山龙	东山头	东坦山
东溪山	杜山头	对面山
对山	帆游山	方山
分水山	坟垅山	高岙山
高山	隔河山	古耸山
谷山	官岭山	官山
郭溪山	国山	过山
海坛山	杭山	河山
河山头	横路山	横山村
横山底	横塘山	横头山
衡山背	红岩山	后京山
后山	胡山	湖岙山
皇岙山	黄山	黄石山
黄垟山	回潭山	加丰山
甲山	金山	荆溪山
烂蕻山	冷河岩山	李山
林山	灵山	流水岩山
龙井山	龙潭山	隆山
娄山	炉山底	路山

麻山	买相唐岗山	馒头山
馒头岩山	梅香山	门槛山
门前山	茗山	南堡山
南山	南山二村	南山一村
南田山	南垟山	脑公山
牛塘山	派岩山	潘山
平山	平天镬山	坡路山顶
破岩山	企岩山	迁棋山
青岭山	青山	瞿溪山
人岩山	软山	箬垟山
三江山	三屿山	沙门山
山背	山儿头	山官
山后	山后墩	山皇
山降儿头	山脚	山连
山南	山平	山前
山条	山头	山头下
山外村	山西	山下
上安山	上北山	上单山
上干山	上罗山	上爿山
上山	上山嘴	上岩门山
绍山	圣井山	盛山
石榜山	双尖山	水晶沆山
水门山	四谷山	四娘山
太湖山	天关山	天雷山
天罗山	天长山	铁山
头朝山	驮岗山	驮岭山
外北山	外苍山	外井山
外吕山	外山	外山头
万工池山	万皮山	望景山
望州山	乌坑山头	五峰山

五尖山
五仁山
西北山
西漈山
西门山
西山
西田山
西叶山
霞岙山
下岙山
下干山
下山
下岩门山
小河山
小横山
小林山
小陵山
小南山
协山
斜山
新塘山
雄溪山
秀屿山
雪尖山
雪山头
押岭山
言山
岩角山
岩景山
岩头山
杨山底
杨屿山
垟坎山
垟婆山
垟蒲山
垟山
仰天湖山
野山顶
叶火山
叶山
叶山头
郔岙山
阴山
银山
印山
印屿山
英山
应山
屿头山
月爿山
云顶山
罾山
樟岙山
长大山
长山
正江山
郑山二
钟山
周郎山
卓山
白头来埄
苍埄
灯台埄
吊埄
东步垟埄尾
坟埄
橄榄埄
埄背
埄岭
埄头
埄驮
高东埄
高埄
横埄
后全土埄头
后垟埄
胡石埄
黄埄
库埄
里全埄
里头埄
林山埄脚
岭后埄
龙丘埄
路头埄
马安埄
馒头埄
芒露埄
梅树埄
门前埄

南山垟	牛头垟	派柴垟
派门垟	前坑垟	桥头垟
勤路垟	三格垟	三条垟
三条垟尾	三丈垟	山垟亭
山连垟	山条垟	山头垟
上垟垟头	石仙垟	水碓垟
堂垟	塘垟	田垟头
桐垟	驮垟	驮垟脚
驮垟头	驮猫垟	瓦窑垟
外培垟	碗窑垟	乌岩垟脚
乌支垟	五龙垟	岩垟头
岩头垟	垟山垟	垟头垟
长垟村	长垟垄	长岭垟
长银垟头	柘坑垟	中央垟
朱田垟		
安基岗顶	白岭岗	北山岗
柴厂岗	柴头冈	车头岗
顶天岗头	定岗	风门坳岗头
海望岗	利司岗头	撩天岗
楼梯踏冈	岻岗后	岻岗前
岻岗中	南山岗	人头岗
三条岗	上江村	上寮岗
双岩岗	水路坑	天门岗
歪头岗	乌岩冈	五宗岩岗
西山岗	岩岗底	岩上冈
迎旗岗		

2. 峰、尖、岩

拔萃峰	百丈峰	独峰
单基峰	含翠峰	含珠峰

合掌峰	剪刀峰	坎峰
马鞍峰	南麂峰	三帆峰
炭窑基峰	天柱峰	五指峰
云峰	长冈峰	长岩峰
指霄峰	卓笔峰	
安坑尖	暗坑尖	坳门尖
白峰尖	白流尖	白云尖
百岗尖	百谷尖	苍山尖
朝对尖	陈尖顶	出水崖尖
打挂尖	大坳尖	大东尖
大岗尖	大高尖	大尖
大尖头	大坪头尖	大山尖
大岩尖	东尖	饭盘尖
方岩尖	分水城尖	峰门尖
岗头尖	高尖	高尖顶
高山尖	海岗尖	何四岩尖
尖儿头	尖头脑	尖下尖
江岙岩尖	金刚尖	君臣尖
枯尖	烂田尖	烂头尖
凉尖	路腰尖	落脚尖
绿水尖下	馒头岩尖	毛山尖
眉峰尖	美人尖	尼尖
排风尖	七八尖	七星尖
枪山尖	三个尖	三降头尖
三角尖	山公尖	山尖顶
山炮尖	上峰尖	上山尖
上头尖	双个尖	双尖
双角尖	双头尖	双亚尖
四方山尖	四个尖	四海尖
四尖	台山尖	头发尖

驮尖	歪头尖	万盘尖
望海尖	望江尖	尾交尖
乌岩尖	吴山尖下	五岳尖
仙人头尖	香火尖	小东尖
斜包尖	阴坳尖	银济坳尖
雨伞尖	玉骨尖	章公尖
长郎尖	正盖尖	
白米岩头	白面岩	白岩背
白岩尖	白岩前	白岩头
白岩头嘴	白岩下	百丈岩下
板壁岩	板壁岩头	步哥岩
沉浮岩	出水岩尖	穿鼻岩
刺瓜岩	大若岩	大学岩
倒石岩	倒潭岩	吊船岩
豆腐岩	分水岩	红岩
红岩前	红岩头	洪岩
洪岩背	黄岩背	尖岚岩
金瓜岩头	金岩头	九连岩
老人头岩	雷打岩	流潭岩
流潭岩背	马岩	馒头岩
爬罗岩	派岩	三岩头
山水岩头	上岩嘴	石门岩
帅岩	双岩	双岩下
水头岩	水涨岩	司岩
四大岩头	四粒岩	抬轿岩
天柱岩	铁墩岩	铁丝岩
头金岩	外圆岩	万进岩
乌岩	乌岩背	乌岩堆
乌岩头	西风岩头	响动岩山
响喊岩	响雷岩	岩背

岩壁下	岩插顶	岩二
岩根	岩脚下	岩门
岩人背	岩头	岩头背
岩头咀	岩头下	岩尾下
岩下	岩一	杨步岩占
摇动岩	长垟百丈岩	正盖岩
支米山头阴	中心岩	重五岩
庄岩		

3. 岭、古道

白迭岭后	白露岭	白溪岭
百客岭	百丈岭	板厂岭
半岭	宝昌岭	北岭
北箬水道	陈盘岭	陈山岭
呈岭	赤岭	大岗岭
大会岭脚	大岭	大岭脚
大山岭	道班	道岭根
底岭下	店岭	东坑岭
东岭	对山岗岭	风岭
富坑岭	甘漈岭	古岭
光石岭	过岭底	横岭
洪坳岭	洪溪岭	后岭头
后垟岭	后垟岭头	皇岙岭
黄岭	黄岭头	黄岭下
黄泥岭	黄泥长岭	黄去岭
火烧岭	伙爬岭	漈岭
漈头岭	江家岭外岭	交溪岭
交垟岭	金岭	九曲岭
柯岭	科甲岭	苦岭
库岭	岭背	岭根

岭后	岭脚	岭南
岭上	岭头	岭头儿
岭头隔	岭尾头	岭下
岭雪	岭垟	隆葱岭
马石岭	毛山岭头	毛竹岭
梅屿岭	木湾岭	南山岭
泥山岭	宁蝶岭	牛岭
牛岭脚	破岭头	七丘岭
前岭	求长岭	曲岭
箬垟岭	三滩岭	三褶岭
沙垟岭头	山根岭脚	山洲岭脚
上岭	上垟花地岭头	筲箕岭
十八盘岭	石峰岭	石岭
石排岭	水碓坑岭	水岭
四十九盘岭	苏岭	塘岭
塘岭头	天湖岭	天湖岭
桐岭	驮岭	驮岭头
外岭	外岭头	外山岭
外山岭	万排岭	乌岩岭
吴山岭脚	吴垟岭根	五铺岭
武岭	西岭	西垟岭
下岭	下支岭脚	夏田岭
小岙岭	小岭	小吴山岭
筱条岭	斜坑岭	新坑岭
新岭	岩前岭	岩溪六坪湖边岭
垟岭	垟尾岭	瑶溪岭
岳岭后	樟岭	长岭
长垟岭	兆平岭	郑岙岭
郑山岭脚	诸葛岭	
岙底岭古道	八丐岭古道	八直盖岭古道

白箬岭古道
白山岭古道
白水漈古道
包山古道
北坑古道
陈岙岭古道
城西古道
慈湖岭古道
道岭古道
对山岗岭古道
方岙岭古道
风门岭古道
岗浪堂古道
横坑岭古道
洪坑岭古道
湖岭古道
皇岙岭古道
黄岭古道
黄泥架古道
漈岭古道
交溪岭古道
九拗岭古道
昆阳岭古道
马鞍岭古道
南溪坑岭古道
南崖古道
廿四盘岭古道
排岭古道
盘山古道
平坑古道
前岩山古道
穹岭古道
瞿湖林源古道
三滩岭古道
三堂岭古道
三条岭古道
山洲岭古道
上坦岭古道
圣井大路古道
胜美尖古道
石垟古道
舜岙岭古道
天关山古道
田塘头古道
桐岭顶古道
驮山岭古道
外坳岭古道
外山岭古道
万排岭古道
五十二岭古道
垟白桥古道
垟坑岭古道
垟山岭古道
仰坑岭古道
遥岭古道
瑶岙古道
瑶溪岭古道
屿山岭古道
长坑古道
长条岭古道
钟桐岭古道

4. 岙、坳、垟、坪

岙底
岙底岭头
岙口
岙里
岙面
岙上
岙薯垄
岙头
岙头底
岙头坪
岙头垟
岙外
岙尾屿
岙仔
岙仔口
坳下岙
保岙
曹岙
陈岙
陈岙
呈岙

程岙	祠堂岙	打水岙
大岙	大岙底	大北岙
大山岙头	底岙	丁岙
东岙	东岙底	东岙顶
对岙	方岙	方岙头
坟岙	风打岙	枫林岙
冯岙	凤岙	富岙
甘岙	高岙	光岙
河岙	河岙底	湖岙
皇岙	黄岙	黄岙头
贾岙	界牌岙	金岙
居岙	均岙	壳菜岙
孔岙	梁岙	林岙
龙岙	龙泉岙	马岙
马岙头	梅岙	梅驮岙
美岙	美岙新村	茗岙乡
木西岙	南岙	南岙垟
泥岙	女岙	潘岙
彭岙	七高岙	前大岙
瞿岙	箬笠岙	森岙
沙岙	沙岙东	沙岙儿
沙岙西	沙岙嘴	山西岙
上岙	沈岙	石子岙
双岙	舜岙	宋岙
宋岙底	孙岙	汤岙
塘岙	陶岙	藤岙
田岙	桐岙	土岙底
驮岙	外岙	外岙山头
外马岙	外郑岙	文岙顶
吴岙	梧岙	西岙

西岙龙	霞岙	下岙
下岙儿	先岙	项岙
小岙	小北岙	小岭岙
小文岙	谢岙	谢岙底
新岙	信岙	雄岙
徐岙	巽岙	严岙
严驮岙	岩岙	垟岙
垟岙头	垟公岙	银岙
油岙	玉岙	樟岙
长岭岙	涨岙	正岙
郑岙	支岙	中岙
周岙	周岙底	朱岙底
竹岙		
坳背	坳步坑	坳底
坳后村	坳坑	坳口村
坳窟	坳门	坳门下
坳门下	坳丘	坳上
坳田	坳田上	坳田下
坳头	坳头村	坳头岭
坳头岭古道	坳头下	坳外
坳下	白脚坳	白泥坳
白石坳	柏树坳	茶石坳
大坳	底新坳	地坳下
靛坑坳头	东坑坳头	硐坳
风门坳	割草坳	葛藤坳
黄坳	火烧坳	空坑坳头
路坳头	马坑坳	魔石坳
牛头坳	彭山坳	前垄坳
丘山坳头	三个坳	山坳头
杉树坳	上坳头	上垟坳

双凹坳	水口坳	驮坳门
外坳	外新坳	吴坑坳
吴山坳	下堡坳	下林坳
垟田坳头	银珠坳	张坳
八角垟	百岭垟	半坑垟
半路垟	包山垟	包水垟
包水垟	鲍垟	布袋垟
菖蒲垟	陈地垟	陈家垟
陈垟	城垟	赤水垟
大京垟	大岭垟	大南垟
大石垟	大垟培	灯笼垟
灯垟	底大垟	底垟
东步垟	东山垟	东田
东垟	东垟底	杜垟
渡垟	墩头垟	二号垟
枫树垟	枫垟	峰垟
凤垟	高垟	高垟底
古伏垟	古木垟	光垟头
和尚垟	河上垟	横垟
横垟嘴	侯垟	后垟
后垟儿	花草垟	黄呈垟
黄士垟	黄垟	黄垟头
鸡驮垟	稽垟	尖头垟
蛟垟	金垟	金竹垟
净水垟	九条垟	坑边垟
坑底垟	坑头垟	老黄垟
犁头垟	里北垟	里垟
里垟青	林坑垟	林水垟头
林水垟头	林垟	岭根垟
龙坦垟	罗垟	马村垟

马垟	梅垟下	米筛垟
茗垟	茗垟培	睦州垟
南坑垟	南仙垟	南垟
瓯浦垟	潘山垟	盘垟
旁边垟	前岩东垟	前垟
浅垟	桥头垟	桥垟
取垟	三垟	沙堆垟
沙垟	沙垟上村	沙垟下村
上堡垟	上沙垟	上水垟
上塘垟	上垟	师科垟
石坟垟	石垟	树垟底
双坑垟	双南垟	双垟
双垟包村	松垟	汤垟
塘底垟	塘垟	桃花垟
田东	田垟	驮树垟
驮垟	驮垟山	驮垟外
驮垟尾	外路垟	外南垟
外垟	外垟儿	外垟青
晚垟头村	旺垟	尾垟下村
乌石垟	吴垟	西垟
西垟底	西垟缪村	西垟南
锡垟	溪西垟	下埠垟
下公垟	下巨垟	下沙垟
下山垟	下石垟	下水垟
下尾垟	下垟	下垟山
下垟头	项步垟	项垟
象垟	小石垟	小垟
新垟	新庄垟	徐垟
严垟	垟岸	垟边
垟底	垟地边	垟儿

垟儿路
垟谷培
垟间田地
垟丝
垟田
垟头
垟头下
垟外
垟尾
垟下村
垟下龙
垟心
叶山底垟
叶庄垟
亦垟
月出垟
月落垟
岳垟
增光垟
章垟
章垟亭
樟垟
肇平垟下村
肇平垟中村
郑大垟
中心垟
中垟
钟垟
周山垟
周田周垟
周垟上
周垟下
朱山垟
朱垟

傍坑坪
大坪
大坪山
大坪头
东坪
枫树坪
富源坪
高坪
公坪
贵坪
国坪
后坪
荒草坪
荒田坪
加坪
金竹坪
里丰山坪
岭坪
楼坪
路口坪
马垟坪
茅草坪
梅岙坪
南山坪
牛驮坪
坪上
坪头
三个坪
山后坪
上坪
十八亩坪
石埠坪
驮坪
驮坪厂
驮坪头
驮坦坪
外坪
乌宿坪
锡坑坪
下坪
下坦坪
下小坪
香碓坪
雅坪
垟坪
叶坪
舟坪
株树坪村
竹坪

水体

1. 江、海、港、洋

北江沙	澄江	飞云江
横阳支江	江边	江底
江东	江南	江南上村
江南中村	江浦村	江前
江山	江头村	江外村
江西	江心田	江心屿
江垟	江一村	临江乡
茂东江	瓯江	浦江
清江	桐江望江路	西江
正江沙	峙江	
海北	海利	海西
镇海		
北关港	赤溪港	东港
横港头	金潮港	
鳌洋	葛洋	曲尺洋

2. 岛、屿、礁、洲

北爿山屿	北圆屿	笔架屿
昌儿岗屿	大笔架屿	大裂岩屿
大门墩屿	大山屿	单个屿
东屿	墩尾屿	瓜瓢屿
瓜子屿	航崖屿	横屿
横屿头	黄泥山屿	黄屿
篁屿	巨屿	空心屿
蜡烛台屿	两头山屿	另外山屿
乱头屿	梅屿	南爿山屿
南圆屿	内圆山仔屿	内圆屿
内长屿	霓屿	盘灶屿

七屿	前屿	青屿
三个屿	三星屿	山屿
上屿	田岙屿	外赤屿
外圆山仔屿	外长屿	西头山屿
西屿	下屿	下屿儿
小裂岩屿	小青山屿	小乌星屿
屿底	屿根	屿后
屿门	屿前	屿头
屿仔	圆山仔屿	圆屿
长腰山屿	正屿	中屿
白沙岛	大北列岛	大乌岛
东横岛	孤岛	瓜子东岛
瓜子西岛	横仔岛	机星尾岛
尖刀西岛	金字岛	灵昆岛
美人岛	内岙东岛	霓屿岛
七都岛	石砰北岛	双峰山岛
天枢东岛	西门岛	西洲岛
下岙岛	小横床岛	小平北岛
小星西岛	小星中岛	星仔岛
星仔东岛	星仔东外岛	星仔中岛
岩带岛	圆屿前岛	
东洲	沙洲村	沙洲后村
沙洲前村	西洲	
拔刀礁	百亩田暗礁	半潮礁
半爿礁	北潮礁	北礁
朝天礁	大岙西礁	东头礁
贩艚礁	浮礁	干门礁
假门礁	尖刀礁	尖礁
寮下礁	南礁	蓬礁
偏南岙礁	七姐妹礁	沙岙礁

水下礁	思人礁	田尾礁
外沟礁	洗面礁	相思礁
巷口礁		
小南礁	正岙北礁	

3. 沙、滩、涂

白沙降	长沙	东江沙
东沙	东沙后	东长沙
飞云门沙	离沙	前沙
沙北	沙了	沙门
沙门头	沙南	沙上
沙头	沙园	沙中
沙中沥	上沙仰舌沙嘴	双昆头沙
西沙角	西长沙	
黑石滩	红石滩	灵昆浅滩
三滩	上滩头	滩脚
滩头		
北岙后涂	布袋岙涂	打水鞍涂
大背岙涂	黄岙涂	老涂
老涂北	南涂	泥涂
三条垄涂	上涂	筲箕涂
涂厂	涂儿	涂里
涂头	下涂	杨府山涂
正岙涂		

4. 潮、浪、泉、源

南潮	双潮乡	
东浪	角浪屿	双头浪
西浪		
龙泉头	仰天湖泉	涌泉
珍珠泉	庄泉	庄泉沥

东源	后源	坑底源
坑源前	林源	岐源
三源	山后源	松源
驮源头	吴源	五源
下源底	小林源	小源
源口		

5. 河、川、水

白浦河	北河	北山河
北新直河	北专河	沧河
车头河	陈岙河	池头河
大岙溪河	大鲍河	大河
大井河	大浦河	大湾河
大王卤河	卤头河	第二段河
丁岙河	东干河	东河
东运河	度山沙河	风门河
凤岙河	凤溪河	高河
古运河	官渡河	海滨河
海滨横浃河	海滨上横河	海滨下横河
海城沙河	海东村	河滨街
河岱	河东	河口
河里	河南村	河弄
河坦头横河	河头	河头山村
河西村	河沿村	横河
横河头	横塘沙河	后岸垟河
后河	后十八湾河	后垟河
沪山内河	环场河	会昌河
贾岙河	江前河	金岙河
金条浦内河	锦澄河	九山河
九山外河	龙船河	龙河

麻糍塘河	马河	南河
南垟新河	排岩河	潘垟河
磐石河	破脚裂河	前河
桥头河	青山直河	清河
瑞平塘河	三十亩河	沙岙儿河
沙岙直河	沙河	沙南直河
山洞河	山根河	山河
山西岙河	山下坦河	上河
上河头	上江河	上塘河
沈岙河	十直河	十字河
石坦河	双井头河	水库内河
水潭河	水心河	舜岙河
四十亩大河	潭河底	天河村
天河沙河	天河上横河	天津直河
天井垟河	田垟河	桐溪河
头河	外河	外塘河
外垟河	温瑞塘河	屋上新开河
西干河	西河	西塘河
西直河	下河	下横河
下坦河	下塘河	萧江塘河
新城河	新城上河	新城下河
新河	新河头	信河街
雄河	盐盆河	阳桐河
垟儿河	垟深河	垟丝河
垟心河	瑶溪河	瑶溪直河
永强直河	渔垟河	屿田河
月落垟河	长河	直垟河
中岙河	中段河	中干河
中河沥	中河路	中横河
中路河	中塘河	中星下垟河

朱垟直河	庄泉河	梓河
大川	大笼川	东川
桂川	横川	里川
泉东川	让川	苏川
下川	璋川	
八水	分水	净水
水岸底	水碓	水甲头
水口	水尾	下净水
小净水		

6. 溪、坑

安乐溪	碧溪	大岙溪
大横溪	大井头溪	大日溪
大溪居	带溪	东溪
戈溪	根溪	郭溪
河溪	洪口溪	湖雾溪
花坦溪	黄金溪	黄山溪
会甲溪	焦溪	金溪
九溪	九溪底	九溪泛
九溪口	莒溪	临溪
岭北溪	笼川溪	路溪
罗溪	罗阳溪	楠溪江
彭溪	平溪	前垟溪
青街溪	瞿溪	三十二溪
三十三溪	三十一溪	珊溪
上溪	石溪	仕阳溪
双峰溪	双溪	顺溪
泗溪	陶溪	桐溪
驮溪边	五溪	溪边
溪东	溪口	溪水

溪西
溪下乡
小楠溪
小溪
新溪
雄溪
峃作口溪
雪临溪
岩溪
瑶溪
荫溪
玉泉溪
玉溪
竹溪
紫溪
左溪
白石坑
百丈坑
半坑下
包坑
包台坑
北条坑
背蓬坑
碧坑
茶谷坑
茶垟坑
陈垟坑
呈坑
大坑
大坑底
大坑珠
大垟坑
大竹坑
当中坑
底大坑
底仟坑
店基坑
东坑
东坑底
东坑头
对坑
对面坑
坟前坑
富坑
沟坑
古洞坑
管藤坑
光坑底
横坑
横路坑
后坑
划船坑
黄降坑
黄坑
黄深坑
黄坦坑
黄垟坑
篁坑
火甲坑头
脊坑
漈门坑
见坑口
江坑
焦坑
界坑
借坑
金坑
金芝坑
金竹坑
军师坑
坑边
坑底
坑底角
坑根
坑古
坑脚
坑口
坑头
坑子内
兰田坑
利八坑
良坑
凉水坑
凉水坑
林白坑
林坑
林坑口
隆浪坑

马桥坑	马支坑	毛坑
梅树坑	门前坑	盟坑
茗垟坑	木坑	南坑
南坑底	南坑炉	南坑头
南坑下	南山坑	牛坑
潘岙坑	旁坑	平坑
平阳坑	仟坑	前坑
桥坑	青坑	三条坑
山坑	山坑底	山罗坑
上平坑	上双坑	石柱坑头
水碓坑	水坑	松坑
田坑	铁坑头	铁炉坑
廷坑下	同岭坑	外坑头
外仟坑	外坦坑	乌石坑
吴坳坑	五坑头	五龙坑
西坑	西坑口	西坑下
西吴坑	下埠坑	下湖坑
下连坑	下林坑	下双坑
下坦坑	项坑边	小洪坑
小坑边	小坑儿	小长坑顶
蟹坑	新西坑	岩鹿坑
杨梅坑	垟坑	垟西坑
叶坑	余坑	云底坑
运坑	张坑	章坑
长坑	柘坑	郑坑
直坑	中坑	周坑

7. 池、湖、潭、塘、井

岸塘	长塘	赤塘
大塘	坟塘	丰塘

荷塘	横塘	后塘
黄塘	筊笋塘	界塘
老牛塘	冷水塘	鲤鱼塘
莲塘	牛塘	牛塘下
潘塘	前塘	泉塘
山后塘	上牛塘	上沙塘
上塘	水塘上	塘处前
塘底	塘东	塘浃新桥头
塘角村	塘坑大山	塘口
塘里	塘路	塘山
塘上村	塘头	塘西
塘下	塘渔	外塘
下牛塘	下沙塘	小塘
新塘	野猪塘	
呈池	池底	池龙
大池头	高池	胡池
蛟池	马鞍池	墨池
藕池头	仰天池	渔池
月光池		
白云潭	畚斗潭	长潭
大潭	黄潭	活水潭
流潭	龙潭	龙潭背
蒙滚潭	莫尔潭	砂潭
山胆潭	上长潭	师公潭
双叠岩宫潭	水潭	潭头
纬丝潭	无底潭	霞潭
下长潭	渔充潭	渔潭
圆潭	簑丝潭	站字潭
陈湖	东湖	龟湖
湖东	湖石	湖头

金针湖	烂草湖	烂井湖
龙湖	南湖	南湖东岸
石山湖	孙湖	苔湖
驮湖	外驮湖	西湖
新湖	仰天湖	银湖
周湖		
岩丼	垟丼	出水丼
米来丼		

8. 渎、浃、沟

官渎	横渎	沙渎
新渎	洲渎	
灯笼浃	东岸浃	横浃
浃底	浃上	前池浃
四浃	苏家浃	五浃
西门浃	下坑浃	下坑浃
小横浃	一浃	鱼鳞浃
东沟	沟顶	过沟东
过沟西	西沟	

9. 漈 瀑 湫

白水漈	白水漈头	程漈头
东漈	方光漈	高漈头
和样漈头	黄坑漈头	林　漈
流漈	平漈	山漈
山重漈	乌漈	下漈
小漈	雪峰漈	郑漈
白云瀑	赤岩瀑布	冲天瀑
红岩瀑布	黄滩双瀑	黄滩双瀑
井仔底瀑布	灵水瀑布	罗带瀑
美人瀑	南垟瀑布	三层瀑

三折瀑	上垟瀑布	石林飞瀑
水尾瀑布	通天瀑	外垟瀑布
洗浴坑瀑布		
南河湫	南门湫	

10. 浦、湾（弯）岸、埠

东石浦	泛浦	航浦
灰桥浦	焦浦	金浦
浦北	浦东	浦口
浦西	上吕浦	石浦
戍浦	桐浦	西石浦
下吕浦	新川浦	珠浦
北湾	曹湾	大湾
刀湾脑	底垟湾	宫湾
谷切弯	凰湾村	礁湾
金竹湾	九里湾	冷水湾
路湾	马车湾	木湾
牛湾头	山湾	上湾
水对湾	松湾	糖树塆
淌弯	陶湾	驮湾脚
外条弯	外垟湾	弯前
湾底	湾头	文湾
吴湾	西湾	下水湾
下湾	垟湾	周师湾
周湾	朱湾	八岱村
岸边	傍岸	北岸
呈岸	东岸	高田岸
隔岸爿	后岸	南岸
前岸	上岸	水干岸
西岸	下岸	叶岸

宅西南岸

潮埠	高埠	林坑埠
彭埠	前埠	上埠
石埠	汀埠头	下埠
中埠		

桥梁

G104 京岚线终点高架桥	矮橙桥	矮凳桥
爱光桥	爱乡桥	安东桥
安澜桥	安民桥	安宁桥
安盛桥	安阳村桥	安阳大桥
安垟桥	庵前桥	鳌江特大桥
岙底红桥	岙底桥	岙外水测埠大桥
八村桥	坝接桥	白鹤桥
白鹭屿桥	白马村桥	白马庙桥
白泉大桥	白箬岭大桥	白箬潭桥
白石大桥	白石特大桥	白塔王大桥
白湾桥	白溪老桥	白溪桥
白溪中桥	白象大桥	白象后大桥
白岩村桥	白岩桥	百里路过街天桥
百利桥	百僧堂二桥	百僧堂一桥
百丈桥	半河 1 桥	半河 2 桥
半屏大桥	半山二桥	半山一桥
半垟桥	半腰桥	包宅桥
鲍贷分离式立交桥	北白象改线段 1 号桥	北白象改线段 2 号桥
北白象改线段 3 号桥	北村桥	北濠桥
北涧桥	北门桥	北门新桥
北新桥	北垟桥	贝谷桥
鼻头桥	碧茗大桥	碧石大桥
滨江桥	泊岙桥	博学桥

布溪桥
步高大桥
埠口地大桥
蔡宅底矴步
茶白高架桥
茶厂大桥
茶宕桥
茶塘桥
茶亭桥
察溪桥
蟾洲桥
朝西桥
潮埠大桥
潮济大桥
陈岙高架桥
陈岙桥
陈步桥
陈家堡桥
陈家殿桥
陈家垟桥
陈坦桥
陈宅桥
晨沐桥
城东大桥
城开天桥
城南立交桥
城水桥
池源桥
赤塘桥
赤岩坑桥
崇德桥
川后桥
创新桥
春和桥
祠堂桥
慈湖桥
慈济桥
粗糠桥
萃贤桥
村尾桥
大岙大桥
大岙底桥
大段桥
大发垟桥
大贡桥
大横浦小桥
大脚虾桥
大京桥
大坑桥
大龙口桥
大门大桥
大门桥
大桥
大树垟大桥
大台门桥
大文桥
大溪边 1 号桥
大溪边 2 号桥
大溪桥
大岩头桥
大垟口桥
大园桥
岱根桥
岱口大桥
岱口特大桥
岱桩桥
埭头桥
埭下桥
戴宅桥
丹失桥
丹霞桥
担水桥
宕顶桥
道均垟桥
德功桥
德力西大桥
德胜桥
灯芯桥
登瀛桥
登云桥
底畲桥
地凑大桥
地质桥
殿后大桥
殿前桥
殿上桥
丁岙桥
丁埠头桥
丁坑岭桥
丁宅桥

顶魁 2 桥	顶魁 3 桥	矴步
矴步头桥	定安桥	定头港特大桥
东安硐桥	东安桥	东安新桥
东岸大桥	东岸头桥	东岙桥
东背桥	东才大桥	东川村一桥
东川官田二桥	东干河桥	东皋大桥
东河桥	东横塘桥	东漈桥
东漈一桥	东浃桥	东门桥
东瓯大桥	东朴湖桥	东浦桥
东山桥	东山下桥	东山嘴桥
东山嘴桥	东盛桥	东头桥
东文笔桥	东西干河特大桥	东溪大矴步
东溪大桥	东溪桥	东溪小桥
东兴桥	东盐桥	东垟大桥
东垟二桥	东垟桥	东垟一号桥
东运河桥	东运桥	洞桥头桥
洞桥头新桥	洞头大桥	硐坦桥
都口桥	陡北桥	陡门桥
陡南桥	斗门桥	斗门头桥
渡船头大桥	渡龙桥	渡头大桥
对务山桥	墩头桥	鹅湖车桥
鹅湖桥	鹅浦一号桥	恩坑桥
二房桥	发洪坑一号桥	矾山二桥
矾山一桥	矾岩大桥	繁荣大桥
繁荣南大桥	繁荣桥	繁盛大桥
繁盛桥	繁新大桥	反修桥
方大桥	方隆桥	飞峰桥
飞霞桥	飞云江大桥	飞云江接线桥
飞云江特大桥	奋进桥	丰收桥
风水桥	峰坳桥	峰文桥

凤安桥	凤巢大桥	凤池大桥
凤东桥	凤凰桥	凤浦桥
凤楼桥	凤山桥	凤头村桥
凤湾桥	凤翔桥	凤阳桥
凤垟桥	芙蓉大桥	福虹桥
福佑桥	福州路八桥	福州路九桥
福州路六桥	福州路七桥	府前桥
赴学桥	富岙大桥	富强桥
富垟二桥	富垟桥	富垟头桥
富垟一桥	玕屿桥	高岙东桥
高岙桥	高岙西桥	高殿立交桥
高公桥	高科大桥	高黎分离立交桥
高楼大桥	高楼溪大桥	高沙桥
高塘桥	高翔东河桥	高翔中央桥
高垟桥	戈场古廊桥	戈恬大桥
鸽巢桥	阁楼桥	隔水桥
隔星桥	工农桥	工业区桥
公阳桥	公园桥	宫前桥
拱瑞大桥	菇溪大桥	古岸头大桥
古岸头高架桥	古塘高架桥	鼓楼桥
挂彩桥	关区桥	观美大
官渡大桥	官渡桥	官山岩桥
官岩大桥	官庄大桥	光锋桥
广化桥	贵坑桥	郭路村大桥
郭溪制革大桥	郭庄桥	国泰桥
国兴桥	过海桥	过溪桥
蛤蟆桥	海虹桥	汉阳桥
行德桥	杭坑二桥	好学桥
合湖大桥	合湖桥	合湖石桥
和尚垄大桥	和谐桥	和垟坑桥

河埭桥	河底高桥	河浃桥
河口叶桥	河泥桥	河头桥
河西桥	河庄桥	荷岙桥
鹤盛桥	横带桥	横港头桥
横河桥	横坑桥	横沙桥
横坦桥	横溪桥	横溪头桥
横阳支江大桥	横阳支江桥	红军桥
红桥	红卫桥	红星桥
红岩南桥	宏伟大桥	洪安桥
洪花桥	洪口大桥	鸿儒桥
鸿翔桥	后底桥	后港桥
后湖埭桥	后街大桥	后坑大桥
后坑桥	后林桥	后潘垟桥
后桥桥	后庆桥	后垟河桥
后垟桥	后垟一号桥	后洋一号桥
胡坑口桥	湖东桥	湖前 1 桥
湖前 2 桥	湖尚桥	湖雾桥
湖雾小桥	虎山石拱桥	沪山桥
花岗大桥	花台平桥	花坦桥
花仙桥	花园桥	华浦桥
华侨大桥	华山桥	华兴桥
华兴桥	华一桥	怀仁桥
怀乡桥	环东桥	环山高架桥
环宇大桥	皇家山庄桥	黄岙桥
黄华关大桥	黄华桥	黄家蓬桥
黄坑口桥	黄南大桥	黄麒大桥
黄山岭脚桥	黄山桥	黄山头大桥
黄坦大桥	黄屿大桥	黄屿桥
黄宅河桥	凰桥大桥	灰桥
辉煌新桥	回澜桥	汇坑拱桥

汇源桥　会龙桥　积库桥
集云桥　际头仔桥　际下大桥
漈门溪大桥　加丰村桥　夹渎桥
驾校桥　建设桥　建镇桥
江边溪桥　江边萧 1 号桥　江景桥
江坑桥　江上桥　江苏大桥
江苏小桥　将军桥　姜公桥
姜桥　姜宅桥　蒋安桥
蒋家桥　交溪大桥　焦下桥
礁头桥　矫龙桥　捷达桥
介上桥　界水桥　金蟾桥
金潮港大桥　金凤桥　金刚桥
金鸡桥　金甲桥　金坑大桥
金瓯桥　金锁桥　金塔大桥
金西大桥　金溪桥　金乡桥
金象桥　金益桥　金竹高架桥
锦谷桥　锦瓯桥　进安桥
荆山脚桥　鲸头桥　景德大桥
景德桥　镜湖桥　九房桥
九峰桥　九山桥　九溪电厂桥
九溪桥　九丈大桥　巨坑庵桥
俱进桥　聚仙桥　聚心桥
开泰桥　凯旋桥　可岙口大桥
可溪桥　坑源桥　孔岙桥
孔龙一桥　跨高速公路高架桥　跨虹南大道立交桥
跨仙清线（S223）省道桥　昆阳特大桥　兰花桥
栏杆桥　揽胜桥　老殿后桥
老乐桥　老桥头　老三滩桥
老竹桥　乐耕桥　乐琯运河桥
乐园桥　雷峰桥　梨村大桥

梨村永福桥	黎明立交桥	李博桥
李井桥	李井中桥	李茅大桥
李山小桥	李垟桥	里岙大桥
里二桥	里湖村桥	立新桥
利民桥	笠湖大桥	连云港路二桥
连云港路三桥	连云港路一桥	莲岙高架桥
莲池桥	莲湖桥	莲头桥
联西新桥	凉下桥	辽东大桥
辽前桥	燎东桥	烈墓桥
林岙桥	林村桥	林岱大桥
林后桥	林坑桥	林桥
林山二桥	林山一桥	林宣桥
灵波桥	灵浦桥	灵岩桥
灵宜边桥	灵宜大桥	凌云大桥
凌云桥	岭边桥	岭根大桥
岭根二桥	岭脚村桥	岭脚桥
岭街桥	岭里二桥	岭头 1 号桥
岭头 2 号桥	岭外村上桥	刘处桥
刘英大桥	刘宅大桥	刘宅桥
柳白一号桥	柳改 1 号桥	柳改 2 号桥
柳改 3 号桥	柳改 4 号桥	柳改 5 号桥
柳改 6 号桥	柳翁大桥	柳宅桥
龙笔桥	龙凤桥	龙港大桥
龙宫大桥	龙宫桥	龙涵桥
龙恒桥	龙虎桥	龙浃桥
龙角坑桥	龙金大道	龙井桥
龙泉外桥	龙山大桥	龙山桥
龙首桥	龙台头桥	龙潭桥
龙头大桥	龙头桥	龙溪大桥
龙溪桥	龙霞桥	龙垟桥

龙跃桥 龙振桥 娄桥高架桥
楼下大桥 楼下桥 楼下西大桥
楼下小桥 炉犁坑二桥 炉犁坑一桥
鹿城特大桥 路湾桥 鹭鸶桥
罗凤高架桥 罗汉桥 罗周美桥
萝溪 1 桥 萝溪 2 桥 吕岙桥
麻步大桥 麻步二桥 麻步桥
麻步三桥 麻屿大桥 麻芝川桥
马联村桥 马路角大桥 马桥大桥
马仁桥 马仁桥桥 马屿大桥
马站桥 玛瑙桥 瞒鼓桥
猫儿桥 毛家处高架桥 茅垟桥
茂竹村桥 眉峰桥 梅岙大桥
梅岙桥 梅川桥 梅浦桥
梅泉车桥 梅坦大桥 梅湾桥
梅垟下桥 梅屿桥 梅园桥
梅源大桥 门前桥 蒙桥
密川东路桥 面前桥头 妙鸿桥
庙主桥 民丰桥 民新桥
明远桥 鸣溪二桥 鸣溪一桥
缪家 2 桥 牡丹桥 沐峰桥
睦源桥 南安桥 南岸桥
南岸山大桥 南草垟（1）桥 南草垟（2）桥
南草垟（3）桥 南草洋 2 桥 南草洋 3 桥
南充桥 南村高架桥 南村桥
南河桥 南湖大桥 南坑口桥
南柳桥 南门桥 南门新城桥
南浦桥 南峤桥 南庆桥
南山大桥 南山二桥 南山桥
南塘大桥 南塘街过街天桥 南田桥

南溪坑桥
南溪桥
南溪新桥
南仙桥
南雁大桥
南雁荡山大桥
南阳大桥
南阳桥
南垟河桥
南垟桥
南屿桥
南运桥
南宅桥
南站天桥
楠溪江大桥
楠溪江二桥
楠溪江特大桥
楠溪江五桥
闹村大桥
能仁桥
念里桥
宁波路二桥
宁波路六桥
宁波路三桥
宁波路四桥
宁波路五桥
宁波路一桥
宁桥
宁桥大桥
宁益大桥
牛桥
牛山大桥
瓯北高架桥
瓯建桥
瓯江大桥
瓯江五桥
瓯越大桥
瓯中桥
排坛桥
排岩头桥
潘厝桥
潘家垟桥
潘楼桥
潘桥
潘桥东路桥
潘垟桥
蟠凤桥
蟠龙桥
彭坑桥
彭溪大桥
彭溪矴步
彭溪桥
鹏湖桥
片黎头桥
平安桥
平塔村飞龙桥
平阳互通 1 号桥
平阳坑大桥
平阳特大桥
平园桥
坪溪桥
坡头桥
浦北桥
浦北特大桥
浦东桥
浦二桥
浦前桥
浦桥
浦西大桥
浦西桥
普宾桥
七里大桥
七里港老陡门桥
七里桥
七仙桥
齐门楼桥
棋盘桥
旗峰桥
起凤桥
千窑培桥
前仓 1# 桥
前仓 2# 桥
前陈二号桥
前呈大桥
前侯宅桥
前湖埭桥
前进桥
前里桥
前林桥
前潘垟桥

前坪桥	前坪新桥	前塘桥
前溪大桥	前溪桥	前垟桥
前园高架桥	前园河大桥	前庄河中桥
钱家垟桥	钱梅分离式立交桥	侨民桥
侨乡桥	桥底桥	桥底桥
桥路大桥	桥上大桥	桥头河桥
桥头河新桥	桥头坑桥	桥头桥
桥头溪桥	桥下桥	秦公岭桥
勤奋桥	青岙村跨江大桥	青江桥
青街大桥	青龙桥	青松桥
清风桥	清河村小南桥	清河大桥
清河桥	清江 1 号小桥	清江 2 号小桥
清江 3 号小桥	清江 4 号小桥	清江大桥
清江特大桥	清明桥	清潭大桥
庆堡桥	庆丰大桥	庆凤桥
庆旺桥	穹口桥	邱施桥
求学桥	曲尺潭二桥	曲尺潭一桥
雀力桥	碏头桥	人民桥
任桥	任宅新桥	日丰桥
瑞安大桥	瑞安高架桥	瑞虹桥
瑞湖桥	瑞里桥	瑞平塘河大桥
瑞平塘河桥	瑞阳大桥	若申大桥
三板桥	三插坳桥	三都王桥
三杆桥	三官庙桥	三河桥
三角岩大桥	三界 1 号桥	三界 2 号桥
三界 3 号桥	三界桥	三魁桥
三里桥	三卯村桥	三盘大桥
三石 1 桥	三石 2 桥	三滩新桥
三条桥	三旺桥	三维桥
三溪桥	三眼桥	三重炉桥

三柱桥	沙岗桥	沙角桥
沙门岛大桥	沙门岛跨海大桥	沙门桥
沙垟桥	沙洲桥	山东大桥
山东后桥	山根大桥	山根桥
山根新桥	山后 1# 桥	山后 2# 桥
山后桥	山坑墩底大桥	山坑桥
山门大桥	山门二桥	山前 1 桥
山前 2 桥	山前 3 桥	山下桥
珊坑桥	珊溪桥	闪坑大桥
商量桥	上埠大桥	上埠头 2 号桥
上埠头桥	上蔡后桥	上蔡前桥
上蔡中桥	上店大桥	上陡门桥
上段桥	上河头桥	上洪桥
上洪新桥	上凰桥	上汇高架桥
上间桥	上进桥	上马前桥
上马石桥	上桥	上仁桥
上戍桥	上五宅桥	上溪坪桥
上溪桥	上新桥	上垟大桥
上垟桥	上垟头桥	上垟一桥
上游大桥	上游桥	尚古山桥
蛇山坑口桥	社奥桥	深河桥
深门大桥	深潭渡桥	沈岙桥
慎海南路 2 号桥	省民亭桥	胜利桥
胜昔桥	胜雪桥	诗仙桥
狮峰大桥	十八涧桥	十八亩桥
十号桥	石碧岩桥	石埠头槽桥
石坑桥	石良坑二号桥	石良坑一号桥
石马北桥	石牌桥	石桥大桥
石容桥	石坦桥	石塘 2 桥
仕水矴步	仕阳大桥	市岭桥

寿安桥	戍浦江大桥	双叉港桥
双峰大桥	双峰桥	双凤桥
双桂村桥	双洪大桥	双莲桥
双龙桥	双庙大桥	双庆桥
双狮桥	双望桥	双溪口大桥
双溪口桥	双屿公铁立交桥	双屿客运站天桥
双屿立交桥	双屿桥	双智桥
水厂桥	水碓湾桥	水飞桥
水口桥	水库桥	水塔桥
水亭新桥	水尾桥	水涨大桥
水涨老桥	顺民桥	司前桥
司前新桥	思进桥	四房大桥
四房西桥	四角亭高架桥	寺前大桥
寺前桥	寺堂前桥	泗溪大桥
泗溪桥	松友桥	松源桥
宋埠桥	宋桥	穗丰大桥
穗丰南大桥	孙楼一桥	塔东桥
塔渎桥	塔石大桥	塔下大桥
台桥	台头桥	台头新桥
太平桥	太婆跪桥	太史桥
泰福二桥	泰福桥	泰福一桥
泰山桥	潭头龙桥	潭头桥
坦岐大桥	坦头垟大桥	塘边 1 号桥
塘边 2 号桥	塘川桥	塘东大桥
塘东桥	塘河桥	塘坎桥
塘上桥	塘塆大桥	塘下 1 号桥
塘下桥	塘中溪分离式立交桥	桃坑桥
桃源大桥	腾带桥	腾蛟大桥
腾了桥	藤桥	藤桥江大桥
藤桥江特大桥	藤泽大桥	体育桥

天成陡闸桥	天鹤桥	天吴桥
天仙桥	天长岭大桥	田岙大桥
填垟大桥	跳头桥	铁场 1 桥
铁场 2 桥	铁坑大桥	铁炉坑矴步
汀岙桥	挺进桥	通瑞古桥
同昌桥	同乐桥	同排屋分离立交桥
同人桥	徒门桥	驮山桥
驮田桥	瓦窑桥	外埠头大桥
外陆坑桥	外垟一桥	外洋大桥
万岙高架桥	万东桥	万金桥
万利桥	万南桥	万年桥
万桥	万全大桥	万全后林桥
万全桥	万一桥	王山桥
王宅桥	望峰桥	望莱桥
望仙桥	望兴桥	望中桥
维新桥	维新中桥	温瞿塘河桥
温州大桥	温州大厦过街天桥	
温州科技职业学院人行天桥		
温州瓯江大桥	榅垟桥	文虹桥
文化桥	文曲桥	文兴桥
文重桥	闻春桥	翁平桥
卧龙桥	卧旗河大桥	乌岩岭小桥
乌岩桥	邬家桥	吾钟桥
吴桥	吴山桥	吴垟岭根桥
梧峰桥	梧田新桥	梧溪大桥
梧溪桥	蜈蚣桥	五凤桥
五福斗门桥	五汇桥	五里牌一桥
五婆桥	五星桥	五屿桥
武宅桥	西岙高架桥	西岙桥
西川大桥	西川桥	西村桥

西殿浃桥 西古庵桥 西河桥
西横大桥 西黄桥 西坑桥
西门桥 西浦桥 西仁宕桥
西山桥 西滩桥 西塘河桥
西塘河右线桥 西塘桥 西头桥
西霞桥 西新桥 西垟桥
西洋黄桥 西直桥 西珠桥
西庄分离立交桥 溪东桥 溪口大桥
溪南大桥 溪南桥 溪坪矸步
溪头桥 溪下水口桥 溪心桥
溪源桥 峡门桥 霞岙车桥
霞砀桥 霞墩桥 霞光桥
霞林桥 霞樟桥 霞庄桥
下岙大桥 下岙桥 下彩二桥
下彩三桥 下彩一桥 下察溪大桥
下呈二桥 下呈一桥 下村桥
下殿桥 下墩桥 下河桥
下河头桥 下侯宅桥 下后垟二桥
下后垟一桥 下汇周桥 下浦大桥
下桥 下桥桥 下宋桥
下潭大桥 下潭桥 下塘桥
下塘小桥 下溪坪桥 下庠大桥
下垟桥 下洋桥 下印桥
下宅垟桥 下舟桥 下庄垟桥
夏姑桥 夏口东桥 夏岭头桥
仙居桥 仙门河大桥 仙门桥
仙南新桥 仙人桥 仙圣桥
仙溪大桥 仙垟陈桥 仙垟桥
仙舟桥 祥安桥 祥和大桥
祥和桥 响岭头桥 响山越江大桥

项浦大桥 象北桥 象口桥
象南桥 象溪桥 象兴桥
箫台桥 小旦大桥 小丁岙桥
小芙陡门桥 小姑岙 1 桥 小康桥
小康一桥 小坑边桥 小坑大桥
小门大桥 小雀力桥 小西门桥
小垟桥 小源桥 晓坑大桥
晓阳一桥 筱条桥 啸秋大桥
新捌桥 新仓桥 新城桥
新城站过街天桥 新村桥 新村桥
新第二桥 新店桥 新渎桥
新丰桥 新港桥 新光大桥
新河桥 新虹桥 新黄南口大桥
新居高架桥 新兰桥 新南站过街天桥
新桥 新桥桥 新桥堂桥
新山桥 新世纪大桥 新塘陡门桥
新屋大桥 新西山大桥 新溪大桥
新溪桥 新象桥 新欣右线桥
新欣左线桥 新兴桥 信岙 1# 桥
信岙 2# 桥 信智 1 桥 邢宅中桥
兴川桥 兴华桥 兴隆大桥
兴仙桥 幸福桥 雄河桥
雄心桥 秀涧桥 徐村大桥
徐桥 许吉头大桥 旭江桥
宣德桥 玄檀桥 玄坦桥
薛宅桥 岀口大桥 学院桥
雪溪大桥 雪溪桥 雅迴桥
雅里桥 雅儒大桥 雅漾公路桥
雅漾石板桥 严处桥 岩二桥
岩门桥 岩上大桥 岩坦大桥

岩溪桥 岩下二桥 岩下桥
岩一新桥 沿地边桥 沿河大桥
沿江大桥 沿浦桥 雁荡山桥
雁翔桥 燕头桥 阳桐桥
杨村桥 杨益朝大桥 旸岙桥
垟岙桥 垟北桥 垟京桥
垟坑高架桥 垟坑桥 垟尾坑桥
垟心蔡桥 垟中桥 洋步桥
洋面矴步 仰后大桥 仰义枢纽之线桥
瑶岙2号桥 瑶岙桥 瑶川桥
瑶南桥 冶宗桥 叶家垟大桥
叶家洋桥 叶瑞旸桥 叶胜桥
一松桥 一新桥 伊甸桥
宜山桥 亦滩桥 挹秀桥
逸仙桥 荫溪潮埠桥 银桥坑桥
银象桥 迎宾桥 迎丰桥
映月桥 永安桥 永丰桥
永国桥 永康桥 永乐革命桥
永乐河特大桥 永乐桥 永庆桥
永瑞桥 永胜桥 永泰桥
油车桥 游泳桥 友谊大桥
友谊桥 俞郎桥 俞思坑桥
渔潭大桥 愚溪二号桥 玉凤桥
玉海桥 玉山桥 玉溪桥
玉岩桥 育英桥 育智桥
毓文桥 毓舟桥 园桥
圆潭面桥 圆岩寨桥 源口大桥
源头大桥 月笔桥 月湖二桥
月湖一桥 月落垟桥 岳湖桥
岳溪桥 悦来桥 跃进桥

越江大桥	云浦桥	云溪山庄桥
云霞桥	篔筜桥	寨寮溪大桥
展凤桥	站前大桥	站前桥
张洪坑桥	张家岸桥	张家山分离立交桥
张严冯大桥	张严冯新桥	张宅河桥
章前垟桥	章桥	章周大桥
漳河大桥	樟岙大桥	樟岙桥
樟村桥	樟岭桥	樟山桥
樟台桥	樟下小桥	长丰桥
长河桥	长虹坑桥	长虹桥
长林桥	长山桥	长潭大桥
长兴桥	嶂屿大桥	兆丰桥
赵进桥	赵镇桥	珍溪口大桥
珍珠桥	振东桥	振莲桥
振马桥	振南桥	振西桥
振仙桥	振星桥	振兴二桥
振兴桥	振兴一桥	镇安大桥
镇安桥	镇东桥	镇西大桥
郑岙桥	郑州桥	郑庄联通大桥
直上河桥	峙口大桥	致富桥
中岙桥	中堡二号桥	中堡高速桥
中堡一号桥	中储粮桥	中村桥
中姑岙桥	中河桥	中湖大桥
中林大桥	中山桥	中潭桥
中塘桥	中西大桥	中兴桥
中学桥	中雁一桥	中州桥
钟前大桥	众安桥	众集桥
重垟坑桥	舟桥大桥	舟山头通海小桥
舟山头小桥	周岙底桥	周岙底小桥
周岙桥	周岙新桥	周贵垟上桥

周南桥 周壤桥 周石桥
周项浃桥 朱岙桥 朱静桥
朱山桥 朱涂桥 朱湾大桥
朱下桥 珠岙桥 竹里桥
竹里新桥 竹桥 竹溪二桥
竹溪桥 竹溪一桥 竹屿桥
竹园桥 砖瓦桥 庄儿桥
状元大桥 子云坑大桥 紫溪新桥
自力大桥 自强桥 左溪桥
左溪新桥